项目管理核心资源库

成功的项目管理

（第5版）

（美）　詹姆斯·P·克莱门斯
杰克·吉多　　著

张金成　杨　坤　译

Effective Project Management
5th edition

电子工业出版社
Publishing House of Electronics Industry
北京·BEIJING

James P. Clements and Jack Gido

Effective Project Management, 5th edition

9781111824051

Copyright © 2012, 2009 South-Western, Cengage Learning.

Original edition published by Cengage Learning. All Rights reserved.

本书原版由圣智学习出版公司出版。版权所有，盗印必究。

PHEI is authorized by Cengage Learning to publish and distribute exclusively this simplified Chinese edition. This edition is authorized for sale in the People's Republic of China only (excluding Hong Kong, Macao SAR and Taiwan). Unauthorized export of this edition is a violation of the Copyright Act. No part of this publication may be reproduced or distributed by any means, or stored in a database or retrieval system, without the prior written permission of the publisher.

本书中文简体字翻译版由圣智学习出版公司授权电子工业出版社独家出版发行。此版本仅限在中国大陆（不包括中国香港、澳门特别行政区及中国台湾）销售。未经授权的本书出口将被视为违反版权法的行为。未经出版者预先书面许可，不得以任何方式复制或发行本书的任何部分。

本书封面贴有 Cengage Learning 防伪标签，无标签者不得销售。

版权贸易合同登记号　图字：01-2012-0535

图书在版编目（CIP）数据

成功的项目管理：第 5 版 /（美）克莱门斯（Clements,J.P.），（美）吉多（Gido,J.）著；张金成，杨坤译. —北京：电子工业出版社，2012.8

（项目管理核心资源库）

书名原文：Effective Project Management,5th edition

ISBN 978-7-121-17420-9

Ⅰ.①成… Ⅱ.①克… ②吉… ③张… ④杨… Ⅲ.①项目管理 Ⅳ.①F224.5

中国版本图书馆 CIP 数据核字(2012)第 135761 号

责任编辑：马晓云

印　　刷：三河市双峰印刷装订有限公司
装　　订：三河市双峰印刷装订有限公司
出版发行：电子工业出版社
　　　　　北京市海淀区万寿路 173 信箱　邮编 100036
开　　本：720×1000　1/16　印张：32.75　字数：569 千字
版　　次：2007 年 10 月第 1 版（原著第 3 版）
　　　　　2012 年 8 月第 2 版（原著第 5 版）
印　　次：2022 年 1 月第 24 次印刷
定　　价：58.00 元

凡所购买电子工业出版社图书有缺损问题，请向购买书店调换。若书店售缺，请与本社发行部联系，联系及邮购电话：（010）88254888，88258888。

质量投诉请发邮件至 zlts@phei.com.cn，盗版侵权举报请发邮件至 dbqq@phei.com.cn。

本书咨询联系方式：（010）88254199，sjb@phei.com.cn。

《成功的项目管理》自第 1 版引入中国后，可以说在中国项目管理界产生了巨大影响，多次重印。在我们看来，本书之所以颇受欢迎有几个原因：一是在大量项目管理著作都以 PMBOK（《项目管理知识体系指南》）为基础版本时，本书的结构却令人耳目一新，全书的编排也没有采用流行的项目管理九大知识领域的结构和知识体系，而聚焦于项目启动、工作分解、进度管理、成本管理、沟通管理等几方面重要内容；二是这本书着重介绍了一些对项目经理来讲不可回避的基本技能，如如何做有效的陈述，所讲的 3T 和 3P 技巧简单而实用；三是全书篇幅不长，这在大量项目管理著作中实属少数，多给了读者一种选择。

或许近些年来 PMBOK 的影响实在太大了，在最新的第 5 版中，作者吉多教授和克莱门斯教授也将每一章节的主要概念和内容与 PMBOK 进行了对接，同时融入了一些项目管理的最新实践和教学经验，并更新了时下热门的项目管理软件（Microsoft Project 2010）的使用和应用方法。

如果与旧版做一对照，第 5 版在以下方面具有鲜明的特点：

（1）各章节的主要概念都与《PMBOK 指南》中的项目管理知识领域进行了对接；

（2）每章增添了"学习成果"这一项，帮助读者预先识别通过本章的学习后能够掌握的知识；

（3）附录包含了项目管理软件 Microsoft Project 2010 的使用和应用方法介绍，并有大量简单明了的截屏操作示意图；

（4）创建了介绍项目管理软件 Microsoft Project 2010 应用方法的教学视频；

（5）附录提供了更多的项目管理网站和项目管理组织，供希望进入项目管理专业领域的工作者参考。

本书虽然篇幅有限，但还是一如既往地介绍了项目管理中那些不可不知的、十分有效的基本概念、技能，并用大量事例技术性地说明了如何运用这些知识和技能，鼓励读者对项目管理原理进行认真思考并在现实生活中加以应用。

本书语言通俗易懂、简洁明了，尽量避免使用技术性术语。读者在学习本书的过程中会逐步掌握项目管理的专门术语。书中没有应用复杂的数学理论或算法来说明进度安排技术，也没有使用高技术性项目作为例子，适用于本科生和MBA学生的教学，也是项目管理研究人员和从业人员不可或缺的参考书。

新版的翻译工作由南开大学的张金成教授和杨坤博士负责审稿及统稿，南开大学会展经济与管理系的部分学生参与了具体工作，她们的分工是：张琬域（第1章），张琬域、周静婷（第2章），周静婷（第3章），刘家安（第4章），赵翊、李亚奇（第5章），李亚奇、赵红欣（第6章），赵红欣、靳倩华（第7章），靳倩华（第8、9章），沈佳琳（第10章），沈佳琳、崔睿（第11章），赵洋（第12、13章），吴穗（案例部分）。

由于译者水平有限，书中译释难免有不当之处，敬请读者批评指正。

张金成　杨坤

2012 年 6 月于南开园

有些人怀疑事情的发生，有些人任凭事情发生，有些人促使事情发生。

我们希望本书可以帮助你愉快、兴奋、成功地学会项目管理。同时，这将有助于你通过努力促使事情发生！

愿你所做的事情令你愉快、满意、成功。

詹姆斯·P·克莱门斯

杰克·吉多

我们的方法

不能简单地把项目管理理解为把工作任务分派给人们，然后幻想他们将会取得一个预期结果。事实上，许多本来可以很成功的项目往往因为这类想当然的方法而导致失败。人们要靠扎实的知识和过硬的本领成功地在项目环境中工作，并实现目标。本书就是为使读者获得上述知识和本领而写的。本书通过解释概念、技能，并用大量事例来说明如何技术性地运用这些知识和技能来使读者掌握项目管理。

尽管本书的重点是实践，这也是读者想在项目环境中成长提高所必备的知识，但本书没有忽略有目的性的学习，那便是鼓励读者对项目管理原理进行认真思考并在现实生活中加以应用。这些知识来自多年的项目管理实践、项目管理教学，以及广泛的相关文献。

本书适合大学本科生或相当于本科水平的人员，以及实际项目工作人员和其他读者。本书在设计编排上意在传授必备的技能，使他们能卓有成效地进行项目管理工作，并对他们完成相关的项目产生直接的影响。本书为读者准备了可以实际应用和可以转化的知识，并将知识和技能传授给所有将要致力于项目管理的员工。因此，本书内容适合于进行工商业方面的终身学习培训项目，也就是培养和训练员工在多方面和交叉职能团队中获得成功，并使学员在实际工作中具备开拓能力。

本书的目标读者是所有项目相关人员，而不仅仅是项目经理。配备有良好甚至杰出的项目经理的项目也有可能不很成功，因为项目成功必须要求所有相关人员的全力付出。项目团队——所有为项目工作的人员，必须具备相应的知识和技能，以便在项目环境中一起有效地工作。一个人不可能通过读书而成为项目经理。项目经理首先要是一个有效的项目团队成员。学习本书可为人们成为一个有效的项目团队成员奠定基础，进而激发他们的潜力，以胜任管理项目和团队的工作的要求。

本书语言通俗易懂，简洁明了，尽量避免使用技术性术语。读者在学习本书内容的过程中将逐步掌握项目管理的专门术语。书中没有应用复杂的数学理论或算法来说明进度安排技术，也没有使用高技术性项目作为例子。过于技术性的方法会给那些对高等数学及技术背景知识缺乏了解的初学者造成障碍。书中列举了大量基于日常实践项目的简明事例。例如，实际应用包括进行一项市场调查、创建一个信息系统、组织一个小镇节日庆典活动等。书中用到的数学方法尽量保持简单易懂。

第5版新增内容

根据评论家们提出的很好的、建设性的意见，我们在《成功的项目管理（第5版）》中加入了以下内容。

- 章节的概念都支持《项目管理知识体系指南》所涉及的项目管理领域知识，如表0-1所示。
- 删除了第4章，将部分内容放在第5章构成新的章节。
  - —— 第8章：风险管理。
  - —— 第9章：结束项目。

- 此外，在各章中还添加了以下内容：
  - —— 平衡项目约束（第1章）。
  - —— 各种项目管理协会（第1章）。
  - —— 项目章程（第2章）。
  - —— 简化的项目需求建议书（第3章）。
  - —— 确定项目范围（第4章）。
  - —— 质量计划（第4章）。
  - —— 估计活动资源（第5章）。
  - —— 谈判技巧（第10章）。
  - —— 项目团队形成（第11章）。
  - —— 项目启动会议（第11章）。
  - —— 项目沟通计划（第12章）。

表 0-1　《PMBOK 指南》项目管理知识领域与本书的章节安排

章　　节	《PMBOK 指南》项目管理知识领域								
	集成	范围	时间	成本	质量	人力资源	沟通	风险	采购
第1章　项目管理概念	√								
第2章　项目的识别与选择	√								√
第3章　提出解决方案									√
第4章　项目范围、质量、责任和活动顺序的确定	√	√	√		√				
第5章　进度安排	√		√						
第6章　资源配置			√				√		
第7章　确定成本、预算和挣值	√			√					
第8章　风险管理								√	
第9章　结束项目	√								
第10章　项目经理	√						√		
第11章　项目团队							√		

续表

章　　节	《PMBOK 指南》项目管理知识领域								
	集成	范围	时间	成本	质量	人力资源	沟通	风险	采购
第 12 章 项目沟通及文件记录	√					√	√		
第 13 章 项目组织的类型	√					√			

- 将信息系统开发部分和 ABC 办公室设计公司的因特应用软件开发的案例延伸到以下 3 章：
  — 信息系统开发的资源需求（第 6 章）
  — 信息系统开发的预算（第 7 章）
  — 信息系统开发的风险管理（第 8 章）

- 扩展了两个学习案例：非营利的医疗研究中心和一个婚礼，与第 8 章（风险管理）相关。

- 添加了一个新的学习案例：消费者市场研究项目，与第 9 章（结束项目）相关。

- 替换了所有"现实世界中的项目管理"栏目（每章两个），并加入了更新的插图。

- 根据 Microsoft Projet 2010 屏幕提供的全部的新数据，提高和更新了第 4～7 章 Microsoft Projet 附录的内容。

- 开创了 Microsoft 项目的教学视频，并将其加入本书的合作网站。

- 将项目生命周期变为开始—计划—实施—结束。

- 删除了所有用箭线表示活动形式的网络图。

- 在每章的开始加入了"学习成果"。

- 每章有许多小的剪辑来支持《PMBOK 指南》中的项目管理知识领域。

- 将原来第 6 章和第 7 章的进度安排和进度控制结合成第 5 版单独的一章：进度安排。

- 改变了第 1 篇和第 2 篇的标题。
  — 第 1 篇：项目启动（第 3 版为项目生命周期）。
  — 第 2 篇：项目计划、实施与控制（第 3 版为项目计划与控制）

另外，部分章的标题也做了一些变动。

  — 第 2 章：项目的识别与选择（第 3 版为识别需求）。

  — 第 3 章：提出解决方案（第 3 版为提出解决方案）。

  — 第 4 章：项目范围、质量、责任和活动顺序的确定（第 4 版为计划）。

  — 第 5 章：进度安排（第 3 版中第 6 章进度安排和第 7 章进度控制）。

  — 第 6 章：资源配置。

  — 第 7 章：确定成本、预算和挣值（第 4 版为成本计划和绩效）。

  — 第 13 章：项目组织的类型。

突出特点

本书有许多突出的特点，可以帮助读者强化学习效果，牢固掌握技能。

1．以《PMBOK 指南》为基础

本书各章节的概念都支持《PMBOK 指南》中的项目管理知识领域。

2．学习成果

每章开头的学习成果帮助读者预先了解学习本章后能够掌握的知识。

3．真实的背景资料

每章包含两个现实世界的案例来说明本章内容。这些背景资料既能强化这章的概念，又能激发读者的讨论和对将要学习内容的兴趣。

4．事例及应用

实际的事例及应用会经常出现在本书的各个章节中，以确保读者不断接触具体的、相关的、可引起兴趣的实践描述。

5．练习题

伴随本书内容有许多简短的小问题，确保读者掌握关键概念，不忽略基础知识。这些问题在书中出现，具有积极的强化学习作用，并可作为学习本书的指导。

6．关键的成功要素

每章都有一个简明的列表，列出那些项目经理和团队成员需要知道的、有助

于项目成功的关键要素。

7. 章节概要

每章都以被涵盖的关键主题的概要开头。这些概要能让读者在短时间内了解本章内容。

8. 图表

书中应用了大量的图表来说明要点和项目管理工具。

9. 小结

每章结尾都对这一章有关内容进行简要总结，这也是对每章核心概念的最终概括。

10. 思考题

每章有一些思考题，用来测验并应用这一章中的有关概念。

11. 网上练习

每章都会有一套上网练习，要求读者在因特网上查找各种项目管理课题的信息。这些练习能使读者以在线及时的方式探索项目管理的现实应用。

12. 案例研究

章末的案例研究为成员或团队进行实际的工作分析提供了认真思考的真实场景。多样化的案例形式使所有读者都可能与提出的问题相关。这些案例生动活泼，能激发热烈的讨论。通过对案例不同角度的讨论，参与者可以拓展思维，成功地在实际工作中处理意见不同的局面。这样，读者也就对团队工作的实质有了较深入的理解。

13. Microsoft Project 2010（微软项目管理软件 2010 版）

第 4~7 章的附录包含了 Microsoft Project 2010 的使用和应用，以及详细的介绍和大量的屏幕截图示例。

14. 教学视频

本书的合作网站涵盖了一系列简短的教学视频，解释如何使用 Microsoft Project 2010。教学视频贯穿了第 4~7 章附录中的 Microsoft Project 2010 的材料。

结构

本书由 13 章组成，其中第 1 章为有关项目管理概念的开篇基础，其余 12 章分为 3 篇。

第 1 篇，项目启动，讨论、识别并选择项目，以及开发项目需求建议书。

第 2 篇，项目计划、实施与控制，包含了范围、质量、责任、活动的定义，资源利用率，成本、预算、绩效的评估，风险管理，结束项目。

第 3 篇，人员：项目成功的关键，讨论项目经理、项目团队、项目组织的类型，以及项目沟通和文件记录等内容。

第 1 章介绍项目管理概念，它是一个基础章节，包括项目的定义、特征、范围、质量、进度、预算、资源、风险、客户满意的约束，由开始、计划、实施、结束构成的项目的生命周期，以及项目的监控与变化，项目管理的定义和项目管理的几个阶段、全球项目管理的影响、项目管理组织、项目管理的益处。本章的概念支持《PMBOK 指南》所涉及的项目管理知识领域的项目集成管理。

第 1 篇，项目启动，讨论了项目的识别、选择和提出解决方案，包含以下两章：

第 2 章，项目的识别与选择，包含了项目的识别、选择、批准和外包。同样讨论了项目的原则。本章的概念支持《PMBOK 指南》所涉及的项目管理知识领域的两个部分：项目的集成和采购管理。

第 3 章，提出解决方案，讨论了如何与客户和伙伴建立有效的联系、营销战略、是否投标决策、制定可获胜的申请书、申请书准备过程、定价策略、申请书评估、合同类型和预测申请书成功率。本章的概念支持《PMBOK 指南》所涉及的项目管理知识领域：项目采购管理。

第 2 篇，项目的计划、实施与控制，涵盖了项目管理的技术和工具，包含以下 6 章：

第 4 章，项目范围、质量、责任和活动顺序的确定，它包括明确项目目标、准备项目范围文档、理解质量计划的重要性、创建工作分解机构、准备工作要素责任分配模型、确定具体活动、制作网络图。本章的概念支持《PMBOK 指南》所涉及的项目管理知识领域：项目的集成、范围、质量和时间管理。

第 5 章，进度安排，包括估计活动资源与活动工期、为每一项活动计算最早和最迟起止日期、确定时差、明确活动的关键路径，本章还解释了项目控制过程，包括监视和控制项目进展、实际进度绩效对项目进度计划的影响、项目进度计划更新，以及控制项目进度的方法。这一章还包括一个关于计算活动工期的特别附录。本章的概念支持《PMBOK 指南》中的两个项目管理知识领域：项目集成和时间管理。

第 6 章，资源配置，包括在制定网络计划和项目计划时考虑资源约束、对项目有计划地使用资源、平衡项目一定时期内的资源利用、在可用资源有限的情况下确定最短项目进度计划。本章的概念支持《PMBOK 指南》中的两个项目管理知识领域：项目时间和人力资源管理。

第 7 章，确定成本、预算和挣值，包括评估活动成本、制定分阶段预算、累计实际成本、确定已完工工作的挣值、分析成本绩效、进行项目完工成本预测、控制成本的方法，以及管理现金流。这一章也包括了一个关于时间–成本平衡法的特别附录。本章的概念支持《PMBOK 指南》中的两个项目管理知识领域：项目集成与成本管理。

第 8 章，风险管理，包括识别和分类风险，以及识别它们的潜在影响、评定风险发生的可能性和影响的程度、区分风险的优先次序、制定风险应对计划、创建风险评估矩阵及风险监测。本章的概念支持《PMBOK 指南》中的项目管理知识领域：项目风险管理。

第 4~8 章包括了几个跨越多个章节的整合的例子和实例学习。这些案例应用了在这些章节中讨论的概念和工具。例子和实例的学习在第 4 章开始，在第 5~8 章延续给出。第 4~7 章还包括了关于 Microsoft Project 的特别附录，以具体案例阐明了操作 Microsoft Project。

第 2 篇的最后一章是第 9 章，结束项目，讨论了项目收尾阶段该采取的行动、内部项目后评价、经验教训文件编制、学习和交流的重要性、组织和归档项目文件、获得客户反馈、项目的提前中止。本章的概念支持《PMBOK 指南》中的项目管理知识领域：项目集成管理。

第 3 篇，人员：项目成功的关键，聚焦于人在项目中的重要性，包括 4 章：

第 10 章，项目经理，讨论项目经理的职责、成功管理项目所需的技能、如何获得这些技能、有效授权的方法，以及项目经理如何管理和控制项目变更。本章的概念支持《PMBOK 指南》中的两个项目管理知识领域：项目集成和人力资源管理。

第 11 章，项目团队，包括项目团队的形成及发展、项目启动会议、有效团队、团队组建、评估团队多样性、道德行为、项目进程中冲突的来源及冲突处理方法、问题解决、头脑风暴和有效的时间管理。本章的内容支持《PMBOK 指南》中的项目管理知识领域：项目人力资源管理。

第 12 章，项目沟通及文件记录，包括有效的口头与书面沟通的重要性及对增强个人沟通的建议、有效聆听、项目会议类型和有效召开会议的建议、正式的项目陈述及对成功陈述的建议、项目报告和准备有效报告的建议、追踪项目文件的变化、制定项目沟通计划，以及协作沟通工具。本章的概念支持《PMBOK 指南》中的三个项目管理知识领域：项目沟通、项目集成管理与人力资源管理。

第 13 章，项目组织的类型，研究职能型、项目型和矩阵型组织结构的特征、优点和缺点，以及讨论项目管理办公室的角色。本章的概念支持《PMBOK 指南》中的两个项目管理知识领域：项目集成与人力资源管理。

目 录

第 1 章　项目管理概念 ················ 1

1.1　项目特征 ····················· 3

1.2　平衡项目约束 ············· 6

1.3　项目生命周期 ············· 9

1.4　项目管理过程 ············· 15

1.5　全球项目管理 ············· 21

1.6　项目管理组织 ············· 22

1.7　项目管理的益处 ········· 23

小结 ······························· 25

思考题 ····························· 26

WWW 练习 ····················· 27

第 1 篇　项目启动

第 2 章　项目的识别与选择 ········ 34

2.1　识别需求 ··················· 36

2.2　项目选择 ··················· 37

2.3　项目章程 ··················· 41

2.4　准备需求建议书 ········· 46

2.5　征集申请书 ··············· 53

小结 ······························· 56

思考题 ····························· 57

WWW 练习 ····················· 58

第 3 章　提出解决方案 ············· 65

3.1　与客户和合作者建立良好
关系 ························· 68

3.2　需求建议书或申请书前的
营销战略 ··················· 70

3.3　是否投标决策 ············· 72

3.4　提交能获胜的申请书 ····· 75

3.5　准备申请书 ··············· 76

3.6　申请书内容 ··············· 77

3.7　定价理由 ··················· 84

3.8　简化的项目申请书 ······· 86

3.9　提交申请书及后续行动 ····· 89

3.10　客户评估申请书 ········· 90

3.11　合同类型 ················· 92

3.12　评估申请书的效果 ······· 96

小结 ······························· 99

思考题 ———————— 101

WWW 练习 ——————— 101

第 2 篇　项目计划、实施与控制

第 4 章　项目范围、质量、责任和活动顺序的确定 ———— 111

4.1　建立项目目标 ————— 113

4.2　确定项目范围 ————— 115

4.3　质量计划 ——————— 119

4.4　创建工作分解结构 ——— 121

4.5　分配责任 ——————— 125

4.6　界定活动 ——————— 127

4.7　活动排序 ——————— 128

4.8　信息系统开发计划 ——— 136

4.9　项目管理信息系统 ——— 142

小结 ————————— 143

思考题 ———————— 144

WWW 练习 ——————— 146

附录 4A　Microsoft Project —— 146

第 5 章　进度安排 ———— 157

5.1　估计活动资源 ————— 160

5.2　活动工期估计 ————— 161

5.3　项目的开始和结束时间 — 163

5.4　进度计算 ——————— 165

5.5　项目控制过程 ————— 180

5.6　实际进度完成情况的影响 ——————— 182

5.7　项目变更融入进度 ——— 183

5.8　更新项目进度 ————— 185

5.9　进度控制方法 ————— 187

5.10　信息系统开发项目的进度安排 ————— 191

5.11　项目管理信息系统 —— 199

小结 ————————— 203

思考题 ———————— 205

WWW 练习 ——————— 207

附录 5A　活动工期的概率性 — 207

小结 ————————— 218

思考题 ———————— 218

附录 5B　Microsoft Project —— 219

第 6 章　资源配置 ———— 228

6.1　资源约束计划 ————— 230

6.2　资源需求计划 ————— 232

6.3　资源平衡 ——————— 235

6.4　资源约束进度安排 ——— 237

6.5　信息系统开发的资源要求 ——————— 242

6.6　项目管理信息系统 ——— 246

小结 ————————— 247

思考题 ———————— 248

WWW 练习 ——————— 249

附录 6A　Microsoft Project —— 250

第 7 章　确定成本、预算和挣值 — 258

7.1　项目成本估计 ————— 261

7.2　项目预算 ——————— 264

7.3　确定实际成本 ————— 268

7.4　确定工作绩效的价值⋯⋯⋯ 271

7.5　成本绩效分析⋯⋯⋯⋯⋯ 274

7.6　预测完工成本⋯⋯⋯⋯⋯ 276

7.7　成本控制⋯⋯⋯⋯⋯⋯⋯ 278

7.8　控制现金流⋯⋯⋯⋯⋯⋯ 280

7.9　信息系统开发的成本
　　 估计⋯⋯⋯⋯⋯⋯⋯⋯⋯ 282

7.10　项目管理信息系统⋯⋯⋯ 285

小结⋯⋯⋯⋯⋯⋯⋯⋯⋯⋯⋯ 287

思考题⋯⋯⋯⋯⋯⋯⋯⋯⋯⋯ 288

WWW 练习⋯⋯⋯⋯⋯⋯⋯⋯ 290

附录 7A　时间—成本平衡法⋯ 291

小结⋯⋯⋯⋯⋯⋯⋯⋯⋯⋯⋯ 295

思考题⋯⋯⋯⋯⋯⋯⋯⋯⋯⋯ 295

附录 7B　Microsoft Project⋯⋯ 295

第8章　风险管理⋯⋯⋯⋯⋯⋯ 305

8.1　风险识别⋯⋯⋯⋯⋯⋯⋯ 308

8.2　风险评估⋯⋯⋯⋯⋯⋯⋯ 310

8.3　风险应对计划⋯⋯⋯⋯⋯ 311

8.4　风险监控⋯⋯⋯⋯⋯⋯⋯ 312

8.5　信息系统开发的风险
　　 管理⋯⋯⋯⋯⋯⋯⋯⋯⋯ 314

小结⋯⋯⋯⋯⋯⋯⋯⋯⋯⋯⋯ 317

思考题⋯⋯⋯⋯⋯⋯⋯⋯⋯⋯ 317

WWW 练习⋯⋯⋯⋯⋯⋯⋯⋯ 318

第9章　结束项目⋯⋯⋯⋯⋯⋯ 321

9.1　项目结束活动⋯⋯⋯⋯⋯ 323

9.2　客户反馈⋯⋯⋯⋯⋯⋯⋯ 329

9.3　提前结束项目⋯⋯⋯⋯⋯ 331

小结⋯⋯⋯⋯⋯⋯⋯⋯⋯⋯⋯ 334

思考题⋯⋯⋯⋯⋯⋯⋯⋯⋯⋯ 335

WWW 练习⋯⋯⋯⋯⋯⋯⋯⋯ 335

第 3 篇　人员：项目成功的关键

第 10 章　项目经理⋯⋯⋯⋯⋯ 345

10.1　项目经理的职责⋯⋯⋯⋯ 348

10.2　项目经理的技能⋯⋯⋯⋯ 350

10.3　培养项目经理所需要的
　　　能力⋯⋯⋯⋯⋯⋯⋯⋯ 363

10.4　授权⋯⋯⋯⋯⋯⋯⋯⋯⋯ 365

10.5　应变能力⋯⋯⋯⋯⋯⋯⋯ 370

小结⋯⋯⋯⋯⋯⋯⋯⋯⋯⋯⋯ 376

思考题⋯⋯⋯⋯⋯⋯⋯⋯⋯⋯ 377

WWW 练习⋯⋯⋯⋯⋯⋯⋯⋯ 378

第 11 章　项目团队⋯⋯⋯⋯⋯ 384

11.1　获取项目团队⋯⋯⋯⋯⋯ 387

11.2　项目团队的发展及其有
　　　效性⋯⋯⋯⋯⋯⋯⋯⋯ 389

11.3　项目的启动会议⋯⋯⋯⋯ 394

11.4　有效的项目团队⋯⋯⋯⋯ 396

11.5　道德行为⋯⋯⋯⋯⋯⋯⋯ 412

11.6　项目工作中的冲突⋯⋯⋯ 414

11.7　解决问题⋯⋯⋯⋯⋯⋯⋯ 419

11.8　管理时间⋯⋯⋯⋯⋯⋯⋯ 423

小结⋯⋯⋯⋯⋯⋯⋯⋯⋯⋯⋯ 428

思考题⋯⋯⋯⋯⋯⋯⋯⋯⋯⋯ 430

WWW 练习 ················· 431

第 12 章 项目沟通及文件记录 ··· 438

12.1 人员沟通 ·············· 441

12.2 会议 ·················· 445

12.3 讲演 ·················· 454

12.4 报告 ·················· 457

12.5 项目文件及变更控制 ····· 461

12.6 项目沟通计划 ·········· 462

12.7 协作沟通工具 ·········· 464

小结 ····················· 468

思考题 ···················· 470

WWW 练习 ················· 471

第 13 章 项目组织的类型 ········ 477

13.1 职能型组织 ············· 479

13.2 项目型组织 ············· 482

13.3 矩阵型组织 ············· 484

13.4 优缺点分析 ············· 489

小结 ····················· 494

思考题 ···················· 495

WWW 练习 ················· 496

第1章 项目管理概念

本章内容支持《PMBOK 指南》中的如下领域：

项目集成管理

现实世界中的项目管理

联邦调查局和承包商责备阿富汗发电厂项目的延迟

计划在 2009 年 4 月完成的邻近喀布尔的 105 兆瓦双燃料 Tarakhil 电厂已经延迟了多次并且成本超支。美国负责阿富汗重建的特别监查长对联邦调查局在 2010 年 1 月提交的报告中提到的管理失败提出了指责，预期的完成日期已从 2009 年 4 月延迟了将近一年时间。

最初的工作陈述没有提到可交付物和截止日期，这导致没有既定的进度计划和资源保障以完成一系列的项目工作任务。对于签署了 18 个合同的柴油发电机组来说，最初的项目成本估计是 1.25 亿美元。后来变更了 15 个合同并导致范围改变、预算超支。最终，新的设施建造计划估计要达到 2.6 亿美元。而在中东和亚洲的柴油厂建设的典型成本估计为 1.05 亿美元，每兆瓦为 100 万美元。

变更和问题决策耗费了几个月的时间，导致工作延迟 6 个月。为了快速赶上项目进度，涡轮改在德国建造，又增加了不少费用。项目总成本将近 3 亿美元，比最终计划又多了 4 000 万美元。

对该项目的评审提出，建议发电厂因运作成本高昂而不要使用。这个项目耗费了阿富汗纳税者 3 倍多的费用。有人曾指出，美国国际开发署和其承包商同样也犯了错误，因为他们曾做过类似项目，却在项目中没吸取什么经验。项目规划者没有重视来自当地官员的成本更低的建议，而是选择了昂贵的可能没有可持续性的技术，并聘请了多个承包商组成了一个复杂系统，而他们对于完成项目和成本估计都抱有不切实际的期望。

原始合同保证了堪萨斯州承包商在成本和承包上的利益。分包合同则给各个公司固定的价格。分包商可能不会补偿原始承包商造成的变更和延迟。

承包商如不能恰当地确定需求、核查和保障资源供给、管理风险、保证实施的进度计划，由此造成的种种失败会使项目陷入风险之中。这些失败源于在计划、设计进度、组织、团队工作、沟通和领导能力方面的一些关键因素。提高项目管理的技术将在本书中具体进行讨论。

掌握项目管理概念后，将大大避免陷入承包商和分包商的陷阱。掌握概念将有助于成功地完成项目和改善项目管理。

资料来源：B.Buckley, "Feds and Contractor Share Blame for Afghan Delays," Engineering News-Record 264, no.4(2010):16;and P.Chatterjee, "iraq Lessons Ignored at Kabul Power Plant," http://ipsnews, net/news.asp?idnews=50219.February 4, 2010.

本章概要

本章将概括介绍项目管理的有关概念。你将了解以下内容：

- 项目的含义和特征。
- 项目管理中的关键约束条件。
- 项目生命周期。
- 项目管理的含义。
- 项目管理过程所包含的步骤。
- 全球项目管理的含义。
- 项目管理的益处。

学习成果

学完本章后，你将能够：

- 定义什么是项目。
- 列出并讨论一个项目的特征。
- 解释什么是项目目标。
- 定义什么是项目的供应能力。
- 举出项目的例子。
- 讨论项目的制约因素。
- 描述项目生命周期的阶段。
- 定义和应用项目管理。
- 讨论计划过程的步骤。
- 确定执行过程的 3 个步骤。
- 讨论全球项目管理的含义。
- 讨论项目管理机构。
- 列出项目管理技术的益处。

1.1 项目特征

项目（project）就是以一套独特而相互联系的任务为前提，有效地利用资源，为实现一个特定的目标所做的努力。下面的特征将有助于理解项目的定义。

（1）项目有一个明确界定的目标（objective）——确定将要完成什么。项目是项目团队要生产和运输的有形的最终产品。项目的目标通常使用最终产品或可交付物、进度计划和成本等指标来界定。它需要在项目工作范围内完成和在确定时间预算内生产可交付物。例如，一个项目的目标可能是在 10 个月内用 200 万美元的预算把一种便携式新炊具投放市场。

项目的目标也可以包括期望将从执行项目中获得的收益或者收入的预期。这也是为什么要实施项目的原因。例如，一个以开发新产品为目标的项目可能会以在一年里卖出的所有新产品的确定收入数额为目标，或通过一个特定的市场份额增加的百分比而确定一个预期的收入目标。项目目标也可能是在 10 个月内用 200 万美元的预算把一种便携式新炊具投放市场来增加 3%的市场份额。在这种情况下，增加的市场份额所带来的收入直到新产品开发项目完成一段时间后也不一定能确切知道。另一个项目的例子是开展一些活动来为特殊目的而募集基金，如糖尿病研究，此时活动的期望收益是募集一定数量的资金，如 20 万美元。在这样的情况下，项目的完成——开展募集基金的活动——能够达成收益目标。

（2）项目的执行要通过完成一系列相互关联的任务——许多不重复的任务以一定的顺序完成，以便达到项目目标。

（3）项目需要运用各种资源来执行任务。资源可能包括不同的人力、组织、设备、原材料和工具等。例如，做一次非常复杂的外科手术这样的项目将涉及特殊技术的医生、护士、麻醉医师、外科设备、监测仪器、假体设备或者移植组织和特殊的操作工具等。

（4）项目有具体的时间计划或有限的生命周期。它有开始时间和目标必须实现的到期时间。例如，整修一所小学可能必须在 6 月 20 日至 8 月 20 日完成。

（5）项目可能是独一无二的、一次性的努力。某些项目，如设计和修建空间站就是独一无二的，因为以前从未尝试过。另外一些项目，如开发一种新产品、建一幢楼、筹划一次婚礼，则因其特定的需求而成为独一无二的。例如，婚礼可能是一个简单而随便的场合，邀请许多朋友来教堂而已，也或许是一次精心筹划的场面宏大的活动。

（6）每个项目都有发起人或客户。发起人或客户是为达成目标而提供必要资金的实体，它可能是某个人或组织，或由两个以上的人或组织构成的团队。当承约商建一间定做的房子时，房主就是资助这一项目的客户。当一家公司从政府那里获得资金，开发一种处理放射性原料的自动化设备时，政府机构就是发起人。当某家公司的董事会向由其雇员组成的团队提供资金，以升级公司的管理信息系统时，董事会则是项目的发起人。在这里客户这个术语具有更广泛的含义，不仅包括目标资助人（公司管理层），而且包括其他利益相关者，如信息系统的最终用户。管理项目的人员和项目团队必须成功地完成项目目标，以使项目发起人和项目最终产品———套升级的信息系统令人满意。

（7）项目包含一定的不确定性。一个项目开始前，应当在一定的假定和估计的基础上准备一份计划。用文件记录这些假定是很重要的，因为它们会影响项目工作范围、进度计划和预算的生成。项目就是基于一套独特的任务和每项任务耗用时间的估计，各种资源和这些资源的能力及可用性的估计，以及与这些资源相关的成本估计。这些假定和估计结合在一起就产生了一定程度的不确定性，它将影响项目目标的成功实现。例如，项目范围可能在预定日期实现，但是最终成本可能会由于最初低估了某些资源的成本而比预计成本高得多。在项目进行中，一些假定将会被改进或被实际资料所取代。例如，一旦公司年度报告的概念设计定型了，完全详细的设计和打印所需的时间与工作量将会更准确地予以估计。

下面是一些项目的例子。

- 安排一个演出活动。
- 开发和推行一种新产品。
- 策划一场婚礼。
- 设计和实施一个计算机系统。
- 发行一种新的一美元硬币。
- 进行工厂的现代化改造。
- 合并两家制造厂。
- 把地下室改装成一间起居室。
- 主持一次会议。
- 设计并制作说明书。
- 对污染地区开展环境清洁工作。
- 组织一次中学同学聚会。
- 建设一个购物中心。
- 给事故的受害者实施一系列外科手术。
- 组织一场百年庆典活动。
- 灾后重建一座城市。
- 主持一个有 20 位亲戚参加的晚宴。
- 给中学生设计一次企业实习活动。
- 建一座木质房屋。

1.2 平衡项目约束

项目目标的成功实现通常受很多因素制约，如工作范围、质量、进度计划、预算、资源、风险和客户满意度（见图1-1）。

图 1-1 制约项目成功的因素

项目范围（project scope）即为使客户满意而必须做的所有工作。要使客户满意，交付物（deliverables）（有形产品或提供的其他东西）须满足项目开始时所指定的验收标准与要求。例如，经承约商与客户协商，项目范围可能包括清理地面、建造房屋和美化环境等。或者一项在工厂里安装新的高速特定自动设备的项目可能包括设计、建造、安装设备、检测设备，以保证它满足验收标准；训练工人们操作和维护设备；提供所有的技术和设备操作文档。

项目质量（quality）期望必须从项目一开始就定义出来。项目工作范围必须在一个优质的服务过程中完成并且满足众多的要求。例如，在一个建房子的项目中，客户希望建筑手艺是高质量的，并且所有的材料都满足性能要求。工作都完成了，却留下了难以打开和关闭的窗户、泄漏的旋塞，或者堆满了碎石乱瓦，客户是不会满意的，而且可能导致付款纠纷或法律纠纷。进程，如标准、检查、审计等，必须被放置在一个确保质量期望被满足的位置并且当它正确时，不仅仅在项目结束时被检查。所有的项目可交付物应该有定量的验收准则。

项目进度计划（schedule）是每项工作或活动开始和结束的具体时间表。项目目标通常根据客户与执行项目的个人或组织商定的具体日期来规定项目范围必须完成的时间。当具体工作必须为了满足项目完成日期而开始和结束时（例如，当一座新的桥梁将要开放交通时，或者一个新产品必须在某个工业博览会上推出时），项目进度计划就指明这些时间。

项目预算（budget）是投资者或者客户同意为可接受的项目交付物支付资金的数额，项目预算是基于各类项目实施所需资源而估计出来的花费。它可能包括将为项目工作的人力工资、物料、设备、工具的租金，以及分包商费用或者项目咨询所需的费用。例如，对一个婚礼项目来说，预算将包括用于花朵、礼服、承办酒席的人、蛋糕、豪华轿车的租金，录像师、接收设备等这些事项的估计开支。

不同种类的资源（resource）会用来实施项目任务和完成项目目标。资源包括人、材料、设备、工具等。人力资源包括拥有特殊专业或者技巧的人。某种数量、类型、特殊专业的资源会在整个项目过程中的某个特定时间段内来使用。同样地，特殊设备可能在一个项目的某个部分才需要，例如，在建造新的办公楼前，需要特殊设备来挖掘土地。对于项目的资源需求，必须在资源需要的时间段和可获得的资源的种类和数量之间进行匹配。

总会有不利的风险（risk）影响完成项目目标。例如，运用一项最新技术来设计一个信息系统可能产生新技术不像预期那样有效的风险，或者一个新的制药产品不能得到管理部门的批准那样的风险。必须制定风险管理计划来确定并且评估潜在风险、风险发生的可能性及潜在影响，以及如果风险发生了该如何应对这些风险。

最终，项目经理的责任是确保客户满意（customer satisfaction）。这不仅是在预算和进度计划内完成项目范围，或者在项目结束时询问客户或投资者是否满意。也不仅意味着满足客户期望，它还意味着通过项目来发展并维持完美的工作关系。它需要不断和客户或投资者沟通，以便让他们了解项目进展，并确定是否对项目的期望有所变化。定期的计划需求或者进展报告、电话讨论和邮件都是用来完成这种交流的有效途径。客户满意需要包括投资者在项目中与搭档通过积极的参与来获得成功的项目收入。项目经理需要不断地了解客户满意的程度。通过定期和客户或投资者进行沟通，项目经理既表现出对客户期望的关心，也防止了项目完成之后出现令人惊讶的不满。

成功地完成项目需要在预算和某个时间结构内完成项目范围，同时，要管理资源的使用，满足质量的性能和管理风险——当确保客户或投资者的满意度时这些是必须要做的。在项目实施过程中，项目有时难以有效平衡或者扭曲了这些因素，它们常常相互制约并且可能危害项目目标的完成，如图 1-1 所示。为了确保项目目标的完成，在项目开始工作前制定出一份计划是很重要的，这比直接开展工作要好得多。缺少计划会降低在预算和进度计划内成功完成项目范围的可能性。

项目一旦开始，意外情况可能危及项目目标中有关工作范围、成本和进度计划的成功完成。这包括：

- 某些原材料的价格可能会高于最初的估计。
- 严寒可能会导致工期延误。
- 为了满足性能规格和政府检测需求的要求，可能需要对一个新的、复杂的医疗设备进行再设计和改造。
- 一个航空控制系统的关键组件被推迟了几个月才交付。
- 一个关键的有着独特技术知识的项目团队成员决定退休，导致关键的专业知识出现了缺口。

上面例子中的任何一个都可以影响项目范围、质量、进度计划、预算、资源、风险和客户满意（或者单个影响这些因素）的平衡，危及项目目标的成功完成。

项目经理面临的挑战就是不仅要不断地通过项目管理来平衡这些因素，而且要防止、预测和应对这些状况的发生。良好的计划和沟通有利于防止问题产生，以及当问题产生时最小化其对实现项目目标的影响。因此，项目经理必须在计划和沟通上积极主动，领导项目团队以保持这些制约因素相互之间的平衡并且实现目标。

✎ 练习题

1. 项目有哪些特征？
2. 举出 3 个日常生活中你曾参与的项目。
3. 制约项目目标实现的 7 个因素是什么？

1.3　项目生命周期

通常的生命周期有 4 个阶段：启动项目、计划项目、执行项目和结束项目。图 1-2 显示了这 4 个阶段，以及每个阶段投入的力量和时间耗用情况。在项目生命周期的各个阶段，相关联的投入力量水平将会依据具体的项目而变化。项目生命周期在长度上可能以几周至几年来变化，这也根据项目的内容、复杂度和大小而决定。

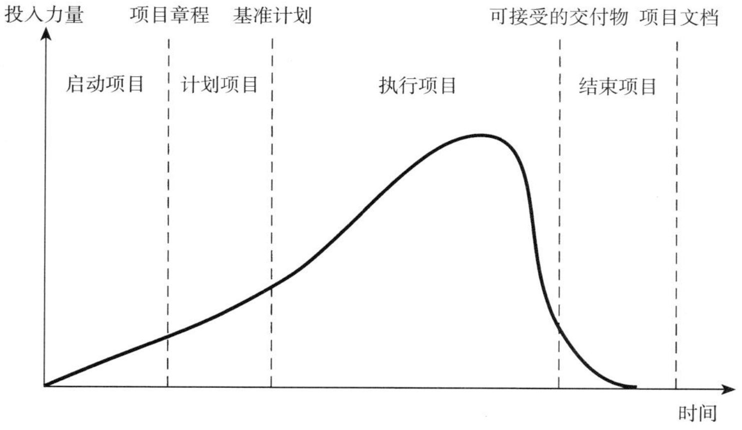

图 1-2　项目生命周期

在启动项目阶段会选定将要实施的项目。一个被称为项目章程的文档意味着一个项目的正式批准和立项。计划项目阶段包括定义项目范围、确定资源、制定计划和预算、确定风险，所有这些内容构成了为实施项目工作而制定的基准计划。在执行项目阶段，主要是执行项目计划，实施工作任务来生产所有的项目可交付物和完成项目计划。在这个阶段，要监测和控制项目进程来确保工作在计划和预算内予以完成，确保项目范围完全根据性能要求而全部完成，并确保所有的可交付物满足了验收规格。同样地，如果需要的话，任何变更都需要文件来证明、支持，并添加到一个更新的基准计划里。在结束项目阶段，要进行项目评估，确认获得的经验教训并用文件记录下来，以助将来项目的顺利完成。这些项目文件都要有组织地进行分类存档。

1.3.1 启动项目

项目生命周期的第一阶段包括对需求、问题或机会的确认，并促使客户授权项目以便满足已确认的需求或解决问题。当投资者——希望提供资金来使需求得到满足的人或组织，确认有需求时项目就可以开始进行了。例如，一家公司可能需要在其制造过程中降低较高的废金属比，这些废金属会使其生产成本更高，生产时间也长于其竞争对手的生产时间；再例如，一个高生产率的团体需要建一个新的学校。在一些情况下，将花费几个月的时间来清楚地定义需求、收集数据和定义项目目标，如医院的管理层想为本医院雇员的孩子就近建造一个护理中心，作为医院的一项战略来吸引并雇用员工。然而，这会花一些时间来收集与需求有关的数据和分析不同的实现需求的方法。例如，是要提供一个本地的护理中心，还是旨在为医院雇员的孩子提供护理？"本地"是需求必不可少的组成部分吗？

项目需求常常被确定为组织战略计划进程中的一部分。项目是一种实施特定战略或行动计划的方法，这些特定战略或行动包括建造一座离岸的风力农场，在发展中国家开展一个营养救助计划，在南美洲推广一个新的手工工具，或者进行一个团体的在线训练。组织有很多他们喜欢从事的项目，但是他们可能受限于可获得的资金数量。尽管某个人可能除了他的房子以外还需要一量新车，想有一个持续两周的旅行，但是他可能没有钱去做所有这些事情。因此，组织必须有一个过程来挑选哪个项目可以完成。一旦选定了项目，他们会正式地用一个被称为项目章程的文件来表示正式立项。章程包括项目的基本机制或理由、项目目标和期望收益、正常情况下的需求和环境，如授权使用的基金数量、需要的完成日期、主要的可交付物和需要的评审和支持，以及一些关键假设。

如果组织决定使用外部资源（承约商）来实施项目，组织就需要准备一份被称为需求建议书的文档。通过需求建议书，投资者或客户可以要求承约商提交其如何在成本约束和进度计划下实现需求的建议书。需要一座新房子的客户可能会花时间确认对房子的要求——大小、风格、房间数、地点、能承受的最高价格及入住日期。客户可能会写下这些要求，要求几个承约商提供房子建造计划和花费估计。一个已经确认需要为新的食物生产开展多层面广告活动的公司可能会以需求建议书的方式把其需求写成书面文件，并把文件分别送给几家广告公司。广告公司将给公司提交建议。公司将评估所给出的建议，挑选广告公司（承约商）来做广告活动（项目）并且和那家公司签署协议或者合同。

1.3.2　计划项目

在开始项目之前，项目团队或者承约商必须用足够的时间来恰当地计划项目。计划安排是必要的。计划表明了如何在预算和进度计划内完成项目范围。尝试去实施一个没有计划的项目就像尝试去进行没有事先阅读说明书的后院烤肉。认为计划是不必要的或浪费时间的人们事后总是需要寻找时间来重做事情。计划工作和实施计划工作都是很重要的，否则将产生混乱和失望，项目失败的风险将会更高。一旦项目得到授权，或者和外部的承约商签署合约，项目生命周期的下一个阶段将是对如何完成项目的计划进行细化。计划包括决定需要做什么（范围、可交付物），如何做（活动、环节），谁去做（资源、责任感），做多久（持续性、进度计划），将花费多少（预算）及它的风险有多大。计划工作的结果是得到一份基准计划，这份计划就是在项目章程或者合约内在需求和限制下来完成项目的路线图。

花时间来制定一份深思熟虑的计划是成功完成任何项目的关键。因为在项目开始之前没有可行的基准计划，很多项目超过了预算，错过了完成日期，或者仅仅部分地满足了技术上的性能要求。让参与实施项目的人们也参与计划工作是很重要的，因为经常是他们最知道哪些细节活动需要去做。此外，通过参与计划工作，根据计划的变化来完成项目。参与实际上形成了某种保证。

1.3.3　执行项目

项目生命周期的第三阶段是执行项目。一旦制定了基准计划，工作就可以开始了。由项目经理统帅的项目团队将执行计划并开展活动来产出所有的可交付物，并且完成项目目标。项目活动的步伐将加快，并增加更多数量和种类的执行项目任务所需的资源。在执行项目期间，将会用到不同类型的资源。例如，有关设计并建造一幢办公楼的项目，首先要由几个建筑师和工程师制定一个建楼计划。然后，随着建设工程的开展，大量增加所需资源，包括铁匠、木匠、电工、油漆工等。项目在建筑完工之后结束，少数其他工人将负责完成美化环境的工作和最后的内部装修。

此阶段将最终实现项目目标，使客户满意于整个工作高质量地在预算内按时完成。例如，如果一个承约商已经完成了个性化自动系统的设计和安装，并且系统顺利通过了运行测试，客户也接受了此自动系统；或者公司内部的项目团队已按管理层的要求完成了项目，把公司的两个设备合二为一，那么，第三个阶段也就完成了。

当执行项目工作时，监测和控制项目工作的进程以确保一切按计划进行并且完成项目目标，这是很有必要的。它包括了测量实际的进程，与计划进程相比较。为了测量实际的进程，跟踪哪些任务已经开始，如果项目交付物满足了预期的质量标准，完成和完成的工作所取得的价值、花费及当初承诺的花费是很重要的。在项目期间的任何时候，如果实际进程与计划进程的比较显示出项目落后于计划、超出预算或没有达到技术要求，就必须立即采取纠正措施，以使项目回复到正常轨道。

在做决定来完成正确的工作前，评估一些可替代的工作来保证正确的工作将在工作范围、进度计划和预算这些项目目标的限制因素下进行是必要的。要知道增加资源以弥补时间延误并回复到计划内，这种举措可能会导致开支超出预算。如果项目失控太多，既想完成项目目标而又不牺牲工作范围、预算、进度或质量，这种纠正措施很难找到。有效控制项目的关键是及时地定期在执行项目阶段监测实际进程，并与计划进程相比较，如有必要，则立即采取纠正措施。希望不必采取纠正措施，问题会自行消失的想法是幼稚的。越早确定问题并改正越好。基于实际进程，为项目的完成进行计划、预测和预算的工作就成为可能。如果这些参数超出了项目目标的限制，必须马上采取纠正措施。

在项目工作执行期间，很可能会发生变更。重要的是，管理和控制变更，以使任何对成功完成项目目标的负面影响最小化。需要建立一个变更控制系统来记录变更是如何记录、批准和沟通的。发起人或客户、项目经理、承约商之间，以及项目经理和项目团队之间关于变更控制的方法必须达成一致。这些程序应通过项目经理和发起人或客户，以及项目经理和项目团队之间的沟通来解决。如果变更只是口头同意而不是书面批准，且变更的迹象没有在工作范围、预算或者进度上有所体现，那必然会有问题。在不知道是否需要花费额外工作时间的情况下就随便认同额外的工作，对此项目团队成员应该小心谨慎一些。如果客户不同意为额外工作付钱，那么承约商就必须负担额外的成本，且面临着特定任务或项目的成本超支的风险。

一些变化可能看似微小，但还有一些则会严重影响项目工作范围、预算或进度计划。在粉刷前决定改变房间的颜色是小的变化。在承约商已经为单层房子搭起框架后再决定要盖一座两层的房子，这就是大的变化了，肯定会增加成本，也有可能延迟完成日期。

变更一旦确定，就可能对完成项目目标产生影响。普遍来说，在项目中发现变化越迟，对完成该项目目标的影响越大。最有可能受到影响的方面是项目预算和竣工日期。当已经完成的工作需要取消来满足要求的变化时，影响更大。例如，在墙和天花板都完成后，改变新办公大楼的水暖或者电线是非常昂贵的，因为墙和天花板都要被拆开，然后才能安装新的东西。然而，如果在项目中早一点做这样的改变，如当大楼仍在设计时，进行这种变更将更容易且花费更少。可以改变图纸，从而水暖管线和电线可以在第一时间就安装正确。

项目经理、项目团队、承约商或发起人、客户都有可能产生变更。一些变化可能会在风险发生后出现，这非常必要，例如，一个新的产品开发没有满足确定的监测标准，这意味着要开始额外的重新设计工作。

采取纠正措施或变更有时是必要的，且必须决定如何更新基准计划。这些决定经常意味着要变动时间、成本、工作范围和质量。例如，减少一个活动的时间可能需要增加成本来为更多的资源付钱，或需要减少任务的工作范围（及可能不满足客户的技术需要）。同样，减少项目成本可能需要使用比原始计划更低质量的材料。一旦决定了采取什么行为，它们就必须包括在进度计划和预算内。因此需要制定一个修订的进度计划和预算，以此来决定计划的纠正措施或变更是否还在可接受的进度计划和预算内。如果没有，必须做进一步修订，直到制定出可接受的、修订的基准计划。

当发起人或客户对完成了的项目目标感到满意，需求得到满足，且接受了项目的可交付物时，项目生命周期的执行项目阶段也就结束了。

1.3.4　结束项目

项目生命周期的最后阶段是结束项目。结束项目的过程涉及不同的行为，包括汇总并且计算最终的付款数额，评估和确认职员的绩效，开展项目后评估及后续投资经济效益分析研究，将获得的经验教训以文件形式记录下来并且将项目文件存档。

项目组织应该确保适当的项目文件及其副本得到适当的组织、归档并存档，那样的话以后需要使用它们时可以很容易地检索和找到。例如，当需要制定一份进度计划并估计拟订计划所需的花费时，参考一些已完成项目的实际花费和进度计划信息会很有帮助。

这个阶段的一项重要任务是评估项目的绩效。项目团队应该确认获得的经验并为将来的项目提高绩效而提出建议。为了有利于这些信息的使用，应建立一个知识管理系统。这一系统应包括并且容易检索和获得以往的经验教训，是一个获取之前项目信息的知识库。

反馈控制还要求从投资人或客户那里获得信息，来确定是否已达到项目的预期效益，以及评定客户的满意水平，这些信息都对未来与这位或其他客户的商业关系有所裨益。

✏️ **练习题**

4. 将项目生命周期的阶段与其名称进行匹配。

　　_____第一阶段

　　_____第二阶段

　　_____第三阶段

　　_____第四阶段

　　A. 计划项目　　　B. 执行项目　　　C. 启动项目　　　D. 结束项目

5. 项目通过一个叫做_____的文件获得授权。

6. 计划项目阶段的结果是_____。

7. 在执行项目阶段，项目计划被_____并开展活动来产出所有_____并完成_____。

1.4　项目管理过程

项目管理就是计划、组织、协调、领导并控制资源来完成项目目标。项目管理过程就是制定计划，然后按计划工作。教练可能会花好几小时来为一次比赛准备计划，然后由团队成员执行这些计划，以尽力达到目标——胜利。相似地，项目管理包括两个主要的职能：制定计划和执行计划，以实现项目目标。

一旦投资者颁布了项目章程来授权开展一个项目，管理项目时所付出的前期努力，必须是集中精力建立一个基准计划，为在预算之内按时完成项目范围提供一份路线图。项目目标规定了要完成什么。计划进程决定了需要做什么（范围、可交付物），如何做（活动、环节），谁去做（资源、责任感），做多久（持续性、进度计划），花费多少（预算）。这一计划工作包括以下步骤：

（1）定义项目目标。此定义必须在客户与执行项目的组织和客户或发起人之间达成一致。

（2）定义工作范围。必须准备项目范围文档。它应该包括客户需求，定义主要工作或者要素，并提供可交付物的清单和相关的可以用来区别工作和满足性能的可交付物的验收标准。

（3）创建工作分解结构。把项目工作范围一步步细分为大的"部分"或工作包（work packages）。虽然从总体来看，大项目令人无从着手，但有一个克服的方法，就是再大的工作量也可以进行分解。工作分解结构（Work Breakdown Structure，WBS）就是在项目运行期间，项目团队实现目标的工作单元或项目等级树。工作分解结构通常针对每个工作包确认组织或个人的责任。图 1-3 是一个工作分解结构的例子。（工作分解结构将在第 5 章中进一步讨论。）

（4）指派责任。对工作分解结构中的每个工作项目负责的个人或组织必须加以确认，以便确认项目团队里谁为每个工作包和任何相关可交付物的绩效负有责任和负责执行。图 1-3 表明了谁对每个工作项目负有责任。

（5）定义具体活动。评审每个在工作分解结构中的工作包并制定一份细致的活动名单，活动需要为每个工作包而执行，且为了生产任何所需要的交付物。

（6）为活动排序。创建一个显示所需要的活动排序，以及显示完成项目目标的那些活动相互依赖关系的网络图。图 1-4 是网络图的一个例子。

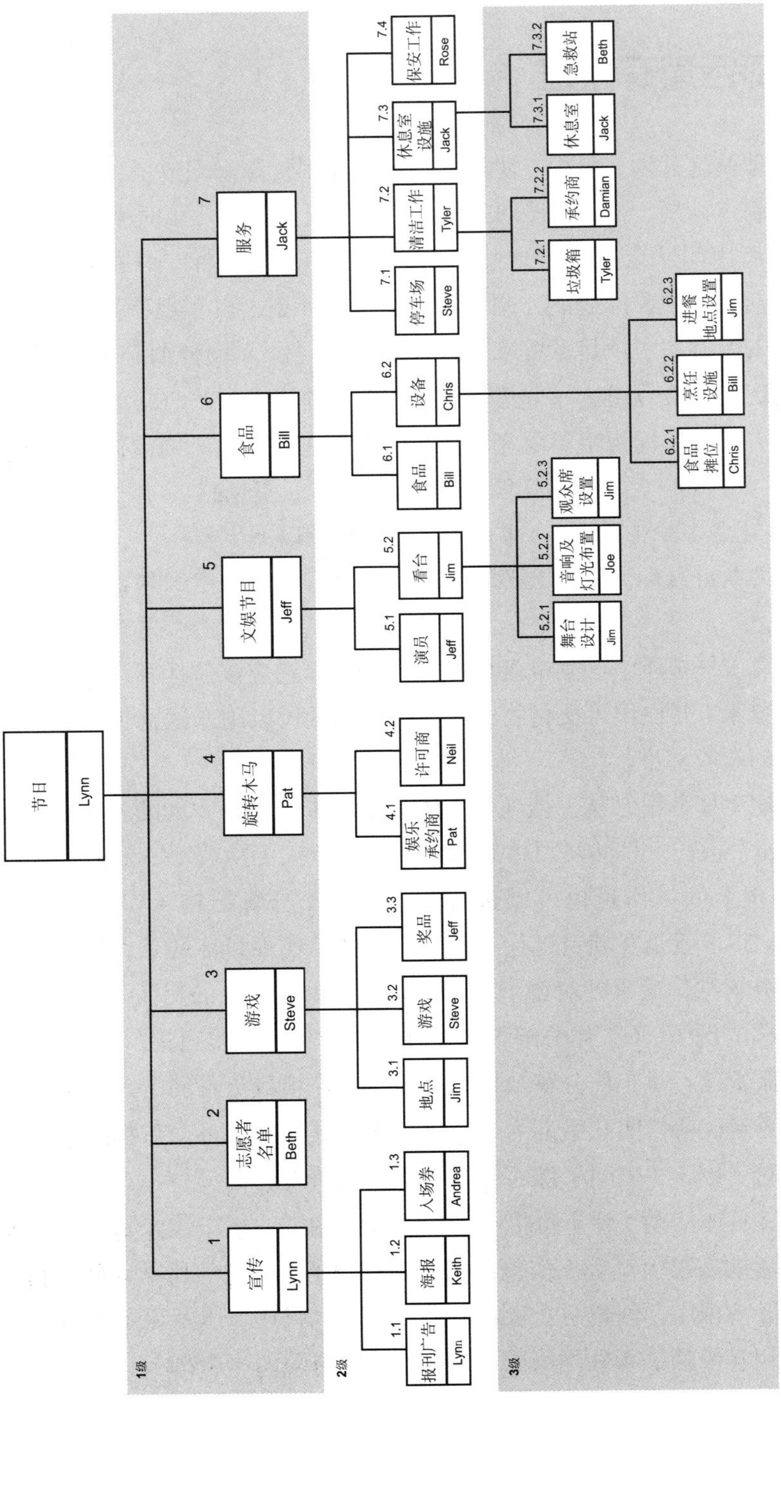
节日
Lynn
1级
1
宣传
Lynn
2
志愿者名单
Beth
3
游戏
Steve
4
旋转木马
Pat
5
文娱节目
Jeff
6
食品
Bill
7
服务
Jack
2级
1.1
报刊广告
Lynn
1.2
海报
Keith
1.3
入场券
Andrea
3.1
地点
Jim
3.2
游戏
Steve
3.3
奖品
Jeff
4.1
娱乐承约商
Pat
4.2
许可商
Neil
5.1
演员
Jeff
5.2
看台
Jim
6.1
食品
Bill
6.2
设备
Chris
7.1
停车场
Steve
7.2
清洁工作
Tyler
7.3
休息室设施
Jack
7.4
保安工作
Rose
3级
5.2.1
舞台设计
Jim
5.2.2
音响及灯光布置
Joe
5.2.3
观众席设置
Jim
6.2.1
食品摊位
Chris
6.2.2
烹饪设施
Bill
6.2.3
进餐地点设置
Jim
7.2.1
垃圾箱
Tyler
7.2.2
承约商
Damian
7.3.1
休息室
Jack
7.3.2
急救站
Beth

图 1-3　工作分解结构

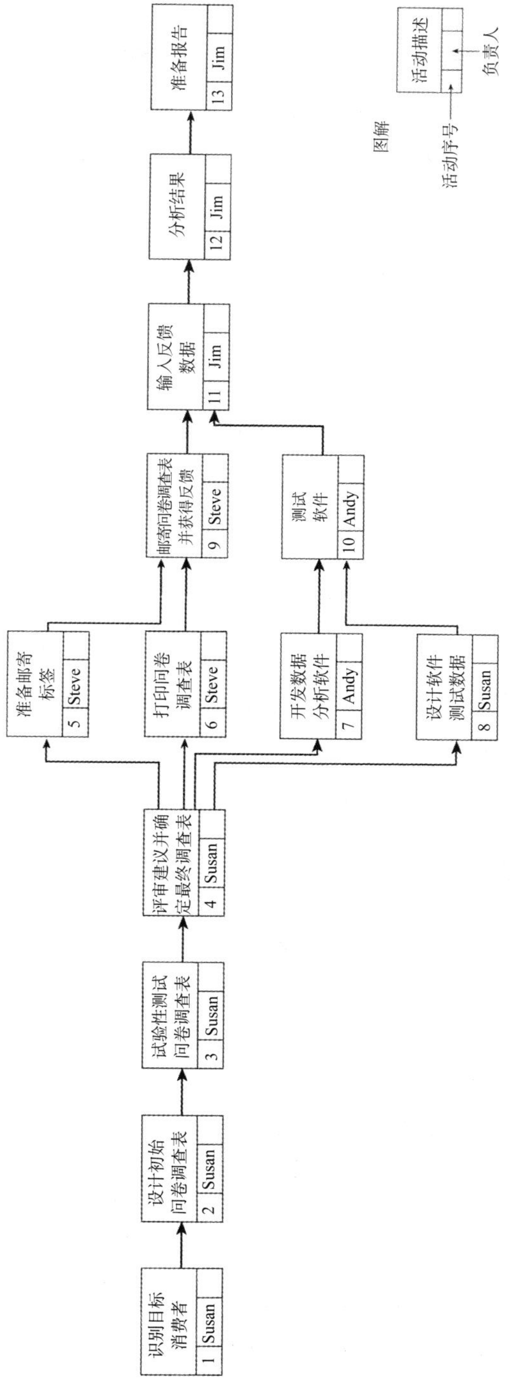

识别目标消费者 | 1 | Susan

设计初始问卷调查表 | 2 | Susan

试验性测试问卷调查表 | 3 | Susan

评审建议并确定最终调查表 | 4 | Susan

准备邮寄标签 | 5 | Steve

打印问卷调查表 | 6 | Steve

开发数据分析软件 | 7 | Andy

设计软件测试数据 | 8 | Susan

邮寄问卷调查表并获得反馈 | 9 | Steve

测试软件 | 10 | Andy

输入反馈数据 | 11 | Jim

分析结果 | 12 | Jim

准备报告 | 13 | Jim

图解

活动描述
活动序号 —— 负责人

图 1-4 网络图

（7）估计活动资源。决定资源的类型，如需要执行每个活动的技能或者专业知识、每种所需资源的数量。资源包括人力、材料、设备等，这都是在执行每个活动时所需要的。估计资源必须考虑每种资源的可获得性，它是内在的还是外在的（如分包商），并考虑在项目运作期间可获得的数量。指派一名特定的员工来对每个活动负责。

（8）做一下时间估计。以评估提供的资源为基础，预计完成每项活动须花多长时间。也有必要确定一下每项活动需要用到的资源及其用量，才能在预定工期内完成该活动。

（9）制定项目进度计划。以每个活动的估计时间和在网络图中活动顺序的逻辑关系为基础，制定完整的项目进度计划，其中包括每个活动何时开始和结束，每个为在规定日期内完成项目的活动的开始和结束日期。表1-1是项目进度计划的例子。

表1-1 项目进度计划

活　动	负责人	工期估计	最早开始时间	最早结束时间	最迟开始时间	最迟结束时间	总时差
1 识别目标消费者	Susan	3	0	3	−8	5	−8
2 设计初始问卷调查表	Susan	10	3	13	−5	5	−8
3 试验性测试问卷调查表	Susan	20	13	33	5	25	−8
4 评审建议并确定最终调查表	Susan	5	33	38	25	30	−8
5 准备邮寄标签	Steve	2	38	40	38	40	0
6 打印问卷调查表	Steve	10	38	40	30	40	−8
7 开发数据分析软件	Andy	12	38	50	88	100	50
8 设计软件测试数据	Susan	2	38	40	98	100	60
9 邮寄问卷调查表并获得反馈	Steve	65	48	113	40	105	−8
10 测试软件	Andy	5	50	55	100	105	50
11 输入反馈数据	Jim	7	113	120	105	112	−8
12 分析结果	Jim	8	120	128	112	120	−8
13 准备报告	Jim	10	128	138	120	130	−8

（10）为每项活动做成本估算。成本依每项活动所需的资源类型及数量，以

及合适的劳动力成本率或每种资源的单位成本而定。

（11）决定预算。汇集每项活动的成本估计可生成项目的总预算。同样，工作分解结构中的工作包的预算可以通过汇集每个工作包的细节活动的成本估计而决定。其他成本，如项目或者组织的行政、间接的开销，也应该包括在预算中，并恰当地分配到每个活动或工作包中。一旦确定了所有项目或每个工作包的总预算，需要制定各时间段的预算，来为项目或以工作进度计划为基础制定工作包分配预算。图 1-5 是时间段项目预算的例子。

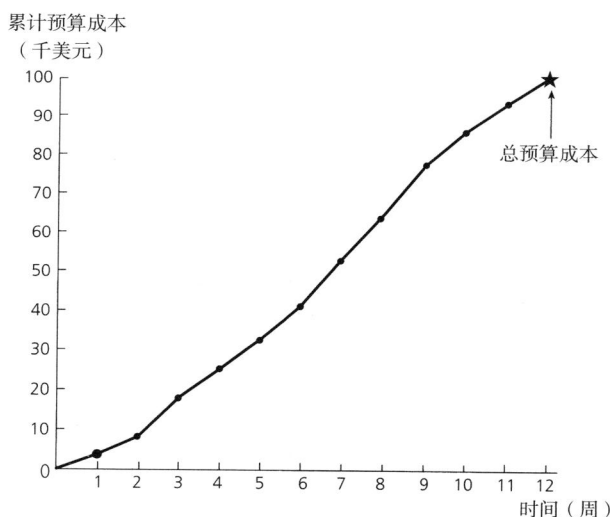

图 1-5 累计预算成本曲线

一旦制定了项目的进度计划和预算，就必须决定项目是否能在要求的时间内、按拨付的资金及可获得资源下完成。如果不能，必须对项目工作范围、活动资源、时间估计或资源分配进行调整，直到制定出可实现的、现实的基准计划和按时且在预算内完成项目工作范围的路线图。

计划（planning）决定着需要做什么、谁去做、需花多少时间、花费多少等问题，努力的成果就是基准计划。投入一定的时间来做一个考虑周全的计划，这对任何项目的成功完成都是至关重要的。许多项目超出了预算，延误了完成期限，或是仅仅部分达到了要求，都是因为在项目开始前没有制定一个可行的基准计划。

项目的基准计划可以用图或表格的形式，显示从项目开始到结束的每个时间段（周、月）的有关信息（计划将在第 4～7 章讨论和解释）。这些信息应当包括：

- 每项活动的开始与结束日期。
- 在各个时间段内所需的各种资源的数量。
- 各个时间段的预算和从项目开始的各个时间段的累计预算。

一旦建立了基准计划就必须执行。这包括按计划执行工作和控制工作，以使项目工作在预算之内按进度、让客户满意地完成。它包括以下要素：

（1）执行工作。基准计划中的所有活动，就像网络图中描述的那样，必须根据项目进度计划和技术规定来执行。要在所有的可交付物满足验收标准条件下产出它们。完成这些需要项目团队的协作，包括外部资源和定期与所有的利益相关者（包括发起人或客户）沟通，以保证产品与预期相符。

（2）监测和控制进程。当执行项目工作时，监测和控制进程以确保一切按计划进行，这是很有必要的。测量实际的进程，并与计划进程相比较也是有必要的。在项目期间的任何时候，如果实际进程与计划进程的比较显示出项目落后于计划、超出预算或没有达到技术要求，就必须立即采取纠正措施，以使项目在限定的项目目标、工作范围、进度和预算下回复到正常轨道。要知道增加资源以弥补时间延误并回复到计划内，这种举措可能会导致开支超出预算。如果项目失控太多，既想完成项目目标而又不牺牲工作范围、预算、进度或质量，这种纠正措施很难找到。有效控制项目的关键，是及时地定期监测实际进程，并与计划进程相比较，如有必要，则立即采取纠正措施。希望不必采取纠正措施，问题会自行消失的想法是幼稚的。基于实际进程，为项目的完成进行计划、预测和预算的工作就成为可能。如果这些参数超出了项目目标的限制，必须马上采取纠正措施。

（3）控制变更。在项目工作执行期间，由于各种意想不到原因，如一些活动比预期更久完成，需要资源时却得不到，材料成本比预料的多，或者发生某些风险了等，这些变化都可能发生。项目经理、承约商、客户也可能要求基于新的信息或项目复审的结果，要求项目工作范围发生变化。如果客户和项目经理或者分包商同意变化，且双方都意识到了变化对范围、进度计划、预算、项目目标完成的影响，那么这种变化就是好的。重要的是，管理和控制变更，来使任何对成功完成项目目标的负面影响最小化。需要建立一个变更控制系统来看看如何对变更进行记录、批准和沟通。所有利益相关者需要一致同意这样的系统，它必须经过所有项目参与者的沟通而得到批准。

不先建立一个基准计划就试图执行项目是莽撞的，这就像在没有行车图、旅行计划和预算的情况下就开始旅行一样。你可能在中途的某个地方就不得不停下来——因为没有钱或是天色已晚。

✏️ **练习题**

8. 项目管理过程就是_____，然后_____。

9. 项目_____必须在_____组织和客户或发起人之间达成一致。

1.5 全球项目管理

全球化很独特地把管理项目的范围扩大了，也改变了项目的动态。如果项目参与者没有意识到他们可能遇到多元文化和多样化的经济交易形式，其不利后果将会影响项目的收入，增添项目的复杂性。例如，可能有一个项目合同需要外包出去，要雇用原住民劳工来执行特定的项目任务，让国内供应商提供工程材料，在项目预算中以客户所在国家的货币支付工资和材料等。项目本身牵涉的外部因素、项目或者客户组织都可以使项目处在动态和不稳定的环境之中，诱生一些风险因素，并影响项目的成功。这样的影响因素包括：

- 如今的通货膨胀率和汇率。
- 国家特定的工作法律和规则，如每天的工作小时数、假期和宗教惯例。
- 在多个国家有企业和设备的合资公司和合伙企业。
- 国家间的政治关系。
- 高技术劳动力的需求和可获得性。

大型国际性事件，如奥林匹克运动会或在一场自然灾难后重建一个区域，需要多层次的项目团队。全球项目是多国的、多层次的，参与者来自不同的国家，讲着不同的语言。这些方面可能会产生沟通、团队发展和项目绩效的障碍。

全球项目管理需要额外的能力。对于项目经理和团队来说，拥有外语能力和其他国家及其文化、地理、世界历史和国际经济（如通货膨胀率、汇率、进出口交易等）方面的知识是很有用的。拥有对不同项目参与者（项目团队、客户、分包商和供应者）国家的文化和习俗（用餐时间、眼神接触、男人和女人所扮演的不同角色、裙子尺寸、宗教行为、权力界限、沟通礼仪等）。礼节（如在一些国家坐着时将腿交叉被认为是侮辱，摆手或触摸异性是无礼的）的认知和理解也是必需的。知道不同国家，特别是客户的国家或者项目交付完成的那个国家的项目参与者所处的地理政治环境也很重要。

尽管距离很远，但技术使项目参与者仅仅通过鼠标就可以进行联络。这也有助于减少不同项目参与者所在地时间区域差异对项目沟通的影响。一种在多层次项目团队中促进交流的方法是，利用可以翻译不同项目参与者语言的邮件和文档的软件。全球化和因特网已经为公司带来了新的机会，这可以在更多来自全球相互竞争的参与者从事众多项目的工作，和在全球的提供者中购买材料与服务这些方面得到体现。

文化认知和敏感性不仅重要，而且和全球项目管理的成功相互依赖。学习和理解其他项目参与者的文化和习俗展示了尊重，建立了信任，有助于建设有效率的项目团队，并且对于全球项目管理的成功也很关键。

✎ 练习题

10. ＿＿＿＿＿和敏感性不仅重要，而且和＿＿＿＿＿项目管理的成功＿＿＿＿＿。

1.6 项目管理组织

项目管理协会（PMI）是第一个为从事项目管理职业的人们，以及想要从这个职业收获更多的个人开办的全球性非营利组织。PMI 建立于 1969 年，拥有来自超过 170 个国家的将近 350 000 名成员，和来自超过 70 个国家的 250 份期刊。此外，该组织还有一个在线联系社区，人们可以在特定的感兴趣的主题下开展交流合作。

PMI 出版了《项目管理知识体系指南》，这本书提供了项目管理概念、练习和技术的应用进展和指南的框架。它也创建了《PMI 道德准则》（*PMI Code of Ethics*）和《专业行为指导》（*Professional Conduct*），这两本书建立了专业行为的标准和期望。

PMI 还提供了有机会获得各种项目管理学科认证的计划。全世界约 400 000 人是 PMI 的认证持有者。其他关于项目管理协会的信息可以通过 http://www. pmi.org 网站来查找。

全球也有很多其他的项目管理组织。

1.7　项目管理的益处

采用项目管理技术的最终益处是拥有了满意的客户——不论是自己项目的客户（如改造自己的地下室），还是执行由客户付酬的项目的企业（承约商）。在预算内高质量地按时完成全部项目范围将会给人带来极大的满足感。对于承约商来说，这会促成将来与该客户再次发生业务联系，或者获得由该客户所推荐的新客户的生意。

"嘿！客户是最重要的，那我呢？我从中得到了什么好处？"如果你是项目经理，你将会有一种领导了一个成功项目的满足感。这也会增加你作为一个项目经理的知名度，使你拥有扩展职业的机会。如果你是一个成功地完成了项目的团队成员，你会觉得在这个获胜的团队里工作很愉快：你不仅对项目的成功做出了贡献，而且在工作中扩展了知识，提高了技术。如果你继续做个体承约商，你将可能在未来的更复杂的项目中做出更大的成绩。如果你对最终项目管理感兴趣，你将能够承担额外的项目责任。当项目成功时，每个人都成功了！

现实世界中的项目管理

美国联邦国防和情报获取大型项目的
成本超支和工期延误的因果推论

成本超支和工期延误已经严重影响了美国联邦国防和情报获取大型项目。当国家面对新的威胁时，过时的技术限制了士兵们，使成本超支和工期延误，从而使国家安全受到了影响。超出的资金可能用于其他的创新项目。

政府问责办公室在 2008 年的报道中提到了 95 个武器系统。成本超出约 295 亿美元，平均工期延迟为 21 个月。评估承约商的建议和经验，把客户的需求转化为具体的能力，在许多情况下被认为是主要原因。其他原因包括：难以建立可信的项目基准计划，项目成本、工期和绩效的现实评估，以及通过恰当的激励结构来鼓励承约商按时并在预算下完工的合同机制。

项目经理建立了项目目标，定义了项目范围，创建了工作分解结构，指派了责任，定义了具体的活动并且将活动按顺序排好。他决定使用合适的资源，包括材料、技术和人力，而这些资源正是这个工程中项目管理的一部分。一项成本超支约为 1.3 亿美元，在没有检查一个错误的商业产品如何满足项目计划的情况下，它作为成果生产出来。以上这些从项目中学到的经验是决策者必须反复回顾项目进程来发现并解决的。

和项目有关的劳力成本平均每周为 1 200 万美元。当做出决策且找出解决方案时，推迟一个月可能花费 4 800 万美元。如果决策过程正确和开发出获取必要信息的技术，项目团队遇到的的错误可能会大大减少。

研究发现，成本超支最大的组织几乎没有继任规划方案，以发展新的项目经理。指导和继任规划帮助组织成长和留住人才，并帮助项目绩效和过程的监测、控制及变更控制。从更高级的项目人员到初级项目人员，与利益相关者的沟通和知识的传递一同得到了增强（项目管理协会为指导和分享项目专门知识提供了机会）。

很多问题，如这些大型美国联邦国防和情报获取项目，源自错误的项目管理和项目人员与关键利益相关者之间的沟通不畅。减少这种成本超支和工期延误，以便在其建议的成本、进度计划和绩效评估下完成项目的解决方案要依赖于项目管理技能和技术的适应和执行。

资料来源：S.Meier, "Causal Inferences on the Cost Overruns and Schedule Delays of Large Scale U.S. Federal Defense and Intelligence Acquisition programs," Project Management Journal 41,no.1(2010):28-39.

关键的成功要素

- 计划和沟通对于成功的项目管理是必要的。它们能防止问题产生，或者在问题产生时使问题对实现项目目标的影响最小化。

- 项目开始以前花时间建立一个考虑周全的计划，对于任何项目的成功都是必要的。

- 一个项目必须有一个将要完成的明确界定的目标，它根据最终产品或可交付物、进度计划、预算及客户满意来定义。

- 把客户作为一个合作伙伴，通过客户在项目整个过程中的积极参与来获得成功。

- 要使客户满意，就要同客户随时沟通，使客户知晓进度情况，以便决定是否需要改变期望。

- 有效控制项目的关键在于，及时、定期监测实际进程，并与计划进程相比较，如有必要，则立即采取纠正措施。

- 项目结束以后，应该评估一下项目绩效。如果未来执行一个相似项目的话，则可知晓能够改进哪些方面。应该从客户和项目团队处得到反馈。

- 学习并且理解其他项目参与者的文化和习俗将显现出尊敬，有助于建立信任，有助于建设有效的项目团队，并且对于成功的全球项目管理也是重要的。

小结

　　项目就是以一套独特的、相互联系的任务为前提，有效地利用资源，为实现一个特定的目标所做的努力。它在最终产品、可交付物、进度计划和预算方面都有明确界定的目标。项目也有相互依赖的任务，用不同的资源，有特定的时间框架，项目是一个独特的一次性的任务，有项目发起人或客户，具有不确定性。成功地完成项目目标受很多因素制约，包括工作范围、质量、工作进程、预算、资源、风险和客户满意。

　　项目生命周期包括四个阶段：启动项目、计划项目、执行项目、结束项目。在启动项目阶段，确定和选择项目，并通过项目章程文件进行授权。计划项目阶段包括了定义项目工作范围，确定资源，开发工作计划和预算，识别风险，所有这些都组成了完成项目工作的基准计划。在执行项目阶段，项目计划得到执行，工作任务予以实施来生产所有的项目可交付物和完成项目目标。在这期间，须监测和控制项目进程来确保工作保持在进度和预算内。工作范围根据规格要求圆满完成，所有可交付物满足了验收标准。任何变更都需要文件记载、批准和纳入修正过的基准计划里。在结束项目阶段，将实施项目评估，确定习得的经验并记载下来，以有助于改善未来的项目绩效，并将其存档。

项目管理是计划、组织、协作、领导和控制资源来完成项目目标。项目管理进程包括两个主要功能：首先建立计划，然后执行计划以完成项目目标。计划进程包括以下步骤：建立项目目标、定义工作范围、创建工作分解结构、分配责任、定义特定的活动、将活动排序、估计活动资源、估计活动工期、开发项目进度计划、估计成本、决定预算。执行进程包括三个要素：实施工作、监测和控制进程，以及控制变更。

全球化改变了项目的动力，且增加了某种复杂度——如果项目参与者不知道他们可能遇到文化差异和多国经济交易，则会影响项目收益。项目本身的外部因素，或者项目或客户组织，在项目生命周期中可能导致一种动态的不稳定的环境，引发风险，影响项目的成功。全球项目是多国的、多层次的，参与者来自不同国家，讲着不同的语言。尽管有很远的距离，技术（如电脑、网络）可以使项目参与者通过鼠标点击就可以联络。全球项目管理需要更多的能力。文化认知和敏感性对于全球项目管理的成功不仅重要，更是必要的。学习和理解其他项目参与者文化和习俗展示了尊重，建立了信任，有助于开发有效率的项目团队，并且对于全球项目管理的成功也是关键的。

项目管理协会是一个全球性非营利组织，为全球的项目管理从业者服务。它出版了《项目管理知识体系指南》，这本书提供了项目管理概念、练习和技术的应用进展和指南的框架。

采用项目管理技术的最终收益是拥有满意的客户——不论你是自己项目的客户，还是执行由客户付酬的项目的企业（承约商）。在预算内高质量地按时完成全部项目工作范围，将会给人带来极大的满足感。

思考题

1. 给项目下定义。

2．给项目目标这一术语下定义，并举例说明。

3．举例说明在某个项目中会用到的一些资源。

4．客户在项目生命周期中扮演的是什么角色？为什么使客户满意很重要？

5．项目可能会包含哪些方面的不确定性？为什么？

6．给工作范围、进度计划、成本和客户满意度分别下定义。为什么把它们当做约束因素？

7．列举并描述项目生命周期的主要阶段。

8．列举并描述建立一个基准计划所需的步骤。

9．为什么项目经理必须监控项目的进程？如果项目没按计划进行，应当采取什么措施？

10．描述全球项目为何比仅仅在一个国家里实施项目会更复杂。这些元素如何影响成功的全球项目的收益？

11．列举采用项目管理技术的益处。

12．思考一下，你目前正在参与的或你最近已经完成的项目。

（1）描述一下目标、工作范围、进度计划、成本和其他的假定条件。

（2）你处于项目生命周期中的哪个位置？

（3）这个项目有一个基准计划吗？如果有，描述一下；如果没有，创建一个。

（4）你或别人在监控项目进程吗？如果是，你怎样做的？如果不是，你应该怎样开始监控活动？

（5）描述一下一些可能危及项目成功的意料之外的情况。

（6）描述一下项目的预期收益。

WWW练习

为了获得下面练习中提到的组织的网址，可以登录 www.cengagebrain.com，在首页上的搜索框中输入本书 ISBN，可以找到本书的免费资源。建议你将这个网址存入收藏夹以便以后快速找到。

1．用你最喜欢的搜索引擎，搜索"项目管理"（Project Management）。在你的搜索结果中找出至少 5 个链接站点，确定每个站点的网址。描述一下这 5 个网址中每一个所包含的大概内容。

2．做几个额外的网上查询。在"项目管理"这个词后，增加一些在这一章中曾列出的关键词，如查询"项目管理目标"（objectives）、"项目管理生命周期"（life cycle）、"项目管理过程"（process）、"项目管理工作分解结构"（work breakdown structures），等等。你都找到了些什么？

3．自从 1969 年成立以来，美国项目管理协会（Project Management Institute，PMI）在全球已有来自 170 个国家的 350 000 多名会员。PMI 位于宾夕法尼亚（Pennsylvania），是项目管理领域领先的非营利性专业组织。它确定项目管理的标准，开办专家研讨会，制定教育培训课程。它还有一个专业证书的认证程序，同时经营着项目管理方面的杂志《Project Management Journal》和《PM Network》。它也有一个很好的项目管理网站，网址是 www.pmi.org，可以查看有关学会成员、认证、教育培训及出版物的信息。描述成为一个学会成员的益处。如果你感兴趣的话，可在线申请成为会员。（学生等级是可以达到的。）

4．PMI 的文章存在于全世界。搜索 PMI 全球会议。描述你找到了什么，其中包括即将召开的国际性会议。你也可以搜索以获得当地 PMI 文章的链接。在当地打印出 PMI 文章的信息。此外，搜索资源的链接。浏览虚拟图书馆、研究、出版物和标准链接。搜索《PM Network》、《PMI Today》和《项目管理期刊》都是PMI 下属的出版物，选择一篇你感兴趣的文章，并写一页纸的总结。

5．Executive Planet 网站提供了与全球性业务有关的商务礼仪、服装和协议的有价值的秘诀。去该组织的网站搜索三个不同国家的商务文化指南。总结三个国家各自的有关礼仪和服饰的关键点。

案例研究 1-1　一家非营利性组织

当地一家大学的学生交流服务组织的管理者们正召开 2 月的例会。这一组织负责筹集和购买食品，然后分发给生活困难的人们。会议室里在座的有董事会主席贝斯·史密斯、董事罗斯玛丽·奥尔森和史蒂夫·安德鲁。贝斯首先发言："我们的资金几乎用光了，而对食品的需求却一直在增加。我们需要弄清楚怎样才能得到更多的资金。"

"我们必须发起一个资金筹集项目。"罗斯玛丽响应道。

史蒂夫建议："我们能否向地区政府申请一下，看它们能否增加我们的分配额？"

"它们也紧张，明年它们甚至会削减我们的分配额。"贝斯回答。

"我们需要多少钱才能把今年对付过去？"罗斯玛丽问。

"大约10 000美元，"贝斯回答，"我们在两个月后就会急需这笔钱了。"

我们除了钱还需要很多东西。我们需要更多的志愿者、更多的储存空间和更多捐赠的食物。"史蒂夫说。

"哦，我想我们完全可以自己做这个筹集资金的项目，这将是很有趣的！"罗斯玛丽兴奋地说。

"这个项目一直在扩大，我们永远也不可能把它做完。"贝斯说。

罗斯玛丽回答说："我们筹划一下并且做好它，我们一定能做到的。"

"项目是我们真正需要的吗？我们明年要做什么？另一个项目？"史蒂夫问，"此外，我们正在经历一个困难时期，很难找到志愿者。或许我们应当考虑一下，我们怎样用较少的资金来运作这一切。例如，我们怎样能定期得到更多的捐赠食品，这样我们就不必买这么多食品了。"

罗斯玛丽插话说："多妙的主意，当我们试着去筹集资金时，你又能继续工作。我们要想尽一些办法。"

"好了，"贝斯说，"这些都是好主意，但是我们只有有限的资金和志愿者，而需求一直在增长。我们现在要做一些事情，以确保我们在两个月后不必关门停业。我想，我们都同意必须采取一些行动，但不能确定我们的目标是否一致。"

？ 案例问题

1. 已识别的需求是什么？

2. 项目目标是什么？

3. 如果有的话，对要从事的项目应做一些什么假定？

4. 项目牵涉的风险是什么？

◥◣ 小组活动

联系一家你所在社区的非营利性组织，告诉它们的负责人你对它们的运作很感兴趣，请它们描述一下目前正从事的项目。目标是什么？制约因素是什么？资源是什么？

如果有可能，你们小组可以为这个项目投入几小时的时间。通过这次锻炼，你将在帮助他人的同时，学会真正的项目运作。准备一份报告，总结一下这个项目和你从这次经历中所学到的东西。

案例研究 1-2　电子商务在一家小超市中的应用

马特和格雷斯在一个人口趋向于老龄化的乡下小镇拥有一家小型超市。它的位置比较偏远，因此没有来自大型连锁超市的竞争。小镇中有一个能容纳 1 500 名学生的私立文学院。

"我认为我们超市应该建一个网站。"马特对格雷斯说。

"为什么？"格雷斯问道。

"每个商店都应有一个，这是未来的潮流。"马特回答。

"马特，我仍然不是很清楚。我们的网站上应该有些什么？"格雷斯问道。

"一方面，我们可以放一张我和你站在超市前的照片。"马特说。

"别的呢？"格雷斯问。

马特回答道："也许可以让人们查看商品资料并且在网站上预订商品。对了，那些大学生将认为我们建立网站是个好主意，因为他们无论干什么都在使用计算机。这将增加我们的生意，他们将会从我们的店里购买食品，而不是总是吃来自萨姆分店的比萨饼和汉堡包。同时，住在老年公寓的人们也将学会在线购物，我听说公寓管理人员正在教他们如何使用计算机。我们甚至可以提供送货服务。"

"等一下，"格雷斯说，"那些大学生从萨姆店买比萨饼和别的食品都是在晚上，那时我们关门很久了。同时，我认为老年人喜欢外出。每天都有一辆车带他们中的一些人来购物，而且，他们无论如何也不会多买的。另外，他们如何为在网站上订购的东西付费？我也紧跟潮流，但我不能确定网站对于我们的小超市有多大意义，马特，努力去建成一个网站对我们有什么用呢？"

"我刚刚已向你解释了，格雷斯。这是所有的商业组织将采用的形式。我们要么跟上商业潮流，要么被淘汰。"马特回答。

"这是不是和你上周参加在达福斯举行的商会有关？你说在那里，有一个顾问谈到了有关电子商务的事情。"格雷斯问。

"是的，也许吧。"马特说，"我认为我应该先打个电话，告诉他我要去拜访他，并且告诉他我需要什么。"

"马特，所有这一切要花多少钱呢？"格雷斯问，"我想我们需要再考虑一下。你知道，夏天也许要铺设停车场。"

马特回答："不用担心。一切都会按时完成的，相信我。我们的生意增长得这么快，足以支付网站建设所需的费用。另外，这位顾问一直在做这种类型的项目，也许不会需要太多费用。"

❓ 案例问题

1. 已经被识别的需求有哪些？
2. 项目的目标是什么？
3. 在和顾问谈以前，马特和格雷斯应该做些什么？
4. 顾问应告诉马特和格雷斯什么？

◣ 小组活动

选择两个学员，根据案例在课堂上分别扮演马特和格雷斯的角色，然后把课程的参与者分成 3~4 组去讨论问题。每组必须选出一位发言人在全班面前陈述小组观点。

◤ 可选择的活动

让每个学员联系一家经营在线业务的企业。问一下这家企业，如果该项目满足了最初的期望，那么，是什么因素促使它们做出这个决策的？

第 1 篇　项目启动

第 1 篇的各个章节介绍了《项目管理知识体系指南》(《PMBOK 指南》) 中的以下项目管理知识领域:

项目集成管理 (第 2 章)

项目采购管理 (第 2、3 章)

项目生命周期的第 1 阶段包括对需求、问题及机会的识别, 并促使发起人授权某个项目以满足某项需求或解决某个问题。当客户——愿意提供资金以使其需求得到满足的组织或个人——明确提出需求时, 项目就诞生了。项目需求识别通常是组织战略规划进程的一部分。一个组织可能有很多想要投资的项目, 但它们往往被有限的资金所限制。因此, 组织需要建立一个项目选择的过程。一旦项目选择完毕, 它们将通过项目章程正式授权。如果组织打算使用外部资源 (承约商) 来实施项目, 将会制定一份被称做需求建议书的文件。有兴趣的承约商向客户提交申请书, 然后客户选择某个承约商实施项目, 并与之签订协议 (合同)。

第 2 章　项目的识别与选择

讨论如何识别、选择、授权、外包项目。

第 3 章　提出解决方案

讨论如何同客户建立关系, 并阐述了制定一份能获胜的申请书的过程。

第 2 章 项目的识别与选择

本章内容支持《PMBOK 指南》中的如下领域：

项目集成管理

项目采购管理

现实世界中的项目管理

优先考虑学校安全路线的国王县和凤凰学校

负责学校安全行车路线的国家中心其实是一个联邦公路管理局的信息交流中心，负责设计学校安全路线。识别它有一个详细的项目识别过程，来决定学校安全路线项目最优先的地理位置和对策。

首要做的是优先确认可以从该项目中获得利益的学校。最优先考虑的是学校与儿童行人发生碰撞有关的历史。其他因素包括与儿童行人安全有关的学校官方，以及目前走路或骑自行车去学校的潜在行人。

其他为项目识别所考虑的因素是交通流量、交通速度、现有的基础设施和十字路口。项目识别团队也考虑了地理、社会经济分布和项目成本。对策是要在大量的位置上做少量投资，而不是在一个位置投资大量资金。他们的决定将确保学生到学校有安全的行走路线，使相关各方获得最大的利益。

国王县地处华盛顿，识别这个区域将为项目识别过程收集数据。它有 5 个市区学校和一个乡村学校。校长们报告说有将近 500 个在校学生走路上学。项目识别团队有一个工作报表系统，用统一的方式来收集信息。一些可以帮助未来制定计划的信息在收集数据阶段都可以找到。

凤凰县在亚利桑那州,在它所管辖的28个学校区域内有超过500所学校。为了维持改善基础设施的需要,城市要求学校所在区域内的县长和运输署署长做下一年度的计划。每个特定的学校区域都用项目识别团队所使用的优先工具来检测。研究结果是为学生和家长制定走路和骑车上学线路的地图。

用相同的方法体系检测所有的学校,其好处是可以对哪里最需要改善安全基础设施进行横向比较。项目识别团队在有限的项目资金条件下,有效地确定了优先顺序来最大限度地帮助众多的学生。

如果确立了一种系统的方法来进行项目识别,并确认需求、问题,或者明确了哪个项目是用来解决问题和满足客户需求的机会,这就是项目生命周期的开始了。使用系统的方法来估计、选择由内部团队还是承约商来完成项目也是非常有效的。

资料来源:C.Sundstrom, N.Pullen-Seufert, M.Cornog, M.Cynecki, and K.Chang, "Prioritizing Schools for Safe Routes to School Infrastructure Projects," Institute of Transportation Engineers.ITE Journal 80, no.2(2010):24-28.

本章概要

本章讨论项目生命周期中的识别需求阶段。你将了解以下内容:

- 识别需求和选择项目。
- 项目章程。
- 通过制定需求建议书外包项目。
- 征求建议过程。

学习成果

学完本章后,你将能够:
- 讨论项目是如何定义的。

- 解释项目如何得以优先选择。
- 定义和描述项目章程的至少 8 个要素。
- 准备一份项目章程。
- 准备一份需求建议书。

2.1 识别需求

识别需求是项目生命周期的最初阶段。它开始于需求、问题或机会的识别，并导致项目得到确认来满足需求。项目可以通过不同途径来得到确认：在一个组织的战略计划中；作为其正常商业运作的一部分；应对突发事件，或者一些人决定通过开展项目来满足特殊需求的结果。

商业战略受制于市场机会、竞争和技术。例如，可能出现了某种市场机会来开发一个为学龄前儿童定制的新型教育产品，或者一家与竞争对手相比失去了市场份额的公司，为了将应用最新的技术和受更多客户喜爱这两个特点合并起来，也许需要一个项目来重新设计它的产品。一些商业公司可能看到，在亚洲其产品面临飞速增长的市场，因此它立项在印度建造一座工厂来满足产品的需求。非营利组织或者联盟也可以通过制定战略来更新其使命。基于成员的一份调查，一个国家组织可能需要开展一个项目来发展新的网站，以便更好地为成员服务。医疗性质的基金会可能希望在特定国家开展项目来建立诊所，以满足关键的健康治疗需求。

项目也可能用于公司日常运作或者维修方面的需求。例如，一家商业公司需要减少开支并确认项目来巩固它在几个地点的办公地方。为了降低违反新的政府规章的风险，一家公司立项来安装一个新的废水处理装置。

也有这样的情况存在，当出现意料之外的事件时，却创造新项目，如地震导致桥梁坍塌，这就需要建造一座新的桥梁。其他情况还包括，如果一场大火摧毁了一所小学，就需要立项来解决如何继续为学生提供知识和修建新的学校。

在某种情况下，一些志愿者可能聚到一起并决定他们要因某特殊原因而开展某个项目。例如，可能是为了当地银行的利益，或者为了组织一个节日庆典来庆祝城市的周年纪念日而募集资金。

项目通过不同的组织以不同的方式而得到确认。清晰地定义需求是很重要的。如果项目值得继续进行，可能需要收集关于需求或是机会的数据来帮助做出决定。例如，如果一家公司需要改变厂房里生产设备的布局，来为生产流程需要的新的生产设备腾出空间，生产部经理可能简单地要求其中一个工长把意见收集起来，提出方案如何重新配置新的生产线。或者，如果一家企业想要为其产品打开新市场，它可能先要进行市场评估和调查。努力满足需求以帮助评估一个项目的预期收益是否超出花费是很重要的。权衡了预期收益的大小，组织就可以确定为改进现状所需的项目预算了。例如，如果一家企业估计，把废品率从 5% 降到 1%，每年就能节约 10 万美元，它可能会很乐意地为一套新的自动生产设备而一次性投资 20 万美元，这样，在经过两年的运作后，企业就可获益。然而，企业可能不愿意花 50 万美元解决这个问题。企业可能只拥有有限的可利用资金，因此，通常想把资金投在可能会提供最大的投资回报或总体收益的项目上。

经常会有这种情况，公司已经识别出了几种需要，但是只有有限的资金和人力来实施项目，无法使所有这些需求都得到满足。在这种情况下，公司必须经历一个决策过程，以选出能给自己带来最大收益的需求。

✐ 练习题

1. 项目生命周期的初始阶段开始于_____或_____的识别。

2.2 项目选择

项目选择包括评估潜在的项目，然后决定哪个项目应该优先来完成。每个机会的收益和结果、优势和劣势、增加值和减少值都需要认定和评估。定量或定性、有形或无形的评估都可以。定量的收益可以利用财务指标来衡量，如销售额的增长或者成本的降低。它们也可以表现为无形收益，如改善公司的形象或者员工士气。另外，每个机会都应有量化的结果，如完成项目所需的成本，或者当项目正在进行时对产量的影响。而一些结果也可能不是具体的，如法律壁垒或者某特殊团体的反应。

项目选择有以下几个步骤。

（1）制定一套评估机会的标准。这些标准可能包含定性和定量的因素。例如，如果一家制药公司正在考虑开发和引入几种新产品的机会，可能会按照如下标准来评估每个机会：

- 与公司目标的一致性。
- 预期销量。
- 市场份额的增长。
- 新市场的确立。
- 预期零售价格。
- 需要的投资额。
- 预计单位制造成本。
- 技术发展的需要。
- 投资回报率。
- 人力资源的影响。
- 公众的反应。
- 竞争对手的反应。
- 预期的时间进程。
- 管制审批。
- 风险。

有时，机会和需求并不是一回事，就好像一些备选的新产品，它们可能差别很大，而且都在争取公司有限的资金：一个也许是在工厂修建新的车间，另一个是建一个新的信息系统，而第三个则要开发一种新产品去替代已经过时、销售已经快速下滑的产品。

（2）列出每个机会所基于的假设。例如，如果想修建一个用来全天照顾公司员工的孩子和老年亲属的护理中心，其中一个假设可能是公司要能得到一笔银行贷款。

（3）收集每个机会的数据和信息，确保做出一个正确的项目选择决定。例如，必须收集一些与每个机会有关的基本财务估计，如估计的项目收入和实施与运营成本。这些成本也许可以用特定的基于数学的财务模型来分析，这样它们就能够以一个统一的基础进行比较。这可能包括一整套财务或经济模型分析方法，用来计算直接回报、贴现的现金流、净现值、内部回报率、投资回报率，或者与每个考虑中的机会有关的生命周期成本。

除了收集确实的数据以外，也许还必须获得一些与每个机会有关的其他信息，如这个机会将会影响到的各种利益相关者的信息。根据不同的情况，这些利益相关者可能是雇员、客户或者社区居民。收集这些信息的方法包括调查问卷、专题讨论小组、访谈或者对已有报告的分析。举例来说，如果想向市场投放几种配制好的食品，也许就应该采用中心组法来确定客户的需求和偏好。在修建护理中心的例子中，就值得做个有关雇员的调查问卷，确定有多少人使用该护理中心照顾孩子和老年亲属、需要照顾的时间（全天、两个班次或者放学前后）、孩子的年龄及老年亲属的健康照顾需求，等等。

（4）对照标准评估每个机会。一旦收集、分析和总结了针对每个机会的所有数据和信息，这些资料就应该提交给那些负责评估的人。参与评估和选择决策的人数较多是比较有利的，因为能得到各种观点和看法。参与评估和选择的团队或委员会中的每个成员都应有不同的背景和经验，并应用到决策过程中去。他们中的一些可能来自市场部，对消费者偏好很了解；一些来自财务部，熟知产品成本和公司的财务状况；一些来自生产部，了解生产流程及设备需要做哪些改进；一些人来自研发部，知道要研发多少种新的技术；一些人来自人力资源部，知道机会对劳动力或者社区可能带来的影响。

虽然在项目选择及优先顺序上达成一致要花较长的时间，同时面临较大的压力。但是与只由一个人做出决定相比，则很可能得到一个高质量的决策。另外，人们也更容易接受这样的决策。

开展评估和选择过程的一个方法就是让评估和选择委员会制定一套评估标准，也可以制定某种类型的评分体系（如高—中—低，1～5，1～10），根据每项标准给每个机会打分。然后，每个委员会成员都应该得到已经收集、分析和总结的所有数据和信息。在整个委员会碰面前，每个成员都应根据评价标准独立分析每个机会的收益和结果、优势和劣势。这样就能确保每个成员在全体委员碰面前已经进行了细致的考虑。

建议制作一个项目评价表，列出评价标准，旁边能够填写评语，并可在一个小空格中针对每个标准打分。评价和选择委员会的每个成员都应在全体委员会成员开会以前填写好对每个机会的评价表。

表 2-1 是一份项目评价表的例子，它恰当地从众多相似的项目中比较和选择合适的那一个，例如，如果公司为它的三条家用电器生产线，而决定选择三个潜在产品发展项目中的一个。你将选择在表 2-1 中的三个潜在产品发展项目的哪一个？当潜在的项目不同时，因为每个项目的评价标准可能不同，这样的一个表格可能没有用，并且很难确定一套恰当的评价所有潜在产品的标准。以下的例子将试图确定评估和比较不同项目的共同标准，如一个营销活动、生产控制系统、装修公司办公室、一个网站、建立一个新的仓库、一个新的医药产品的开发。

表 2-1　项目评价表

评价标准	项目 A	项目 B	项目 C
投资（美元）	700 000	2 100 000	1 200 000
投资回报	9.1%	18.3%	11.5%
上市时间	10 个月	16 个月	12 个月
市场份额的增加	2%	5%	3%
风险	低	高	中
成功的机会	高	中	高

注：项目 A——主要竞争对手已经有类似的产品并且可能会降价。

项目 B——新技术可能不会像预期的那样有效。

项目 C——产品的某些特性可能在国外市场不被接受。

在多数情况下，项目选择将综合考虑定量评估的结果和每个成员基于其经验所感受到的价值。尽管最终决定还是由公司的所有者、总裁或者部门主管来做，但有一个充分考虑的评估过程和选择程序，以及一个全面的评估委员会，将大大增加做出能够带来最大总体收益的最好决策的机会。

一旦做出要利用某个或某些机会的决定，并且想雇用承约商或者顾问来执行该项目，下一步就要准备需求建议书。如果该项目由公司内部的团队来执行，也应准备一份文件，类似于一个需求建议书，列出项目需求。

✏️ **练习题**

2. 项目选择包括_____各种需求和机会，然后_____这些机会中的哪个应该作为_____继续进行下一步工作。

3. 项目选择过程的 4 个步骤是什么？

2.3　项目章程

　　一旦项目被选定，项目会用项目章程这样的文档来显示得到了授权，有时称为项目授权或项目启动文档。在这份文档中，投资人批准开展项目并提供项目所需的资金。项目章程也总结了关键条件和项目的参数，并建立了制定实施项目的具体基准计划的架构。章程的内容和格式不是标准化的，因公司或组织的不同而不同。它通常包括许多元素，详述如下。

　　（1）项目名称应该简洁并带给人们一种能呈现项目最终结果的感觉，如完成客户关系管理系统、安装风力农场来支持欧洲的生物工艺设备的能量需求。如果存在机密性或所有权竞争的信息担忧，公司可能给项目一个一般的名称，如生产能力扩展，或者政府的军事机构为了安全原因可能被称为"项目 824 号"。

　　（2）目的总结了项目的需求和理由。它可能会参考之前的文件来阐述选择项目的理由。

　　（3）说明书提供了项目较高层次的一些描述。它可能包括主要任务或工作元素，或者项目阶段，甚至是描述主要工作元素的初步工作分解结构的说明。为了开发并推出一款新的食品，主要工作元素可能包括概念生成、可行性评估、要素选择、基本规划、原型开发、最终规划、生产样品、检测市场、最终再成型、生产、市场支持、培训、分配和物流。项目章程可能引用其他更多细节的文档，这些文档提供关键性性能要求和以往的研究。

　　（4）目标指的是要完成什么——最终产品或可交付物的描述。它可以暗示项目授权资金的数量和期望的完成时间（一个特定的日期或者以周、月等为单位的时间长度）。例如，目标可能是在 8 个月里耗资不超过 10 万美元而推出一个新的网站。

　　（5）成功标准或预期利润暗示了由完成项目而得到的收入或者期望的收益数额。它们描述和定义了与测量项目成功有关的投资者的预期。例如，在推出产品12 个月内完成 50 万单位的销售量，病人在急诊室里等候的时间减少 40%，每年风力农场安装后能量的耗费减少 50%，或者在新的诊所开放后的第一年里控制 1万起诊所里发生的事件。

（6）资金暗示了投资人资助项目的资金综述。有时资金会根据项目的进程在不同阶段里分别支付。例如，项目可能会有 200 万美元的授权，其中 50 万美元在基本设计这个第一阶段发放。后续阶段的资金将以项目的进展和前一阶段的结果为基础分期发放。

（7）主要交付物是在项目绩效完成过程中期望产出的主要的最终产品或者项目，如新型动物园的核心概念、一个网站、一个在摩托车制造工厂的生产系统工作流程的仿制、年度报告中的照片或者最终文档、电子医疗记录系统，或者一个宣传视频。

（8）验收标准描述了每个投资人将用来评审主要可交付物的定量标准。每个可交付物满足了某个绩效需求，并且以投资人认可这些交付物确实正确地得到完成并满足其需求为基础。例如，新的生产线将在 30 天的接收检测时段中完成 99% 的正常运行时间，信息系统将在没有任何响应时间延长的情况下处理高达每秒 1 万次交易，或者一个市场宣传文章不超过 400 个单词，且为五年级阅读理解水平。

（9）里程碑计划是一张在项目时间进度表中关键事件完成的目标日期或时间的清单。为了建设一座新的办公大楼，主要的里程碑和它们的目标完成时间可能是：

基准计划	第 1 个月
建筑概念	第 2 个月
主要设计和规格	第 4 个月
订购长期的主要用品	第 5 个月
最终设计绩效	第 8 个月
完成挖掘和地基	第 10 个月
完成钢制品和水泥工作	第 14 个月
完成外部结构	第 16 个月
完成主要功能	第 18 个月
完成内部结构	第 20 个月
完成景观美化	第 20 个月
完成陈设	第 22 个月
搬入	第 24 个月

一些里程碑是被细分入阶段里的。例如，一个开发和建造网站的项目可能有如下为了完成每个阶段的里程碑目标：

第一阶段 基本设计　　　　　3 月 31 日

第二阶段 细节设计　　　　　6 月 30 日

第三阶段 建设网站　　　　　8 月 31 日

第四阶段 检测和接收　　　　9 月 15 日

（10）关键假设包括以其为基础的项目基本原理或者理由，如新的医疗设备将获得管理机构的批准。或者假设应与项目资源有关，如公司将能支持利润率 5% 或更低的在建项目的财务。

（11）限制包括如下的内容，不干扰现时的工作流程来完成项目的需求，或者因为组织没有适宜的专业或能力来单靠使用自己的员工完成项目而实施项目外包项目的必要性。另一个限制可能是某个项目团队成员必须获得特定水平的政府忠诚调查来从事项目中的某个秘密部分。

（12）主要风险确认了任何投资人认为有可能会影响成功完成项目目标的因素，而且其发生的可能性高或潜在影响程度高的风险。举个例子，如果一个项目需要应用一些以前没有使用过的技术元素，那么它不能发挥应有作用并因为重新设计而导致进度推迟和项目额外的花费，甚至造成项目终止的风险会很大。

（13）审批要求定义了项目经理的授权限制，例如，所有采购订单的批准或者超过 2.5 万美元的分包合同需要董事或主管的批准。审批要求可能应用于项目从一个阶段能否进行到下一个阶段。举个例子，第一阶段完成后，外部承包商必须向投资人的执行委员会描述第一阶段的结果，并在开始项目第二阶段工作前获得委员会的批准。

（14）项目经理是在组织中已经确认为项目管理者的个人。项目经理的最初工作是组织一个核心团队来做项目计划。如果项目将外包给外部的资源（承约商），那么投资人的项目经理将准备需求建议书。对于投资人来说，在项目生命周期的识别需求阶段的早期就确定项目经理。项目经理要参与准备项目章程。

（15）报告要求指明了项目现状报告和评审的频率和内容。例如，项目经理必须每月给投资人提供手写的现状报告，或者每个季度和投资人有现状评审见面会。

（16）指定的发起人是以发起人指定项目发起人的名义行事的人。这个人是项目经理将会与之沟通并对其做出解释的人。投资人可能也会授权他停止接受项目可交付物的活动。如果一家公司的董事会投资 1 000 万美元完成一个新的金融报告系统，董事会可能任命公司的首席信息官成为它的指定者来代表董事会监督项目。项目经理将可能与这个人就项目事务打交道。

（17）签字批准和日期暗示了投资人已经正式地授权了该项目。根据项目的资金数额、风险程度、组织的报告结构，签字的可能是公司的总裁、市场总监、信息技术部门的经理，也可能是由非营利组织的行政管理层或政府代表处秘书来完成。批准日期是很重要的，因为当开始为了在目标日期前完成关键里程碑时，要参考这个日期。

项目章程是一份重要的文档。它不仅授权开展项目，而且为项目经理和团队提供了关键情况和工作结构的参数，以此来制定一份更详细的基准计划以实施项目。表 2-2 是一个项目章程的例子。

表 2-2　项目章程

项目章程
项目标题：创建 ASTRA 公司网上大学
目标：目前 ASTRA 公司为它的员工提供了在教室里面对面的教育和训练项目。来自南美洲的六家和欧洲的五家分公司的员工已经申请了网上训练。这个项目是创造 ASTRA 公司网上大学，为员工提供网上教育和培训。
描述：ASTRA 将发出需求建议书，选择一个承约商以设计、开发、交付和评估为广大 ASTRA 公司员工所确定为关键信息的 20 个课程的网络环境。ASTRA 公司已经从目前公司培训的面对面课程目录中确定了 20 个课程。课程的语言为英语。可在网上获得的 6 个课程的反馈将包括整个三个月试点时段的可达性、对同步及不同步经验的需求及影响。在 6 个课程的试点结论时，承约商将向 ASTRA 人力资源副董事长提供一份书面报告，其中包括对可达性、培训经验和成效的评估和建议修改的结果演示。剩余 14 个课程将在初始结论试点中在网上获得。在 6 个月、9 个月和第一年的培训总结中，承约商将发布一份报名和课程评估的报告。
目标：实施的 20 个关键过程的目标是双重的。
1. 为了通过网络运用 ASTRA 课程管理系统提供了与课程一致的培训信息。
2. 通过合作的 Web 2.0 技术和课程设计中其他恰当的教学策略，减少与提供培训相关的成本且消除了面对面的对教师的要求相关成本。

项目章程

成功标准或预期收益：预期课程的实现可以在第一年里减少 26%课程传达信息的成本，对所有在试用期的新员工提供训练，且对其他的员工可进行每年一次的重新考核。

资金：授权于该项目的所有资金数量为 200 000 美元，为设计和开发 20 个课程所用。预计报名为 15 000 人（5 个课程，每个课 3 000 名员工）

主要可交付物：承约商设计、开发、交付和评估 20 个网上课程，提供书面季度报告，且在初始运行后一直提供技术支持。

验收标准：网上培训环境将满足 ASTRA 标准。培训为全英文进行。ASTRA 公司的人力资源副董事长已经最终批准所有的课程。

里程碑计划：在与承约商签署完毕合同后的时间里，关键里程碑事件的项目时间表如下。

1. 项目基准计划准备	1 个月	
2. 试点课程设计	3 个月	
3. 试点课程开发	7 个月	
4. 评估设计	7 个月	
5. 开始 6 个试点课程	8 个月	
6. 剩余 14 个试点课程设计	10 个月	
7. 完成 6 个试点课程的评估	11 个月	
8. 剩余 14 个课程的开发	12 个月	
9. 开始剩余课程	12 个月	
10. 所有课程评估	15 个月	
11. 所有课程评估	18 个月	
12. 所有课程评估	21 个月	

关键假设：承约商将通过 ASTRA 公司信息系统用课程管理系统开发和测试。

限制因素：课程必须包含在由 ASTRA 挑选所开发的课程中。恰当的教学策略将被用来在网络环境中传达信息。ASTRA 课程管理系统包含了 Web 2.0 技术、测验机制、日历系统、视频能力和参与活动检测。

主要风险：承约商必须签署保密协议，在 20 个进程里不能泄露任何所有权信息以避免暴露 ASTRA 公司已经开发有竞争力的程序和做法。

批准需求：在里程碑事件中和活动开始前，所有的课程需得到 ASTRA 的人力资源副董事长批准。

项目经理：Marie Kerba 是 ASTRA 指派的项目经理，她对项目负责。她是 ASTRA 与承约商的联络点，并且将审查承约商的绩效。

✎ **练习题**

4. _____用来正式地授权一个项目，并总结了项目的关键_____和
_____。

5. 最少列出项目章程中应包含的 8 个要素。

2.4 准备需求建议书

　　当某些组织不具有相应专业或团队能力去计划和实施一个项目或一个项目主要部分的时候，它们就会把项目工作外包一个外部承约商。准备需求建议书的目的是从客户的角度全面、详细地阐述为了满足识别出的需求所要做的工作。一份需求建议书能让承约商或项目团队明确客户的期望，以便能准备一份全面的申请书，以可行的价格满足客户的需求。例如，一份只简单地要求承约商提交盖一幢房子的需求建议书是不够具体的。承约商因为没有得到要盖哪种房子的信息，可能无法准备申请书。一份需求建议书应当是全面的，能提供足够详细的信息，以使承约商或项目团队能针对客户的需要相应地准备一份最优的申请书。

　　下面是给外部承约商起草一份正式的需求建议书的一些指导方针。

　　（1）需求建议书必须说明项目目标（Project Objective）或目的，包括任何可能对承约商有用的合理信息或背景信息，以便承约商可以准备相应的建议书。

　　（2）需求建议书必须提供工作说明书（Statement of Work，SOW）。工作说明书涉及项目的范围，要概括指出要求承约商或项目团队执行的任务或工作单元。例如，如果需求建议书是要盖一座房子，承约商就要知道他的工作是设计并盖好房子，还是按照客户的设计建造房子，或是还要完成地下室并铺好地毯。如果客户需要一个销售手册，需求建议书必须说明承约商是仅仅设计手册，还是设计、印刷并把它邮寄出去。

　　（3）需求建议书中必须包含客户要求（Customer Requirements），定义好规格和属性。客户要求包括大小、数量、颜色、重量、速度，以及其他承约商提出的解决方案所必须满足的物理参数和操作参数。例如，对于销售手册，要求可能是3折的可直接回邮的信封，双色打印在卡片纸上，印刷批量为 10 000 个。而盖房

要求可能包括总计约 300 平方米的面积，共四间卧室、两间浴室、一间双车车库、中央空调和壁炉。

有些要求会提到绩效问题。如果需求建议书是针对自动结账和收款系统的，绩效要求可能包括：每天能办理 12 000 次交易的功能和其他特定的功能，如某个客户的多联发票，或者在开出第一张发票的 30 天内没有收到付款，就会自动生成第二张发票等功能。

客户也可把这些绩效要求作为验收标准。

（4）需求建议书中应当说明客户期望承约商或项目团队提供什么样的交付物。交付物是承约商要提供的实体内容。以手册为例，唯一的交付物可能是 10 000 份手册。以结账和收款系统为例，可能希望承约商提供硬件（计算机）、软件（磁盘和一些印刷品）、操作手册和培训课程。交付物也可能包括客户要求承约商提供的定期进度报告或终期报告。

（5）需求建议书应当列明客户根据自己的需求用来作为判断项目交付物是否完成的验收标准。例如，在客户接收自动结账和收款系统并且支付相应款项之前，项目承约商会针对该系统的验收标准，向客户证明它能够满足操作需要。

（6）需求建议书中应当列明任何应由客户提供的物品。例如，需求建议书中可以说明客户将提供用于手册上的公司标志。如果需求建议书是针对一套测试电路板的自动设备，它或许会说明在设备交给客户之前，客户须向承约商提供一定数量的电路板，用于生产期间的设备测试。

（7）需求建议书中可能要说明需要客户审批的内容。例如，需要建造房屋的客户在施工开始前可能想要评审和确认建房计划，想印制手册的客户在印刷开始前可能想要评审手册的编排。

（8）某些需求建议书会提到客户想使用的合同类型。合同可以是固定价格合同，这样，不论承约商的实际成本是多少，客户都按既定的数目付款（承约商承担亏损的风险）。或者，合同还可以视时间、原材料而定，在这种情况下，不管实际成本是多少，客户都会向承约商如数支付报酬。例如，如果需求建议书是针对改建地下室的，需求建议书可能会声明，客户将按所耗费的时间和原材料成本付酬。

（9）需求建议书可能会表明客户想用的付款方式。例如，印刷手册的客户可能打算在项目末期一次性付款。相反，建造房屋的客户可能会把付款安排具体化，在达到一定的阶段性成果时以总价格的一定百分比付款，如地基完成付 25%，框架完成再付 25%，等等，直到整个项目完成为止。

（10）需求建议书应当表明项目完成所要求的进度计划。项目需求建议书可以只简单地表述房子必须在 6 个月内完成，也可以包括更详细的时间进度。例如，结账和付款系统必须首先进行设计和开发，在项目开始的 4 个月内要举行设计评审会议；然后，系统必须在设计评审的 4 个月内安装和测试；最后，承约商必须在系统安装后的一个月内提供所有的系统文件和操作培训。

（11）需求建议书应当指导并说明承约商申请书的格式和内容。如果客户想要在几个承约商之间比较、评价申请书，就应在格式与内容上达成一致，这样才可公平地进行评估。建议书的说明可以包括：一个必要的提纲或目录，最多页数，对成本使用详细记录的具体要求，甚至包括字体大小和页边距。

（12）需求建议书应当指出客户希望潜在承约商提交申请书的最后期限。客户想要在一定的日期前收到所有的申请书，以便能同时进行比较、评价。例如，客户可能会要求潜在承约商在正式颁布需求建议书后 30 天内提交申请书。客户通常会在需求建议书中指出，如超过预定日期，提交的任何申请书都将不予接受，因为放宽某些承约商准备申请书的时间是不公平的。

（13）需求建议书可能会包括评价标准。客户将用它来评价相互竞争的承约商的申请书，以便从中选择一个来执行项目。此标准可能会包括以下内容：

- 承约商从事类似项目的经验。承约商多长时间以前曾做过类似的项目？他们是在预算内并且按时完成的吗？客户满意吗？
- 承约商提出的技术方法。使用哪种类型、结构的计算机硬件？数据库的设计方法是什么？使用哪种软件语言来建立管理信息系统？
- 进度计划。承约商能否遵循所要求的进度计划？
- 成本。如果估算是基于时间和原材料而进行的，成本合理吗？有遗漏项目吗？是否看起来承约商提交了一份低成本预算，但在项目进行中会增加成本而导致最终的成本远远超出原始估算？

（14）需求建议书中很少透露客户愿为此项目支付的成本。通常，客户希望承约商提交的申请书能够以最合理的成本满足需求建议书中所列的要求。然而在某些情况下，客户暗示一下大致的费用数额是很有用处的。例如，在需求建议书中说明建房的总体费用大约是 30 万美元。这样，承约商就会提交与预算资金水平相适应的申请书，而不是提交远远超出客户的负担能力的建房计划。否则，很可能所有承约商提交的申请书中的价格都大大超出客户的可拨付资金，失望的客户不得不要求所有的承约商以稍便宜一些的建房成本再次提交申请书。

表 2-3 是一份需求建议书的实例。读者也可通过网络搜索"需求建议书"浏览更多实例。

表 2-3　需求建议书

日期：2 月 1 日

有关人员：

AJACKS 信息服务公司向承约商征求建议书，这些承约商要具备对全国性制造公司的技术信息需求进行市场调查的相关经验。项目目标是：

● 确定全国性制造公司对技术信息的需求。

● 提议用什么样的方法促使这类公司购买和使用 AJACKS 的信息服务。

项目必须向 AJACKS 信息服务公司提供足够的信息以决定：

● 未来的信息产品或服务。

● 向客户交付这些产品或服务的最佳方法。

本需求建议书的有关内容应被视为机密信息。

1．工作表述

承约商应执行下列任务：

任务 1　识别制造公司对技术信息的需求

对全国性制造公司进行调查，以确定它们对外部（相对于公司内部而言）技术信息的具体需求。最终评价应当能够确定这些公司需要哪些特定类型的技术信息，以及对每种所需信息的需求频率的大小。

任务 2　确定促使企业购买和使用 AJACKS 信息服务的最佳方法

调查应当包括这些公司对最有效的直接或间接市场营销方法的感知识别，这些方法将影响公司对购买和使用特定的服务、产品及特别信息服务所做出的决定。

2．要求

调查应确定全国性制造公司需要哪些具体类型的技术信息，以及所需的每种信息的需求频率的大小。

调查应识别出制造公司使用的那些技术信息的现有来源，它们的使用频率，公司对于每种来源的价值（收益、成本、精确度、及时性）的评价如何。这个调查应该能够掌控当前这些公司获取信息的各种途径。应调查清楚这些公司目前用于获得各种技术信息所花费的资金（公司内部和外部费用）的平均标准和变动范围。

此评价必须提供足够的细节，使 AJACKS 信息服务公司能够进行面向需求的产品规划。因此，它必须包括：① 公司最常需要的信息内容；② 公司使用信息的申请；③ 获得和利用信息的负责人（职称、技术水平）；④ 公司获得各种信息的渠道。

AJACKS 信息服务公司致力于开发和交付用户（制造公司）所重视的产品和服务。为此，承约商必须提供如下信息：哪些公司（用规模大小、所在行业、地点或其他重要因素加以区别）可能从信息产品和服务中获益最大，或者代表着这类产品和服务的最佳市场。

承约商应确定各种技术信息市场的大小，并且确定这类信息的价格、及时性、精确度和交付机制市场敏感度。

调查方法应当包括专题小组访谈和邮寄调查。

专题小组访谈应当按照主要的制造行业和跨行业公司的规模（大型、中型、小型）来划分。

基于小组访谈的结果，应当开发一套邮寄调查问卷的样稿，并对一些具有代表性的公司进行预先实验。这套调查工具和文件要在充分地预先实验之后再行定稿。

承约商应当提供一份按行业和公司规模分层的抽样设计方案，样本应该是制造公司的总体，样本量要大到能使每个层次的调查结果的置信水平达到 90%。

3．交付物

（1）必须准备一份详细的关于任务 1 的结果报告，识别和分析所有回复者的成果。对于每个行业，按公司大小提供详细的分析。承约商必须准备 20 份这样的报告。用于分析调查回复者的资料库必须以适当的表格形式递交，以备 AJACKS 信息服务公司进一步分析。

（2）基于任务 1 和任务 2 的分析，提供一份有关最有效的方法和相关成本的建议的详细报告，并以让制造公司购买和使用这样的服务为目的，向制造公司宣传技术信息服务，讨论不同部门、不同规模的企业所采用的方法的区别。承约商必须复制 20 份。

（3）有关项目进程的书面报告必须在每月的 15 日和 30 日传真给 AJACKS 信息服务公司。报告应简明扼要，把重点放在与承约商的原计划和进度表相对应的进程上。报告应当涵盖各项活动、取得的重大成果、下个月的计划、正面临的或预测到的障碍、花费的时间与金钱。对于落后于进度计划的工作项目，应当提供一份计划，使项目能在原进度计划和预算内完成。

4．验收标准

为了赢得 AJACKS 信息服务公司的认可，第 3 点里（1）、（2）条中提到的报告、所有交付物，必须包括第 2 点中提到的所有信息、要求。如同在下文第 10 点付款方式中陈述的那样，直到 AJACKS 公司对包含所有需要的信息、支持数据并且符合格式的所有报告都感到满意的时候，才会支付最后的款项。

5．AJACKS 信息服务公司提供的条款

AJACKS 将向承约商提供目前的信息服务及产品的详细资料，以及现有客户的统计信息。

6．审批要求

在实施调查工作以前，承约商必须获得 AJACKS 对最终调查工具的认可。

7．合同类型

合同采用固定价格的形式，适用于所有承约商为满足本需求建议书的要求拟开展的工作。

8．截止日期

承约商必须最迟在 2 月 28 日以前向 AJACKS 信息服务公司提交 5 份建议书。

9．时间表

AJACKS 信息服务公司希望在 3 月 30 日以前选中一家承约商。这个项目的期限是 6 个月，从 5 月 1 日到 10 月 30 日。第 3 点第（1）条中所有的交付物必须在 10 月 30 日以前提供给 AJACKS。第 3 点第（2）条中所有的交付物必须在 10 月 15 日以前提供给 AJACKS。

10．付款方式

AJACKS 信息服务公司将按照下面的时间表付款给承约商：

- 当 AJACKS 对最后调查工具认可之后，交付约定总额的 20%。
- 当 AJACKS 接受了第 3 点第（1）条中所有的交付物后，交付 35%。
- 当 AJACKS 接受了第 3 点第（2）条中所有的交付物后，交付 35%。
- 当 AJACKS 信息服务公司对项目的圆满完工表示满意，并且承约商已履行了全部合同义务时再支付剩余的 10%。

11．申请书内容

承约商的申请书至少包括如下内容。

（1）方法。要阐明承约商已清楚地理解了需求建议书和对承约商的期望。而且，应对承约商执行项目的方法进行详细叙述，对每项任务及如何完成该项任务进行详细描述。

（2）交付物。承约商将要提供的每份交付物的描述。

（3）进度计划。画出条形图或网络图，列明每周要执行的详细任务的时间表，以便能在要求的项目完成期限内完成项目。

（4）经验。叙述一下承约商最近执行过的相似项目，包括客户姓名、地址和电话号码。

（5）人事安排。列出将被指派于项目工作的具体人员的姓名和详细简历，特别是他们在类似项目中的经历。

（6）成本。必须说明总固定成本，并通过一份详细的工作时间分解和每个被指派于项目的员工的小时工资率来验证。此外，还要有按开支细目列出所有直接费用清单。

12．申请书评价标准

AJACKS 信息服务公司将按照下述标准评价所有承约商的申请书。

（1）方法（30%）。承约商进行有关调查和分析结果的一整套方法。

（2）经验（30%）。承约商和指派从事项目工作的人员执行类似项目的经验。

（3）成本（30%）。承约商申请书中所列的固定成本。

（4）进度计划（10%）。为了在要求的项目完工期限内完成项目，承约商应提出详细而全面的工期说明。

练习题

6．需求建议书的目标是什么？

7．需要建议书中包含的主要要素有哪些？

2.5　征集申请书

一旦准备好了需求建议书，客户就会通知相应的潜在承约商，需求建议书已经出台了，可以开始准备提交申请书了。客户进行此项工作的一个方法是提前选出一组承约商，给他们每人发送一份需求建议书。例如，某客户已经准备好了设计和建造一台定制的自动测试设备的需求建议书，他可能会把需求建议书发送给几家专门制造这种设备的著名公司（承约商）。另一种征求潜在承约商的方法就是在一些商业报纸上做广告，提出需求建议书，并说明有兴趣的承约商如何获得需求建议书。例如，联邦政府就曾在《商业企业日报》（*Commerce Business Daily*）上为其需求建议书做过广告。

商业性的客户和承约商均把需求建议书或申请书视为一种竞争过程。客户不要只向一家或几家承约商提供信息，而应把信息提供给所有感兴趣的承约商。因此，在申请书的提交阶段，客户不得个别回答承约商的问题，以避免引起不公平竞争。企业或政府客户可以召开一个招标会议，解释一下需求建议书并回答感兴趣的承约商所提出的问题。

我们应当重复说明一下最后一个注意事项，并不是所有的项目生命周期都包括书面需求建议书的准备和后续的承约商申请，有时可以从界定需要做什么而直接进入项目生命周期的执行阶段，这样就跳过了需求建议书和申请书两个步骤。例如，当公司决定发起和执行一个项目以满足一定的需求或解决特定的问题时，公司可能会用自己的人员和项目团队而不是用外部承约商。或者，当一组志愿者决定组织一场全县范围内的、持续一周的艺术节时，志愿者可能会选择自己做所有的工作。当一个事故受害者要做一系列的恢复手术时，一个外科医生小组先要决定要做些什么，然后计划并执行一系列须跨越几年时间的手术。在所有这些例子里，制定需求建议书或来自承约商的申请这两个步骤就不宜照搬。

还有一些项目，它们并不是在正式的需求建议书中写出具体要求，而是通过沟通与几个提供者或供应者（承约商）进行交流。例如，在计划一场婚礼时，新郎和新娘可能会限定他们的一些要求，如接待、宴会、鲜花或别的事项，然后寻找并选择最能与他们的要求和预算相称的供应者。

尽管项目可能是正式的，也可能是非正式的，但它们都开始于对需求、问题或机会的识别。然后，客户要就实现目标定义工作范围（书面或口头）、要求、预算和进度计划。

✏ 练习题

8. 小心不要只给_____中的一些提供_____，而是提供给所有感兴趣的_____，因为那将给他们中的一些提供_____。

现实世界中的项目管理

斯波坎建筑商提出 Methow 项目

在华盛顿的斯波坎，很多在本地工作的雇员没有经济适用住房。为了拥有一个经济适用住房，他们不得不在 Methow 长时间工作。为了解决这个问题，一家开发公司正在建议在商业区两个街区以外的 3 万平方米土地上开发并建设 1 000 万~1 200 万美元的房产建设项目。

在这个项目的启动阶段，首先要认识到这个项目可以解决的问题。在 Methow，多数房子都作为二手房被买下，只剩下极少数的地方出售或出租。针对这一需求，该地区的三个最大的企业对它们的雇员给予了租房补贴。但季节性员工在月租上更缺乏优势。因此依然存在对经济适用住房的巨大需求。

　　房委会正在进行一个市场调查，来确定老人、农场工人及其他潜在租房者的需求。这个市场调查收集的信息会告诉房委会负责人房屋的需求。房委会已经对邻近河滨将要被开发的地区进行了投资。

　　这些市场调查为房委会制定评估标准提供信息，以判断在 Methow 响应住房需求的项目是否有利可图。房委会成员并不具备开发和建设方面的专业知识，但是，他们拥有房子建成后如何管理和租赁这些房屋单元的专业知识。他们需要开发商的支持以满足需求并完成项目。Methow 河滨项目申请书还没有进行征集。房委会还没有针对开发提出项目需求建议书。

　　该项目会新建 35～40 个住房单元，这些房子以补贴价格或市场价格出租。某些新租户可能是卖掉了房子想要节约的居民，也可能是该地区的工人，他们有些需要住房资助，有些不需要。最终，开发商会寻找一个贷款方为项目提供资金。建设完成之后，这些房子会卖给房委会，然后租给新租户。

　　项目决策者是房委会。运用从市场调查及"构建美国债券"项目中获得的信息，房委会的董事会正在建立项目是否继续进行及开发之后房委会是否购买房子的评价准则。一旦项目被批准，开发商会建立一份项目章程，以确保资金到位并能够在来年春天开工建设。

　　对于工人及 Methow 的居民，开发商希望这个项目能够从项目生命周期的初始阶段走向策划和执行阶段。

关键的成功要素

- 在准备需求建议书以前必须清楚地定义需求。
- 当从众多需求或机会中选择一个项目时，要通过比较项目成本和可能的结果，选出能提供最大收益的项目。
- 有一个充分周详的评估和选择程序及一个全面的评估委员会，将会增加做出最好的项目选择决策的机会。
- 建立量化的项目成功标准及期望收益。
- 一个好的需求建议书将使承约商和项目团队充分理解客户的期望，这样他们就能准备一个全面的申请书来满足客户的需求。

- 需求建议书应包括工作说明书、客户需求、期望的交付物和客户评估申请书的标准。
- 一份需求建议书应该提供承约商建议的格式和内容的说明，让客户能在所有的建议中做一个一致公平的比较和评估。
- 客户不能故意向某些承约商提供额外的信息，因为那样将造成这些承约商在准备计划书的时候具有不公平的竞争优势。

小结

识别需求是项目生命周期的初始阶段。客户识别需求、问题或机会，是为了更好地开展工作。项目需求可以通过多种途径来识别：在一个组织进行战略规划的过程中，作为组织日常业务运作的一部分，对突发情况的应对，或一个团体为了某个特定需求决定开展一个项目。

可能会出现这种情况，即识别出了一些需求或机会，但只有有限的资金或资源可以利用。在这样的情况下，组织必须经过决策，优先选择会带来最大收益的项目。

项目选择就是评估和选择各种需求和机会，然后决定它们当中的哪个将被作为项目来执行。项目选择的步骤是：制定一套评估机会的标准，列出实现每个机会的假设，收集每个机会的数据和信息，根据标准评估每个机会。建立一个考虑周详的评估和选择程序、一个全面的评估委员会，将大大增加做出最终能够带来最大收益的决策的机会。

一旦选择了一个项目，就需要用一份项目章程文件将项目正式授权，有时也称为项目授权或项目启动文档。在这份文件中，项目发起人提供项目继续开展的支持并承诺提供项目资金。项目章程也必须概括项目的关键条件和参数，并建立执行项目所需的详细基准计划框架。

在某些情况下，一个组织不具备计划并组织实施一个项目的专业知识和工作人员的能力，因此它会决定将项目交给一个外部承约商。

准备需求建议书的目的是要从客户的角度全面而详细地陈述需要做些什么，以满足已识别的需求。一份优秀的需求建议书能让承约商或项目团队明白客户期望什么，以便能让它们准备一份以可行的价格满足客户要求的申请书。

需求建议书可能会包括工作说明书和客户对有关物理参数与操作参数的要求，如大小、数量、颜色、重量和速度，客户期望承约商提供的交付物，任何需要由客户提供的物品的清单，任何需要由客户进行的审批，客户想要使用的合同类型、支付条款、完成项目的进度要求，对承约商申请书的格式和内容的指导说明，客户希望潜在的承约商提交申请书的最后期限，评价申请书的标准等。

一旦需求建议书准备妥当，客户就可以通知相应的潜在承约商索取需求建议书并提交申请书。商业性的客户和承约商均把需求建议书或申请书看做竞争的过程。客户不要仅把信息提供给一个或几个承约商，而是提供给所有感兴趣的承约商。

并不是所有的项目生命周期都包括书面需求建议书的准备和后续的来自承约商的申请，可以直接从界定需求跨越到项目生命周期的执行阶段。

思考题

1．为什么进行全面而详细的需求识别很重要？

2．描述一下你在日常生活中进行需求识别的情境。

3．为什么在开始工作以前选择正确的项目很重要？

4．当有很多项目可供选择时，描述一下公司应该如何权衡取舍。

5．当你接到一个没有项目章程的项目的时候，你会用项目章程中的哪些元素来帮助你计划这个项目？为什么？

6．给出企业需要制定需求建议书的例子。

7．给出个人需要制定需求建议书的例子。

8．为什么企业将执行解决方案的预期收益进行量化很重要？

9．工作说明书应当包括哪些内容？

10．客户要求意味着什么？为什么要求必须是精确的？

11．为什么需求建议书中应当载明项目期间所需的审批内容？试举例说明。

12．为什么客户要在需求建议书中指导承约商按照标准的格式提交申请书？

13．为一个现实生活中的项目制定一份需求建议书，例如，美化办公楼附近的地面，为你的房屋搭建一个平台或是组织一次大型的毕业庆典。创造性地描述你的需要，生成一份具有独特创意的需求建议书。

WWW 练习

你可以进入本书的合作网站 www.cengagebrain.com 浏览在本书中提到的公司的网页。建议你将这个网站收藏起来以便日后方便地进行访问。

为了回答下列问题，用你最喜欢的搜索引擎搜索一下需求建议书。

1．依据搜索的结果，找出已经在网上登出的需求建议书。制定该需求建议书的是哪家公司？它们希望完成什么样的项目？

2．依据你在本章中所学的内容，评价一下这份需求建议书的有效性。讨论这份需求建议书的优点和缺点，需求建议书中有没有应该包含却被漏掉的内容？

3．下载该建议书，依据在本章学到的内容进行修改，标出你修改过的部分。说明你在什么地方的修改使需求建议书比原先的要好？

4．登录一个能提供制定需求建议书建议的网站。把该网站的内容与本章内容进行比较。

5．找出并描述至少三个能帮助你制定计划的软件包。如果可能的话，至少下载其中的一个演示文本。

案例研究 2-1 一家中型医药公司

詹妮弗·切尔德斯是一家中型医药公司的所有者兼总裁。这家中型医药公司在八个国家有销售办公室或者生产工厂。在 10 月的一次人事会议上，她告诉公司的经理们，公司的年利润将比预计指标高出 20 万美元。她想通过资助公司内部能增加销售或降低成本的项目而将这笔额外的利润再投入公司。她要求 3 名主管经理合作列出有关的潜在项目并按重点进行排列，然后再向她"推销"其想法。她明确告知他们，资金不会在 3 个人中均等地分配。她还表示，如果项目合适的话，她愿意把所有的资金都投入到一个项目中去。

朱丽·陈，产品开发经理，她的部门已有一组科学家正在研制一种新的处方药。这项研制任务已经落后于预计进度。令她焦虑的是，其他较大的公司也正在研制类似的处方药。那些公司有可能捷足先登，而她的团队至今也没能实现重大的突破，进行过的一些测试也没能收到预期的效果。她知道这是一个有风险的项目，但她觉得不应当半途而废。朱丽相信，公司的长期发展就要靠这种新的药物，它能够销往全世界。她尽量在人事会议上对这个开发项目的进展保持乐观，但她知道詹妮弗已经没有耐心了。她的同事也认为，在最初的测试失败后，她就应当结束这个项目了。朱丽想要追加资金来加速项目的进程，她想从一家较大的公司那里挖来一位德高望重的科学家，并且再购买一些先进的实验仪器。

泰勒·里普根，在公司最大、最老的生产设施厂做生产经理，来公司已经 6 个月了。他的早期观察结果是，生产线的效率非常低下。他认为这是计划不周的结果，因为随着公司的壮大，近几年来增加了许多工厂。泰勒认为应当组成几个职能团队，对厂内设备布局进行优化。他认为这样可以在降低成本的同时，提高工厂的生产能力。当泰勒把这个主意告诉他的一些主管时，他们提醒他，当詹妮弗的父亲经营企业时，詹妮弗就主管生产，正是她负责目前工厂布局的设计。他们也提醒泰勒，詹妮弗对职能团队并不感兴趣。她认为生产工人是按劳付酬的，同样，她希望经理们能够提出并执行新的设想。

杰夫·马修斯，运作经理，负责公司的计算机信息系统和会计工作。杰夫认为公司的计算机系统过时了，并且随着业务的增长，旧的计算机设备已经无法处理日益增多的交易量了。他认为一套新的计算机系统能够更好地追踪客户订货，减少客户的不满和抱怨，更及时地发送发票，提高现金流。杰夫手下的雇员们嘲笑那已经过时的计算机，并向杰夫施加压力，让他购买新的设备。而詹妮弗过去曾对杰夫说过，她对那种只为了迎合最新的设备潮流而把钱花在新计算机上的举动并不感兴趣，特别是在当前系统还能正常工作的情况下。她建议杰夫调查一下是否可以把会计工作外包出去，以减少她自己的职员。杰夫却想用今年超出的利润购买新的计算机，并雇用计算机编程人员升级将在新的计算机上运行的软件。他觉得此举物有所值。

在詹妮弗 10 月的人事会议后，销售经理乔·桑切斯（Joe Sanchez）走进了詹妮弗的办公室。他说，虽然他没被要求为额外的利润提出项目建议，但他的感想是，应当忘掉这个无意义的项目，而只要给他一笔更大的预算，再多雇用一些销售代表就可以了。"这将比任何方式都能更快地增加销售量。"乔告诉她，"况且，如果是你父亲，他肯定会这么做！"乔与其他三名按重点排列项目次序的经理意见不一，他希望詹妮弗看到这种四方各执一端的状况之后，能够决定让他去雇用更多的销售代表。

❓ 案例问题

1. 詹妮弗该怎样进行决策？

2. 她应该收集什么样的额外数据或信息？

3. 在使用项目建议这种方式时，詹妮弗应该要求别人提交什么？

4. 你认为詹妮弗应怎样处理这 20 万美元？在解释你的答案时，注意朱丽、泰勒、杰夫和乔的关注点和立场。

◢ 小组活动

选择 5 名学员扮演詹妮弗、朱丽、泰勒、杰夫和乔的角色。当詹妮弗和乔离开会议室时，让朱丽、泰勒、杰夫的扮演者（最好仍用前面那 3 名学员）举行一次会议，讨论一下他们申请的项目，并建立一个按重点排列的单子，向詹妮弗"推销"。

詹妮弗和乔再次进入会议室，5 名学员的扮演者（仍用前面的）举行会议，朱丽、泰勒、杰夫尽量按重点排列的顺序向詹妮弗推销项目，而乔则宣传他自己的计划。

讨论一下结果会是什么。扮演者应当采取什么立场？最终决策会怎样做出？最终决策会是什么？

案例研究 2-2　运输的改进

波尔克是所在州最大，但也是人口最稀少的镇之一。那里有相当多的山地。森林和湖泊不仅为当地居民，也为来自其他城镇的人们提供了很好的垂钓和打猎环境。那里的冬天有时非常寒冷。人口的平均年龄和超过 65 岁的老人所占的比率都高于该州的平均数。

位于波尔克市东部的梅恩威拉是市政府所在地。生活着 15 000 人，是全市最大的城镇。很多人在医院、城镇学校系统、镇政府及大约翰超级市场工作。超市位于城镇的郊区，正好在城镇的边界附近。该市最大的雇主是一家关押女犯人的看守所，位于城市西南部。

该市由一个选举出来的三人委员会管理。现在委员会成员是托马斯、理查森和哈罗德。他们都不是梅恩威拉人，而是来自该市比较偏远的地区，他们只能得到微薄的薪金。他们除了参加在市政府大楼举行的每周一次的委员会会议以外，并不住在梅恩威拉。托马斯和哈罗德已经退休了，理查森住在该市西部边界，是靠近城市西部边界的一个叫耶·奥尔德的工头。

JR 是市运输局的主管，他住在梅恩威拉。该局的大部分预算被用做在漫长的冬季清扫路面和为了防滑而在路面上撒盐，只是做最低水平的保养。一直到 5 年以前，运输局都能从政府基金中得到一笔特殊的分配资金，这应该感谢来自梅恩威拉的州参议员乔·斯姆茨。JR 刚开始为官居市运输局主管的乔工作，后来他们成为了好朋友。经过几年的重选，乔当选为州参议院运输委员会的主席，从而能够使波尔克每年得到一笔特殊的州财政资金用于补贴运输局。然而，乔于 5 年前退休了，这笔特殊的分配资金就没有了。新的代表波尔克的州参议员关心的是城市经济发展而不是运输。

失去了这笔特殊的州财政资金，波尔克的城市道路状况在逐渐恶化。JR 很关心这些情况，他知道有几个重要的项目必须要做：大约翰超级市场的入口，Elk山路及国道 1045 上的一座桥。然而在他能支配的预算内，他担心甚至完成不了其中的任何一个。市委员会即将做出最后的预算决定。他也知道委员们不会为了获得支付这些项目的预算而提高税率。但是，他们也许能从其他部门的预算中获得一些资金。最后的决定将在 9 月 15 日的预算会上由委员们决定。

JR 和他的暑期实习生，一位梅恩威拉市居民，查克瑞一起工作。他们一起把各个项目的信息在 8 月 15 日之前汇总好。查克瑞是一个在州大学学习土木工程的学生，秋天将要上四年级。

JR 认为，除非他为每一个想得到优先考虑的项目制定一个好的方案，否则委员们可能不会为任何一个项目增加预算。他担心所有这三个项目都不能获得足够的预算，那简直就是一场灾难。

"为什么委员们不给这三个项目拨经费呢？"查克瑞问 JR。

"我也希望事情如此简单,"JR回答说,"他们不想提高税收,而且,就算他们那样做了,人们也没有钱支付更多的税。除了运输局以外,他们也要考虑其他的预算。我相信市里其他部门也一样想要更多的钱。"

查克瑞和 JR 一起把三个项目的相关信息整合起来。他考虑得越多,就越觉得每一个项目都和他息息相关。

其中一个项目是在3年前开业的大约翰超级市场的入口处。超市位于一个两车道的公路旁边。超市的入口处位于山的底部,所以在同一个方向上行驶的汽车很难看到相反方向的来车,直到转过山顶。造成的后果是,人们想左转进入超市入口的时候,则要非常小心相反方向转到山顶的车。自从超市开业以后,在这个地点已经发生好几起事故了。然而,几个月以前,一个人在该超市入口处受了重伤。在那起严重事故中受重伤的佩吉·苏·苏伊特从高中开始就是他最好的朋友。在她即将左转进入超市入口的时候,被后面的运货卡车撞倒。由于卡车碰到了一块冰而不能及时刹车,才发生了这样的事故。她现在仍然在恢复中,颈部还戴着一个支架。

在过去的委员会议上,发生意外事故的数量已经引起几位居民的警觉,但是委员们并没有采取任何措施。委员们只是说人们应该更小心一些。这条路需要加宽,需要增加一个转向车道,同时建一个红绿灯。JR 想让超市经理为超市入口的公路改造付费。JR 知道,如果再不采取些措施的话,最终一定会有人丧命的。但经理说,超市已经是一个优秀的社区"公民"了:它给人们创造了工作机会,维持较低的商品价格,给年长的居民提供折扣,并把销售额的一定百分比捐给该市的各种慈善事业和基金会。他说,超市最终只能获得很低的利润。如果超市不能获利的话,公司总部将被迫关闭超市,这样就会有很多人失业。尽管超市经理很同情JR,但超市不可能为增加一个转向车道付费。

查克瑞认识到因为该市没有别的商业中心,所以似乎每个人都要在超市购物并在路旁停车。顺便提一下,托马斯委员的妻子在超市做兼职人员。

第二个项目是拓宽和修整城市西北部的 Elk 山路。许多人经由这条路去 Elk 山上打猎。JR 已记不起这条路最后一次以某种方式进行铺设或整修的时间了。寒冷的冬季让道路充满了坑洼,每个冬天过后,其中许多坑洼会变大。由于该市的失业率很高,最近该市一些伐木工人开始走这条路上 Elk 山去伐树,并把原木送到山下的几家锯木厂。运木料的卡车使得这条山路正以更快的速度破损。靠近该市西部边缘的耶·奥尔德锯木厂就是需要原木的厂子之一，委员理查森是工头。委员托马斯和理查森也应该知道Elk山路正在损坏的情况，毕竟他们总通过该路去Elk山上打猎或者钓鱼。他们也听到了许多走过这条路的朋友的抱怨。

在去年打猎的季节，查克瑞驾驶着他那辆开起来声音已经很响的旧车去Elk山。在去之前的一个星期，由于托架已经掉了，所以他把排气消声器绑在了机器上面。但是他没有把这个工作做到位，所以排气消声器和排气管离地面都很近。在去往Elk山的路上，他几乎被一辆下山的运原木的卡车挤下路去，而那辆卡车似乎也在炫耀它的优势。查克瑞撞到了一个大坑，撞裂了排气消声器，排气管也掉了。尽管他已经无法忍受卡车司机和那些正在破坏道路的伐木工人，但他感到幸运的是他并没有受伤，他的车也没被撞坏。

最后，1045号公路是通往市西南州看守所的主要道路。它也像该市其他的路一样，只有两个车道。在监狱附近，有一座桥横跨克罗克特河。4年前，这座桥勉强通过了州里的检查。同时，JR被责令在下一次检查前必须彻底升级改造这座桥，否则可能就通不过检查，大桥将不得不关闭。检查的日期是明年。冬天的冰雪融化以后，克罗克特河水位将上涨，而且流速相当快。人们担心大桥可能会被冲坏。如果那种情况真的发生，对于在监狱工作的大多数人来说，要多走24公里的路程。

在去年的一次委员会上，托马斯委员说要一直等到大桥破坏，那样州政府也许就会拨款建一座新的大桥了。另外，不管怎么说，那些在监狱里工作的人们都是州政府的雇员，比起仅有固定收入的退休人员，他们挣的钱已经很多了。这激起了哈罗德委员的火气，他的女儿是监狱的一个教官，他和托马斯委员在会上就大吵了起来。

现在是6月了，委员们将在9月15日的委员会议上考察运输局明年的预算。查克瑞是一个将要上四年级的、在州大学学习土木工程的学生。他来自梅恩威拉，正在运输局进行暑假实习。6月15日，JR请查克瑞在8月15日回校以前，帮他汇总有关这三个项目的信息，好为委员们9月15日的预算审查会做好准备。

查克瑞一直都住在梅恩威拉，尽管他从没有深入地考虑过这三个问题，但他还是对这三个地区有一些了解。查克瑞的哥哥是监狱的一位教官。他哥哥不止一次提到克罗克特河大桥，说大桥倒塌或者被冲坏只是时间问题。他哥哥甚至发誓说，过桥的时候都能感受到桥在摇晃。他希望在桥塌了的时候，他或他的女朋友（哈罗德委员的女儿）不要在桥上。

❓ 案例问题

1. 查克瑞评估这些项目应该用到哪些标准？

2. 为保证项目实现，他应该做哪些假设？

3. 他应该收集什么样的数据和信息？他应该怎样收集相关的数据和信息？

4. 他依据评估标准评价完每一个项目以后，应如何决定这三个项目的优先次序？

◢◣ 小组活动

让每个学员先单独回答案例的问题。然后，把学员分成 3~4 组讨论案例的问题。每一组必须选出一位发言人在全班学员面前宣读他们的答案。

第3章 提出解决方案

本章内容支持《PMBOK 指南》中的如下领域：

项目采购管理

Mortenson 建设公司选择 Skire Unifier 作为企业项目管理系统

Mortenson 建设公司成立于 1954 年，现已成为国内顶级制造商，在美国主要城市拥有 6 家办事处，并在加拿大及中国设有国际办事处。它为客户提供策划、项目管理、预建设、工程总承包、施工管理、设计建造、"交钥匙"开发等服务。

Mortenson 正在寻找一个系统作为其主要系统，用于在建设项目和公司人力资源上与主要利益相关者的协作平台，于是，它成为 Skire Unifier 的客户。提升产品质量及信息的时效性对于 Mortenson 公司所采用的系统是十分必要的。

经过 6 个月的评估，Skire Unifier 成为其最终选择。Skire Unifier 是投资项目、设备、房地产及项目组合管理软件的领先供应商。Skire Unifier 的一个目标是融入客户公司以帮助其及时地完成投资项目。Mortenson 所选择的 Skire Unifier 解决方案将 Microsoft Project 中的日程文件与变更订单、行动项目及其他文件整合入一个中央系统，通过这个系统中的文件控制帮助项目降低成本、提高质量、加快进程等。

　　Mortenson 公司的 CIO 表示："我们选择 Skire Unifier，不仅仅是因为我们把技术放在首位，更因为它的文化与本公司十分吻合。这家公司的产品开发团队给我们的印象十分深刻。"

　　Skire Unifier 根据过去的经验及 Mortenson 的团队评估系统的合作过程两方面来了解建筑管理业务。Skire Unifier 公司的 CEO 指出："Mortenson 的员工、知识、文化都与 Skire Unifier 公司不谋而合，这样的关系即意味着它是 Skire Unifier 的战略合作伙伴。"

　　Mortenson 和 Skire Unifier 都希望能够建立一个长期合作关系，并且希望能够共同合作开发出新一代的软件，使其更加有效、智能并具有协作性。

　　为客户提供解决方案不仅仅是回应需求建议书并解决问题，它还意味着建立超出解决方案之外的客户关系。实践关系建设的组织称作合作者。Skire Unifier 的人力资源部评估了它们自身的系统及进程，以确保能够为客户提供与 Mortenson 相同的非凡体验。当回复需求建议书的时候，在需求建议书撰写阶段之前与客户公司建立关系，并在项目结束之后维持关系，即使你所在公司提供的解决方案没有被选中。实施这项工作，你的公司与客户公司就正在建立一个长期合作关系。

　　资料来源：Anonymous, "Mortenson Construction Selects Skire Unifier as Enterprise Project Management System," Business Wire, May 13, 2010.

本章概要

　　本章主要介绍了有兴趣的承约商根据客户的需求建议书提出建议的过程。一旦客户做出了选择特定承约商实施项目的决策，就会同承约商签订合同。

　　在许多情况下，需求建议书并不需要从外部承约商那里征求竞争性的申请书。例如，假定公司管理层觉得开发新的营销材料（手册、录像带、软件样盘）很有必要，或者需要重新规划办公室布局，管理层可能会要求某个人或小组准备申请书，申请书中应当注明活动内容，将需要什么公司资源，资源成本是多少，得花多长时间完工。一旦个人或小组准备好了申请书，管理层就可以决定是直接进行项目，还是在进行中再修改申请书。如果决定进行下去，项目就直接进行到了项目生命周期的第3阶段——为项目创建一份详细的计划并且执行计划，直到完成项目目标。

　　对某些工作而言，项目生命周期的第 2 阶段有时可以完全不予考虑；在识别需求之后，就直接进入了项目生命周期的策划和执行阶段。典型的例子包括：能够通过一两个个体完成的项目，如家庭地下室的改造、通过志愿者团体完成的项目，如组织募捐活动。你将了解以下内容：

- 与客户和合作者建立良好关系。
- 建议书营销战略。
- 就是否投标做出决策。
- 编制能中标的申请书。
- 申请准备过程。
- 申请书可能包括的要素。
- 定价理由。
- 评价申请书。
- 客户和承约商之间的合同类型。
- 评审申请书的效果。

学习成果

学完本章后，你将能够：

- 与客户和合作者建立良好关系。
- 决策是否对需求建议书进行投标。
- 编制能中标的申请书。
- 为申请书制定一个公平合理的价格。
- 商议客户如何评估申请书。
- 解释合同类型、各种条款和条件。
- 评审申请书的效果。

3.1 与客户和合作者建立良好关系

客户与合作者组织更愿意与认识并信任的人合作。

客户关系为成功的投资和合同机会建立了基础。建立客户关系需要积极主动参与。在很多方面，这是一个保持联系的"运动"。它需要走出办公室并进行面对面的交流，而不是通过电子信息或电话交流就能够有效地加以解决。例如，如果你正为一个造一栋房子的项目征求建议书，你会仅仅通过电子信息或是电话交流就做出选择承约商的决策吗？很可能不是。你会想与承约商进行面对面交流。

承约商需要通过个人人际交往与潜在客户组织中的人员建立关系。建立客户关系要求承约商成为良好的聆听者与学习者。当你与客户交流的时候，你需要提出问题并仔细聆听。讨论与他们有关的事，而不是关于自己的。通过聆听，你会比一味地说学习到更多东西。要努力从中获取客户的个人信息，包括他们的家乡、职业、从前的工作、可能在哪里念大学、兴趣爱好、家庭等。寻找你们之间可能拥有的共同点：是否来自相同城市或拥有共同爱好（运动、园艺、书籍、相似年龄的小孩等），或是不是毕业于同一个大学？你可以将这些信息储存起来，以利于将来的交流。可以通过表述你的个人兴趣来开始一段对话或进行一项个人调查，例如："你女儿的足球队怎么样了？""你妈妈从髋关节手术中康复过来了吗？"如果你真正表露出兴趣，他们对你还记得这些事情会印象十分深刻或感到受宠若惊。要让客户感觉良好，对他们的困境表示感同身受，无论是公事还是私事。要寻找恭喜或安慰他们的机会。如果他们刚刚结婚、生了小孩或是家中刚举办丧礼，寄给他们手写的卡片。如果你知道客户有某些个人或商业兴趣，如爬山、收集古董、美国内战或是电子媒体、生物燃料等技术，将你看到的任何文章寄给他们，同时附上一张手写的卡片，写上："我觉得你也许会对这篇文章感兴趣。"个人联系是特殊而可爱的。发送带有文章的网站链接的电子信息也是一个不错的做法。

与潜在客户的联系必须较为频繁，不应当仅仅当有一个现成的投资机会或只是在他们将要征询需求建议书的时候才想起来联系。每当你处在客户所在城市的时候，提前预约一顿午饭，或只是去客户的办公室问声好都是不错的做法。如果你临时拜访，客户刚好没有空，那么你就留下名片和便条，表示你曾经来过。在午饭或会面的过程中，不要只谈论公事，也要讨论你们之间的共同兴趣，如运动、电影、最近的休假、最近发生的大事件等。然而，你需要避免谈论一些话题，如能够引起强烈歧义的政治问题，除非你对客户的见解有更好的了解。

在接触过程中，不要只关注于获得潜在合同的机会。如果你过多谈论业务或者总是过问潜在的需求建议书或投资机会，客户会觉得你正在打听消息。当谈到公事的时候，仔细聆听并理解客户的需要，并且判断自己或者公司能否帮助客户公司成功达成它的目标。在与客户会面之后，对客户抽出时间进行会面要表达一下谢意。你也可以之后发一个简短的手机短信表达谢意。为客户的需求提供任何他可能需要的帮助和信息，或者诚挚地邀请客户回访自己或公司，为继续进行对话和发展更强的客户关系打开大门。

建立信任是发展一段有效而成功的客户关系的核心。促进客户关系的一个方法是守信、可靠并及时回应客户。如果你告诉客户会在周末将特定信息发给他，那么你一定要确定你确实这么做了。兑现自己的承诺，同时也要做出现实的承诺。

道德行为对于建立与客户及合作者之间的信任也是非常必要的。没有什么比做出令客户认为不道德的事更能恶化客户关系。在与客户及合作者的会面中，不要令客户觉得你在逃避一些东西或令他觉得你行事阴暗卑劣。不要夸大或扭曲事实。要公平并做对的事情。不要多管闲事或试图从他们那里打探内部或机密信息。例如，不要向客户打探刚刚批给竞争者的新合同的详细预算。同样地，如果你的客户向你询问机密信息，你应该告诉他你不能泄露信息，她会因此敬佩你的诚实和真实，这也会建立起客户对你的信任。不要通过八卦、谣言或道听途说传递消息，并且还告诉客户这是机密信息并要求其保密。因为你正在要求她做一件你自己都做不到的事（保守秘密），你会因此失去客户对你的信任。不要对其他人或公司做出负面评价，即使是你的客户也对他们有负面评论。

第一印象对于建立一个持久而富有成效的客户关系是非常关键的。在与客户讨论的时候，控制你的情绪、保持委婉并不要与客户对抗是非常重要的。不要做出你可能会后悔的下意识反应。最好能够睡前思考一下矛盾问题，在第二天给出一个更加深思熟虑的决定。学着掌控与客户间的对话，知道何时保持沉默、何时不做出回应、何时发表自己的意见（或者不要过早发表意见），以及何时改变对话的主题。如果你在客户结束发表自己的评论之前，过早表达了自己的意见，你的意见可能与客户将要发表的评论完全不相同。在开玩笑或做出评论，或对玩笑和评论做出回应的时候，要格外小心和敏感，以防说出不恰当的话。例如，涉及宗教徒、残疾人的玩笑或异性的下流玩笑很可能造成与客户之间的不和睦，甚至终止这段客户关系，使你的公司失去将来与这个客户合作的商业机会。避免粗言秽语、俚语和行话。

在与客户和合作者的接触中，保持一种积极和勇往直前的态度。不要消极，而是仔细考虑为什么这些事不起作用、为什么不能完成。客户想要跟能够解决问题的人合作，而不是那些只是认识客户的人。

信誉是建立在行动的基础上的。不要只是说你可以做到，你要以行动来证明。多做一些事，多做一些努力，就能够获得超出预期的成果。

永远将客户放在第一位。要让客户对与承约商一同成功完成项目充满信心，包括与客户良好的合作关系、帮助客户完成目标等。

通常的建议是，不要只依靠与客户或合作者公司中仅仅一个人之间的关系，更应该同一些核心人员建立良好的关系，因为某些核心人物可能会离开，另一些核心人物会变得更有影响力。

建立有效而成功的客户关系需要时间和努力，不是一朝一夕可以完成的。

✎ **练习题**

1. _____为成功的投资和合同机会建立了基础。
2. 建立客户关系要求承约商成为_____和_____。
3. 建立_____是发展一段_____而成功的_____的核心。
4. 建立有效而成功的客户关系需要_____和_____。

3.2 需求建议书或申请书前的营销战略

想要针对企业或政府的需求建议书制定出有获胜把握的申请书的承约商，不应当等到客户发出正式的征求后才提出申请，而是要在潜在的客户准备提出需求建议书之前就与潜在客户建立联系。

　　承约商应当与老客户、当前客户保持密切的联系，并且启动与潜在客户的联系。在这些联系中，承约商应当帮助客户识别有可能从项目的执行中获得收益的领域，并且指明需求、问题或机会所在。与潜在客户的密切合作，会使承约商处于一种有利的地位：当客户发出申请书时，该承约商最终将会被选为执行该项目的承约商。熟知客户需求、要求和期望的承约商，将会针对客户的需求建议书，准备一份重点突出的申请书。承约商所做的这些需求建议书或申请书前的努力，就是市场营销或业务开发工作，而且不用客户付出任何成本。这些努力带给承约商的报偿在以后会显现出来的，即当承约商回应客户的需求建议书后，将被选为执行该项目的承约商。

　　在需求建议书或申请书前的活动期间，承约商应尽可能多地了解客户的需求、问题和决策过程。承约商应向客户询问与已识别的需求和问题有关的信息、资料、文件。承约商可能会相应建立一些申请前的概念或方法，把它们呈递给客户或让客户进行评论。得到客户对其概念的反应后，承约商就能够理解并明确客户所希望的是什么，从而在客户心目中树立起负责任的良好印象。承约商也可邀请客户去拜访曾为之提出并执行了成功方案的客户（当然要以该客户与目前潜在客户有相似的需求或问题为前提），这样的访问能在客户面前提高承约商的声望。

　　在某些情况下，承约商可能会主动准备并向客户提交申请书。如果客户确信此申请书将会以合理的成本解决问题，它可能就会与承约商签订合同来实施项目，这样就省去了需求建议书的准备阶段和接下去的竞争申请过程。在需求建议书或申请书前做好市场营销工作，承约商也许能从客户那里直接得到合同而不必与其他承约商竞争。

　　不论目标是要赢得具有竞争力的需求建议书，还是从客户那获得不需要竞争即可直接签订的合同，承约商在需求建议书或申请书前所做的努力对于最终赢得合同、执行项目都是很重要的，因为这是一个基础。

✏️ **练习题**

5. 承约商需要与潜在客户_____，_____为客户准备一份需求建议书。

6. 成功地在需求建议书或申请书前开发业务会产生什么结果？

3.3 是否投标决策

因为开发和准备申请书是要花费时间并且消耗成本的，所以对提交申请书、回复需求建议书感兴趣的承约商必须讲求实际，对中标的可能性要有切合实际的估计。评价是否准备申请，有时也叫是否投标决策。承约商在是否投标决策过程中考虑的因素有如下几个。

1. 竞争

还有哪些承约商会提交申请以回复需求建议书？这些承约商的竞争优势如何？竞争优势是因为其需求建议书前的市场营销工作，还是因为他们以前的工作表现好，在客户中的声望高？

2. 风险

项目有失败的风险吗？来自技术方面还是资金方面？例如，是否在开发符合客户要求的集成电路技术的可行性方面存在不确定性？客户是否想要承约商提交基于固定价格合同的申请书，而申请的项目需要付出的研究与开发努力在技术上却只有50%的成功可能性？

3. 任务

申请项目与承约商的经营目标一致吗？例如，如果承约商的经营内容是开发和实施在商业领域应用的自动化系统，像会计系统、跟踪订货系统或财务报告系统，那么，自动监控系统、测试系统、医药公司监控化学过程的活动则不在承约商的经营范围之内。

4. 扩展业务的机会

申请项目会给承约商提供扩展和强化其能力的机会吗？例如，如果承约商一直都是向个体食品市场提供自动的库存控制系统，现在有一个需求建议书，要为拥有10家连锁店的超市提供整合的库存控制系统，它可能会给承约商提供一个扩展其能力和把生意扩大到更大的客户群体中的机会。

5．客户的声望

承约商是否曾成功地为类似的客户做过，还是有什么问题曾使客户不满意？承约商曾在该客户的需求建议书投标中失败过吗？

6．资金保障

客户真有资金用于这个项目吗？或者，客户只是在"无目的地调查"——虽然尚未确定是否投资于此项目，却发出需求建议书？客户可能是出于好意，但很不切实际地发出了需求建议书，因为他预料董事会将批准投资。然而，如果公司出现资金困难，董事会就可能无限期地推迟项目，即使已经收到了来自感兴趣的承约商提交的申请书。承约商开展良好的需求建议书前的市场营销工作将有助于确定项目的可行性。承约商不应把时间浪费在回应不可能获得投资的需求建议书上。

7．申请书所需资源

是否有合适的资源来准备一份高质量的申请书？仅仅准备申请书是不够的，应当准备的是高质量的申请书，这是制胜的绝对必要的前提。准备一份高质量的申请书，承约商必须有适当的人力资源来开展工作。如果承约商组织内没有合适的资源来准备高质量的申请书，承约商就应当做出安排，尽量获取其他的资源，以确保制定出最可行的申请书。承约商不应当仅仅出于提交申请书的目的，而用不适当的资源去准备申请书。提交低质量的申请书可能给客户留下不好的印象，会降低承约商以后与该客户签订合同的可能性。

8．项目所需资源

如果承约商中标了，能得到合适的资源来执行项目吗？承约商需要确保能从组织内部获得合适的人选来承担项目工作。假如在合同签订后，承约商又发现工作团队必须重组，而不是采用原计划人员，这样，成功完成项目的概率就会降低。结果可能是，失望的客户不会再给承约商合作的机会。如果承约商无法确定是否拥有足够的资源来执行项目，就需要制定一个计划，以获得成功执行项目所需的资源（如雇用新成员或顾问、让分包商负责一部分工作）。

承约商要实事求是地评价自己准备申请书的能力，以及签订合同的可能性。申请书挑选过程的竞争很激烈——客户将从那些相互竞争的申请书中选出一个获胜者。对于承约商来说，成功是指赢得合同，而不是仅仅提交了申请书，提交许多失败的申请书来回复需求建议书会损害承约商的声誉。所以，是否投标需求建议书，有时的确是承约商最难以做出的决定。

表 3-1 是有关是否投标的清单，根据它承约商要做出决定，是否回复需求建议书并提交申请书。承约商组织内部的决策人员可以利用这样的清单来达成统一意见。表 3-1 的清单表明了来自培训咨询公司的关键人物是如何达成一致意见的。它总结了他们对是否投标于 ACE 制造公司的需求建议书所进行的审议，该需求建议书要求为位于全国 7 个不同地点的工厂的员工进行大量的管理培训。你认为他们应当向 ACE 制造公司提交申请书吗？

表 3-1 是否投标清单

项目名称：管理培训计划

客　　户：ACE 制造公司　　　　　　到期日：　5 月 31 日　

每个因素都按高（H）、中（M）、低（L）计分

因　素	分　数	备　注
1. 竞争	H	过去当地大学一直在给 ACE 提供培训项目
2. 风险	L	需求建议书中的要求要定义明确
3. 与本企业任务的一致性	H	培训是本企业的经营项目
4. 扩展业务的机会	H	某些业务要求举行电视会议，而本企业没有举行电视会议的经验
5. 客户的声望	L	以前从未给 ACE 公司做过培训
6. 资金保障	H	ACE 公司为培训备有预算资金
7. 申请书所需资源	M	Lynn 不得不重新安排假期活动，为完成申请书，一直工作到阵亡将士纪念日（Memorial Day）那个周末以后
8. 项目所需资源	M	为完成几个具体的专题项目而不得不另外雇用其他分包商

本企业的优势及独特能力：

- 有良好的管理培训的记录——有许多回头客
- 在第 2 轮和第 3 轮的行动计划中比当地大学更具灵活性，能更好地满足培训要求

本企业的弱势：

- 本企业的大部分客户一直都属于服务性行业，如医院，ACE 公司却属于制造性行业
- ACE 公司总裁是当地大学的毕业生，并是其最大的捐助者

练习题

7. 当决定是否回复需求建议书时，承约商应考虑哪些因素？

8. 承约商需要_____关于他们准备申请书的能力和有关赢得合同的_____。

3.4 提交能获胜的申请书

要记住，申请过程是一个竞争的过程，这一点是很重要的。客户用需求建议书来向承约商征求竞争性的申请书。因此，每个承约商都必须记住，它的申请书将要与其他承约商的申请书竞争，被客户选中的才是获胜者。仅仅提交一份满足客户需求建议书中工作说明书和要求的申请书，对想要获胜的承约商来说是不够的。可能会有许多申请书符合要求，或所有的都符合，而客户只挑选其中的一个，前提当然是它能提供最大的价值。

申请书是一份推销文件，而不是技术报告。在申请书中承约商必须使客户确信，承约商：

- 理解客户的要求。
- 能执行申请的项目。
- 能向客户提供最大的价值。
- 是解决问题的最佳承约商。
- 将利用以前相关项目的成功经验。
- 将非常专业地工作。
- 将获得预期的成果。
- 将在预算内按进度完成项目。
- 能使客户满意。

在申请书中，承约商必须突出其不同于竞争者的独特因素。承约商在申请书中必须强调，如果客户选择该承约商执行项目，它将会获得的好处。

主要合作者与分包商都能够对承约商的专业知识进行补充。识别并选择合适的合作者及分包商来完成项目中的特定工作，能使承约商更有竞争力，特别是那些拥有项目所需要的特殊技能的组织，如拥有极高的信誉或是在客户中拥有良好的信用度。

申请书应当以简明扼要的方式表达，而不应是冗长拖沓的。应当用客户熟悉的术语，避免使用缩写词、首字母缩略词、行话，以及客户可能不知道、不理解的其他词。如果可能，可以使用简单的图表来辅助表达，但避免使用过分复杂的图表，几个简单的图表可能比一个复杂的图表更易理解。当表述观点或提出方法、概念时，应当以逻辑理论基础或资料来补充说明。申请书在应对客户需求建议书中列出的要求时，必须明确而具体。笼统的书面申请将使客户怀疑，承约商是否真理解需要做什么和怎样去做。例如，如果客户在需求建议书中的一个要求是，设计出的专业化机器应当每分钟生产 20 个零件，那么，如果承约商的申请书说明"设计出的机器将实际上每分钟生产出 20 个零件"，比说明"机器每分钟将能生产出最大的数量"更令人信服。客户将对后者产生怀疑，因为"最大量"也许会小于每分钟 20 个零件。

最后，申请书必须是实事求是的。在客户看来，申请书必须在申请工作范围、成本和进度计划方面实事求是。许诺过多或过于乐观的申请书不足以令人信服，并且再次使人产生怀疑：承约商是否真的理解需要做什么和怎样去做。

练习题

9. 申请过程是一个_____过程。申请书是一份_____文件。

10. 在一个申请书中，承约商必须突出_____因素，使得该申请书_____。

3.5 准备申请书

准备申请书的工作可以是一个人就能胜任的简单任务，也可能是需要组织中的一个小组与一些具备各种专长和技术的人员共同合作的资源密集型活动。在设计和打印年度报告这样一个简单的例子中，一个经验丰富的商业打印人员（承约商）在满足了客户的有关要求后，可能会在很短的时间内就生成一份申请书，而不用其他人的协助。然而，如果是政府机构发出的数百万美元项目的需求建议书，要求设计和建立一个新的地区性的快速运输系统，每个感兴趣的承约商都可能会组织一组人员和分包商来协助准备申请书。在这种情况下，承约商可能委任一名申请书经理，由他来协调申请小组的工作，以确保在需求建议书的规定日期前生成一份一致而全面的申请书。

对于很大的项目，提出一份全面的申请书，其本身就应该被看做一个完整的项目：项目经理负责组织申请小组，建立一个在客户规定日期前完成申请书的进度计划。进度计划应当包括每个成员在起草申请书中所负责部分的完成日期、与申请小组中适当的成员进行审议的日期、申请书拍板定型的日期。进度计划还必须留出承约商组织内部的管理层进行评价和批准的时间，也必须留出准备图表的说明、打印、复印的时间，以及把申请书邮寄给可能距承约商几百公里远的客户。

针对一项大规模的技术项目的需求建议书而制定的申请书可能是很多册文件，包括机械制图和几百页的正文。而且，这种申请书还经常必须在需求建议书颁布后的 30 天内完成！投标于这么大项目的承约商，通常要做需求建议书前的营销和公关工作，所以在客户正式颁布需求建议书前，他们可能就有了一个申请书草案了。在 30 天的回复期内，承约商可能会首先修正与客户要求不一致的申请，然后用剩下的时间来"包装"一份一流的专业申请书。

客户不会承担承约商准备申请书的费用。承约商会把它当做正常的营销费用，期待着能赢得合同，再从中获利。

如上文所述，申请书是一个推销文件，不是技术报告。它可能是几本或几册，包括上百页的内容、图解和列表。申请书应当列出足够的细节，使客户相信承约商将带来最佳的收益。然而，如果申请书过于详细，客户可能不愿去看，而且也会无谓地增加承约商准备申请书的费用。

3.6　申请书内容

申请书经常被设计成 3 个部分：技术、管理和成本。对于大型申请工作，这 3 个部分可能是 3 个独立的册子。承约商申请书的详细程度取决于项目的复杂程度和需求建议书的内容。有些需求建议书会声明，如果承约商申请书超过了一定的页数，客户将不予接受。毕竟，客户急于迅速评估所有已提交的申请书，它们可能没有时间去看长篇累牍的申请书。

✏️ **练习题**

11. 申请书应强调 3 个主题或包括 3 个部分，它们是什么？

3.6.1 技术部分

承约商申请书技术部分的目的是使客户认识到：承约商理解客户的需求或问题，并且能够提供风险最低且收益最大的解决方案。技术部分应当包括以下内容。

1. 理解问题

承约商应当用自己的话来阐述他对客户的问题或需求的理解，但不应仅仅重述客户的需求建议书中出现过的问题。技术部分的内容必须让客户知道，承约商完全理解需要解决的问题及提出的需求，并且为技术部分的后面内容打下了提出解决方案的基础。承约商可能想用陈述或表格的形式来描述客户当前的状况。例如，如果问题在于制造工艺的高废品率，承约商可能要绘出客户目前的制造工艺的流程图，以表明废品出在哪儿，以及此状况可能引起的其他问题，如生产瓶颈。客户将更有信心与这样的承约商一起工作，因为他们能真正了解客户的问题所在。

2. 提出方法或解决方案

一些问题本身会产生一种特定的解决方案，如改造一间大办公室，使它能容下比现在多 10% 的人。然而，有些问题可能不是这样的，这些问题可能需要在一个具体方案被详细描述前，把分析与开发任务当做建议项目的一部分来执行。在这种情况下，承约商的申请书必须描述在建立解决方案过程中用到的某些特定的方法或方法论。例如，如果需求建议书是针对一种特殊的、用来测试由高级原料制成的、具有复杂形状的产品的某些特性的不接触检测系统，那么，客户期望承约商把这样的系统设计作为申请书的一部分将是很不现实的，更确切地说，这样的工程设计和开发不应当作为申请项目的一部分来执行。然而，在申请书中，承约商必须使客户相信：所提出的设计、开发和建立系统的方法是富有逻辑性的、切合实际的，将有助于应用此系统的承约商成功地满足客户的要求。

技术部分这一块可能会包括以下内容：

（1）描述承约商将如何收集、分析和评价有关问题的数据和信息。

（2）承约商用来评估几个备选方案或进一步提出解决方案的方法，这部分可能会对承约商将用于或已经在类似项目中用过的实验、测试、实物模型或计算机模型进行讨论。

（3）提出方案或方法的基本原理，这种基本原理可能建立在以前承约商进行过的实验、承约商解决类似问题的经验或承约商用来解决问题的专利技术的基础之上。

（4）确认提出的方法或解决方案能够满足客户在需求建议书中所陈述的各种物理的、操作性的或性能方面的要求。例如，日护理中心的设计和确定的需求建议书中会声明，某些装置必须达到特定的高度，以适用于不足 1.2 米高的儿童，那么申请书就必须表明承约商应该满足这个要求。如果没有满足客户的全部要求，就会引起客户的怀疑，从而降低承约商获得合同的概率，特别是当竞争对手的申请书中声明他们将满足所有要求的时候。

如果承约商不能满足客户的某些特定要求，就应当在申请书中阐明这一点。特定需求的变动被当做例外事件（exception）。对于客户要求中涉及的每个例外事件，承约商应当解释为什么要求是不恰当的或为什么不能满足要求，并提出替换选择。虽然承约商应当避免对客户的要求提出异议，但在某些情况下却是适宜的。例如，如果客户需要为办公大楼安装电热系统，承约商可能会表示异议，并且在申请书中提出，天然气供暖系统的安装成本与运行费用对于客户来说更低廉。然而，客户可能会有非常充分的理由要求采用电热系统而不考虑费用，并驳回提出异议的申请书。

3．客户的收益

承约商应当表述所提方案或方法如何能使客户受益。收益可能是数量上的或质量上的，还可能包括成本的节约、加工时间的减少、库存的减少、更好的客户服务、废品残品率或出错率的降低、提高安全状况、更及时地提供信息和维修次数的减少。申请书的这一部分应当与竞争对手的申请书进行比较，使客户确信申请书中所提方法的价值。

12. 申请书的技术部分的目的是什么？

3.6.2　管理部分

承约商申请书中管理部分的目的是使客户确信，承约商能做好项目所提出的工作，并且收到预期结果。管理部分应当包括以下内容。

1．工作任务描述

承约商应当界定为完成项目要执行的主要任务，并且提供每个主要任务所包括内容的简要描述。承约商不应仅仅重述在客户需求建议书中所包括的工作要求。申请书也不需要纳入冗长的详细活动的清单，这种活动清单应在赢得合同后，在项目周期的最初计划阶段生成。

2．交付物

承约商应当提交一份交付物清单（有形的产品及物品），这些交付物应当在项目期间提供，如报告、图表手册和设备。

3．项目进度计划

承约商应当提供完成项目所要执行的主要任务的进度计划。进度计划必须表明承约商能在需求建议书所规定的期限内完成项目。任务进度计划能以几种方式给出：标有预计的开始和结束日期的任务清单；通常被称做甘特图（Gantt chart）的条形图（将在第 5 章中进一步讨论），它沿水平的时间轴用细杠代表每个任务的估计工期；也可以用网络图，将任务以图解的形式给出，显示出任务之间的次序及相互依存性。

除了主要任务，进度计划可能还包括别的关键事件的日期，如重要的评论会议、客户审批活动及一些交付物的完成，如进程报告、图纸、手册或设备。

4．项目组织

承约商应当描述如何组织工作和资源，以便执行项目。大型项目会牵涉许多人和分包商，设计一个组织图（将在第 13 章中进一步讨论）可能更为合适，并把每个负责人的名字附在主要的项目职能之后。主要负责人的简历也应当包括进去，以便客户了解他们的相关经历，使客户确信项目会成功。除了组织图，承约商可能还会用到一个责任矩阵（将在第 5 章中进一步讨论），用来列出主要的项目任务和负责每项任务的执行人员、组织或分包商的名称。

5．相关经验

为了使客户确信承约商能做好项目，承约商应当提供一份曾执行过的类似项目的清单。承约商应当简洁地描述过去的每个项目，并解释说明从那些项目中得来的经验将怎样有助于成功地执行申请的项目。承约商也应当向客户提供每个项目的价值，给客户一个概念，承约商具有管理这种规模的项目的能力。如果承约商所有的相关经验都是约为 2 万美元的项目，那么他赢得几十万美元的合同的可能性就会很低。对于以前的类似项目，承约商也可列出每个客户的名称、职衔、电话号码，以便目前的客户能与他们联系，证明承约商的工作表现。来自曾获得过满意服务的客户的介绍信可能也会被列入。如果承约商有良好的工作绩效记录，那么这种信息将特别有用。

此外，如果项目需要被外包给合作者或分包商，这些组织的相关经验也需要列入，包括这些组织被选为项目团队成员的原因。组织的核心成员的简历也有可能会被列入。

6．设备和工具

一些项目会要求承约商使用特殊设备，如计算机、软件、生产设备或测试工具。在这种情况下，承约商可能愿意提供自己的一系列设备和特殊工具，以便使客户确信其拥有必备的资源。

练习题

13．申请书的管理部分的目的是什么？

3.6.3 成本部分

承约商申请书成本部分的目的是使客户确信，承约商就申请项目所提出的价格是切合实际的、合情合理的。在某些情况下，客户可能只想知道项目总成本的底线，一些客户也想看看可选择项目的成本。例如，一对夫妇要求几个承约商提交建房申请书，可能就会寻找总成本与可选择项目的成本（如美化环境、装饰平台、改建地下室、内置游泳池和庭院的栅栏）之和最低的承约商。而政府机构的需求建议书通常要求承约商详细载明各种成本。

成本部分通常包括承约商估算的要素有以下几个。

1．劳动力

这部分给出了预计在项目中工作的各级人员的劳务成本的估算。它可能包括针对每个人或每个等级（如高级工程师、设计师、机械师或程序员）进行估算的小时数和小时工资率。估算的小时数必须是符合实际的：如果它们太高或有太多"水分"，总估算成本就可能高出客户愿意支付的成本；相反，如果估算小时数太低，承约商就可能在这个项目上亏损。小时工资率通常是每个人的年薪或每个等级的平均年薪，加上职工附加福利（健康保险、退休金）等额外的报酬，然后，这些薪水除以一年中的正常工作小时数（如每周40小时，乘以52周，总共2 080小时），以此决定每人或每个等级的小时工资率。

2．原材料

这部分会给出承约商需要为执行项目而购买的原材料的成本。例如，装修项目的原材料成本可能包括木材、新窗户、管件设备和地毯的成本。

3．设备

有些项目会将购买设备作为项目的一个部分。设备可以包括电脑和机器。例如，一个建造诊所的项目必须包括购买各种种类的医疗设备，或者，一个升级生产设备的项目可能包括购买新的生产设备，或一个新的办公室可能需要购买新的电脑系统。

4．特殊设施

某些项目可能需要给项目团队提供特殊设施或额外的空间，用于安全考虑、储存原材料，或建造、组合及测试项目产出物。如果需要这些特殊设施，那么租赁的预计成本也要被算进来。

5．分包商和顾问

当承约商不具备完成某些项目任务的专长或资源时，他们可能会雇用分包商和顾问来执行这些任务。例如，把教堂地下室改造为日护理中心的项目，承约商可能要雇用分包商来除去石棉，雇用顾问提供有关日护理中心设立的州立规章和法令的建议。承约商通常要求分包商和顾问提交有关工作范围和任务成本的申请书，然后把这些成本加进项目的总成本中。

6．差旅费

如果在项目中需要出差到外地，那就应当包括旅费（机票）、住宿（旅馆房间）和伙食等费用。承约商首先必须估算一下出差的次数和路线。例如，如果客户是华盛顿特区的政府机构，而承约商在加利福尼亚州，那么就应把出差前往华盛顿参加客户评审会议的相关成本考虑在内。

7．文档

有些客户想要承约商分别阐明与项目文件交付物有关的成本，可能会是印刷手册、制图、报表或制作录像带的成本。

8．一般管理费

承约商将给上述 7 项条款的费用附上一个百分比，以涵盖正常的一般管理费——经营的间接成本（indirect costs），如保险、折旧、会计成本、总管理成本、市场营销成本和人力资源成本。当然，在非正式项目中，如志愿者组织的城市庆典中，类似的成本就没有必要了。

9．物价上涨

大型项目可能得花几年的时间才能完成，承约商必须把项目期间原材料价格与工资率的上涨等因素造成的成本增加考虑进来。例如，对于一个 3 年期的项目，承约商就要预计在项目的后两年中工资每年都会增长 4%。如果同样的项目要求承约商在第 3 年时购买大多数的原材料，那么在购买这些原材料时，现有的原材料成本预算可能就需要增加一定的百分比，以补偿原材料的预计增长成本。

10．意外开支准备金

意外开支准备金或管理储备金，是承约商为应对意外而索要的额度，包括工作内容遗漏及因为首次没有成功而须重复执行的一些任务，或是为发生可能性或影响力较高的风险准备的开支。

11．奖金或利润

上述 10 项条款都是成本。承约商现在应当增加一个作为奖金或利润的数额。总成本加上利润就是承约商为申请这个项目所报的价格。

如果可能的话，让某项工作的主要负责人来预估费用是一个良好的做法。这样不仅获得了这个人的认可，也避免了让一个人来预估整个项目费用而产生的偏差。在其他的情况下，承约商会指定某些经验丰富的人来估算某些特定工作的成本。如果一个承约商曾经做过相似的项目，并且保有各个项目的真实成本的记录，这些历史数据就能够作为当前项目预估成本的参考依据。

成本估算必须合理且可信。它们不需要包括每项可能发生或出错的事情的应急资金。如果成本估算太过保守，项目价格可能会远远超过客户上限或高过竞争者。另外，如果估计成本太过乐观，当某些意外情况发生时，承约商很有可能亏本（在固定价格合同情况下），或面临向客户要求额外资金解决问题的尴尬场面。

练习题

14．申请书成本部分的目的是什么？

15．申请书所包含的 3 个部分各包括哪些要素？

3.7 定价理由

当承约商准备申请书时，他们通常要与其他承约商竞争才能赢得合同。因此，他们必须谨慎，不能报价过高，否则客户会选择其他定价低的承约商。然而，承约商又必须同样小心地避免低估申请项目资金，否则，不但挣不到钱还可能亏损，或者不得不找客户追加预算，那将是很尴尬的，会损害承约商的声誉。

承约商在决定申请项目的定价时，必须考虑以下的因素。

1．成本预算的可信度

承约商确信申请项目的总成本是全面而精确的吗？承约商应当投入一定的

时间，仔细考察项目并详细地估计成本，而不是草草估计了事。理论上，成本应当以最近的相似项目为依据，如原材料成本预算、目前的价格表、目录等方面。让有经验的人或专家帮忙评估工作成本是极明智的。总之，成本估算得越详细越好。

2．风险

如果所申请项目是以前从未从事过的，如为制成一种药品控制某种疾病而做的研究和开发项目，则要把大量的意外开支准备金或管理储备金、基金都考虑到。

3．项目对承约商的重要性

很有可能承约商正处于非常乐意接受低价格的境况中。例如，如果承约商没有别的项目可做，那么除非接到新的合同，否则就要解雇工人。在这种情况下，承约商可能要把一小部分用来增加赢得合同概率的费用包括进来，以避免解雇工人。另一个对承约商特别重要的是能够提供拓展能力或扩展到新型项目的机会的项目，如目前一直在做改造项目的建筑承约商，可能想要负责整个建筑工程，那么他们会为了进入市场，建立声誉而只要求赚取低利润。

4．客户预算

知道客户已经为此项目做了预算的承约商，就不应该提出超过客户预算的价格。这正说明了做好需求建议书前的市场营销工作是多么重要。通过帮助潜在客户识别需求或提交一份未经征询的、附有成本预算的申请书，承约商能帮助客户确定项目预算。如果客户发布了竞争性的需求建议书（并不限定项目的预算数目），那么，对客户预算拥有"情报"信息的承约商比没有做过相似工作的承约商更有可能提交具备可接受价格的申请书。

5．竞争

如果有很多承约商都想回复客户的需求建议书，提交申请书；或者许多承约商都急于找到项目，那就很有必要报出一个利润很低的价格，以便增加赢得合同的机会。

✎ **练习题**

16．在为申请的项目定价时，承约商需要考虑哪些因素？

3.8 简化的项目申请书

那些通过需求建议书外包给承约商的大型、复杂、耗费上百万美元的项目，需要承约商准备并提交一份全面的申请书，这份申请书可能会很长且很详细，并包含前面小节（申请书内容）中提到的信息。然而，很多规模略小或略简单的项目不需要这么复杂的申请书。在某些情况下，承约商甚至可能在客户准备需求建议书之前就主动提交申请书。在以上两种情况下，一份计划或基础性的申请书可能更合适或已经足够了。这样的一份申请书至少需要包括以下元素。

1．用户需求阐述

这部分需要清晰描述承约商对客户需求或问题的理解，以及对相关支持需求的信息和数据的引用。例如，如果客户的需求是通过在一定地理区域建立一家零售店进行扩张，承约商可能需要引用这类零售店的新兴趋势的数据及零售店所在地区的人口统计数据。这些数据能够向客户表明，承约商已经针对客户的需求在收集背景资料方面做出了努力。在申请书的这个部分，承约商应该将客户的现状或机会量化以建立一个衡量项目成功与否的基准。

2．假设

有时客户可能不会提供特定的信息来定义他们的需求，可能在某个项目上表达得模糊不清，甚至可能连所有承约商都认为会对成功完成项目有至关重要的影响的问题都没有解决。在这些情况下，承约商恰当的做法是做出所有能对项目的范围、进程或成本产生影响的假设。一个例子就是客户可能接受将所有工作站的客户端从现在的键盘升级到触屏技术，另一个案例是对于所有与重置办公室空间有关的工作，有可能要做出假设，即只能在双休日开工，以最小化对正常工作时间工作流程的影响。列出假设也是承约商给出能提高竞争力的申请书的一个方法。

3．项目范围

这个部分需要描述承约商满足客户需要及解决问题的途径，具体定义承约商建议完成哪些工作任务，以及整个项目过程中承约商希望客户怎样参与项目的大纲。这是申请书的重要部分，需要足够详细，以向客户表明承约商提出了一个经过深思熟虑的可行、实际、将会成功的方法。这个部分还需要突出承约商解决方案的独特之处，并指出客户会如何从中受益。例如，承约商提出使用一项设计独特的技术或运用专有的材料以显著降低新系统生命周期的成本，或者承约商提出要利用过去 5 年其成功完成相似项目所获得的经验。

4．交付物

承约商必须列出衡量项目绩效并将提供给客户的所有有形产品或货物。根据不同的项目，这些交付物包括进度报告、概念设计、样品或模型、规格、报告、操作手册、影像、说明书、网页、数据库、硬件、建筑物、家具、车间、设备等。承约商应该确定所有的交付物将会按照客户标准、建筑规范、行业规范等类似规范完成，并且它们会通过客户的验收标准。承约商对于交付物越具有描述性、越量化，就越显示出它在完成客户的项目目标上拥有的知识与信心。

5．资源

这部分描述了承约商将在项目中运用的各类专业知识和技能，包括所有的主要外包商、顾问及供应商。这个部分为承约商提供了另一个展示自己独一无二的竞争优势的机会。例如，突出表明分配到这个项目的具体人员具有引人注意的专业知识或经验。其他需要提及的资源包括独特的设备，如制造原件的高精度生产设备、一个专有的用于所需的验收测试的环境试验室。申请书的这个部分非常重要，因为通过这个部分，承约商能说服客户相信他们使用了合适的资源及成功完成项目的项目管理手段，并且通过及时和开放的沟通避免出现令人不快的意外，建立良好的工作关系。

6．进度计划

这部分应该包括一系列的里程碑事件，包括这些事件的目标日期及整个项目的周期。这个部分越详细，客户就越容易看到一个深思熟虑的计划。通过网络图或条形图的形式提供进度计划，能够提高客户对承约商是否有能力掌控项目并提供符合要求的交付物的信心。

7．价格

承约商需要表明执行这个项目的最低价格。重要的是，这个部分应包括一个针对承约商建议工作所涉及价格的公平性及可靠性的评估。其重点应该放在能够创造的价值有多大，而不是这个价格有多低、多便宜。承约商可以描述这个价格能够带来的独一无二的附加价值。

有时承约商可能针对客户的基本需求提供一些备选方案或选择，因此每个方案都会提供给客户一个价格来考虑。一个典型的备选方案的例子是，提高建筑物的结构强度以降低日后增加楼层的成本。

8. 风险

如果承约商已经考虑了发生概率高或会带来很大潜在影响的风险，承约商应当向客户指出这些风险。这将向客户显示承约商比较富有经验，会现实地开展项目并且努力避免出现意外。例如，客户想要建立一个幼儿看护中心，如果所选地点的表土之下是由很多大岩石构成的，那就很有可能需要加深地基的挖掘，或者会影响到排水，从而影响项目的成本。再例如，客户的需求是运用项目中现有的软件语言来升级信息系统，这就很有可能使系统报废，需要更多的花费来维护信息系统或者聘请会使用这套过时软件的人员。

9. 预计收益

这是申请书的一个重要部分，因为承约商可以将前面各个部分的信息整合在一起，并且预计出定量收益，如投资收益、回报、节约成本、生产率的提高、节约处理时间、更快推向市场等，通过一个实例来证明其申请书的价值。这是运用积极的方式来结束申请书的完美方法。要强调承约商申请书的独特之处，指出客户选择该承约商执行项目将会获得的定性及定量收益。

申请书的关键应该是其所含内容的质量——清晰、简洁、有说服力，而不是数量或申请书的页数。很多简化的项目申请书是 4~8 页，通常少于 20 页。附上附录是比较合适的做法，例如，将要参与项目的主要人员的简历、成本估计的背景细节，或一系列过去的相关项目及相关的参考资料。

✎ **练习题**

17. 申请书的关键应该是所含内容的＿＿＿＿＿＿，而不是申请书的＿＿＿＿
    ＿＿＿＿。

3.9 提交申请书及后续行动

客户的需求建议书通常会注明提交申请书的截止日期，以及申请书接收人的姓名和地址。有些客户想要承约商提供几份申请书，因为申请书要经过各有关方面人员的审查和评估。从客户的角度来看，让承约商做必要的备份，既容易又省钱。大项目尤其如此，申请书可能有几百页长，包括大量的图样或彩色图表。政府机构对按时提交申请书要求十分严格，晚交的申请书不予考虑——这样，承约商的努力就白费了。有些承约商不采用邮寄的方式，而是亲自递交申请书以确保申请书按时送达。另一些承约商则通过不同的快递公司递送两套申请书，以确保至少有一套按时到达目的地。对于耗费数百万美元的项目，或是在需求建议书前的市场调查和申请书的准备上花费数千小时的项目，承约商通常会采取这类谨慎措施。客户也可以要求承约商提供电子版本的申请书，这种方法不仅可以节约客户的时间和成本，也可以节约投标承约商用在印刷、邮寄和分发上面的时间和成本。

承约商在提交申请书之后，仍然要积极采取确认行动。承约商应当给客户打电话，以确认客户是否收到了申请书。几天后，承约商应当与客户再次联系，询问客户是否对申请书存有疑问，或需要澄清些什么。应当以专业化的方式采取后续行动，给客户留下一个好的印象。如果承约商显得过分积极，客户则可能把承约商看做试图影响申请书评估过程的干扰因素。承约商必须时刻考虑，别的承约商在提交了申请书之后，是否仍与客户保持联系，以及做到什么程度。

行业客户，特别是政府客户，通常不会理睬承约商这些有所企图的后续联系，因为只有这样，才能做到公平竞争，避免对申请书评估过程产生影响。这类客户将会主动进行必要的沟通联系。联系通常以书面表格的形式进行，表中有一系列需要作答的特定问题，或者还会要求个别承约商澄清有关问题。承约商的书面答复必须在一定的期限内完成。

✎ **练习题**

18. 即使在提交申请书之后，承约商也必须持续＿＿＿＿＿＿＿＿。

3.10 客户评估申请书

客户会以许多不同的方式评估承约商的申请书。有些客户首先看各种申请书的价格，例如，仅仅选出 3 个价格最低的申请书，然后再进一步评估。而另一些客户则首先排除那些高于他们预算价格的申请书，或排除那些在技术部分不能满足需求建议书中提出的要求的申请书。其他客户，特别是大型项目的客户，会建立一个申请书评估小组，用计分卡决定是否每份申请书都满足需求建议书中的所有要求，并且依事先定义的评价标准来评定申请书。

表 3-2 就是一张申请书评估计分卡，AJACKS 信息服务公司用它来评估由承约商提交的申请书。此卡是对 Galaxy 市场调查公司的申请书所做的评估，该公司是向 AJACKS 提交申请书的 5 家承约商之一。客户申请书评估小组中的每位成员，对每家承约商的申请书，都要完成这样一张计分卡。然后这些卡会被申请书评估小组集中使用，如果达成一致，就选出一家承约商。计分卡并不是评估申请书、选出获胜者的唯一途径。它通常仅作为一种决策过程的数据输入而已。

表 3-2　申请书评估计分卡

AJACKS 信息服务公司
申请书评估

项目名称：<u>制造商在技术信息上的需求</u>

承 约 商：<u>Galaxy 市场调查公司</u>

所有标准都按一个从低（1）到高（10）的等级打分

评价标准	权重 A	计分 B	得分 A×B	备　注
1. 方法	30	4	120	很肤浅的方法论的叙述
2. 经验	30	3	90	与制造公司的来往经验很少
3. 价格	30	9	270	详细说明最低投标价格
4. 进度计划	10	5	50	进度计划过于乐观
总　计	100		530	

此申请书的优势：

- 是所接到的申请书中价格最低的，表明 Galaxy 的工作人员的薪水相对别的申请公司的人员来说，是较低的对此申请书的顾虑：

- Galaxy 可能并没有完全理解要求
- 预算中的低薪水可能正反映出 Galaxy 计划使用不太有经验的工作人员
- 乐观的完成项目的进度计划（3 个月）可能表明 Galaxy 没有完全理解工作范围

客户有时会先评估申请书的技术和管理部分，而暂不考虑成本部分。那些在技术和管理部分的审查中获得高分的，才会进一步评估其成本部分。客户在决定哪份申请书最有价值时，更看重技术、管理部分而不是成本部分。

客户用来评估承约商申请书的一些标准如下：

- 遵从客户在需求建议书中提出的要求和工作表述。
- 承约商对客户的问题与需求的理解。
- 承约商提出的解决问题的方法的合理性与可行性。
- 承约商具有类似项目的经验与成功经历。
- 负责项目工作的主要人员的经验。
- 管理能力，包括承约商计划和控制项目，以确保工作在预算内按时完成的能力。
- 承约商进度计划是否切合实际。进度计划实事求是地考虑了承约商计划用于项目的资源吗？进度计划符合需求建议书中所要求的进度计划吗？进度计划是否足够详细？
- 价格。客户不仅会评估承约商的项目总成本，还会评估申请书成本部分的明细成本。客户关心的是承约商所提出价格的合理性、现实性与完善性。承约商所用的成本评估方法是正确的吗？对于项目类型来说，劳动时间、工人等级及工资率都合适吗？有遗漏的地方吗？客户想确信的是，承约商是否为了赢得项目而低估价格，而且，如果项目的实际成本超出预计成本，承约商会向客户索要额外的资金。故意低估价格的承约商被认为是不道德的，或许还是不合法的。

在某些情况下，特别是当客户接到许多申请书时，申请书评估过程最终将产生一份客户认为可以接受的、有价值的申请书的简短名单。然后，客户很有可能要求这些承约商中的某一个口头介绍申请书。这是承约商使客户确信自己的申请书将提供最佳价值的最后机会。客户也可能要求这些承约商提交一份项目最终报价（Best And Final Offer，BAFO）。这也给承约商一个降低价格、争取赢得合同的最后机会。然而，客户通常会要求承约商提供一份阐明降低成本理论依据的书面材料，以确保承约商降低成本的做法是合理的。承约商有可能会审查项目的负责人，决定某些任务由工资率较低的人员完成，或是决定取消或合并某些差旅费以降低成本。

一旦客户选中了承约商，将会发出通知。如果合同谈判成功，该承约商就是最终的获胜者。

3.11　合同类型

仅仅被选为获胜者，并不意味着承约商就可以开始工作了。在执行项目前，客户与承约商之间必须签订合同——这是项目生命周期第 2 阶段的最后一步。

合同是一种工具，能够便利客户—承约商之间的沟通，达成确保项目成功的共识与期望。合同是承约商与客户之间的协议，承约商同意提供产品或服务（交付物），作为回报，客户则付给承约商一定的酬金。合同必须清楚地表述期望承约商提供的交付物。例如，合同将载明，项目成果要符合一定的规格或是必须提供特定的文件。合同也必须载有客户必须付款给承约商的条款。有两个基本的合同类型：固定价格合同和成本补偿合同。

3.11.1　固定价格合同

在固定价格合同（Fixed-Price Contract）中，客户与承约商就所申请的工作达成一致的价格。除非客户与承约商均同意变更合同，否则价格就保持不变。这种类型的合同对于客户来说风险较低，因为不管项目实际耗费了承约商多少成本，客户都不必支付高于固定价格的部分。然而，对于承约商来说，固定价格合同的风险则较高，因为如果完成项目的实际成本高于原计划成本，承约商只能赚到比预计要低的利润，甚至会亏损。

投标于一个固定价格项目的承约商必须建立精确的、完善的成本预算，并将充足的应急成本包括在内。然而，承约商又必须小心，以免报价过高，否则别的承约商将会以低价格胜出。

固定价格合同最适于经过清楚界定的和低风险的项目。例如，建造一个标准式样的房屋的项目，或客户已经提供了有关格式、内容、图片、颜色、页数、备份数等详细规定的手册设计和制作项目。

3.11.2　成本补偿合同

在成本补偿合同（Cost-Reimbursement Contract）中，客户同意补偿承约商实际花费的所有成本（劳动力、原材料等），再加上一定的协商利润，而并不预先规定数额。这种类型的合同对客户来说风险较高，因为承约商的花费有可能会超过预计数额。例如，一项汽车修理服务先提出了修理传动系统的预算，但是最后交出的账单却高于原始预算。在成本补偿合同中，客户通常会要求承约商在整个项目过程中定期地将实际费用与原始预算进行比较，然后预测完工成本，并将其与原始报价相比较。这样，当项目出现超过原始预算的迹象时，客户就可以采取纠正措施。这种合同对于承约商来说风险较低，因为全部成本都由客户补偿。承约商在这种合同中不可能出现亏损。然而，如果承约商的成本确实超过了原始预算，承约商的名誉就会遭受损失，从而又会降低承约商在未来赢得合同的机会。

成本补偿合同最适于风险高的项目。例如，手术中辅助性的机器人设备的开发或用来清洁被污染地区环境的机器人设备的开发。

练习题

19. 承约商投标于一个固定价格合同必须制定_____和_____成本估计和包含充足的_____成本。

20. 根据客户与承约商对于相关合同类型的风险大小，在方框内填入"低"或"高"。

	客户风险	承约商风险
固定价格合同		
成本补偿合同		

3.11.3 合同条款

下面是可能在项目合同中涉及的各类条款。

1．谎报成本

指出承约商夸大项目中所耗费的时间和成本的行为是不合法的。

2．成本超支或进度计划延迟的明示

在某些情况下，承约商必须立刻通知客户任何实际成本或预期成本的超支或进度计划的延迟，并提交原因及纠正措施的书面计划，以使成本回到预算内来或进度计划回到正常轨道上来。

3．分包商审批

在雇用分包商执行项目任务之前，应当指出何时承约商需要从客户那里提前获得许可。

4．客户提供的设备或信息

列一张表，注明客户在项目全过程中何时向承约商提供所需设施和资料。这项条款保护了承约商的利益，避免由于客户没有及时提供设备、信息、零部件或其他东西而导致进度计划的延误。

5．专利

此项条款涉及可能在执行项目时产生的专利所有权问题。

6．专有信息的透露

禁止任何一方向他方透露有关该项目的情况，或把另一方在该项目中的机密信息、技术或程序用做其他用途。

7．国际化考虑

对外国客户应予以特定的考虑。为外国客户执行项目的合同或部分项目在国外执行的合同，可能会要求承约商做一些适当的让步，例如：

- 注意特定的假日和工作习惯。
- 客户所在国的物价水平，以及合同中涉及的劳动力或原材料的成本在该国

的比较价格。

- 用客户的语言文字提交项目文件，如手册或报告。

8. 终止理由

说明在哪些情况下客户可以终止项目，如出现承约商无作为的情况时。

9. 付款方式

阐明客户的付款方式。付款方式有：

- 每月付款，以承约商的实际成本为基础。
- 每月或每季度等额付款，以项目进度计划的期望工期为基础。
- 按合同总额的百分比，当承约商取得了预先确定的阶段性成果时付款。
- 在项目完成时一次性付款。

有时，如当承约商需要在项目初期购买大量原材料和物资时，客户将在合同开始时就支付第一期款项。

10. 奖金或罚款

一方面，有些合同有奖金条款，如果客户提前或按高于客户要求的标准完成项目，客户据此发放奖金。另一方面，有些合同有罚款条款，如果项目到期没有完成或没有满足客户要求，客户就将减少付款额。有的罚款额很高，例如，如果超过了要求的项目完成日期，每周罚合同总额的 1%，最高数额可达 10%。迟于计划 10 周就会使承约商的利润消失，导致亏损。

11. 变更

此项条款包括提出、批准并执行有关项目范围或进度计划的变更程序。变更可能由客户发起或由承约商提出。有些变更是价格上的必要变更（增加和减少）；另外一些则可能不是。在项目进行中提出任何变更之前，必须生成相关文件并经过客户同意。客户通常让承约商提供一个价格预算，并附上可能会影响进度计划的潜在因素，以便提出变更要求。之后，他们才允许承约商进行变更。如果承约商不经过客户同意，或是仅仅获得客户组织中的非权威人士的口头赞同就做出变更，承约商就面临着变更活动得不到偿付的风险。

3.12 评估申请书的效果

承约商可以通过其申请书被采纳的次数及被采纳的申请书所带来的收益来衡量申请书的效果。经常使用的一种衡量方法叫做"赢得比"。这个数据是指在一个特定时间之内，承约商被采用的申请书与所有向客户提交的申请书的比例。另一个计算"赢得比"的方法是计算在一定时间之内，承约商被采纳的申请书赢得的收益与所有向各类客户提交的申请书能够带来的收益之间的比例。前一种方法将所有的申请书看做等价，而后一种方法将能够带来较大收益的申请书看得比较重要。例如，假设在一个月之内，一个承约商向 4 个不同的客户提交了 4 份申请书，分别价值 12 万美元、5 万美元、25 万美元、8 万美元，但是，只有其中价值 25 万美元的申请书被客户采纳了。承约商按提交申请书数量的方法计算得到的赢得比例是 0.25 或 25%（1/4），但是通过收益计算得到的赢得比例为 50%（25 万美元/50 万美元）。

某些承约商的做法是面向尽可能多的需求建议书提交申请书，期待最终能够赢得一定比例的需求建议书。他们的原则是，如果不提交申请书，那么他们根本就没有一次赢得需求建议书的机会。但是通过提交更多的申请书，他们增加了赢得更多合同的机会。另外一些承约商在选择申请书时更有选择性，他们只在认为自己有超过平均机会赢得合同的时候才会提交申请书。这些承约商在回应需求建议书的时候，对是否投标经过了严肃的考虑，从而提交较少的申请书，但能够获得较高的"赢得比"。

练习题

21. 经常被使用衡量申请书的一种方法是＿＿＿＿＿＿＿＿＿＿＿

现实世界中的项目管理

国王队主会场申请书赢得支持

NBA 与其顾问合作，对其在加利福尼亚州的萨克拉门托建立一个州会场的开发计划进行评估。官方打算发出一份价值 19 亿美元的需求建议书，为萨克拉门托国王队建造一个140万平方米的会场,主会场周围将有办公室、商店以及住房。

加利福尼亚州博览会的官方人员同一队开发人员一起工作,为这个项目提出一个概念性的计划并评价其可行性,为提出需求建议书做准备。随着这项计划的发展,三块土地被考虑是否开发:现有的ACRO主会场、加利福尼亚州博览会的场地、市中心的铁路站场。需求建议书包括绿色贸易、可持续发展、可以为这座城市提供新的工作及税收来源的环保建设技术。有人建议这个项目的资金来源不应该包括城市公民的税收。然而,开发计划需要公司合作伙伴关系对项目进行资金支持。

通过与一组开发商商议,这三个地点都被包括在城市重建计划之内。开发商团队是从该地区具有悠久的成功开发项目历史的7个申请书递交者中选拔出来的。这项复杂的计划呼吁在NBA和加利福尼亚州博览会官方原有计划的基础上增加一些不一样的东西。新会场不会建在加利福尼亚州博览会的场地,它会建在铁路站场的3万平方米场地上。加利福尼亚州博览会的场地会场为一个多功能场地,并且其部分所有权将会卖给其他开发商以作为主会场建设的资金来源。而ARCO主会场将会被用做博览会会馆。

官方人员有条不紊地进行着项目,并且同顾问和开发商开了数次会议,以建立一份能够帮助城市并将国王队留在萨克拉门托的需求建议书。与开发商的讨论帮助形成了这份需求建议书。开发商们与NBA及城市官员建立了良好的关系,他们一起编制了一份为城市的最佳利益考虑的需求建议书。

在7家申请书递交者中,成功赢得合同的承约商的申请书中包括有一样其他申请书都没有的东西,即私人投资。国王队的所有者同意签订一份30年的租约,以每年10万美元的租金为这个项目提供资金。胜出申请书的开发商听取了居民们反对增加收税的要求后,准备了一份充分考虑这个要求的申请书。

为了在准备需求建议书的阶段着力建立客户关系,承约商们必须仔细聆听客户的需求,并整合其在申请书解决方案中获得的信息。在这样的情况下,胜出的开发商必须在申请书的成本部分提供一份自己的计划,以满足客户的需求。申请书的管理及技术部分呈现了一份表现NBA、城市官员及国王队所有者的努力的强烈计划。建立了稳固的客户关系，加以准备出高质量申请书，这样的组织更可能取得成功。

资料来源：T.Bizjak, "Kings Arena Proposal Gains Support," The Modesto Bee, January 16, 2010.

关键的成功要素

- 客户和合作者更倾向与他们认识并信任的人合作。建立良好的合作关系能够提供成功的投资和合同机会。
- 建立信任是与客户和合作者建立有效成功关系的关键。
- 给客户的第一印象对于建立一个持续和富有成效的关系非常重要。
- 需求建议书或申请书前的努力对于建立最终从客户处赢得合同的基础很重要。
- 不应当等到客户发出正式的需求建议书时才开始制定申请书，而是在潜在的客户准备提出需求建议书之前就与潜在客户联系。
- 与潜在客户建立紧密的联系，能使承约商在竞标过程中处于比较有利的位置。在需求建议书或申请书前的活动期间，承约商应尽可能多地了解客户的需求、问题及决策过程。
- 熟知客户需求、要求和期望有助于准备一份重点突出的申请书。
- 要实事求是地评价企业准备一份高质量的申请书的能力及赢得合同的可能性。仅仅准备一份申请书是不够的，而且，申请书必须具备过硬的质量才能赢得合同。
- 申请书是一份推销文件，它并不是技术报告。应该以简明扼要的方式写出，运用客户熟知的术语。
- 在申请书中强调不同于竞争者的独特因素是很重要的。
- 申请书必须实事求是。许诺过多或者过于乐观，则难以令人信服，使客户怀疑承约商是否真的理解应该做什么和怎么做。
- 当投标一个固定价格的项目时，承约商必须建立精确的、完善的成本预算，并把所有的应急成本都计算在内。

小结

　　项目生命周期的第 2 阶段就是由感兴趣的承约商或客户组织内部的项目团队生成解决方案。当客户决定选择某个承约商执行项目的时候，客户和承约商之间将会签订合同。

　　客户和合作者组织更倾向于与他们认识和信任的人合作。建立良好的关系能够赢得成功的投资和合同机会。建立关系需要承约商主动行动。建立信任是与客户和合作者建立有效成功关系的关键。道德行为在处理客户关系时对于建立信任也是至关重要的。给客户的第一印象对于建立一个持续和富有成效的客户关系十分重要。建立有效而成功的客户关系需要时间和努力。

　　承约商应当在客户准备提出需求建议书之前就与潜在的客户接触。承约商也应当与老客户、目前的客户保持密切联系，并开始与潜在的新客户接触。在接触时，承约商应当帮助客户认清可能从针对需求、问题或机遇而开展的项目中获得哪些收益。这些在需求建议书或申请书前开展的工作，对最终从客户那儿赢得合同是很重要的。

　　因为开发和准备一份申请书是要花费时间和精力的，所以对回复需求建议书感兴趣的承约商必须切合实际地考虑中标的可能性。评价是否进行申请书的准备工作，也称为是否投标决策。在是否投标决策中，承约商可能考虑的因素包括竞争强度、风险、自己的业务范围、拓展能力的机会、在客户心目中的声誉、客户资金的拨付、申请书和项目所用资源的可得性。

　　应该牢记，申请过程是一个竞争的过程；申请书是一份推销文件，应以简明扼要的方式写出。在申请书中，承约商必须强调其区别于竞争对手的独特因素。承约商的申请书也要强调，如果客户选择该承约商执行项目，客户将会得到哪些好处。客户将选择最有希望带来最佳价值的承约商。

　　申请书经常分为 3 个部分：技术、管理和成本。技术部分的目标是使客户确信承约商理解其需求或问题，并能提出风险最低、收益最大的解决方案。技术部分应当阐明对问题的理解、解决方案或途径，以及能给客户带来的收益。管理部分的目标是使客户确信，承约商能够做好项目工作，并且收到预期效果。管理部分包括对工作任务的描述、交付物清单、项目进度计划、项目组织的描述、相关经验的列举，以及承约商拥有的特定设备和器具。成本部分的目标是使客户确信，承约商申请书中的价格是切合实际、合情合理的。成本部分通常包括承约商对某些要素的预算成本的制表，如劳动力、原材料、分包商和顾问、设备和设施的租金、差旅费、文档、一般管理费、物价上涨、应急费用、奖金或利润等方面的成本。

承约商通常要与别的承约商竞争才能赢得合同。因此，在确定申请书的价格时，他们必须考虑成本预算的可信度、项目风险、项目对承约商的重要性、客户的预算和竞争问题。

很多规模较小或简单的项目不需要一份很长的申请书。在某些情况下，承约商很可能在客户给出需求建议书之前就主动提交一份申请书。在这两种情况下，一份简单而基础性的申请书可能更合适或已经足够了。这样的一份申请书需要包括以下元素：客户需求阐述、假设、项目范围、交付物、资源、进度表、价格、风险，以及预计收益。申请书的重点应该是这些内容的质量——清晰、简洁并令人信服，而不是数量或是申请书的页数。

客户会以许多种不同的方式评估承约商的申请书。有时会首先评估技术和管理部分，而暂不考虑成本部分。那些在技术、管理审查中获得高分者，其成本才会被评估。客户在决定哪份申请书最有价值时，更看重技术、管理部分而不是成本部分。客户用来评估承约商申请书的标准有：遵从客户的工作说明书，承约商对客户问题与需要的理解，承约商提出解决问题的方法的合理性与可行性，承约商具有的类似项目的经验与成功经历，该项目的主要负责人的经验，承约商计划与控制项目的能力，承约商的进度计划及价格的现实性。

客户一旦选出了获胜的承约商，就会发出通知。合同谈判成功后，该承约商就是获胜者。合同是承约商与客户之间的协议，承约商提供产品或服务（交付物），作为回报，客户付给承约商一定的酬金。

有两个基本的合同类型：固定价格合同和成本补偿合同。在固定价格合同中，客户与承约商就所要做的工作达成一致的价格，价格保持不变，除非客户与承约商协商同意改变。这种类型的合同对于客户来说是低风险的，对承约商来说则是高风险的。在成本补偿合同中，客户同意补偿承约商实际花费的所有成本（劳动力、原材料等），再加上协议利润，并不规定具体数额。这种类型的合同对客户来说是高风险的，因为承约商的实际成本很有可能会超过所提出的价格；而对承约商来说是低风险的。

合同可能涉及各类条款，如谎报成本、成本超支或进度计划延迟的明示、分包商审批、客户提供的设备或信息、专利、专有信息的透露、国际化考虑、终止理由、付款方式、奖金或罚款及变更程序。

承约商通过申请书被客户采纳的次数或者被采纳的申请书所带来的收益的数额来衡量申请书的效果。经常被运用的一个衡量方法是"赢得比"。

思考题

1．描述为什么与客户和合作者建立关系十分重要？如何建立关系？

2．描述什么是建议书营销战略。为什么承约商要进行营销？

3．讨论为什么承约商要进行投标决策。分别举一个承约商应该投标及不应该投标的例子。

4．定义申请书并描述申请书的目的，并列举申请书的三个主要组成部分及每个部分的目的和要素。

5．当承约商确定申请书价格时，应考虑哪些因素？为什么这并不是件容易完成的任务？

6．提交申请书之后，承约商应该和客户联系吗？为什么？

7．客户如何评估申请书？他们会考虑哪些因素？

8．低价的申请书总是会被选中吗？为什么？举例说明。

9．描述两个不同类型的合同，说明它们的适用情况和与之相对应的风险。

10．举例说明合同中可能会出现的各类条款。

11．描述进行申请书效果衡量的两个方法。

12．针对在第 2 章章末第 13 个思考题提到的需求建议书，编制一份完善的申请书。

WWW 练习

你可以进入本书的合作网站 www.cengagebrain.com 浏览在本书中提到的公

司的网页。建议你将这个网站收藏起来以便日后方便地访问。

为了回答下列问题，用你最喜欢的搜索引擎搜索一下需求建议书。

1．根据搜索的结果，找出一份已经在网上登出的申请书样本。它是哪个公司制定的？要完成什么样的项目目标？

2．根据你在本章所学的知识评价一下这份申请书的有效性。讨论这份申请书的优点和缺点，申请书中有没有应该包含却被漏掉的内容？

3．下载该申请书，根据在这章所学的知识对它进行修改。标出你修改过的部分，你修改过的什么地方使申请书比原先的要好？

4．登录一个能提供制定申请书建议的网站，把该网站内容与本章的内容比较一下。

5．找出并描述至少三个能帮助你制定一份有效申请书的软件包。这些软件包有什么特色？如果可能的话，至少下载其中的一个演示文本。

案例研究 3-1　医疗信息系统

玛吉·普里斯曼、保罗·戈德伯格和史蒂夫·扬布拉德是一家咨询公司的合伙人，该公司专门给医生设计和安装计算机信息系统。这些系统通常具备处理记录、处方、账单和医疗保险的功能。有时，医生（客户）想把自己的一套人工系统计算机化；有时，也可能是他们目前的计算机系统需要升级换代。

一般来说，咨询公司会购买必要的硬件和一些软件包。然后加入它们自己的定制软件，以满足医生的具体要求，并且负责安装集成系统。他们也向医生办公室的工作人员提供培训。这些项目的成本大多是 10 000～40 000 美元，依所需硬件的数量而有所差别。大部分医生愿意花这笔钱，而不愿再雇用工作人员处理日益增加的日常文书工作。

豪泽医生是保罗的客户之一，她放弃了自己的业务，加入了一个大型的地区性医院。这个组织拥有遍布全区的 6 个办事处，平均每个办事处有 8 名医生。其中两个办事处还各包括一间药店。该组织雇用了 200 人。豪泽医生与保罗联系，问他是否对此项目感兴趣（为整个地区性医院的信息系统升级），是否想提交申请书。项目包括把 6 个办事处和两间药店整合成一个系统。该组织最后将雇用一名独立的信息系统人员来监管整个系统的运行。目前每个办事处都有其各自的系统。

豪泽医生告诉保罗，别的医生也有曾为大咨询公司工作的患者，他们也想做这项工作。她说，在采购经理的帮助下，来自 6 个办事处和两间药店的代表们已经准备了需求建议书，而且需求建议书在两周前就已经发送给大咨询公司了，它们已开始准备申请书了。采购经理不了解保罗的咨询公司，这就是他没有接到需求建议书的原因。

她告诉保罗，她很抱歉无法告诉他更多的信息，但是她并没有像其他医生那样，在需求建议书发布之前与就职于大咨询公司的患者交换过看法。豪泽医生说，如果保罗感兴趣，并能在两周内提交申请书的话，她会让采购经理给保罗一份需求建议书。

"当然了，"保罗说，"我今天下午就来取！"他问她是否知道该医院已经投在项目上的金额，但是她说不知道。

保罗取回了需求建议书，并给玛吉和史蒂夫做了几份拷贝。当他们会面时，保罗显得很看重这次机会。"如果我们能做这个项目，它将把我们带入一个崭新的业务平台！"保罗对他们说，"这可是我们一直在等待的突破机会。"

玛吉抱怨道："这事儿来得可真不是时候，我正在为其他医生做另外三个项目，他们都在催我早点完工。事实上，他们中有一个还不是很满意。他说，如果我在两周内完不成项目，他就不需要它了，并且再也不会把我们推荐给别的医生。我一天要工作 16 小时来赶工期。我快支撑不住了。我同意你的说法，保罗，它是一个大好机会，但我恐怕腾不出时间帮助你准备申请书了。"

史蒂夫大声提出质疑："准备申请书是一回事，但是我们能做好这个项目吗？我认为我们三个人做这个项目各有所长，但是这个项目确实太大了，况且，我们还有其他的客户。"

保罗回答道："我们可以多雇几个人。我有几个朋友想做兼职。我们能做它！如果我们不做这样的项目，我们将一直是个小公司，我们每天工作 12 小时，只为了那点儿微薄的利润。这些为个体诊所而做的小活，不可能永远都有。总有一天它们全部计算机化了，我们也就没事可做了。我们只是提出申请书，会有什么损失呢？如果我们不提交申请书，我们永远不会有发展！"

❓ 案例问题

1. 制定一个是否投标决策的清单来帮助确定他们是否应该提交一份申请书。
2. 玛吉、保罗、史蒂夫应当怎样做？说明一下每个人的想法。
3. 为什么这个团队没有与大咨询公司同时接到需求建议书？
4. 为什么这个团队会被考虑作为提交申请书的候选人？

◢ 小组活动

把学员分为 3~4 个小组，讨论一下这个案例，决定该咨询公司是否应当提交申请书。每组必须对其决策提出理由。每个小组选出一个发言人向全班同学讲述小组决策和决策理由。

案例研究 3-2　中国新制造工厂

欧米茄（Omega）综合事业部的董事们在 1 月 15 日的会议上决定要在中国新建一家制造工厂，并且决定将用于建设和启动活动的资金提高到 1.8 亿美元。他们希望，新工厂能在选出承约商进行设计并开始建造后的两年内完工。欧米茄是一个享誉全球的企业，其总部在伦敦。

董事会让欧米茄公司的总经理 I.M.Uno 组织一个团队来设计需求申请书，并且向承约商们征求设计、建设工厂的建议，包括所有设备的安装、办公室及综合信息系统的设计。这个团队还要监督承约商的工作，确保承约商履行合同和建设的精准性。

Uno 从他的管理团队中选了四个人：

- 爱丽莎·罗宾逊，将会成为新工厂的计划负责人。
- 吉米·斯图尔特，首席财务总监。
- 奥尔加·菲特烈，工程副总裁。
- 威尔·哈克特，采购主管。

团队选择爱丽莎作为团队的领导者。4 月 30 日之前，他们设计了一个详尽的需求建议书，包括：

- 一份描述主要任务的工作申明，主要内容是承约商必须按时完成任务，并且要保证工厂生产的规范性。

- 一份要求，要求规定承约商必须在签订合同的 24 个月之内完成建设。
- 一份标准，团队可以根据这份标准来进行评估。
  - 相关经验　　 30 分
  - 成本　　　　 30 分
  - 进度安排　　 15 分
  - 创新的设计　 25 分

在此基础上，合同采用固定费用合同的形式。

需求建议书并没有声明欧米茄可以为项目提供多少资金。

5 月 15 日，这个团队在各类商贸刊物和网站上对外宣布了他们制定的需求建议书，并且要求感兴趣的承包商在 5 月 30 日之前上交一份提案。

5 月 30 日，欧米茄团队收到了三份提案。

（1）J&J，一家美国公司，提交了一份需要 1.5 亿美元的提案。但是这份提案声明，他们需要 30 个月来完成这个项目。

（2）爱尔兰的 ROBETH 建设公司提交了一份需要 1.75 亿美元的提案。过去他们曾为欧米茄公司建造过一些设施，因此他们的主任认为该公司和 Uno 先生、斯图尔特、菲特烈这个职位的前任有着良好的关系。菲特烈的前任最近离开了欧米茄，成为一家欧米茄竞争公司的总裁，而这家公司也在考虑在中国建造厂房。

（3）澳大利亚的袋鼠建设工程公司，提交了一份需要 2 亿美元的提案。虽然袋鼠公司从来都没有跟欧米茄公司合作过，但它是世界上最大的承约商之一。袋鼠公司设计并建造过各种各样的厂房，并因其创新的设计理念，如"绿色环境友好型"设计、获奖的橱窗设计等，在业界享有盛名。袋鼠公司曾为欧米茄公司的竞争对手建造过一些厂房。

项目团队对只收到 3 份提案非常失望，他们原计划至少会收到 8 份的。

6 月 5 日，项目团队收到了来自中国的亚洲总承包公司的提案，这份提案需要 1.6 亿美元。它曾经为其他跨国企业建设过许多位于中国的设施，并且表明，对建设过程中可能需要的、可靠的贸易分包商都有很好的了解。它还表明只需要 20 个月就可以完成这个项目。

项目团队计划在 6 月 15 日开一次会议来讨论这些提案，并且作为一个团队依据评估标准郑重地给每个提案打分。这样的话，团队的每位成员就有两周的时间单独翻阅提案，并对每个提案给出自己的评议。他们还一致同意在 15 日的会议之前，不会单独给提案打分。

在 15 日的会议上，爱丽莎开门见山地说："我喜欢来自袋鼠公司的提案，因为它可以为我们建造一个展示艺术的工厂。"

吉米打断她说："袋鼠公司的提案需要的资金比董事会分配给这个项目的多，我不认为我们应该再考虑它们了，在我心里，它们已经出局了。"

爱丽莎回应说："即使他们需要的资金超过董事会原先批准的，我有信心能劝说 Uno 和董事会批准额外的资金。"

吉米说："我喜欢 ROBETH 公司的提案。在我在欧米茄工作的 30 年中，我们曾经和它合作过，而且它的提案中需要的资金正好是董事会批准的，我认识许多在 ROBETH 公司工作的人。"

奥尔加说："我到欧米茄工作不到一年，但是我看过了 ROBETH 公司跟我们公司以前合作项目的最终报告，发现 ROBETH 公司在大多数项目中都延误了工期，一些生产系统从来都没有达到生产的精确性。我还担心 ROBETH 公司和我的前任者之间的关系。如果 ROBETH 公司被我们公司的其他竞争者选为在中国建设设施的承约商，这就会有利益冲突。他们可能利用我们公司的一些优势，来促进竞争公司的设计进程。我觉得这对我们来说风险太大。"

奥尔加继续说道："我觉得亚洲总承包公司的提案不错，虽然它提交提案的时间比我们规定的晚。"

威尔说："我强烈反对，这对其他三个承包商来说是不公平的。"

奥尔加回应说："我觉得我们的职责是选择能让我们利益最大化的承约商，而不是过多关注那些愚蠢的规定，谁在乎呢？此外，这家公司说，它能在 20 个月内完成项目建设。这意味着我们跟亚洲总承包公司合作能比跟其他承约商合作更早地开始使用设施。这意味着会生产出更多的产品和更多的利润，现金能够更好地流动，我们的投资会有更多的回报。"

在每个人都表明了自己的初步观点之后，爱丽莎说："好了，我觉得我们现在应该开始根据评估标准给这四个提案打分了。"

吉米打断说："你是说三个提案吗？"

奥尔加大声地说："我觉得她说的是四个，而不是三个。我们不要陷入无聊的游戏中，我们现在要做一个重要的决定。"

Uno 期待项目团队在 6 月 30 日之前向他推荐一个承约商，这样，他就可以在 7 月 15 日的董事会上向董事们汇报了。

❓ 案例问题

1. 当 5 月 30 日项目团队只收到三份提案的时候，他们应该做些什么？

2. 项目团队应该考虑来自亚洲总承包公司的提案吗？为什么？

3. 在 6 月 15 日的会议上，项目团队的成员们分享了各自的观点之后，项目团队应该怎样召开以后的会议呢？

4. 如何能够改进选择的过程？董事会、Uno 和爱丽莎能做的事情有什么不同？

◢ 小组活动

把学员分为 3～4 个小组，讨论一下这个案例，决定应该选择哪个承约商来设计并建造在中国的厂房。每个团队必须说明决策的理由。让每个团队选择一个发言人在全班同学面前陈述他们的决定和理由。

第 2 篇　项目计划、实施与控制

第 2 篇的几章主要包含《项目管理知识体系指南》(《PMBOK 指南》) 中的以下项目管理知识领域：

项目集成管理（第 4、5、7、9 章）

项目范围管理（第 4 章）

项目时间管理（第 4、5、6 章）

项目成本管理（第 7 章）

项目质量管理（第 4 章）

项目人力资源管理（第 6 章）

项目风险管理（第 8 章）

第 2 篇的几章主要讨论为实现项目目标而进行项目计划与控制的技术。项目目标确定项目的成果。计划确定需要做什么、由谁进行、用多长时间和付出多大成本。花一些时间来制定一个完善的计划对成功地完成项目目标是很重要的。一个详细的计划包括：① 确定项目范围和产出物；② 确定为执行项目所需要的具体活动，明确每项活动的职责；③ 确定这些活动的次序；④ 估算每项活动所需的时间和资源；⑤ 制定项目进度计划；⑥ 制定项目计划和预算；⑦ 识别和评估风险，并制定一个风险应对计划。许多项目由于在项目开始前没有制定可行的计划而造成预算超支、延误完工期或仅部分符合技术要求。为避免出现这种情况，必须先制定工作计划，再执行这项计划。

在最开始的阶段，项目章程或需求建议书搭起了项目的框架。在计划阶段，建立起了实施项目的详细标准。在项目的最开始，尤其是对那些持续时间长的项目而言，不太可能为项目目标，建立起详细的标准。为近期目标建立详细标准更容易一些，而且，在项目进程中，由于项目团队和承约商获得了更多的信息，还可以逐步完善计划。

让参与实施项目的人员参与计划工作是十分重要的。对于需要做哪些细节的工作，以及每项工作将使用多长时间，他们通常是最具经验的。通过参与计划工作，人们将致力于按计划在预计时间和成本内完成工作。

一旦计划建立，就必须得到贯彻执行。在实施阶段，工作任务是产出项目产出物并完成项目目标。这意味着要根据计划执行这项工作并控制工作，使项目工作范围在预算内按进度完成。项目开始以后，监控项目进度以确保一切都按计划进行是非常必要的。要不时地测量实际进度并将其与计划进度加以比较。在任何时候，如果项目没按计划进行，必须采取纠正措施并重新修订计划。有效的项目控制的关键是及时、定期地把实际进度与计划加以比较，在需要时立刻采取任何所需的纠正措施。

第4章 项目范围、质量、责任和活动顺序的确定

讨论项目范围、质量，怎样确定哪些活动需要去做，谁将对这些活动负责，以及在哪种情形下会开展这些活动。

第5章 进度安排

讨论所有活动所需的资源和工期估计，制定一个详细的计划，确定每项活动应该开始和结束的时间。还将讨论项目进程的监控、项目进度的重新规划和更新。

第6章 资源配置

向公司说明深入项目计划和进度的资源要求及约束。

第7章 确定成本、预算和挣值

包括估计项目成本、制定项目预算、确定已完工挣值、分析项目成本绩效和项目预计完工的总成本。

第8章 风险管理

包括风险识别、风险评估、风险监控和风险应对计划。

第9章 结束项目

讨论在项目生命周期的结束阶段应该开展的活动。

第 **4** 章 项目范围、质量、责任和活动顺序的确定

本章内容支持《PMBOK 指南》中的如下领域：

项目集成管理

项目范围管理

项目时间管理

项目质量管理

现实世界中的项目管理

攻击的计划

"如果在项目中你迈出了错误的第一步，那么情况似乎会越来越糟糕。"波音客机综合防御系统部副主席查克·阿伦（Chuck Allen）警告说。

波音为美国海军攻击战斗机建造了"FA-18E/F 超级大黄蜂"战斗机。该项目的利益相关者（stakeholders）中包括海军部队和已经签订合同的项目经理们。查克·阿伦召集了 150 位支持者参加了一个持续两周的会议。该会议通过逐条审查提议来为每项工作确定交付物。起初，预计的费用超过了项目的预算。为符合最初的预算，会议削减了一些必要工作中的事项。

在做出调整的项目中，项目经理们严格控制了与客户和重要的合作者有关的项目进程。项目管理部门的电子系统不断地努力把与项目计划、开发、

进度、挣值有关的数据放进图表中。这些数据能被项目成员们所共享，没有任何隐藏。

波音在项目管理过程中有14项经典的实践。一个用这些实践经验作为管理方法的项目是最可信赖和可预估结果的。基于20年的工作经验，阿伦确信，项目必须以一个好的计划开始，且该计划经过了外部成员的测试和审查。

阿伦也承认，计划是会变化的。在项目进程中，一项好的计划是基于实践经验得到的预算和时间表而确定的。如果偏离了计划，他们将会审视随着外部环境的改变而发生的偏差并及时调整计划。

严格按计划执行，波音以此确保所有的交付物都符合他们的要求。每个项目开始于一系列的需求、工作的描述和预算。客户和承约商通过审查每项交付物和比对计划来确保需求得到满足。开支也会进行调整以避免浪费。提高透明度是所有人期望的，因此这种计划和沟通也是符合要求的。

波音使用他们从"FA-18E/F超级大黄蜂"战斗机项目中得到的经验来运行波音787梦想飞机计划项目。相似的计划和小心谨慎来控制变更的过程都是相通的。

"毫无疑问，你的计划会随时变化，但是如果你并不能以一个好的计划开始，那么失败的可能性很大。"阿伦建议说。当你为一个项目工作时，考虑一下阿伦的建议吧，这将帮助你提高成功的可能性。

资料来源：C. Allen, "Plan of Attack," PM Network 23, no.12 (2009), 19.

本章概要

本章将论述项目范围文档（scope document），质量，怎样确定哪些活动需要去做，谁将对它们负责，以及在哪种情形下会开展这些活动。它描述了在安排完成项目所必须实施的工作要素和活动时使用的一些技术。项目的范围确定了哪些工作需要去做及要产出哪些交付物。此外，特殊活动是通过项目中一系列的附属关系所确定和安排的，从而明确哪些工作要去做。你将了解以下内容：

- 明确项目目标。
- 准备项目范围文档。
- 理解质量计划的重要性。
- 制定工作分解结构。
- 为工作要素明确责任。
- 确定特殊活动。
- 制作网络图。
- 对于信息系统开发项目，使用系统发展生命周期的项目管理方法。

学习成果

学习完本章后，读者将能够：

- 明确项目目标。
- 准备项目范围文档。
- 理解质量计划的重要性。
- 制定工作分解结构。
- 准备工作要素责任分配模型。
- 确定特殊活动。
- 制作网络图。

4.1　建立项目目标

　　计划是基于建立并将要完成的项目目标而制定的。项目目标常常在项目章程或需求建议书中显示出来。项目目标是项目小组或承约商为了达到项目发起人或者客户的预期利益而完成的有形产出物。项目目标通常是从产出物或者交付物、完工时间和成本等角度来确定的。它需要在计划的时间和预算内完成项目的工作范围并产出所有的交付物。它还应包括从实施项目、确认项目的成功中得到的预期利益。目标必须明确、可行、具体和可以度量。项目目标的实现要能被客户和承约商看到。项目目标应该包括以下要素：

- 从实施项目、确认项目的成功中得到的预期利益。这一要素明确了项目为什么值得去做。它可能包括一些动词，如提高、扩张、减少、节约、建立等。如果可以的话，这些要素还包括一些量化的指标，如百分数、金额或者绝对的数字。例如，每年提高销售量 5 000 单位，欧洲的市场占有率扩张到 60%，减少外科手术后遭受感染的患者数量 50%，捐赠者的数字增长两倍，或者减少每年的花销到 150 000 美元。
- 初级项目最终产品或者交付物。如网上购物能力、全球市场的争夺、住宅区的综合设施，或者非侵权性的医学监控工具。
- 项目要求完成的日期。如截至 2012 年 6 月 30 日，或者在 18 个月内。
- 项目完成时的预算。

项目目标的例子包括：

- 在 12 个月内以 400 000 美元为预算，通过重新调整和项目的改进将手术室的数量提升 20%，将每位患者的等候时间降低 50%。
- 截至 5 月 31 日，以不超过 220 000 美元为限制，通过调整账单，募集和接收系统，减少应付账款至 2 000 万美元。
- 截至 9 月的最后一个周末，以 3 000 美元为预算，通过慈善晚会为饥饿人群筹集 40 000 美元善款。
- 截至 4 月 30 日，以不超过 40 000 美元为限制，通过提供网上购物服务使年销售收入翻番。
- 在 10 个月内以 200 万美元为预算，通过宣传一种新型的便携食品，将其市场占有率提升 3%。
- 截至 7 月 15 日，以不超过 40 000 美元为限制，通过印制和分发目录到学校，将当年 8 月的销售份额比上一年 8 月提高 10%以上。
- 在 15 个月内以 320 万美元为预算，通过调整新型的过滤系统以满足改善环境的需求。
- 在 26 周内以 40 000 美元为预算，通过对客户市场的研究以获得客户绩效方面的信息。

像"建成一所房屋"这样的项目目标太模糊了，因为客户和承约商在"建成"

的意义上可能有不同的看法。一个较好的目标应是：在 20 万美元的预算内，根据 10 月 15 日所定的楼房平面布局图纸和说明书，在 5 月 31 日以前建成这所房子。说明书和图纸提供了有关承约商同意履行的项目工作范围之类的细节。因此，不会在以后就是否包括环境美化和铺地毯、入口门的大小、卧室要漆成的颜色、房间内照明设施的格调等问题产生争议，所有这一切都应在说明书中说明。

项目目标在项目一开始就应清楚而明确。然而，由于一些情有可原的情形或者新的信息，有时项目目标随着项目进程需要有所改动。项目经理和客户必须对有关原有项目目标的所有改动达成一致意见，因为任何这样的变动都可能影响项目工作范围、完工日期和最终成本。

✎ **练习题**

1. 项目_____明确了将会_____。
2. 项目目标通常根据_____、_____和_____而定。

4.2 确定项目范围

确定项目范围是一项必须要做的事。它是产出交付物、使发起人和客户满意、满足需求、接受标准并且完成项目目标的一项必要的工作。项目章程和需求建议书为进一步阐述项目范围提供了一个框架。

项目团队或者承约商要准备项目范围文档。它包括很多相关的项目事项，如项目许可、需求建议书（RFP）或者承约商的申请书，这些都是十分详尽的。考虑项目的范围，这个文档对于项目利益相关者之间的相互理解是十分有价值的。

项目范围文档通常包括以下部分。

1. 客户要求

对于项目的最终产品和其他项目交付物，客户的要求决定着它们的功能和规格。这些要求包括大小、颜色、重量或参数等规格，如速度、正常运行时间、生产量、生产时间或者温度变化范围等。总之，在项目中这些要求必须使客户满意。有些客户的要求是一个有 5 间卧室、两辆汽车、一个停车场、一个火炉和一个有地热系统的房子。对于商业安全系统的一项要求可能会是8小时的电池能量储存以防初级能源供应的中断。

很多情况下，客户在项目章程或者需求建议书中有过高的要求，这时项目小组或者承约商就要从客户或者最终使用者那里收集更多的信息以进一步确定他们的要求。这些信息是通过采访、调查或者小组讨论而获得或收集到的。在项目改进和信息系统中，通过最终使用者得以实现是十分典型的。因为他们是最熟悉和了解这一过程的，并且他们能对现状提出特殊的要求和建议。这些要求可以包括整理好的文件，来源于数据库的数据、来源于报告的内容，或者人类因素，如工作场所的设计及位置。对于一项产品开发项目，如一种新食品或者交通工具，焦点小组讨论方法常常有助于确定客户的选择和要求。

这些要求还会包括或参考适当的技术规格、标准和满足项目小组或交付物质量和选择要求的法规。例如，一个建造儿童看护中心的项目，设计的要求就必须满足政府对于身体等参数的规格（如每个孩子的空间、卧室的数量等），而且符合当地建筑的要求（如内墙防火材料的使用，电梯的高度等）。又如内部项目小组正按照母公司的要求开发一个新的网站，该网站的设计要符合公司的技术规格以确保与母公司的其他网站的相容性、兼容性和综合性。

在项目范围文档中详细列出这些要求以使发起人和客户得以充分了解，这是十分重要的。

2. 工作描述

工作描述决定了项目必须完成的主要任务和工作元素。工作描述还决定了项目小组和承约商要做的事情。如果工作描述不包括某些事情，那么这些事情将被假定为是不需要去做的。项目小组和承约商与发起人或者客户一起审查工作描述，这有助于满足客户的每项需求。例如，需要训练使用者怎样操作一个在项目中阐述不明或者模糊不清的新系统，那就需要通过工作描述来决定承约商是否提供这项训练。与此相似，如果在家庭主人的要求中没有提到是否要美化环境，因此即使家庭主人内心是有所要求的，但既然承约商的工作描述中没有要求，这项服务也是不用提供的。在项目范围文档中，工作描述是承约商或者项目小组能够确切描述包括在项目范围中的那些事项，以及重新确认那些未被描述但很可能是客户忘记了的事项。

对于一个为客户工厂设计、建造和调整自动化高速包装工具的项目，在工作描述中可能会包括以下主要的工作要素。

（1）细化设计工作，包括准备说明书、图示、流程图和材料的列表。

（2）在运送设备到客户工厂前及调试设备后，要对部件、子系统及承约商的系统进行测试以确保设备满足客户的标准。在测试前，客户可能会想要审查这些测试的计划。

（3）召开设计评审会议，包括内部会议和与客户间的会议。在这些设计评审会议中，客户可能会初步了解或者同意对初始计划的调整。这些调整会对项目的范围、完工时间和预算产生影响。客户可能会修改合同，承约商也不得不为应对调整而修改计划，并为修改后的项目工作重新做计划。

（4）订购原材料和零件。

（5）装配零部件。

（6）软件的开发与测试。

（7）组装和测试硬件，包括部件的测试，将部件组装为子系统、测试子系统、组装子系统、测试整个硬件系统。

（8）整合硬件和软件并测试系统。客户会监控和记录测试结果以满足客户的要求。

（9）做好随时调整的准备，如楼层计划和通用的设备（电力、管道等）。

（10）培训材料的准备（记录本、录像、计算机等），教客户如何使用和调试新设备。

（11）将设备运送到客户的工厂，进行调试。

（12）对客户工厂中将要操作新设备的员工进行培训。

（13）对设备进行最终的测试以满足客户的要求。

而对于一个商业活动项目，主要的工作要素包括以下内容。

（1）宣传工作，如报纸广告、海报、门票等。

（2）招募志愿者。

（3）组织策划游戏，包括管理游戏摊位和给游戏胜利者颁奖。

（4）签订娱乐活动的合约，获得必要的许可。

（5）活动执行者开发娱乐观众的方法，工作者管理舞台。

（6）安排食物，包括自制和购买的食品，建造食物摆放台。

（7）组织所有支持服务，如停车、保洁、安保、客房和急救设施等。

3．交付物

交付物是项目小组或者承约商在项目执行过程中或结束时提供给客户的产品。尽管关键的交付物会在项目要求中有所描述，但它们需要在项目范围文档中被确切罗列出来。每个交付物的详细描述都应该提供项目小组和承约商之间的协议及它们会为客户提供什么。这有助于满足项目利益相关者的预期。如果客户希望承约商提供新办公楼的三维立体模型，而承约商提供的只是图纸，这是很尴尬的。不但客户不接受图纸，承约商也要花费额外的时间和费用重新制作三维模型，并且很可能拖延完工时间。这也不利于与客户发展良好的工作关系。

4．验收标准

对项目交付物的验收标准要进行详细的描述，而不仅仅在项目要求中简单说一下。对于每一个交付物，量化的指标、说明书的参考、标准、描述出的编码等，都将成为客户认为交付物是否符合要求的基础。说明书或者标准是交付物质量的保证。在某些情况下，验收标准可以是特定的评审方法（如抽样法）、测试规程（测试时间，使用外部实验室）、特殊的测试设备或仪器（制定行业标准）。一份可以量化的、详细的需求描述可以避免产生误解。例如，如果测试新产品的标准不明确或者仅仅说明产品必须在有效的时间段内测试并且不能失败，那么项目小组可能仅仅测试产品模型两天，并期望发起人满意模型的设计和规格。然而，发起人可能预期这项测试的时间是 10 天。在这种情况下，验收标准就应该这样描述：模型测试应在 10 天内成功完成，而不仅仅是在有效的时间段内。

对于某些项目，团队的薪酬与客户特定的交付物有关。例如，当客户审定了客户关系管理系统的细节设计，就要给承约商项目总金额的20%。

清晰的验收标准对所有交付物都是十分重要的，因为它们是判定项目范围是否与客户要求相符的基础。

5．工作分解结构（WBS）

工作描述部分确定的主要工作要素是创建工作分解结构的基础。它是将项目工作范围转化为产出项目交付物的工作包的层级结构，也是一种将项目工作和交付物细分为更多的、可管理部分的技术。WBS 为进一步创建计划以完成整个项目建立了框架。因此，项目范围文档应包括一个以图表形式描述的高层次的 WBS，或者一张工作要素和与交付物有关的合同列表。

WBS 应该在项目开始时就被标记，它可能会先粗略地描述所有的要求、工作要素和交付物。这对于长期持续的项目是一个特殊的例子，例如，一个持续多年的项目或者一个有多个阶段的项目。这更容易确认项目小组的努力，但是随着项目的推进，或者从一个阶段过渡到另一阶段，项目小组或者承约商能够随着信息的增多逐渐地阐明详细信息。

项目范围文档从项目范围的角度对于在项目利益相关者之间建立相互理解是十分有价值的。承约商或者项目小组在项目范围文档中从发起人或者客户那里获得了许可。如果范围比客户最初预期的大，那么很可能会影响执行项目工作和完成目标的预算与时间。在这种情况下，客户和承约商就不得不同意增加预算，延长完工时间，缩小范围，或者以上这些情况的组合。已获批准的项目范围文档在项目执行过程中构成了任何变更的底线。变更控制系统的建立能够确定变更是如何记录、批准和商议的。项目小组或者承约商一定要避免范围蔓延，它常常使项目范围在未获得许可时就出现变化。许多项目由于那些未得到记录、批准或商议的额外的工作而引起范围蔓延，进而超出预算或者未能准时完工。关于管理部分的变更请参阅第 10 章，追踪文档部分的变更请参阅第 12 章。

练习题

3. 项目范围确定了_____不得不做。

4. 项目范围文档包括哪些部分？

5. 项目小组必须避免范围_____。

4.3　质量计划

质量计划在项目执行过程中十分重要，它能够使工作按照规格和标准来完成，并且满足交付物的验收标准。质量计划是一项必要的但经常被忘记和忽视的工作。为确保项目交付物及其结果的质量来制定计划，而不是等到项目结束才检查发起人或者客户的要求是否得到满足，这是十分必要的。例如，如果家庭主人要求承约商把所有屋子的内墙粉刷一遍，但是工作做得很草率而且墙皮粉刷成了条状的，那质量就远未达到客户的要求。试想如果印刷了 20 000 份货物目录但图像模糊不清，交付物的数量是完成了，但质量不符合要求。

为了避免出现质量问题，制定项目质量计划是十分重要的。质量计划要包括参考规格、行业或者政府标准（包括设计、测试、安全、建造等），以及在项目执行过程中的编码程序。类似地，当开发与电有关的产品时，有关安全的行业标准应该应用到项目中，并且产品的测试要与特殊的测试程序相符以确保满足安全标准。质量标准也应在其他适当的项目文档中进行陈述或者予以参考，如技术规格和接收标准，并且在项目开始前要与项目小组成员进行沟通。质量计划还要提供足够的文件，以证明提供的材料满足特定的需求。

为保证质量，项目质量计划应包括使用各种质量工具和技术的规程，如审计、视察、测试、检查表等。计划还应该描述会使用及何时使用哪些技术和工具。在技术方面，经常使用审计和观察手段。在军事合同方面，承约商要建立武器系统，政府部门派驻质量代表是一个很普遍的事情，他们负责在项目进行的过程中定期审查承约商的工作。在建造房屋的例子中，会要求承约商配合当地的建筑巡查员在建造全过程的不同时间段对特定工作（如地基、框架、管道、与电有关的设施等）进行检查。如果工作没有满足要求，那么承约商不得不重新做这些工作直到它们通过审查。对于某些项目，客户可能会雇用第三方独立的实验室作为他们的代表进行测试，而不是承约商自己审查自己的工作。还有些情形，客户不检查承约商的设备或者工作场所，而是随机地选择工作要素进行检查，以确定所做的工作是否符合质量标准或要求。

质量计划中还包括申请特定的质量工具和技术的程序，从而使质量得到控制。质量控制的关键是在项目的全过程定期监测工作质量，与质量标准进行比较，做出必要的改正，而不是等到所有工作都完成后才对项目质量进行检查。在粉刷房屋的例子中，如果质量程序中指明项目经理必须在第一间屋子粉刷后其他屋子粉刷前就进行粉刷检查工作，那么通过在粉刷其他房间时改正工作方法，可以避免出现更多的低质粉刷，这时只有第一间房间，而不是所有房间，要重新粉刷。

在项目开始时编制质量计划是极其有益的，因为它有助于避免因工作满足不了客户要求而重做所造成的额外花费和工期延迟。质量计划旨在将工作一次就做对，工作与质量标准相一致，从而避免出现质量问题，而不是依赖于审查后做额外的工作来弥补质量问题。

经常有人认为他们从来没有足够的时间能将工作一次就做对，但他们必须花费更多的时间来重新将工作做对。匆忙造成了浪费。

练习题

6. 为避免质量问题，需要一个_____。

7. 质量控制的关键是监测工作质量_____和 _____。

4.4　创建工作分解结构

一旦准备好项目范围文档且得到批准，计划阶段工作的下一个步骤就是创建具体的工作分解结构（WBS），它是基于交付物的对项目工作的层级分解，可以将项目工作范围转化为能产出项目交付物的工作包。一个易于理解的项目范围文档是重要的，因为它是创建项目分解结构的基础。项目范围文档从工作描述的角度说明了哪些事情需要做，而 WBS 建立了指导如何完成工作的框架，以生产出项目交付物。

创建 WBS 是组织所有项目工作并把它们细化分解为可供管理的部分，从而确保所有工作都符合最初的计划。它是项目小组在项目期间要完成或产出的最终工作细目的层级树。工作分解结构将项目分解为一个个较小的分支，可称为工作细目（work items）。任何一个分支最底层的工作细目叫做工作包（work package）。工作包含有所有具体的、与工作包相关的工作活动，需要完成它们才能产出交付物。WBS 将项目分解为一个个层级，为每一个项目范围文档中规定的具体交付物指明了一个个工作包。WBS 常常还包括一个分解了的、标有"项目管理"的工作包，它与所有与管理项目的工作有关，如准备进度报告、召开评审会议、监控计划、追踪完工时间和预算等。在工作分解结构中，所有最底层工作包的完工意味着项目工作范围的完成。

可以用工作分解结构图或者工作分解责任表的方式来创建 WBS 的。图 4-1

是为一个城镇节日庆祝活动而做的工作分解结构的实例。不是所有 WBS 的分支都必须分解为相同的等级。图 4-1 中的大多数工作包是 2 级水平，但有 4 个工作细目进一步分解为更详细的 3 级水平，1 个工作细目（志愿者一栏）的分解只限于 1 级水平。

消费者市场的研究细目是另一个工作分解结构的例子，如图 4-2 所示。

确定工作分解结构中应包含多少个层级，以及详尽的程度的指导原则如下：

（1）这一层级处在特定交付物被生产为最终产品，并与工作包相联系的层级上。例如，一个重塑办公室模型的 WBS 可能会有一个最底层的标有"家具"的工作包，它会随着办公室家具和配件的变化而调整。工作包应包括确定家具类型和数量的具体工作活动，准备说明书，准备特定要求，审查卖主对于各种设计和价格的建议，选择卖主，运送、装配、调整家具和配件。

（2）这一层级处在高度的信任基础上，这会使得所有执行的活动得以确认，资源的类型和数量得以决定，估计相关活动的持续性和花费。

（3）这一层级处在单一的组织上（市场沟通、材料工程、人力资源、可代替的承约商等）或者为个人分配完成工作包的责任与义务。

（4）这一层级处在项目经理监测和控制预算、收集实际花费的数据，在项目执行过程中已完成工作的价值。

另一种创建 WBS 的方法是工作分解责任表，表 4-1 消费者市场研究项目的工作分解责任表。这种形式适合于那些图表很大或者不便画图的大型项目。工作分解责任表上的备注还可以指明与最底层工作包有关的预期能够完成的工作活动。例如，工作包 1.1（设计），是以问卷形式提出的；1.2（反馈），其交付物是接收已完成工作的回应；2.1（软件），其交付物是软件工作的申请；2.2（报告），其交付物是最终的报告。

对于大型复杂的项目，很难让一个人来确定所有的工作要素及工作分解结构。因此，项目经理应该与团队关键成员一起来创建 WBS。他们应有特殊的专业技术、知识或者构建易于理解和完成的 WBS 的经验。可以让其他项目团队成员也参与创建项目范围描述和工作分解结构，包括建立团队、认可项目计划、承诺成功完成项目等。

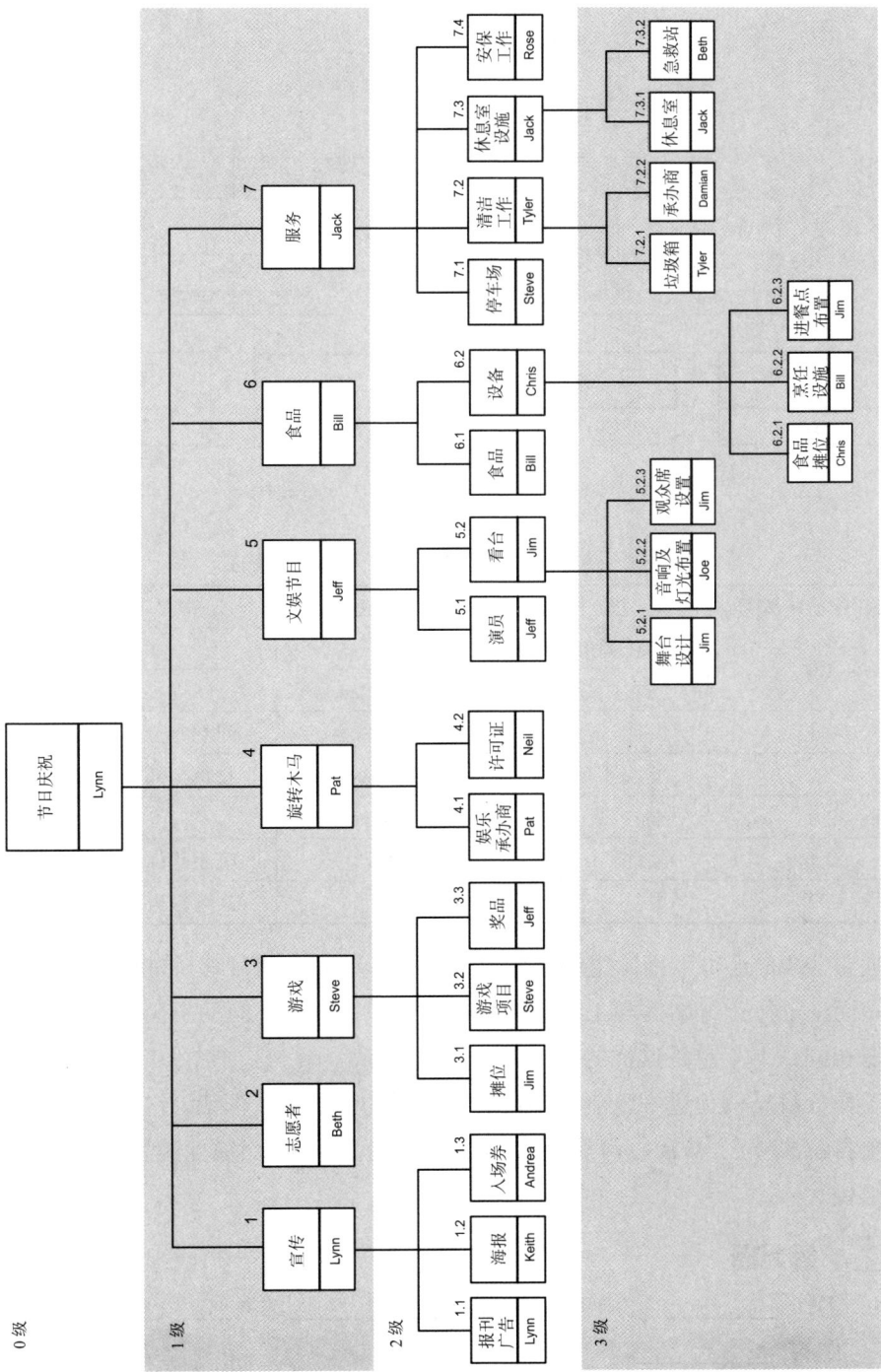

图 4-1　节日庆祝项目工作分解结构

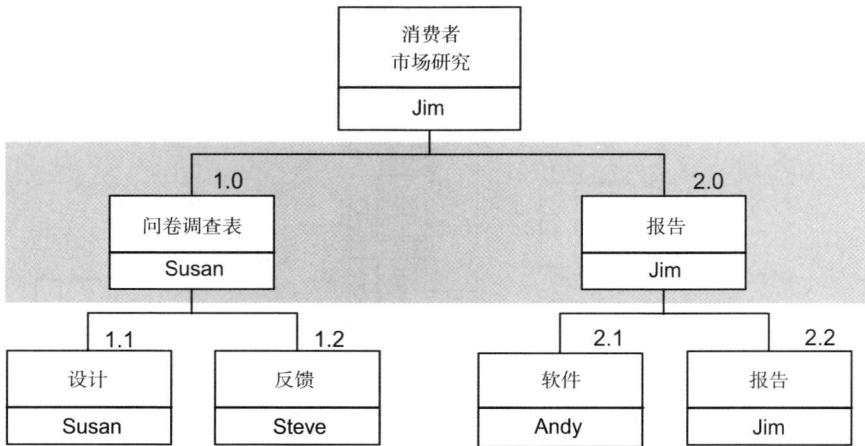

图 4-2　消费者市场研究项目的工作分解结构

表 4-1　消费者市场研究项目的工作分解责任

WBS 中心的编号	描　　述	责 任 人	交 付 物
1.0	消费者市场研究	Jim	
	问卷调查表	SuSan	
1.1	设计	SuSan	问卷支持
1.2	反馈	Steve	收集全部完整的反馈
2.0	报告	Jim	
2.1	软件	Andy	应用软件工作
2.2	报告	Jim	最终报告

通常 WBS 还可以指出组织或者个人在执行和完成项目细目过程中的责任分配。然而，工作分解结构与工作组织表或者组织结构是不同的。在一些情况下它也可能相同，但不总是这样的。

工作分解结构为进一步创建项目工作计划构建了一个框架。它不仅仅是对于任何项目都成立的 WBS。不同的项目团队可能会为同一个项目创建相同的工作分解结构。

✏️ **练习题**

8. 工作_____结构是一个基于_____的对_____项目工作的_____。

9. 工作＿＿＿＿＿＿＿结构建立了指导如何完成工作的＿＿＿＿＿＿，以生产出项目＿＿＿＿＿＿。

10. WBS 任何分支最底层的工作细目可称为＿＿＿＿＿＿。

4.5　分配责任

责任分配矩阵（RAM）决定了谁将要对工作负责。它可以用于在工作分解结构中指派个人完成工作细目时的责任。这是一种很有用的工具，因为它强调每项工作细目由谁负责，并表明每个人在整个项目中的角色和地位。表 4-2 是与图 4-1 中节日庆祝项目的工作分解结构相关联的责任矩阵。

责任分配矩阵（RAM）使用 P 表示某项特定工作细目的主要责任人，用 S 表示该项工作细目的次要责任人。责任分配矩阵显示了在工作分解结构中与个人有关的每个工作细目，以及与所有工作细目有关的每一个个人。图 4-2 表明游戏摊位主要由吉姆（Jim）负责，克里斯（Chris）和乔（Joe）协助这项工作。表明每项工作细目仅有一个人作为领导、主角或负责人是个好的想法。指派两个人联合主管，会因为每个人都以为对方会做某项工作而增大该项工作失败的风险。

表 4-2　节日庆祝项目责任矩阵

WBS细目	工作细目	Andrea	Beth	Bill	Chris	Damian	Jack	Jeff	Jim	Joe	Keith	Lynn	Neil	Pat	Rose	Steve	Tyler
	节日庆祝		S	S		S		S			P			S		S	
1	**宣传**	S									S	P					
1.1	报刊广告											P					
1.2	海报										P						
1.3	入场券	P	S									S					
2	**志愿者**		P							S					S		
3	**游戏**							S	S							P	
3.1	摊位				S				P	S							
3.2	游戏项目														S	P	
3.3	奖品						P								S		

续表

WBS细目	工作细目	Andrea	Beth	Bill	Chris	Damian	Jack	Jeff	Jim	Joe	Keith	Lynn	Neil	Pat	Rose	Steve	Tyler
4	旋转木马												S	P			
4-1	娱乐承办商													P			
4-2	许可证												P	S			
5	文娱节目							P	S	S							
5.1	演员					S		P									
5.2	看台								P	S							
5.2.1	舞台设计								P	S							
5.2.2	音响及灯光布置									P							
5.2.3	观众席设置					S			P								
6	食品		P		S												
6.1	食品		P												S		
6.2	设备		S		P				S								
6.2.1	食品摊位				P				S	S							
6.2.2	烹饪设施		P														
6.2.3	进餐点布置								P						S		
7	服务						P								S	S	S
7.1	停车场															P	P
7.2	清洁工作					S											
7.2.1	垃圾箱																
7.2.2	承办商					P											
7.3	休息室设施		S				P										
7.3.1	休息室						P										
7.3.2	急救站		P														
7.4	安保工作					S				S					P		

注：P=主要责任；S=次要责任。

✎ 练习题

11. 责任矩阵表明完成工作分解结构中的每项_____的责任人。

4.6　界定活动

在使用工作分解结构时，个人或者团队对于每一个工作包必须确认所有完成最终细目的具体活动。活动界定还应进一步确定工作是如何进行的。在这里，活动（activity）就是需要消耗一定时间的一项明确工作，但它不一定消耗人力，例如，等待混凝土变硬需要几天时间，但不需要任何人力的投入。

对于图 4-1 中的工作包 3.1 摊位，可以明确下面 8 项详细活动：

- 设计摊位。
- 确定材料。
- 购买材料。
- 搭建摊位。
- 粉刷摊位。
- 拆除摊位。
- 移至庆祝地点重新搭建。
- 拆卸摊位并送回仓库。

当确定了工作包中的所有详细活动时，应该将这些活动整理为一份易于理解的活动列表。下一步就是在网络图中以图解方式表明完成整个项目工作范围所需的适当次序和相互关系，以指明在项目工作范围中哪些活动需要执行和完成。

在图 4-3 所示的消费者市场研究项目的工作分解结构中，工作包中的所有详细活动都需要确定。

当确定了工作包中的所有详细活动时，应该将这些活动整理为一份易于理解的活动列表。下一步就是在网络图中以图解方式表明完成整个项目工作范围所需的适当次序和相互关系，以指明如何执行活动以完成全部的项目工作范围并产生可交付成果。

需要指出的是，在项目开始时是不太可能确定所有的特殊活动的。对于一个长期持续的项目尤其如此。识别近期工作的特殊活动相对容易，但随着更多的信息被得知和明朗化，项目小组能够日渐详尽地阐述特殊活动。

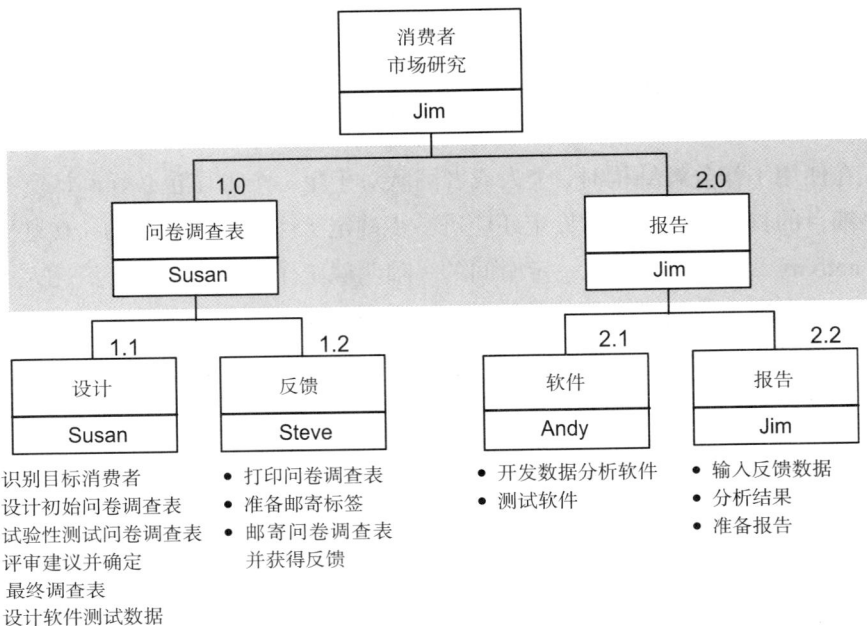

图 4-3　消费者市场研究项目的工作分解结构和活动界定

✎ **练习题**

12. 一个活动还叫做一个_____。

4.7 活动排序

　　网络图明确了活动开展的顺序。它是在特定的顺序下安排工作和明确相互关系的工具。

　　两种网络计划方法——计划评审技术（Program Evaluation and Review Technique，PERT）和关键路径法（Critical Path Method，CPM），是在 20 世纪 50 年代发展起来的。从那时起，其他形式的网络计划，像紧前关系绘图法（Precedence Diagramming Method，PDM）和图表评审技术（Graphical Evaluation and Review Technique，GERT）相继发展起来。所有这些方法都被列入网络计划的总目录中，因为它们全都要应用网络图来表明活动的顺序流程及它们之间的相互关系。过去，计划评审技术和关键路径法之间在方法上有明显的差异。现在，当大多数人在讲到关键路径法和计划评审技术时，他们指的都是一般的网络图。图 4-7 和图 4-9 分别是进行消费者市场研究项目的网络图的实例和开发销售汇报系统项目的实例。

4.7.1 网络原理

在绘制网络图时，必须了解和遵守一些基本原理。每项活动在网络图中由一个框表示，对该项活动的描述都写在框内，如：

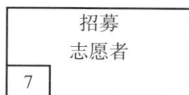

招募 志愿者
7

活动消耗时间，对它们的描述通常以一个动词开头。每项活动由且仅由一个框表示。此外，给每个框指定唯一的活动号。在上例中，活动"招募志愿者"给定活动号 7。

活动有依赖关系，即它们以一种先后顺序联系起来，表明哪些活动在其他活动可以开始以前必须做完。连接活动框的箭线表示先后次序的方向。一项活动只有在通过箭线与它联系的所有前面的活动完成后才能开始。

某些活动必须依次完成。例如，只有在"洗车"完成后，"擦车"才能开始。

洗车
3

→

擦车
4

有些活动可以同时进行。例如，"招募志愿者"和"购买材料"可以同时进行，当它们都完成之后，"搭建摊位"才能开始。同样，当"粉刷摊位"结束后，"拆除摊位"和"清理"才能开始，并可同时进行。

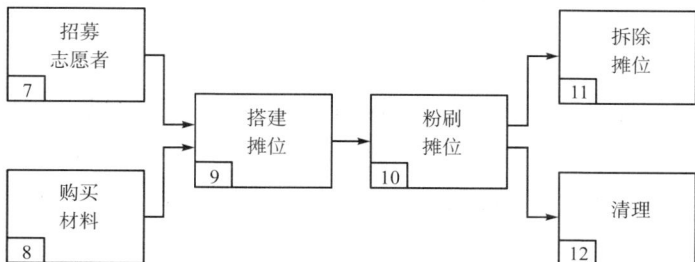

用节点表示活动和用箭线表示活动的形式中所示的活动间关系若不符合逻辑，叫做闭路（loop）。在绘制网络图时，把活动画在一个闭路中是不允许的，因为它描述的是不断自我重复的活动路径。

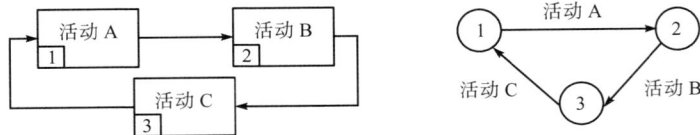

有些项目含有一整套多次重复的活动。例如，一个粉刷三个房间的项目。粉刷每一个房间都要求：① 准备房间以备粉刷；② 粉刷屋顶和墙；③ 漆贴面。假设有三个熟练工：一个做准备，一个粉刷屋顶和墙，一个漆贴面。

绘制如图 4-4 或图 4-5 中所示的项目网络图似乎是符合逻辑的。但是，图 4-4 表明所有活动必须按次序完成，这意味着在任何时候仅有一个人在工作而其他两个人在等待。另外，图 4-5 表明这三个房间可以同时进行，而这是不可能的，因为每种类型的活动仅有一个熟练工可用。

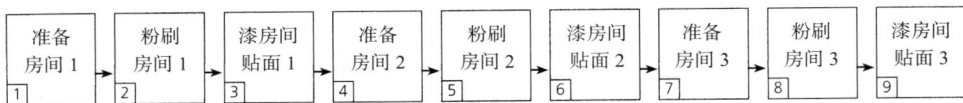

图 4-4　顺序执行的活动

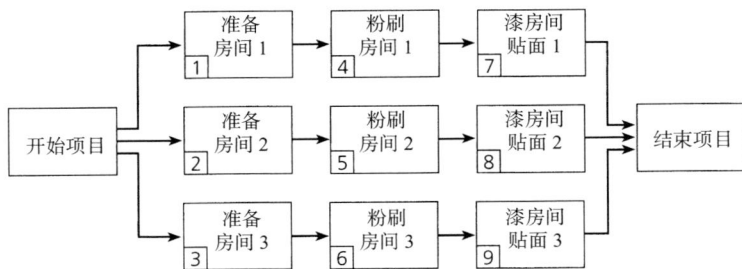

图 4-5　同时进行的活动

图 4-6 是一种叫做梯形显示法（laddering）的技术，可以用来为这个项目制图。它表明每个熟练工在完成一个房间之后，可以开始下一个房间的工作。这种方法使项目在尽可能短的时间内得以完成，很好地利用了可用资源（熟练工）。

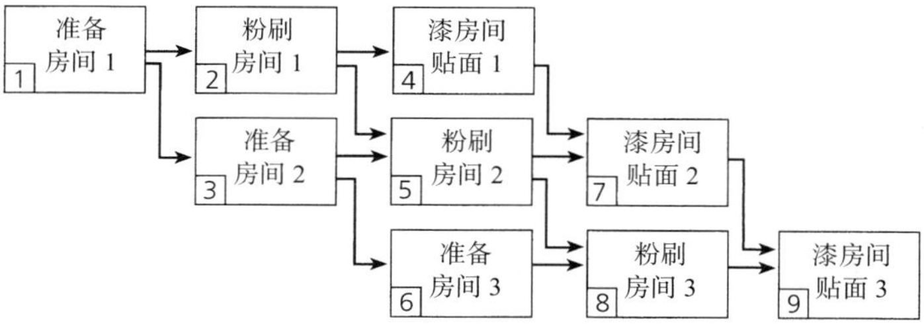

图 4-6　梯形显示法

✎ **练习题**

13. ＿＿＿＿＿＿＿定义了活动将会被执行的＿＿＿＿＿＿。

14. 网络图以合适的顺序＿＿＿＿＿＿活动并定义它们的＿＿＿＿＿＿＿。

4.7.2　准备网络图

根据活动一览表和网络原理，你就可以绘制网络图了。先用方框表示活动，按逻辑顺序绘制，并用箭线进行连接，以显示活动间的依赖关系。在决定以某种顺序绘制活动，以表明它们之间的逻辑活动次序关系时，对于每项活动应该考虑以下三个问题：

（1）在该活动可以开始之前，哪些活动必须立即完成？

（2）哪些活动可以与该活动同时进行？

（3）哪些活动只有在该活动完成后才能开始？

通过对每项活动回答这些问题，你就能绘制一个网络图，来描述完成项目工作范围所需活动之间的相互关系和次序。

尽管为避免整个图太长，有些箭线可能是从右至左，但整个网络图应该是从左至右的。不像甘特图，网络图不按时间长短绘制。如果网络图能够画在一张大纸上，就使整个项目一目了然了。但是，如果网络很大，它可能会需要多张纸。在这种情况下，就有必要建立一个参考体系和一组符号来表明各项活动之间的相互关系的次序。

在开始绘制项目网络图时，不要太在意整洁。最好先画一张草图，以确保活动之间的逻辑关系正确。然后，回过头来再画一份较整洁的图（或者，如果你正在用项目管理软件，就用计算机制图）。

在决定一个项目网络图应有的详细程度（根据活动号确定）时，应考虑下列准则：

（1）如果已经有了项目的工作分解结构，那么，必须明确每个工作包的活动，例如，图 4-3 表明了一个涉及消费者市场研究项目的工作分解结构和给每个工作包所定义的活动。

（2）先绘制一个概括性的网络，再把它扩展成更为详细的网络图，这样做会更好。概括性网络是一个包括较少的较高层次活动的网络图，在某些情况下，一个概括性网络可以一直满足整个项目的应用。

（3）详细程度可以由某些明显的分界面或转折点确定。

- 如果责任发生了变化，即由不同的人或组织接替此项工作，就应确定一项活动的结束和其他活动的开始。例如，如果一个人负责建设一个细目，另一个人负责包装它，那它们就应该是两个独立的活动。

- 如果作为一项活动的结果是一个有形的、可交付的产出或产品，那就必须界定一项活动的结束和其他活动的开始。产出的例子包括一份报告、一张图纸、一组设备的装运和计算机软件设计。就一本手册而言，草稿手册的提供必须界定为一项活动的结束；而另一项活动，可能是"批准草稿手册"将随后进行。

（4）活动的估计工期不能比检查实际项目进度和将之与计划进度做比较的时间间隔长。例如，如果一个项目是 3 年期的，项目团队计划按月检查项目进度，那么网络图中不能包含预计工期长于 30 天的活动。如果存在估计工期较长的活动，必须把它们分解成更为详细的、期限在 30 天或更少天数内的活动。

不管初始网络图的详细程度如何，一些活动可以随着项目进度进一步分解。认清近期（在以后几周或几个月）需要开展的活动总比认清一年后要开展的活动容易。随着项目的进展，在网络图中再加入一些细节是很正常的。

在某些情况下，一个组织可能为不同的客户做类似的项目，这些项目的某些部分可能包括逻辑活动次序关系相同的活动。如果是这样，就很有必要为项目的这部分做标准子网络。有了标准子网络，为整个项目绘制网络图时就能省力、省时。项目中有些活动之间的逻辑关系已通过以往的实践很好地建立起来了，因此，应该为项目中的这部分制作标准子网络图。当然，这些子网络对某个特定的项目来讲，如果必要是可以修改的。

最后，当完成整个网络时，如果是用节点表示活动形式，给每一项活动（框）指定唯一的序号，这是必要的。

图 4-7 表示消费者市场研究项目的完整网络图，注意，在这些图中添加了负责人。

网络图是一份展示所有活动是如何联系在一起以完成项目工作范围的路线图。它也是项目团队的一种交流工具，因为它表明每项活动由谁负责和他的工作是怎样与整个项目结为一体的。

✎ 练习题

15. 参看图 4-7，回答问题。

（1）在"准备邮寄标签"和"打印问卷调查表"完成后，哪项活动可以开始？

（2）为使"输入反馈数据"开始，哪些活动此时必须完成？

16. 参看图 4-7，回答问题。

（1）为使"测试软件"开始，哪些活动此时必须完成？

（2）判断正误：一旦"打印问卷调查表"结束，"邮寄问卷调查表并获得反馈"就能立即开始。

现实世界中的项目管理

哪出错了？——从事后学到的经验

对正在进行或者已经完成的项目进行分析能够为以后的项目提供经验。计划是回顾项目并将这些经验归纳总结用于以后项目的好机会。

《游戏开发》杂志出版了许多关于游戏开发问题的文章，因为项目失败的文章对读者来说是很有吸引力的。回顾过去发生的错误，我们发现项目似乎注定要重复那些即使已成经验教训或者是计划中的一部分。

阿莉莎·芬利，《生化奇兵》游戏的开发者，觉得许多问题的根源在于："在时间和资源方面比较需求，意味着一些游戏非要重写才能开发出来，因此需要大量的工作来改造已有游戏。"在开发过程中，这些重写工作来得太晚了，并且与计划的进程相比项目的完工时间也成了问题。需要更多的审批导致进程过慢，事实上这使得《泰坦之旅》游戏的设计距离推出上市时间越来越远了。莱利·库珀，《古墓丽影》游戏的开发者，也说到他们公司在计划上与游戏的特点不合拍，不得不重做或者将该项目抛弃。

布兰登·谢菲尔德指出："完工时间不总是由开发者决定的，但他们会具有影响。保持工作进度和在可理解的界限内尽量做到最好是不容易的。但这是绝对重要的。"著名游戏《吉他英雄》就由于项目范围计划不当而成为失败者。计划不当也造成更长的时间花费。Harmonix 公司的管理也没有为其不佳的产品带来任何改变，因为他们的项目范围失去了平衡。

Harmonix 公司的失败还在于，没有足够的资源来支持那些必须完成的任务。滚石乐队，Harmonix 公司的一个产品，因没有足够的团队成员来完成必要的任务而失败。中途，他们将全队转进了一个更大的房间以为新成员提供工作空间。罗布·凯报告说："尽管如此，我们的雇用工作并没有很张扬。多年来把游戏做小的目标使得人们的思想产生了根深蒂固的偏离，越小越好的观念难以改变。"

《掠夺年代》的失败是因为项目管理团队花费了额外三个项目的时间，并且成员分头从事于多个项目。项目额外时间的花费使得每个游戏的进程都需要加以关注。来自 Big Huge Games 公司的布莱恩·雷诺兹总结说："在项目管理中为任务建立责任分配矩阵很有必要，没有坚实的管理机构意味着做成事情意愿的落空。因为在那种情况下，没有任何人为项目团队设定目标，没有一个人能说明每天、每周或者每月都有哪些事情要完成。雇员有时会很迷惑自己接下来要干些什么，于是在不重要的事情上花费太多的时间，却忽视另外一些至关重要的要素。"

5th Cell 公司的约瑟夫是这么形容计划的："追赶时间是关键要素，特定的时间和项目管理是解决问题的方法。但说总是比做容易。"当你想提高项目管理技能时，要多考虑一下别人做错的那些事，以及怎样避免相同的问题在你身上再次出现。你能界定项目的范围、质量、责任、顺序。

资料来源：B.Sheffield, "What Went Wrong?—Learning from Past Postmortems," Game Developer 15, no.11(December 2008),7.

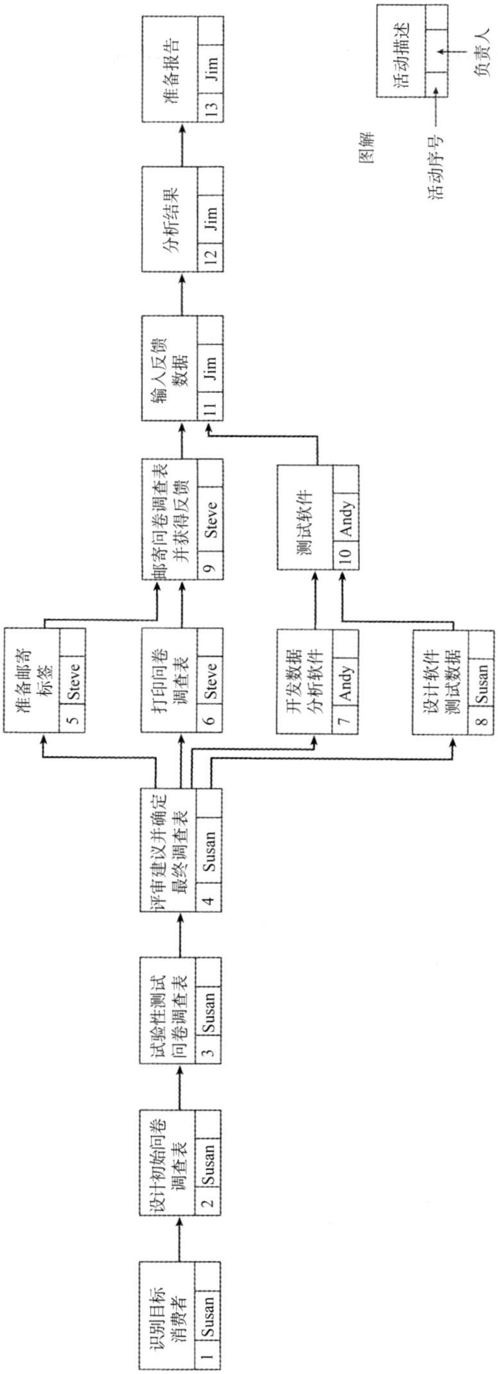

图 4-7　消费者市场研究项目网络图

4.8 信息系统开发计划

由于目前信息技术的项目数量迅速增加，因此有必要在以下几章中，每章都涉及一部分有关信息系统开发的项目管理实践。信息系统（Information System，IS）是一个以计算机为基础的系统，该系统接收数据输入，进行数据处理，并向用户提供有用信息。信息系统包括计算机化的订单输入系统、电子商务系统、自动应答机、自动点钞、开账单、工资单和存货系统。开发一个信息系统是一项富有挑战性的工作，它需要广泛的计划和控制，以便确保系统满足用户的要求，并能在预算内按时完成。

系统发展生命周期（Systems Development Life Cycle，SDLC）是项目管理的一种计划工具或方法，它常用来帮助计划、执行和控制信息系统开发项目。SDLC包括一系列在一个开发项目周期需要完成的阶段或步骤。许多人把SDLC看做是一种典型的解决问题的方法，它包括以下几步。

（1）问题界定。收集和分析数据，并明确界定问题和机会。界定和研究技术方面、经济方面、业务方面及其他方面的可行性因素，以确定至少最初确定，是否可以成功地开发和使用信息系统。

（2）系统分析。即开发小组界定要开发系统的范围、访问潜在用户、研究现有系统（可以作为指南）和明确用户要求。

（3）系统设计。提出几种可供选择的概念性设计，它们在较高层次上描述输入、处理、输出、硬件、软件和数据库。然后评估每一个备选方案，选择一个最好的方案来进行进一步设计和开发。

（4）系统开发。实际建立系统，购买硬件。软件可以通过购买、定制或开发得到。数据库、输入屏幕、系统报告、电信网络、安全控制及其他特性也一并开发。

（5）系统测试。系统内的单个组件开发完成之后，就可以开始测试了。测试包括找出逻辑错误、数据库错误、遗漏错误、安全错误，以及阻碍系统成功的其他问题。在测试完单个组件和纠正问题之后，还要对整个系统进行测试。一旦用户和开发人员确信系统正确无误，系统即可付诸实施。

（6）系统实施。用一个新的改进系统取代现存系统，并对用户进行培训。有几种方法可用于将一个现存系统转换为新系统，使其对用户的干扰最小化。

系统发展生命周期以系统实施作为结束。系统生命周期本身在系统完成和运行以后还会继续，要对开发过程有一个正式的评审，并继续对系统进行维护、改进和提高。

信息系统实例：ABC 办公室设计公司

一家名为 ABC 办公室设计（ABC Office Designs）的公司拥有很多销售代表，这些代表向大公司销售办公设备。每个销售代表被分派到一个特定的州，每个州是该国家 4 个地区之一的一部分。为使管理能够监控每个代表、每个州和每个地区的销售数量和销售额，ABC 公司决定建立一个基于网络的信息系统以追踪价格、存货和竞争等情况。

公司信息系统部任命贝丝·史密斯（Beth Smith）为销售报告系统开发项目的项目经理。在员工的帮助下，贝丝找出了需要完成的所有主要任务，并建立了工作分解结构，如图 4-8 所示。注意，工作分解结构是根据 SDLC 而做的。在第 1 级中，主要任务是问题界定、分析、设计、开发、测试和实施。这些任务中的每一项进一步分解为 2 级任务，其中一些则更进一步分解为 3 级任务。

在项目团队完成工作分解结构后，又制定了责任矩阵，如表 4-3 所示。注意，这张表反映了工作分解结构所示的所有活动。此外，它还表明每项任务谁负主要责任和谁负次要责任。

表 4-3　销售报告系统项目责任矩阵

WBS 细目	工作细目	Beth	Jim	Jack	Rose	Steve	Jeff	Tyler	Cathy	Sharon	Hannah	Joe	Gerri	Maggie	Gene	Greg
	销售报告系统	P	S					S			S			S		
1	问题界定	P		S	S											
1.1	收集数据	P	S										S			
1.2	可行性研究			P		S	S		S	S						
1.3	准备问题定义报告	S			P											

续表

WBS 细目	工作细目	Beth	Jim	Jack	Rose	Steve	Jeff	Tyler	Cathy	Sharon	Hannah	Joe	Gerri	Maggie	Gene	Greg
2	系统分析		P			S	S									
2.1	会晤用户		P		S						S			S		
2.2	研究现有系统					P										
2.3	明确用户要求						P									
2.4	准备系统分析报告		P													
3	系统设计							P	S	S	S					
3.1	数据输入和输出					S	S	P								
3.1.1	菜单			S				P								
3.1.2	数据输入屏幕			S				P								
3.1.3	定期报告					P	S						S			
3.1.4	特殊问题					S	P						S			
3.2	处理数据和建数据库											P			S	S
3.3	评估	S	S	S					P							
3.4	准备系统设计报告									P	S					
4	系统开发		S								P	S	S			
4.1	开发软件										P	S	S	S		
4.1.1	包装										P	S	S	S		
4.1.2	定制软件											S	S	P		
4.2	开发硬件							S				P				
4.3	开发网络												P			
4.4	准备软件开发报告		P													
5	测试				S									P	S	S
5.1	测试软件					S	S							P		
5.2	测试硬件											S	S		P	
5.3	测试网络								S		S					P
5.4	准备测试报告				P									S	S	S
6	实施	P	S	S												
6.1	培训		P									S	S			
6.2	系统转换	P										S	S			
6.3	准备实施报告	S	S	P												

注：**P**=主要责任；S=次要责任。

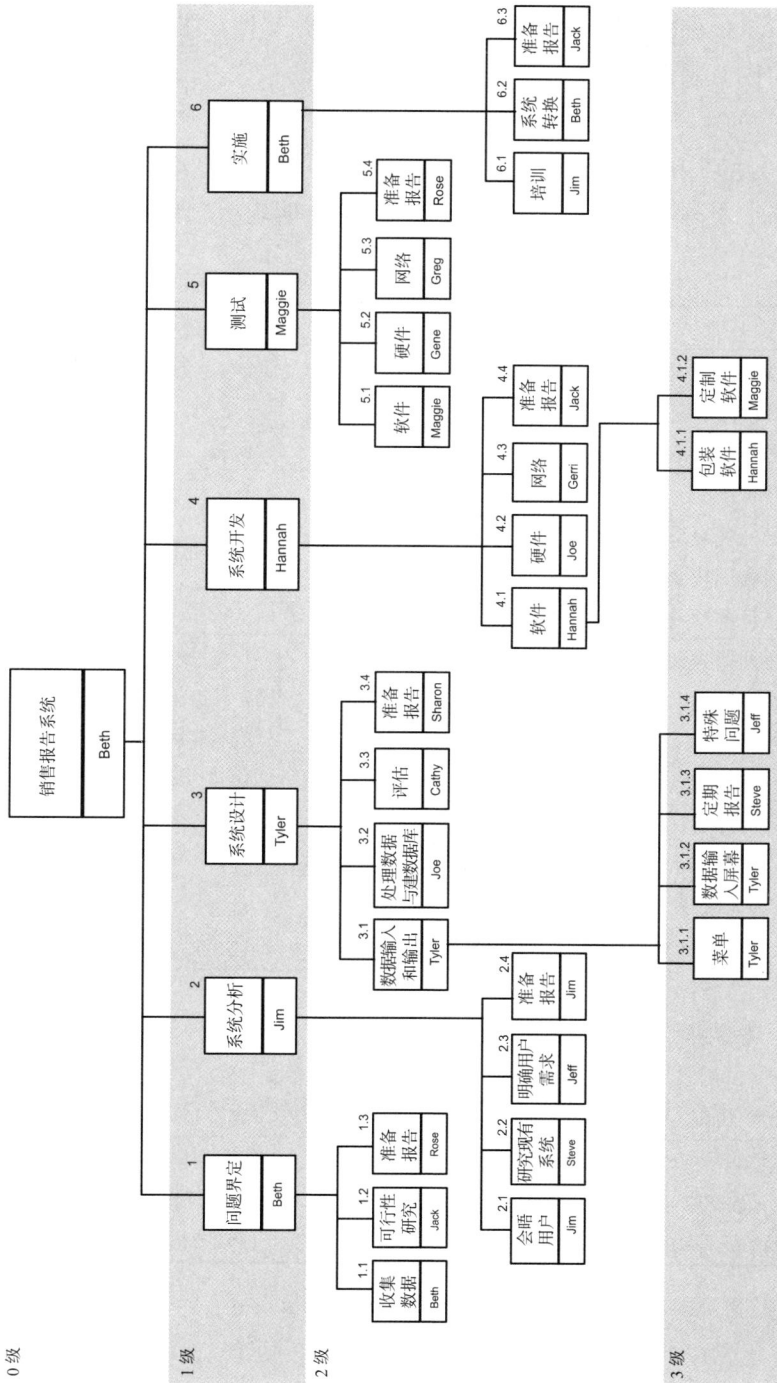

图 4-8 销售报告系统项目工作分解结构

接下来，贝丝创建了网络图以表明任务的相互依赖性。在贝丝做这项工作之前，她和项目团队制定了一份包括所有要完成任务的一览表，把每项任务的紧前事件列在了任务的右方，如表4-4所示。注意在"准备问题定义报告"可以开始之前，"收集数据"和"可行性研究"必须完成。同样，在"准备系统分析报告"可以开始之前，"会晤用户"、"研究现有系统"和"明确用户要求"都必须完成。

表 4-4 活动和紧前事件序列表

活　　动	紧前事件
1. 收集数据	—
2. 可行性研究	—
3. 准备问题定义报告	1，2
4. 会晤用户	3
5. 研究现有系统	3
6. 明确用户要求	4
7. 准备系统分析报告	5，6
8. 数据输入和输出	7
9. 处理数据和建数据库	7
10. 评估	8，9
11. 准备系统设计报告	10
12. 开发软件	11
13. 开发硬件	11
14. 开发网络	11
15. 准备软件开发报告	12，13，14
16. 测试软件	15
17. 测试硬件	15
18. 测试网络	15
19. 准备测试报告	16，17，18
20. 培训	19
21. 系统转换	19
22. 准备实施报告	20，21

根据这张图，贝丝制作了网络图，如图4-9所示。

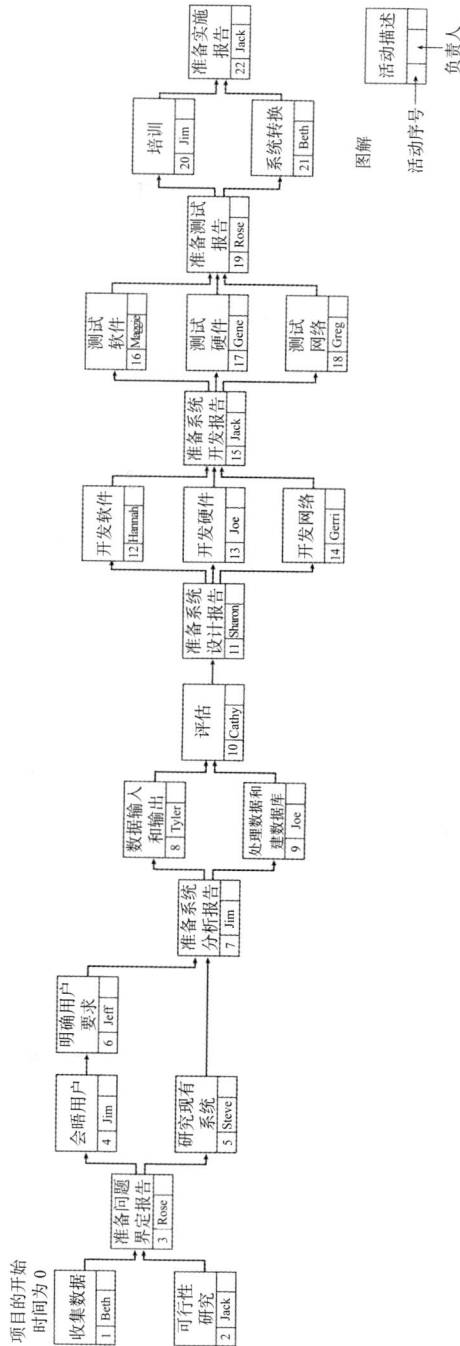

图 4-9 销售报告系统项目网络图

4.9 项目管理信息系统

目前市场上有大量项目管理软件包可供选择。这些软件包使得项目经理和项目团队以一种完全交互式（人机对话）的方式对项目进行计划和控制。

使用项目管理软件可以：

- 生成任务一览表，包括它们的预计工期。
- 建立任务之间的相互依存关系。
- 以不同的时间尺度工作，包括小时、天、星期、月和年。
- 处理某些限制，例如，某项任务在某天之前不得开始、某项任务到某一天必须开始、工会允许周末最多有两个人工作。
- 跟踪团队成员，包括跟踪他们的薪金、迄今为止在项目上的工作时间、即将到来的假日日期。
- 将公司的假日、周末和团队成员的假期归并于日历系统。
- 处理工人的轮班工作时间（早班、中班、夜班）。
- 监控和预测预算。
- 寻找矛盾，例如，资源配置不当及时间的矛盾。
- 生成种类繁多的报告。
- 与其他软件包如电子数据表和数据库的衔接。
- 以不同方式整理信息，例如，按项目、团队成员或工作包来整理信息。
- 处理多个项目。
- 联机工作，并对进度、预算或人事变动迅速做出反应。
- 比较实际成本与预算成本。
- 以不同方式显示数据，包括以甘特图和网络图的形式。

关键的成功要素

- 给工作做计划然后按照计划工作。在项目开始以前制定一个计划是很重要的。投入相当的时间制定一个经过深思熟虑的计划，对于任何项目的成功完成都是必要的。

- 参与能建立起承诺。通过对计划工作的参与，个人能够建立起完成项目的承诺。
- 项目的目标必须明确，并且在客户和执行项目的组织之间达成一致。要能从最终产品、交付物、完工时间和预算的角度确定和完成项目目标。
- 项目范围文档对在项目发起人之间建立相互理解和达成共识具有重要的价值。
- 在项目开始时建立质量计划极其有益，因为它有助于避免由于未满足客户要求而返工所造成的花费增加、工期延长等情况。
- 质量控制的关键是在项目的全过程定期监测其质量，而不是等到工作结束后才进行质量检测。
- 网络图是项目团队交流的工具，因为它表明谁对活动负责及每个人的工作如何才能符合项目要求。

⌐● 小结

　　计划是为实现某个目标而对任务进行系统的安排。项目目标通常从最终产品、交付物、完工时间和预算等角度来确定。它要求在特定的时间和预算内完成工作和完成交付物。它还应该包括预期利润，从而确定实施项目的结果及项目是否成功。

　　项目范围决定了都要做哪些事情。它确定了为产出项目交付物以满足发起人和客户要求、实现项目目标所要开展的全部工作。项目范围文档通常包括客户要求、工作陈述、交付物、验收标准和工作分解结构。工作范围文档对在项目利益相关者之间建立相互理解具有重要的价值。承约商或者项目团队正是从项目范围文件中得到利益相关者或者客户的许可。

　　质量计划在项目执行过程中十分重要，它能够使工作按照规格和标准来完成，并且满足交付物的验收标准。质量计划要包括或者参考一些规格参数、行业或者政府标准（包括设计、测试、安全、建造等），以及在项目执行过程中涉及的法规。为了保证质量，项目质量计划应包括使用各种质量工具和技术的规程。质量控制的关键是在项目的全过程定期监测工作质量，与质量标准进行比较，做出必要的改正，而不是等到所有工作都完成后才对项目质量进行检查。在项目开始时编制质量计划是极其有益的，因为它有助于避免由于工作不能满足客户要求而返工所造成的额外花费和工期延迟。

工作分解结构（WBS）是项目工作的层级分解。它可以将项目工作范围转化为能产生项目交付物的工作包。项目范围文档从工作陈述的角度说明了需要做哪些事情，而 WBS 为如何开展工作建立了框架。工作分解结构（WBS）是一种将组织所有项目工作和交付物汇集成一组并把它们细分为可供管理的部分的一种结构化方法。这有助于确保项目计划中所有工作和交付物的完成。

责任分配矩阵（RAM）决定了谁将会对工作负责。它可用于在工作分解结构中指派某个人负责完成某个工作细目，同时也显示了与每个人有关的工作细目。

使用工作分解结构，个人或者团队对于每个工作包的责任必须确认所有执行最终细目的特殊活动。活动还会进一步确定工作是如何进行的。

网络图确定了活动的顺序。它是安排活动的适当次序和相互关系的一种工具。网络图堪称一份能展示所有活动如何联系在一起以完成项目工作范围的路线图。它也是项目团队的一种交流工具，因为它表明每项活动由谁负责，以及这项工作是怎样与整个项目结为一体的。

项目计划是开发信息系统（IS）至关重要的一项活动。系统发展生命周期（SDLC）是项目管理计划的工具或方法，常用于帮助计划、执行和控制信息系统开发项目。SDLC 由一系列阶段或步骤组成：问题界定、系统分析、系统设计、系统开发、系统测试和系统实施，所有这些都需要在开发项目期间完成。

许多项目管理软件包可用来帮助项目经理以一种完全交互式的方式计划、跟踪和控制项目。

思考题

1．为项目制定计划是什么意思？它包括哪些内容？制定计划的工作中应该包含哪些人？

2．"项目目标"一词是什么意思？如果项目目标未曾写明，可能会发生什么？给出三个明确写明目标的例子。

3．描述项目范围文档。为什么它对清楚界定项目范围很重要？

4．什么是工作分解结构？什么是责任分配矩阵？它们有何关系？

5．为什么质量计划很重要？根据你的经验，请举例如何制定和控制质量计划以便在项目中避免质量问题。

6．什么是活动？它总需要人力吗？参看图 4-1，分别提供为完成工作包 3.3 和 4.2 所需的工作细目。

7．参看图 4-8，在"输入反馈数据"可以开始之前，哪些活动必须完成？哪些活动在"评审建议并确定最终调查表"完成以后可以开始？列出两项可以同时进行的活动。

8．何时可以在网络图中使用梯形显示法？给出一个不同于本章提供的例子，并画出相应的网络图。

9．为什么你要向从事项目管理的人推荐项目管理软件？它有哪些特征和优点？

10．画一张表示以下信息的网络图：项目一开始，活动 A 和 B 可以同时进行；当 A 结束时，活动 C 和 D 可以开始；当 B 结束时，活动 E 和 F 可以开始；当活动 D 和 E 结束时，活动 G 可以开始；当活动 C、F 和 G 结束时，项目完成。

11．画一张表示如下信息的网络图：项目以三项活动 A、B、C 开始，它们可以同时进行；当 A 完成后，D 可开始；当 B 完成后，F 可开始；当 B 和 D 都完成后，E 才能开始；项目在活动 C、E 和 F 都结束时完成。

12．画一个网络图，表示下面 IS 开发任务一览表。

活　　动	紧前活动
1. 问题界定	—
2. 研究现有系统	1
3. 确定用户要求	1
4. 逻辑系统设计	3
5. 实体系统设计	2
6. 系统开发	4，5
7. 系统测试	6
8. 转换数据库	4，5
9. 系统转换	7，8

WWW 练习

登录以上练习中提到的公司的网站，同时登录 www.cengagebrain.com，在该网站的主页上，使用网页顶部的搜索框，找到本书的内容。

1．在网站上寻找项目计划工具，然后列出至少三个你所找到的这样的网站。

2．访问国际项目管理协会的网站以获得更多资料。

3．看看国际项目管理协会网站的链接，搜索"Young Crew"。Young Crew 将会是项目管理领域的明日之星。谈谈你感想。

4．《国际项目管理》这本杂志是 IPMA 的出版物，进入这本杂志的主页，或者进入 Elsevier Science Direct 的网站搜索这本杂志，点击"Free Tables of Contents and Abstracts"这个链接，打印一份当前这一期杂志的文章列表。

5．在"Free Tables of Content and Abstracts"链接下，搜索关键字"Planning"。将你的发现列一张表。然后，点击"View Related Articles"并描述你的发现。

附录 4A Microsoft Project

在今天的商业环境中，Microsoft Project 是应用最广泛的项目管理软件系统。该软件非常有效，而且便于操作，价格也比较合理。免费试用版本包括了这个文本的新副本。在本附录中，我们将以消费者市场调查为例，简单讨论一下微软的项目管理软件是如何使用的，以此支持我们在本章中讨论的技术。

熟悉 Microsoft Project 2010 环境：打开 Microsoft Project 2010。注意在主工作区（main workspace）的甘特图（Gantt Chart）和任务框（Task ribbon）。如果你在菜单或者任务框里看不到甘特图视图（Gantt Chart View），点击任务以打开任务框，然后在任务框中点击"甘特图"。在主工作区（main workspace）上方是标准工具条、格式工具条和项目引导工具条。为了看到这些工具条，点击工具条名字的标签。在工具条的左方是文件标签，包含了 Microsoft Office 在线链接，还有以前打开的 Microsoft Project 文件，选择保存或打印当前文件以及开始一个新文件（File）的选项。

快速链接在线访问 Microsoft Office 在项目窗口的右上方问题按钮（Question Mark button）处可以获得。格式工具条包括从小组相关到视图选择。甘特图工具格式工具条包括了格式、列、条状风格、甘特图风格、显示/隐藏及甘特图绘图组形式的选择。资源使用工具格式工具条包括了资源使用图表的格式和柱状图。

在线访问 Microsoft Office 以得到在线教程及其他：如果你还没有这样做，花点时间探究 Microsoft Office Online，你将在那里发现教程、提示、模板、新闻和其他关于 Microsoft Project 2010 有价值的信息。在线访问 Microsoft Office 的链接在文件标签的帮助链接（Help link）或者在项目窗口的问题按钮（Question Mark button）处可以获得。

我们先建立消费者市场调查项目。

消费者市场调查项目将继续在第 7 章中讨论，在本附录中，你将在分层次结构列表中进入工作分解结构，决定活动的紧前任务，为每项活动分配责任并且构建网络图。

在"文件"（File）菜单点击"新文件"（New）生成新项目文件，然后在可用面板中选择空白项目并点击"创建"。通过点击"文件"菜单和"保存"按钮，就保存了消费者市场调查文件。

首先，设定描述项目文件的特性。在"文件"（File）菜单，点击"信息"（Info），输入。在该页的右边将会出现项目信息的名字和下拉的箭头。点击项目信息，两个选择将会弹出：项目特性和项目数据。点击"项目特性"。在先前属性窗口点击摘要标签（Summary tab），然后进入"消费者市场调查"作为项目标题，如图 4-10 所示的页面。你也可以输入其他信息，如主题、作者、经理、公司和其他有关注释，点击"OK"保存和关闭"项目特性"窗口。

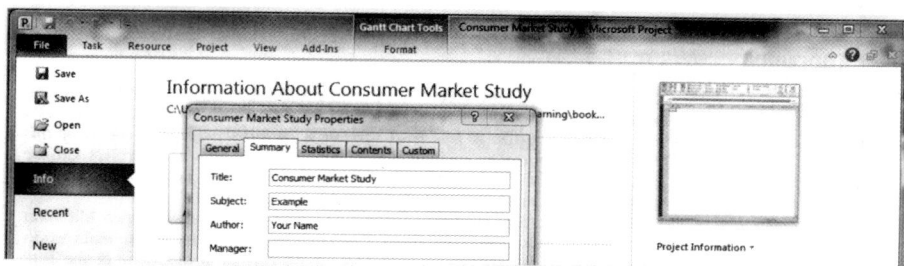

图 4-10　项目特性

你首先输入有关时间信息，这样，软件就可以自动生成计划并计算成本。

在"项目"（Project）菜单，点击"项目信息"就可以链接到特性组，从中看到"项目信息"（Project Infomation）窗口，输入开始日期：Mon 1/9/12，如图 4-11 所示。点击"OK"关闭"项目信息"窗口。

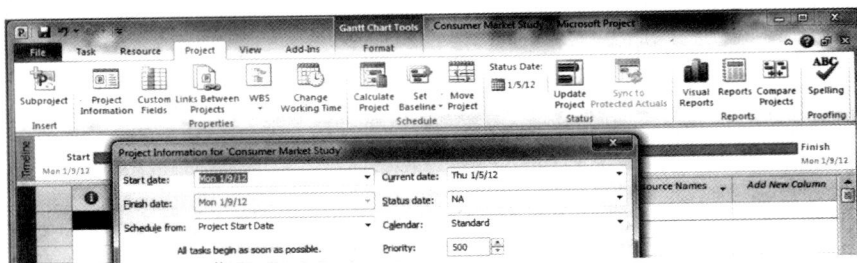

图 4-11　项目信息

点击任务工具条并显示任务工具条的工具，在屏幕上你可以看到甘特图和输入表格。在这里将项目名称工作包名称、工作包包含的活动输入到你想要监控和控制预算的层级的任务名称列，你也可以收集到项目执行中发生的实际成本和已完成的工作的价值的数据。输入项目名称的界面如图 4-12 所示。

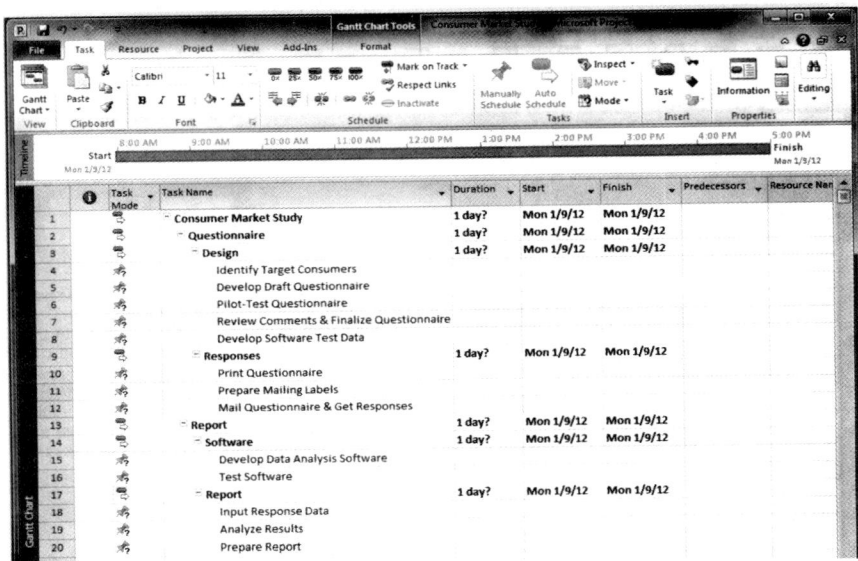

图 4-12　输入工作包和活动

输入名字后，注意到任务模式列会有关于任务模式自动进入形式的问题。现在就把它们视为默认值吧。

你可以轻松地创建工作包和它们活动的子集。在任务工具条的时间表中，你会看到两个绿色的箭头，你可以使用它们来创建子任务从而将任务带到更高层的组织中。突出你想要缩进的行。点击右侧的绿色箭头将会缩进工作包。注意，所有要突出行的子任务也要缩进。点击左侧绿色的箭头将会移动条目，并且条目的子任务将会进入更高的层次。调整带有箭头的用于显示工作分解结构的条目，如图 4-12。

接着，你将直接在"紧前任务"（Predecessor）栏输入紧前数据，以显示本项任务对其他任务的依赖性，如图 4-13 所示。左侧每一排会有任务数量。你将通过这些数量来识别任务之间的独立性。例如，任务 4 是任务 5 的紧前任务，换句话说，任务 5 依赖于任务 4 的完成。如果一个任务有多于一个的紧前任务就使用逗号来分离任务数量的条目。

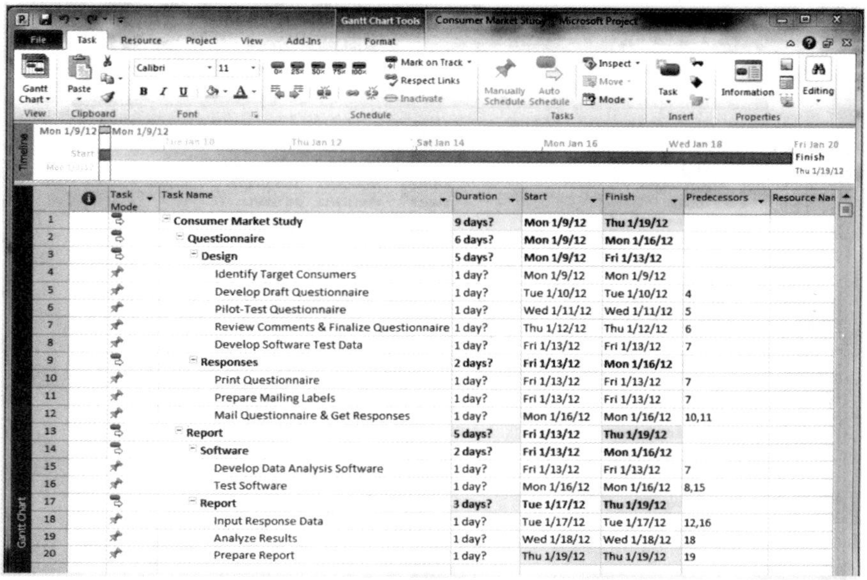

图 4-13　紧前任务列表

消费者市场调查项目小组包括苏珊、史蒂夫、安迪和吉姆。在"资源"（Resource）页输入这些名字，所有小组成员都列在这儿，与他们的报酬率相对应，如图 4-14 所示。在活动中签名是为了监控项目预算并为实际的花费收集数据。在工作包中的签名明确工作包的花费和消耗的时间，避免导致项目花销和工人完工量的错误报告。

图 4-14　资源列表

观察图 4-15 所示的网络图，在任务工具条上点击视图组的下拉箭头并且选择网络图。

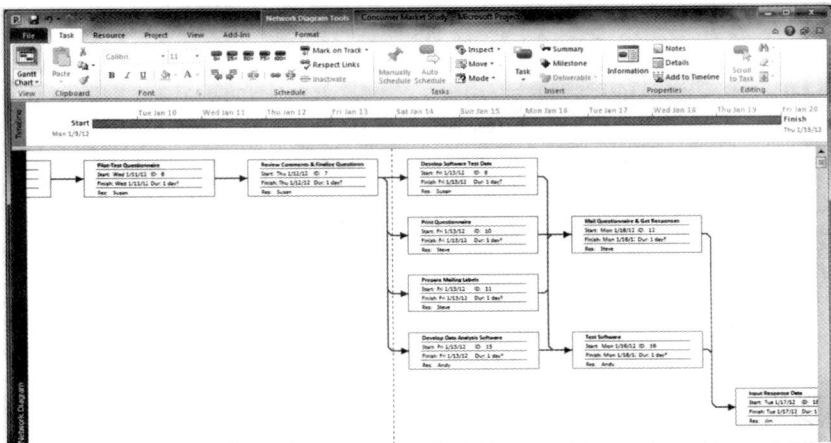

图 4-15　网络图

保存项目开始前的基准计划是十分重要的，这使得你可以在项目开始后将实际进程与计划进程进行比较。建立基准，点击项目工具条，在时间表里（Schedule group）选择创建基准，如图 4-16 所示。在建立基准窗口做出选择后点击"OK"按钮。你也可以使用这些工具来清除基准。这对于你工作中的项目很有帮助。保存项目信息，在"文件"（File）上点击"保存"（Save）。

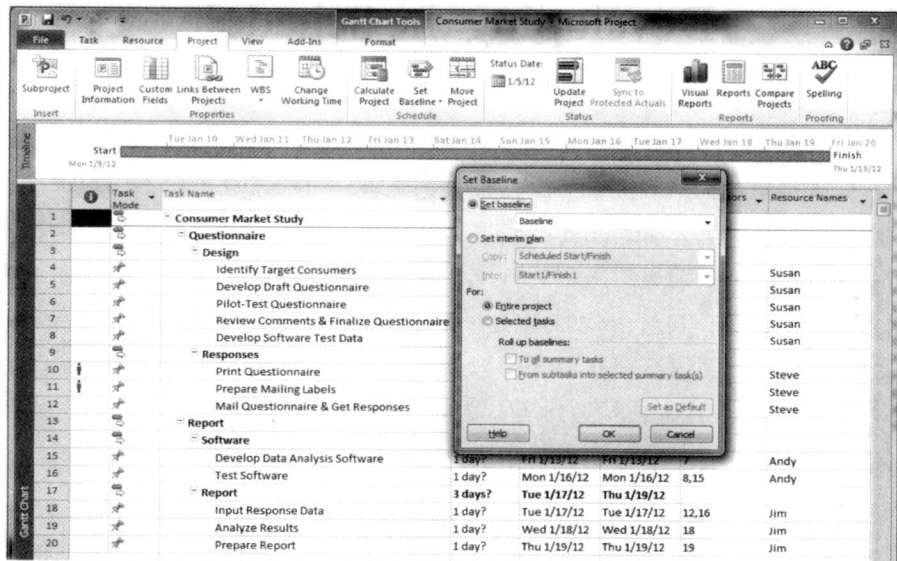

图 4-16　为项目设定基准

案例研究 4-1　一个非营利性的医疗研究中心

你是亚历克西斯——一个进行与年龄有关的疾病研究的、国家级非营利性医疗研究中心的外部事务主任。该中心研究工作依靠来自各方的捐助，包括一般公众、私人财产、公司的资助金、各种基金，以及联邦政府的资金。

你的部门为董事会准备了一份有关中心完成的项目，以及财务状况的年度报告。报告大多是文字描述，只有几个简单的图形和表格，而且全都是黑白的，另外还有一个简单的封面。报告读起来相当晦涩，与收集这些内容的努力相比，制作报告的花费并不高，因为收集这些内容需要花时间去寻找和收集来自中心其他部门的信息。

在年度最后一次董事会上，董事会成员建议该年度报告，应该能成为起到市场宣传促销作用的文件。他们想让你把下一年的年度报告发给中心的不同利益相关者、过去的捐赠者和未来捐赠可能性高的潜在捐赠者。董事会认为这样的一个文件，应该让那些感觉中心与他们一起竞争捐赠和资金的其他大型非营利性组织，感到该中心和他们是在同一个联盟中的。董事会还认为该年度报告能被用做通告这些利益相关者，中心努力做研究所取得的成果，以及该中心很强的财政管理能力，能有效利用中心得到的资金和各种捐款。

你需要制作一份较短、简单而且容易阅读的年报，来表明该中心研究的益处和对人们生活的影响。你可以使用来自正在使用公司研究成果的不同的医院、诊所和长期治疗机构的图片，也可以使用已经从中心的研究中受益的病人和家庭的证明书。该报告必须能吸引人们的目光，它应该是五彩缤纷的，包括许多图片和很容易读懂的图示，同时应该以能被一般的潜在捐赠者读懂的方式写成。

对于包括另外三名成员的你的部门来说，这是一个很重要的任务。你将不得不外包出一些任务，同时也必须去全国的几个医疗机构照相并获得相关的证明书。你也许将要把设计、印刷和配送的任务，交给那些提供给你申请书和价格的各个承约商。你估计大约需要印刷和发送 500 万份年报。

现在是 4 月 1 日。董事会请你在下次 5 月 15 日的会议上，对于你将如何完成项目提供一份详细的活动、时间进度及预算的计划。董事会想要年度报告在 11 月 15 日以前被送出，以便潜在捐赠者将在假期收到它，因为那时也许他们正处在心情比较好的时期。中心的财务年度 9 月 30 日结束，中心财务报告将在 10 月 15 日获得。然而，报告中非财务方面的信息，应该能够在 5 月 15 日董事会后开始收集。

幸运的是，你正在本地一所大学学习项目管理课程，可以把这看做是一个能应用你所学到的知识的机会。你知道这是一个大的项目，同时董事会有较高的期望。你想满足他们的期望，同时也让他们同意提供你为完成这个项目所需要的资金。然而他们只有相信你有了一个能把每项工作都完成的详细计划才会那样做。你和你的同事们有 6 个星期去为你将在 5 月 15 日董事会上提交的计划做准备。

你的工作人员包括格雷斯（Grace），一位市场方面的专家；利维（Levi），一位书写人员和编辑；莱克莎（Lakysha），一位助手。她的爱好是摄影（她晚上部分时间将要去上课以获取一个摄影报道方面的学位，同时已经在当地得了几次摄影奖了）。

? 案例问题

你和你的团队需要准备在董事会上提交的计划包括：

- 项目目标和你们对该项目的假设列表。
- 一个工作分解结构和责任矩阵图。
- 完成项目目标需要从事的活动列表。
- 一个表明所有活动的相互关系的网络图（用节点表示活动的形式）。

这个案例研究将在下面章节中继续，在后面你的团队将被要求给每项活动制定工期计划，完成一个项目进度计划和一个项目预算。

◣ 小组活动

把课程参与者分成 4 个小组，小组成员分别扮演亚历克西斯、格雷斯、利维和莱克莎。然后准备上面列出的 4 项内容。

注：这个案例研究将在第 5～8 章中继续，所以请保留你们的工作结果。

案例研究 4-2 婚礼

托尼（Tony）和佩吉·苏（Peggy Sue）去年 5 月一起从得克萨斯的一所大学毕业。佩吉获得了基础教育的学位，托尼从烹饪学院毕业。他们现在都在达拉斯地区工作。佩吉教课，而托尼则在一处旅游胜地的旅馆餐厅里担任专业厨师。

在圣诞节的时候，托尼向佩吉求婚，她激动地答应了。他们决定在 6 月 30 日举行婚礼。

托尼来自纽约，他是老托尼和卡米拉（Carmella）唯一的儿子。在家中他被称为小托尼。他有 3 个妹妹，但都没有结婚。这个家庭经营着一家叫做老托尼的餐厅，当然，4 个孩子在年轻的时候都在这家餐厅工作过。他们有很多的亲戚，并且他们中的大多数都住在纽约。他们家在该地区也有很多的朋友。

佩吉来自内布拉斯加农场（Nebraska），她是四个姐妹中最小的一个。她们姐妹年轻的时候都在家里的农场工作过。她父亲几年前去世了。她的妈妈，米尔德丽德（Mildred）自己一个人住在家庭农场的房子里，并且已经把农场的土地出租给她的一位邻居。佩吉的姐姐们都和当地人结了婚，并且都住在农场。她们婚礼的规模都很小（大约50人），简单而且内容几乎是相同的。米尔德丽德对于举行婚礼有一个几乎是标准的操作流程，早上9点在小教堂举行仪式，然后紧接着在教堂的大厅举行一个自助形式的宴会，这就是全部过程。因为他们从农场中获得的收入少得可怜，没有能力支付太华丽的婚礼。佩吉·苏的姐姐们都没有上过大学，而佩吉也不得不贷款来支付她大学的花费。

托尼和佩吉·苏都决定打电话回家宣布这个好消息，包括他们的婚约及即将到来的婚礼。

托尼打电话回家告诉他的妈妈卡米拉这个消息。她回答说："那太棒了，宝贝！我一直等待这一天的到来。我不能相信我的小宝贝也要结婚了，我太激动了。我们将举行一个最大、最好的婚礼，我们所有的朋友和亲属都要来庆祝。我们可能要邀请300人。当然我们将在我们家的饭店举行结婚宴会，宴会厅应该足够大了。我将告诉你的表弟温尼（Vinnie）。你们一起长大，但是自从你去得克萨斯上大学以后就没有见过面。我们结束谈话后，我就会打电话给你的姑姑露西（Lucy），告诉她我们想让小玛丽亚（Maria）和特丽萨（Teresa）担任花童，同时让小尼克（Nicky）做戒指的持有者。哦，我几乎忘记了最重要的事情，你的妹妹们都是女傧相。我已经知道她们礼服的颜色了，是深的玫瑰红，她们一定都很漂亮。对了，宝贝，我还没有询问你的爸爸，但我想他一定赞同我的。星期一我将打电话给我的朋友弗朗西（Francine），一个旅行代理人，为你们买两张去意大利度两个星期蜜月的飞机票。你们从来没有去过，你们一定要去呀，那是我和你爸爸送给你们的一个结婚礼物。同时告诉佩吉·苏我们的祝贺，我们都为你们高兴。那是你的婚礼，我不想去打扰，但我将会去帮你们的忙。你知道我在说什么，所以，我的小托尼，不管你想让我做什么，请告诉我。还有一件事，星期日做完弥撒之后，我将去见富兰克（Frank）神父，告诉他我们将在6月30日2点举行仪式。再见，我的大男孩，我会告诉你爸爸你打来电话。同时，我急切想开始告诉每个人准备好参加6月30日的婚礼。"

佩吉也打电话告诉她的妈妈她将要结婚的消息。米尔德丽德听后说："那太好了，亲爱的。我很高兴你终于结婚了。你由于去上大学因而等了这么长的时间。我会把结婚的每件事情都准备好的。迄今为止，我梦里也知道应该怎么做这些事情。星期天的弥撒之后我会通知詹森（Johnson）教士的。为了保持家庭的传统，我会告诉你姐姐做女傧相的。我猜霍莉（Holley）会愿意承担这个荣誉的，该轮到她了。顺便说一下，也许她希望她的第三个孩子和你们的婚礼一起到来，我认为那不是什么问题。我想你也会和你的姐姐们一样有你自己的孩子的。我很高兴你终于安置下来了。现在你应该好好考虑一下，搬回家里来，做你在大学里所学的事情。我在某一天在一家杂货店看到过你的二年级老师爱玛·米勒（Emma Miller）。她说她已经退休了。我告诉她你会很激动听到那些，并且有可能申请她过去的工作。"

"她说她认为并没有多少人申请这个工作，所以你的机会很大。房子又大又空，你可以和我住在一起。我们有足够多的房间，同时我还可以照看你的孩子。并且你的男朋友托尼，他是个厨师还是别的什么？我确定他一定可以在城里的饭馆找到工作。哦，亲爱的，从你离开我就一直在祈祷你回来。在今天晚上的家庭晚餐上，你的姐姐们回来以后我会告诉她们这个消息的。我们重新在一起的时间不会太远了。拜拜，亲爱的，同时在你所在的那个大城市一定要小心。"

托尼和佩吉开始讨论他们的婚礼。他们决定举办一个包括他们的家人和朋友，特别是许多大学朋友的大型婚礼。他们想举行一个室外的婚礼仪式，同时想举办一个伴随着美食和音乐的室外宴会，可以跳舞一直跳到晚上。他们并不知道这个宴会将会花费多少，他们认识到佩吉的母亲不能支付这些花费，所以他们不得不自己支付。因为托尼和佩吉都有大学的贷款需要偿还，他们希望能够从参加婚礼的嘉宾的礼钱中支付这个婚礼的花费，同时能有一些剩余来度蜜月。

今天是新年了，托尼和佩吉决定坐下来好好考虑，并且开始列出他们需要为婚礼准备的每一件事情的详细计划。

❓ 案例问题

1. 列出假设计划这个婚礼的一切涉及的基本事项。
2. 列出从现在到婚礼举行那天所有应该进行的活动。
3. 对于每项活动，找出保证负责完成相关活动的人（如托尼、佩吉等）。
4. 通过活动列表，设计一个网络图（用节点表示活动的形式）来表示所有活动的相互联系。

◣ 小组活动

把本课程参与者分为 3~4 个小组，回答上面所列问题。

注：在第 5 章中我们将继续分析该案例，因此你们需要保存本章的工作成果。

第 **5** 章 进度安排

本章内容支持《PMBOK 指南》中的如下领域：

项目集成管理

项目时间管理

意外开支、开发基础和项目申请

大型或重要的运输项目主要涉及 3 种类型的资金投资项目：公共汽车和公共设施的更换，现有铁路系统的现代化，导轨系统的新建。这些项目的意外开支将会随在项目计划阶段开始时所获得信息的类型和水平而变化。一项意外开支的发生并不意味着没有为项目制定精确的计划、进度安排和费用评估。

意外开支用于对那些可能的费用和变化进行估计和记账，从一些不确定性时间的角度来审视整个项目。每项重要任务的费用条款都配有一项意外开支的估计。在项目计划中，延期和风险都被认为具有时间价值。利益相关者的投入有助于提高项目的清晰度，减少计划评估时的不确定因素。项目开始时，意外开支的准备应尽可能大一些，然后随着项目的进行而逐渐减少。

联邦交通局人员调查了 28 个运输项目的范围和预算。他们采用成本方法测量了进度延期，并发现由此导致了平均 7.9%的费用涨幅。其中，有 6 个项目没有或者有很小的延期从而没有带来很大影响，近一半的项目有不超过 10%的预算涨幅，只有 2 个项目因为延期带来较大的影响，有接近 20%的涨幅。

　　项目管理团队常常根据以往经验来估计项目的计划和阶段，以及创建工作分解结构。这些以往的经历为潜在的延期及损失提供了指导。这28个运输项目延期的关键原因包括：第三方对项目的复审，意料之外的需求紧缩，利益相关者和公众的投入紧缩，以及项目各阶段之间的过渡。关键路径顺序的管理和计划过程中的职能运作通常不是导致延期的原因。

　　耗资64亿美元的洛杉矶"红线"运输项目因为延期遭受了3 850万美元的损失。导致这项费用的直接原因却是由于通货膨胀。想象一下，这个运输项目如果在考虑了延期损失的资金预算下完成，那28个项目中将有11个项目的估计费用会比原本上涨得少。

　　在项目团队继续采用历史信息指导计划和进度安排时，联邦交通局正在绘制针对项目计划、工作分解结构和费用账单的风险图，出具一份对计划中意外开支进行估计的定量兼定性分析报告。预算超支是大规模运输项目一贯的问题，在商业上这始终是不能令人接受的。在处理这些意外开支时，对计划进行控制和管理是一个不错的选择。

　　正在使用着这些运输项目成果的人们可能永远也不会知道，把这一切变为可能的项目经理们都是谁。如果项目经理可以在没有任何延期的情况下完成工作，人们将会更快地享受这些成果。

资料来源：D. Schneck, R. Laver, and M. O'Connor, "Cost Contingencies, Development Basis, and Project Application," Transportation Research Record: Journal of the Transportation Research Board 2111(2010):109-124.

本章概要

　　前面章节所关注的问题是确定为完成项目目标而需要进行哪些活动，以及这些活动应按照什么次序来完成。这样做的结果是形成了一个用网络图表示的计划，形象地表示出了为完成项目任务所做的活动间的相互依赖次序。这个网络为如何将所有活动整合在一起以完成项目工作内容和目标提供了一张地图。当使用网络计划技术时，进度安排职能依赖于计划职能。进度是计划的时间表，因此，在计划没有做出之前，不能安排进度。在这一章中，我们将讨论如何按计划安排进度，包括为所有活动估计所需资源和工期，制定一个详细的计划，确定每项活动应该开始和结束的时间。

本章还将讨论项目进程的监控，项目进度的重新规划和更新。一旦一个项目真正启动，就必须时刻监控项目进程以确保所有事情都按计划进行，包括测量实际进程并与计划进行比较。如果项目进程一直落后于计划，就一定要采取纠正措施，以使进程赶上计划。否则，如果落后太多，赶进度就会越来越困难。

有效的项目控制关键在于定期测量实际进程并与计划对照，及时采取任何必要的措施。一个项目经理决不能抱有问题会自己解决的心态，无动于衷。在实际进程并考虑其他可能发生的变动的基础上，定期更新项目计划将有助于预测项目是否会在计划工期内完成。在本章你将了解以下内容：

- 估计每项活动的资源。
- 估计每项活动的工期。
- 确定整个项目的预计开始时间和要求完工时间。
- 在项目预计开始时间的基础上，计算出每项活动必须开始和完成的最早时间。
- 利用项目的要求完工时间，计算每项活动必须开始和完成的最迟时间。
- 确定每项活动能够开始（或完成）与必须开始（或完成）时间之间的正负时差，即松弛时间。
- 确定关键（最长）活动路径。
- 展示项目控制过程的步骤。
- 确定实际进度绩效对项目计划的影响。
- 修正项目的变更情况。
- 更新项目进度。
- 确定控制项目进度的方法。

学完本章后，读者将能够：

- 估计活动所需资源。
- 估计活动的工期。
- 确定活动最早开始和结束时间。
- 确定活动最晚开始和结束时间。
- 说明并确定总时差。
- 准备一份项目进度计划。
- 识别并说明关键路径。
- 讨论项目控制过程。
- 开发基于实际进程和变更的更新计划。
- 讨论并应用控制项目进度的办法。

5.1 估计活动资源

　　对完成每项活动所需资源的种类和数量都要进行估计，随后才能估计活动工期。资源包括人力、材料、装备、设备等。对活动所需资源的估计将会影响完成活动的工期估计。

　　在为活动估计资源时，必须考虑每种资源的可用性。我们必须了解哪种资源是可以使用的。如果这种资源能够足量供应，接下来就要决定什么时间段使用和使用多少。例如，一个新大楼建设项目在设计阶段需要建筑师和工程师，在建设阶段需要工匠和商人。所以建筑工程公司需要拥有一批建筑师和工程师来设计新大楼。如果他们刚好被派去做其他项目的工作，那么新大楼的设计就会延迟，或者公司将设计活动外包给其他厂商。在考虑资源的可用性时，很有必要做些假设，比如，设想到时候可以雇用多少额外的专业人员来为项目工作。举个例子，要开发一个记录产品反馈的信息系统，可能需要更多的软件开发人员而不是现有职员，所以在为软件开发项目估计资源时，除了一定数量的软件开发人员，还要设想在需要时额外雇用的开发人员。

理解了可用性这一点之后就不难发现，对每项活动所需资源的种类和数量进行估计是多么重要。在许多情况下，尤其是小项目中，大部分活动都有人力资源参与。也就是说，项目团队成员会全程或部分地参与项目。例如，粉刷一栋房子估计需要四名工人，如果这四名工人恰好不能工作，那么其他工人就要承担这部分额外工作，或者只好将工作外包出去。另外，如果一开始估计了过多的工人数量，将会导致效率低下，因为工人之间很可能发生冲突，又或者他们有太多的闲散时间。除了人力资源，还有设备资源，如学校教学楼因扩建需要清理地面而要用到的运土机。类似地，还有原材料或供给品，如建造房子所需的木材，盖屋顶的瓦，护理中心需要安装的家具等。有时，在估计材料时会发现，一些已经计划好的工作包中无意遗漏了一些相关活动。就拿家具来说，可能材料估计只是针对某一个需要安装家具的活动，可是这样就会引出一些与之相关的活动，如家具的报价、检查建议、预定家具，还有供应商的家具制造和运输任务等。

资源种类和数量的估计，资源可用性的估计，这些将影响完成该活动的工期的估计。

在估计资源时，最好邀请一位具有专业知识或经验的人参与。这项估计还将应用于后面的成本估计和活动预算的确定。第 7 章将对活动成本估计有更详细的论述。

✎ **练习题**

1. 对所需活动的估计将会影响完成活动的_____。
2. 在估计资源时，必须考虑每种资源的_____。
3. 要为每个活动估计所需资源的_____和_____。

5.2 活动工期估计

如果估计出每项活动所需的资源种类和数量，那么完成每项活动所需要的时间也就可以进行估计了。工期估计（estimated duration）必须是该活动经历的所有时间，即工作时间加上所有相关的等待时间。例如，如图 5-1 所示，活动 1 "油漆地板"的估计工期是 5 天，这既包括油漆地板的时间，也包括等待油漆变干的时间。

活动工期估计一般在图框的右下角表示出来。

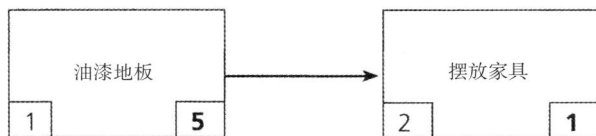

图 5-1　活动的工期估计

经验表明，让某项活动的负责人进行该项活动的工期估计是较好的做法，既可以赢得活动负责人的承诺，又可以避免由一个人进行所有活动的工期估计所产生的偏差。尽管如此，在某些情况下（如对一个须花费数年时间，由几百个人来做不同工作才能完成的大项目来说），让每个人在项目开始时就做出其所要完成活动的工期估计是不实际的。但是，负责一组或一类活动的每个组织或承约商可以任命一位有经验的人进行他们所负责项目的工期估计。如果这个组织或承约商在以前做过类似项目，并且有某项特定活动实际所需时间的记录，那么，这些历史数据可以作为对今后项目进行工期估计的参考。

在估计某项活动的工期时，必须以这项活动所耗用的资源数量为基础。工期估计应该是乐观而又实事求是的。它既不应包括大量可能出错的事情所延误的时间，也不应太过乐观地予以低估。一般说来，稍微乐观些的估计（估计某项活动 5 天完成，而实际用了 6 天）比过分保守的估计（估计活动 10 天完成，实际上就是 10 天完成）要好一些。人们有按期望值工作的习惯，比如，如果一项工作估计要进行 10 天，即使这项工作能够在更短的时间内完成，他们也会磨蹭到第 10 天才完成。

在项目经理商定工期之后再任意增大工期估计不是一个好习惯，故意延长估计时间来提前完成项目从而成为英雄的想法也是不可取的。

在项目执行过程中，一些活动花费的时间可能比预计工期要长，一些则有可能要短，还有一些可能正好与工期估计吻合。然而，对于生命周期包括许多活动的项目，这些延误和提前可以相互抵消。例如，一项活动可能在比最初的估计时间长 2 周的时间内完成，而这个延误可能被两项都比原预计工期提前 1 周完成的活动抵消了。

应该注意的是，在项目初期，想精确地对所有活动工期做出具有一定可信度的估计是不太可能的，尤其是对于长期项目而言。近期项目的工期估计可能相对比较容易，但是随着项目的进展，由于越来越多的信息变得明确清晰，项目团队渐渐地就能做出更为精确的工期估计。

图 5-2 给出的是一个市场调研项目的网络图，每项活动的工期估计用天数来表示。在网络图中，每项活动的工期估计都应使用同一时间单位，如小时、天、周等。

对于一个项目，如果含有高度不确定性工期估计的活动，可以用三种工期估计：乐观、悲观和最可能的时间估计。

✏ 练习题

4. 判断正误：一项活动的工期估计应包括完成工作所需要的时间加上相关的等待时间。

5. 在估计某项活动的＿＿＿＿＿＿时，必须以这项活动所耗用的＿＿＿＿＿＿的＿＿＿＿＿＿为基础。

5.3　项目的开始和结束时间

为建立一个用所有活动的工期来计算进度的基准，有必要为整个项目选择一个预计开始时间（estimated start time）和一个要求完工时间（required completion time）。这两个时间（或日期）规定了项目必须完成所需的时间段，或者说规定了项目必须完成的时间限制。

项目发起人或客户通常会将项目的要求完工时间在项目章程、需求建议书或合同中说明。如"项目必须于 6 月 30 日前完成""可行性研究必须于 9 月 30 日董事会之前完成""年度报告必须于 1 月 15 日之前寄出"。

识别目标 消费者		设计初始问 卷调查表		试验性测试 问卷调查表		评审建议并确 定最终调查表		准备邮 寄标签		邮寄问卷调查 表并获得反馈		输入反馈 数据		分析结果		准备报告	
1	Susan 3	2	Susan 10	3	Susan 20	4	Susan 5	5	Steve 2	9	Steve 65	11	Jim 7	12	Jim 8	13	Jim 10

打印问卷 调查表		开发数据 分析软件		设计软件 测试数据		测试软件	
6	Steve 10	7	Andy 12	8	Susan 2	10	Andy 5

图解

活动描述	
活动序号	负责人 工期估计

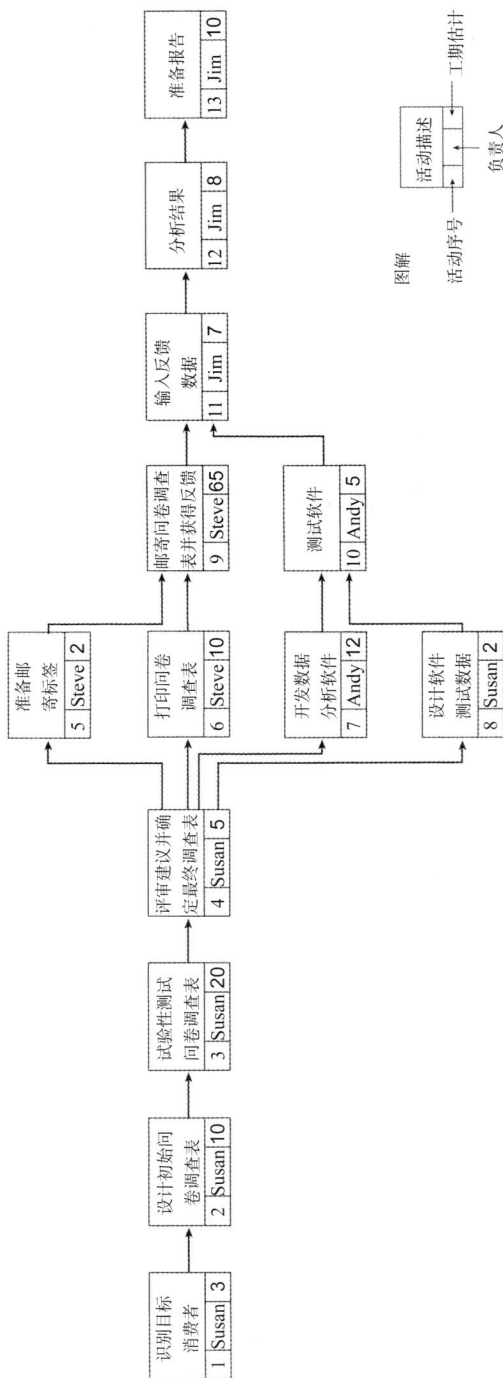

图 5-2 附有工期估计的市场调研项目网络图

164

然而，承约商只会在客户已经同意合同后才会承诺在特定的日期内完成项目。在一些情况下，客户可能会声明"项目要在合同签订后 90 天内完成"。此时，总体项目时间是用时间段的形式表示的，而不是特定的日期。

假设图 5-2 所示的市场调研项目必须在 130 个工作日内完成，如果我们定义项目预计开始时间为零，那么它的要求完工时间点应是第 130 天。

✎ **练习题**

6. 项目必须完成的整个时间段被定义为从_____到_____。

5.4 进度计算

估计出网络图中每项活动的工期和项目必须完成的时间段后，就要根据活动的工期和先后顺序来确定这些活动是否能在要求时间内完成。为解决这个问题，你可以计算出一个项目进度，为每项活动提供一个时间表，明确以下内容：

1. 在项目预计开始时间（或日期）的基础上，每项活动能够开始和完成的最早时间（或日期）。

2. 为了在要求完工时间（或日期）内完成项目，每项活动必须开始和完成的最迟时间（或日期）。

5.4.1 最早开始和结束时间

给定网络图中每项活动的预计工期，并以项目预计开始时间为参照点，你就可以为每项活动计算出以下两个时间。

（1）最早开始时间（Earliest Start time，ES）是指某项活动能够开始的最早时间，它可以在项目的预计开始时间和所有紧前活动的工期估计基础上计算得出。

（2）最早结束时间（Earliest Finish time，EF）是指某一活动能够完成的最早时间，它可以在这项活动最早开始时间的基础上加上这项活动的工期估计计算得出，即：EF=ES+工期估计。

ES 和 EF 是通过正向计算得到的，即从项目开始沿网络图到项目完成进行计算。在进行这些正向推算时必须遵守一条规则。

规则 1：某项活动的最早开始时间必须同于或晚于直接指向这项活动的所有其他活动的最早结束时间中的最晚时间。

图 5-3 表明有三项活动指向"彩排"活动，活动"练习剧本"的 EF 为第 5 天，"制作演出服装"的 EF 为第 10 天，"制作道具"的 EF 为第 4 天。"彩排"在这三项活动做完之后才能开始。因此，这三项活动中最迟结束的那项活动的 EF 决定着"彩排"的 ES。三项活动中 EF 最迟的是"制作演出服装"，为第 10 天。所以，"彩排"不可能在第 10 天之前开始，即它的最早开始时间是第 10 天或者更晚。即使"练习剧本"和"制作道具"的完成时间都早于"制作演出服装"，但"彩排"还不能开始，因为网络图已经在逻辑上决定了只有三项活动全部完成后"彩排"才能够开始。

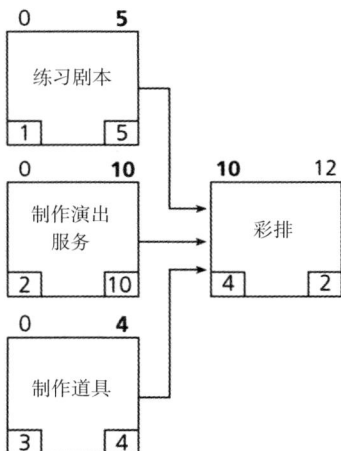

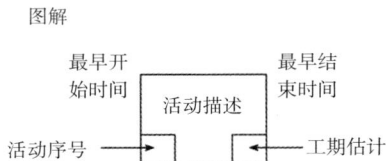

图 5-3　最早开始时间

图 5-4 所示的是市场调研项目正向推算的例子。项目预计开始时间记为 0，这样，最早的活动"识别目标消费者"可以开始的时间就为 0。由于它的预计工期为 3 天，它最早能在 3 天后完成。当"识别目标消费者"在第 3 天完成时，"设计初始问卷调查表"就可以开始了。"设计初始问卷调查表"的预计工期为 10 天，所以它的 ES 为第 3 天，EF 为第 13 天。以后各项活动 ES 和 EF 的计算是类似的，只要沿着网络图正向计算就可以了。

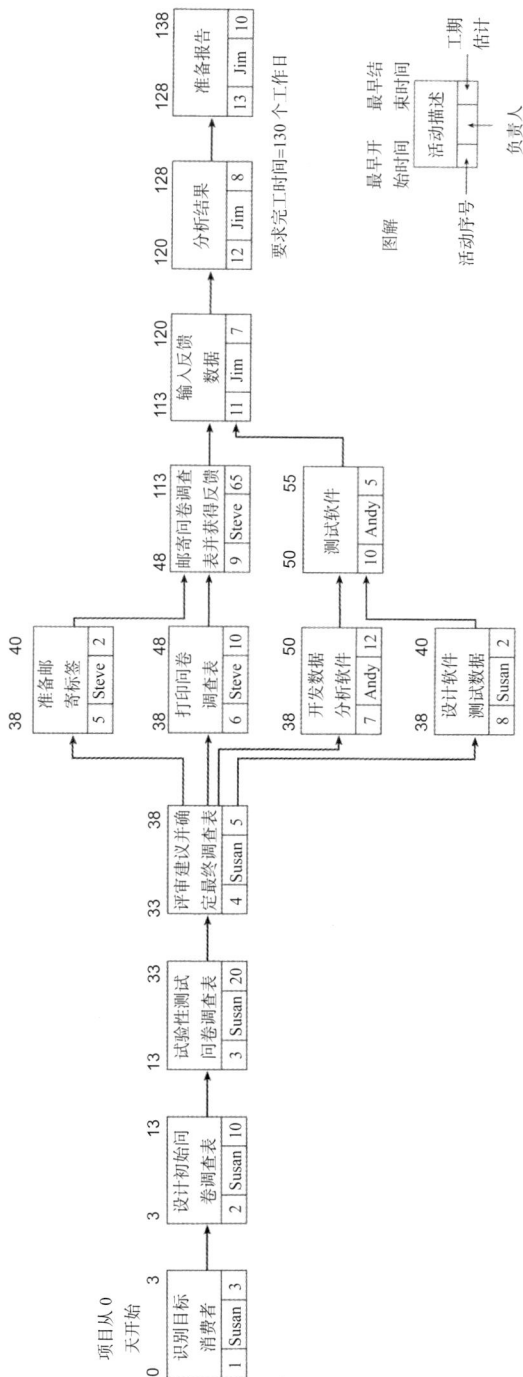

图 5-4　附有最早开始和结束时间的市场调研项目网络图

请注意活动"测试软件",它的 ES 是第 50 天。按照规则 1,"测试软件"只有在直接指向这一活动的两个活动完成之后才能开始。"开发数据分析软件"这一活动在第 50 天之前不会完成,"设计软件测试数据"在第 40 天之前不会完成。既然"测试软件"只有在这两项活动完成之后才能开始,那么"测试软件"在第 50 天之前不会开始。

为了更深入地解释规则 1,我们进一步考虑图 5-4。为了开始活动"邮寄问卷调查表并获得反馈",这项活动的两项紧前活动"准备邮寄标签"和"打印问卷调查表"必须完成。"准备邮寄标签"的 EF 是第 40 天,"打印问卷调查表"的 EF 是第 48 天。根据规则 1,两个 EF 中较晚的一个,即第 48 天,决定"邮寄问卷调查表并获得反馈"的 ES。

如果要继续计算在图 5-4 的网络图中余下各项活动的 ES 和 EF,你会发现"准备报告"的 EF 为第 138 天,超出了项目的要求完工时间 8 天,这时,我们就发现问题了。

需要说明的是,虽然图 5-4 在网络图中给出了每项活动的 ES 和 EF,但这不是普遍情况。不如像表 5-1 那样把 ES 和 EF 及 LS 和 LF(后面章节要做讨论)一起列在一个单独的进度时间表中。将进度从网络逻辑图上分离出来,使得修订和更新进度计划更容易(也可以使用项目管理软件),而不必在网络图上连续修改 ES、EF、LS 和 LF。

表 5-1　附有最早开始和结束时间的市场调研项目进度

活　　动	负责人	工期估计	最　　早			
			开始时间	结束时间		
1　识别目标消费者	Susan	3	0	3		
2　设计初始问卷调查表	Susan	10	3	13		
3　试验性测试问卷调查表	Susan	20	13	33		
4　评审建议并确定最终调查表	Susan	5	33	38		
5　准备邮寄标签	Steve	2	38	40		
6　打印问卷调查表	Steve	10	38	48		
7　开发数据分析软件	Andy	12	38	50		
8　设计软件测试数据	Susan	2	38	40		

续表

活　　动		负责人	工期估计	最　　早			
				开始时间	结束时间		
9	邮寄问卷调查表并获得反馈	Steve	65	48	113		
10	测试软件	Andy	5	50	55		
11	输入反馈数据	Jim	7	113	120		
12	分析结果	Jim	8	120	128		
13	准备报告	Jim	10	128	138		

练习题

7. 计算一项活动最早结束时间的公式是什么？

8. 活动的最早开始时间和活动的最早结束时间可顺着网络图_____计算得到。

9. 参看图 5-4，"试验性测试问卷调查表"的最早开始时间和最早结束时间是第几天？

10. 什么决定了某项活动的最早开始时间？

5.4.2　最迟开始和结束时间

给定网络图上每项活动的估计工期，并以项目的要求完工时间做参照，你就可以为每项活动计算出以下两个时间。

（1）最迟结束时间（Latest Finish time，LF）是指为了使项目在要求完工时间内完成，某项活动必须完成的最迟时间，它可以在项目的要求完工时间和各项紧随活动工期估计的基础上计算得出。

（2）最迟开始时间（Latest Start time，LS）是指为了使项目在要求完工时间内完成，某项活动必须开始的最迟时间，它可以用这项活动的最迟结束时间减去它的工期估计计算得出，即：LS=LF-工期估计。

LF 和 LS 是通过反向推算得出的，即从项目完成沿网络图到项目的开始进行推算。在进行这类计算时，必须遵守一条规则。

规则 2：某项活动的最迟结束时间必须同于或早于该活动直接指向的所有活动的最迟开始时间的最早时间。

如图 5-5 所示，"印刷广告和小册子"这项活动直接指向两项活动。由于这个项目需要在第 30 天完成，"散发广告"就必须在第 20 天开始，因为它的工期是 10 天。而"邮寄小册子"必须在第 25 天开始，因为它的工期是 5 天。这两个 LS 中较早的是第 20 天，所以"印刷广告和小册子"最迟能在第 20 天完成，以保证"散发广告"能够在第 20 天开始。即使"邮寄小册子"在第 25 天之前不必开始，"印刷广告和小册子"也必须在第 20 天完成，否则整个项目将延迟。如果"印刷广告和小册子"直到第 25 天才完成，那么"散发广告"要到第 25 天才能开始。由于"散发广告"的预计工期为 10 天，所以只有到第 35 天它才能完成，这样，就比项目的要求完工时间超出了 5 天。

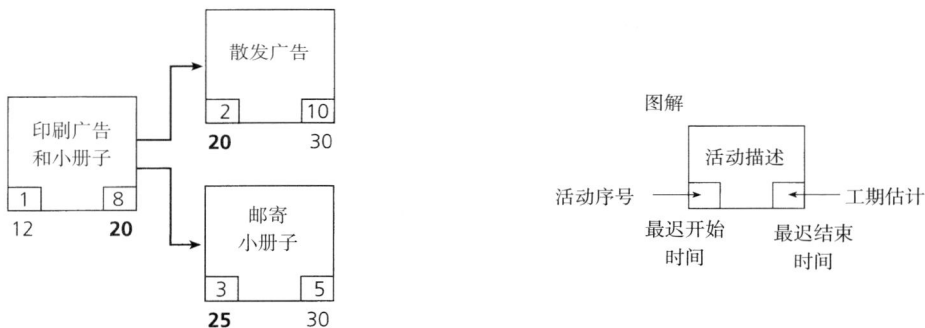

图 5-5　最迟结束时间

图 5-6 所示的是市场调研项目反向计算的例子。由于整个项目的要求完工时间为 130 个工作日，因此，最后一项活动"准备报告"的最迟结束时间是第 130 天。由于"准备报告"的预计工期是 10 天，所以这项活动的最迟开始时间应为第 120 天。为了使"准备报告"在第 120 天开始，"分析结果"完成的最迟时间应是第 120 天。如果"分析结果"的 LF 是第 120 天，那么它的 LS 是第 112 天，因为它的预计工期是 8 天。前面各项活动的 LF 和 LS 可以用同样方法算出，即沿网络图继续反向推算。

注意活动"评审建议并确定最终调查表"这个活动。为保证整个项目在其要求完工时间（130 天）内完成，必须使得"评审建议并确定最终调查表"直接指

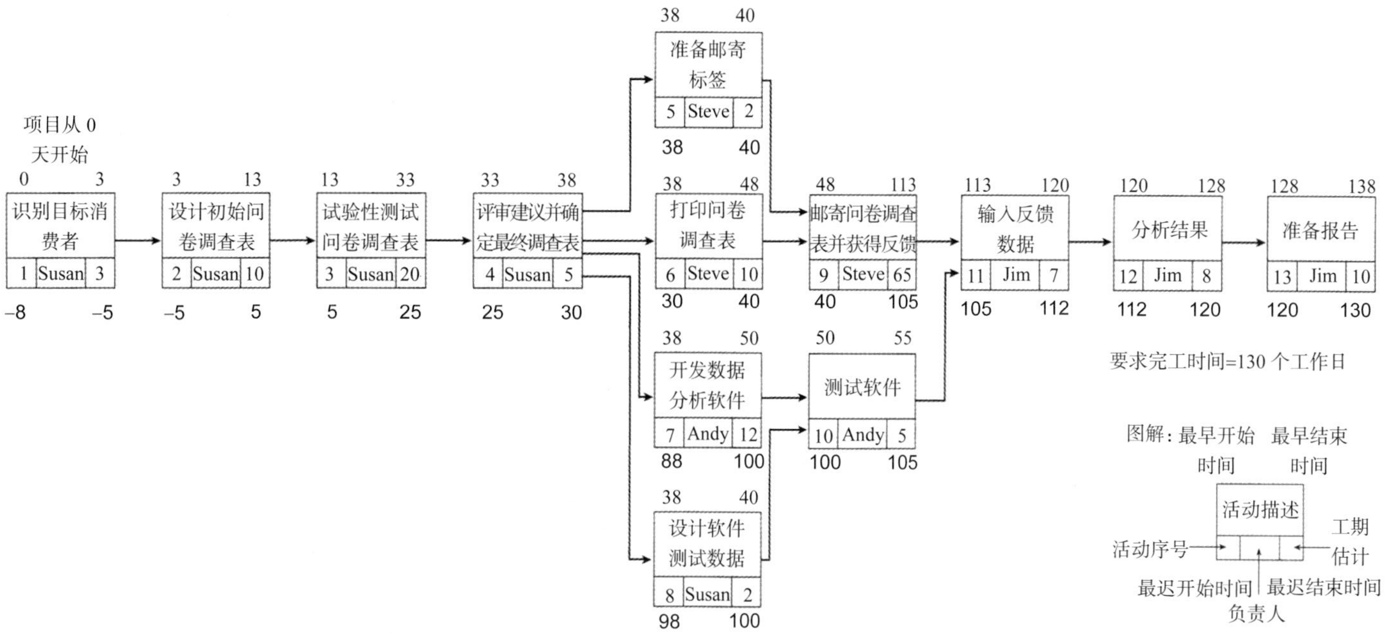

图 5-6 附有最迟开始和结束时间的市场调研项目网络图

向的四项活动在它们各自的 LS 时间能够开始。根据规则 2，"评审建议并确定最终调查表"必须在其直接指向的四项活动中最早的 LS 时间之前完成。四项活动中 LS 最早的是"打印问卷调查表"，为第 30 天，所以"评审建议并确定最终调查表"的最迟结束时间是第 30 天。

如果要继续推算网络图中每项活动的 LF 和 LS，可以发现第一项活动"识别目标消费者"的 LS 是–8，这意味着为了在要求完工时间 130 天内完成整个项目，项目必须比预计时间提前 8 天开始。值得注意的是，这个 8 天的差距恰好等于我们沿网络图正向推算 ES 和 EF 时得到的差距。实质上，就如我们所看到的那样，这个项目将耗时 138 天完成，尽管它的要求完工时间是 130 天。

与最早开始和最早结束时间一样，最迟结束时间和最迟开始时间一般也不在网络图上表示，而是列在单独的进度时间表中，如表 5-2 所示。

表 5-2　附有最迟开始和结束时间的市场调研项目进度

	活　　动	负责人	工期估计	最　早		最　迟	
				开始时间	结束时间	开始时间	结束时间
1	识别目标消费者	Susan	3	0	3	–8	–5
2	设计初始问卷调查表	Susan	10	3	13	–5	5
3	试验性测试问卷调查表	Susan	20	13	33	5	25
4	评审建议并确定最终调查表	Susan	5	33	38	25	30
5	准备邮寄标签	Steve	2	38	40	38	40
6	打印问卷调查表	Steve	10	38	48	30	40
7	开发数据分析软件	Andy	12	38	50	88	100
8	设计软件测试数据	Susan	2	38	40	98	100
9	邮寄问卷调查表并获得反馈	Steve	65	48	113	40	105
10	测试软件	Andy	5	50	55	100	105
11	输入反馈数据	Jim	7	113	120	105	112
12	分析结果	Jim	8	120	128	112	120
13	准备报告	Jim	10	128	138	120	130

✎　**练习题**

11. 计算某项活动的最迟开始时间的公式是什么？

12. 最迟结束时间和最迟开始时间可在网络图上＿＿＿＿＿＿计算得到。

13. 参看图 5-6，"输入反馈数据"的最迟开始时间和最迟结束时间是第几天？

14. 什么决定着某项具体活动的最迟结束时间？

5.4.3　总时差

在市场调研项目中，最后一项活动"准备报告"的最早结束时间和项目的要求完工时间之间有一个 8 天的差距，这个差距叫做总时差（Total Slack，TS），有时也叫浮动量（float）。在本例中，总时差为负值，表明完成这个项目缺少时间余量。

如果总时差为正值，表明这条特殊路径上各项活动所花费的时间总量可以延长，而不必担心会出现在项目的要求完工时间内项目无法完成的窘况。反之，如果总时差为负值，则表明在这条路径上各项活动要加速完成，以减少整个路径上花费的时间总量，保证项目按期完成。如果总时差为零，则在这条路径上各项活动不必加速完成但也不能拖延时间。

某一路径上的总时差是由该路径上所有活动共有和共享的。考虑下面所示项目。

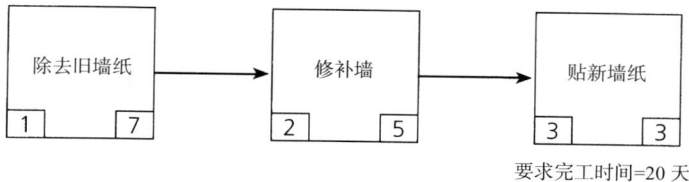

要求完工时间=20 天

项目最早能在第 15 天完成（三项活动的工期总和，即 7+3+5），而项目的要求完工时间是第 20 天，所以这条路径上的三项活动可以延迟 5 天而不会影响项目的按期完成。这并不是说每项活动都可以延迟 5 天（因为这将产生 15 天的总延迟量），而是构成这条路径所有活动的总延迟量是 5 天。例如，如果"除去旧墙纸"实际用了 10 天（比估计时间 7 天延迟了 3 天），它就用去了总时差 5 天中的 3 天，只给后面的所有活动留下 2 天的总时差。

总时差可以用活动的最迟结束（开始）时间减去它的最早结束（开始）时间得出，即时差等于最迟结束时间与最早结束时间的差值，或最迟开始时间与最早开始时间之间的差值，两种计算方法得出的结果是相等的。

$$总时差=LF-EF \qquad 或 \qquad 总时差=LS-ES$$

✎ **练习题**

15. 当项目有正的总时差时，一些活动可以被_____，却不致影响项目的按期完成。当项目总时差为负时，需_____一些活动的进程以确保在要求的时间内完成项目。

16. 总时差是_____时间和_____时间之差。

5.4.4 关键路径

并非在解释总时差时所用的网络图都是如此简单。在大型网络图中，从项目开始到项目完成有许多条路径，就像从纽约到洛杉矶有许多条路可以走一样。如果 20 个人同时从纽约出发，每个人走不同的路，只有在最后一个人到达后他们才能完成聚会，这最后一个人就是走最长路径（或花费时间最多）的人。类似地，只有最长（花费时间最多）的活动路径完成之后，项目才算结束。这条在整个网络图中最长的路径就叫关键路径（critical path）。

确定构成关键路径活动的一种方法是找出那些具有最小时差的活动。用每项活动的最迟结束时间减去最早结束时间（或最迟开始时间减去最早开始时间，两种算法结果相同），然后，找出所有具有最小值（要么正时差最小，要么负时差最大）的活动，所有这些活动都是关键路径上的活动。

表 5-3 给出了市场调研项目的总时差，最低值是 –8 天。具有这个总时差的活动构成了路径 1-2-3-4-6-9-11-12-13，这 9 项活动组成的路径为关键路径（或花费时间最长的路径），这条路径上各项活动的预计工期之和是 138 天（3+10+20+5+10+65+7+8+10）。为了在要求完工时间 130 天内完成项目，必须将这些活动的预计工期缩短 8 天。图 5-7 指出了组成关键路径的各项活动。

表 5-3　附有总时差值的市场调研项目进度

活　动		负责人	工期估计	最　早		最　迟		总时差
				开始时间	结束时间	开始时间	结束时间	
1	识别目标消费者	Susan	3	0	3	−8	−5	−8
2	设计初始问卷调查表	Susan	10	3	13	−5	5	−8
3	试验性测试问卷调查表	Susan	20	13	33	5	25	−8
4	评审建议并确定最终调查表	Susan	5	33	38	25	30	−8
5	准备邮寄标签	Steve	2	38	40	38	40	0
6	打印问卷调查表	Steve	10	38	48	30	40	−8
7	开发数据分析软件	Andy	12	38	50	88	100	50
8	设计软件测试数据	Susan	2	38	40	98	100	60
9	邮寄问卷调查表并获得反馈	Steve	65	48	113	40	105	−8
10	测试软件	Andy	5	50	55	100	105	50
11	输入反馈数据	Jim	7	113	120	105	112	−8
12	分析结果	Jim	8	120	128	112	120	−8
13	准备报告	Jim	10	128	138	120	130	−8

为了消除−8 天的时差，需缩短这条关键路径上一项或更多项活动的预计工期。假定我们通过减少被调查者反馈信息的时间，把"邮寄问卷调查表并获得反馈"的时间从 65 天缩减为 55 天。由于关键路径上一项活动的预计工期减少了 10 天，总时差便由−8 天改为 2 天。把工期估计改为 55 天后，就可以准备一个如表 5-4 所示的修订后的项目进度了。这个进度计划表明，这条关键路径现在有一个 2 天的总时差，项目估计在 128 天内完成，比要求完工时间 130 天早 2 天。

如前所述，一个大的网络图从开始到完成可以有很多条路径。一些路径可能有正总时差，另一些可能有负总时差。那些具有正总时差的路径有时被称为非关键路径（noncritical paths），而那些总时差为 0 或负值的路径被称为关键路径（critical path），在这种情况下耗时最长的路径经常被称为最关键路径（most critical path）。

最初制定的项目进度出现总时差为负的情况很常见，这可能需要对具体活动的工期估计和资源估计进行反复修正，又或者改变活动的次序或相互依赖关系以达到一个可以接受的基准进度。

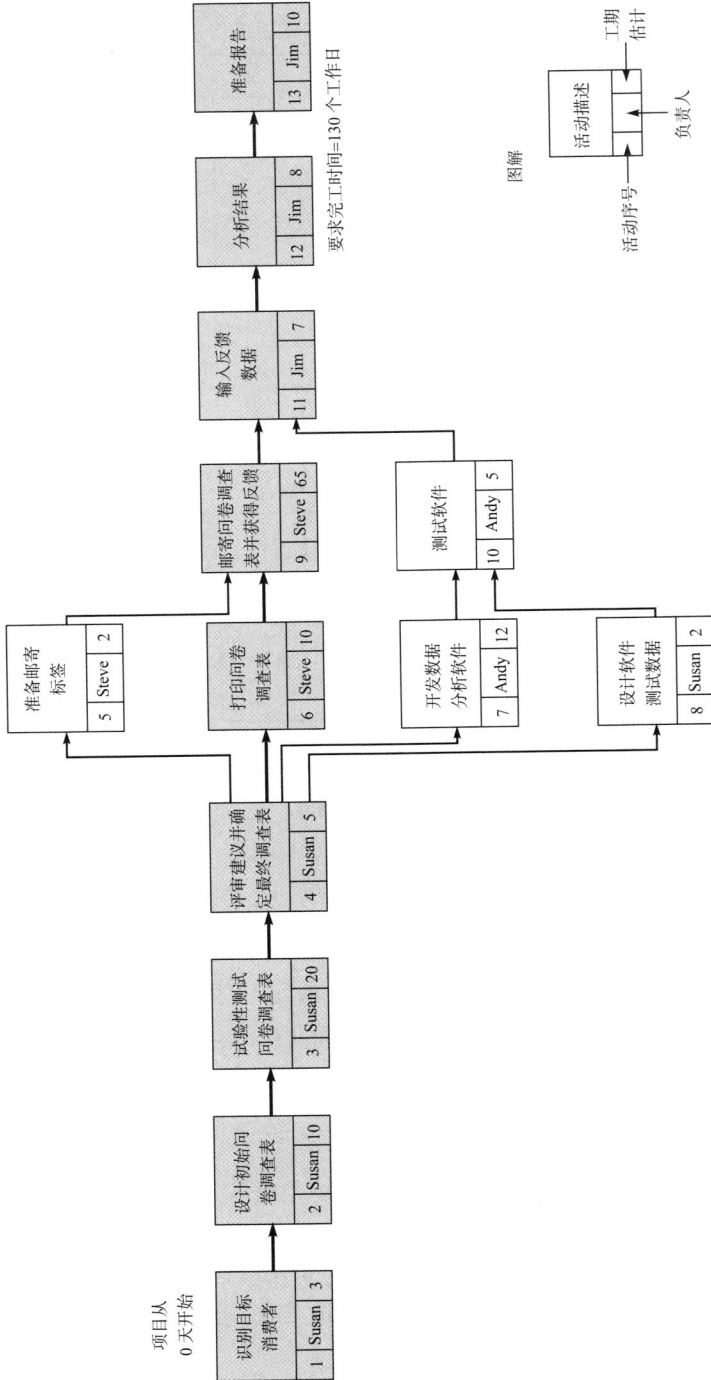

图 5-7 标明关键路径的市场调研项目网络图

　　有时项目团队或承约商强行使进度满足项目结束日期以达成项目要求完工日期，就武断地减少具体活动的估计工期，并说服他们自己所有活动有可能在更少的时间内完成（运气好的话）。当项目无法按时完成时，他们又显得很吃惊。因此，他们应该制定一份实事求是的进度计划，确定在客户要求完工日期的基础上负总时差到底为多少。那样的话，他们就可以更理性地决定如何减少这些负总时差，制定一个满足项目要求完工日期的合意的进度计划。这项工作需要通过减少路径上具有负时差的活动的估计工期来完成，这就意味着必须在增加资源、加班、外包部分工作、缩小范围或降低规格、配置成本更高更有经验的资源等因素之间进行权衡。万不得已的情况下，就只能向项目发起人或客户请求延长完工日期，或者申请预算为加快进度购买额外资源，或者获得缩小范围的批准。把握好客户的期望很重要，尽早让客户了解情况，不要到最后才通知他们。

表 5-4　修订后的市场调研项目进度

	活　动	负责人	工期估计	最 早 开始时间	最 早 结束时间	最 迟 开始时间	最 迟 结束时间	总时差
1	识别目标消费者	Susan	3	0	3	2	5	2
2	设计初始问卷调查表	Susan	10	3	13	5	15	2
3	试验性测试问卷调查表	Susan	20	13	33	15	35	2
4	评审建议并确定最终调查表	Susan	5	33	38	35	40	2
5	准备邮寄标签	Steve	2	38	40	48	50	10
6	打印问卷调查表	Steve	10	38	48	40	50	2
7	开发数据分析软件	Andy	12	38	50	88	100	50
8	设计软件测试数据	Susan	2	38	40	98	100	60
9	邮寄问卷调查表并获得反馈	Steve	55	48	103	50	105	2
10	测试软件	Andy	5	50	55	100	105	50
11	输入反馈数据	Jim	7	103	110	105	112	2
12	分析结果	Jim	8	110	118	112	120	2
13	准备报告	Jim	10	118	128	120	130	2

练习题

17. 从项目开始到项目结束，活动的最长路径叫做_____路径。

5.4.5 自由时差

有时，需要计算另一种时差——自由时差（free slack）。它是指某项活动在不影响其紧随活动最早开始时间的情况下，可以延迟的时间量，这是指向同一活动的各项活动总时差之间的相对差值。先找到指向同一活动的各项活动总时差的最小值，然后用这几项活动的总时差分别减去这个最小值，就可算得自由时差。既然自由时差是指向同一活动的各项活动的总时差间的相对差值，那么，只有在两项或更多项活动指向同一活动时才存在自由时差。而且，由于自由时差是总时差间的相对差值，因此自由时差总为正值。

为了解释自由时差，请看表 5-3 和图 5-7，在图 5-7 的网络图中有三个例子，由多项活动指向同一活动：

- 活动 5 和活动 6 都指向活动 9 "邮寄问卷调查表并获得反馈"。
- 活动 7 和活动 8 都指向活动 10 "测试软件"。
- 活动 9 和活动 10 都指向活动 11 "输入反馈数据"。

在表 5-3 的进度计划中，活动 5 和活动 6 的总时差的值分别为 0 和 –8 天。这两个值中较小的是活动 6 的总时差 –8 天，活动 5 的自由时差是它的总时差 0 和 –8 之间的差值。这个差值是 8 天：0–（–8）=8 天。这意味着活动 5 "准备邮寄标签"有 8 天的自由时差，在此时差内调整也不会延迟活动 9 "邮寄问卷调查表并获得反馈"的最早开始时间。

与此类似，活动 7 和活动 8 的总时差分别为 50 天和 60 天，这两个值中较小的是 50 天，所以活动 8 "设计软件测试数据"有一个 10 天的自由时差（60–50=10），在此时差内调整也同样不会延迟活动 10 "软件测试"的最早开始时间。

✎ 练习题

18. 参看表 5-3 和图 5-7，在指向活动 11 "输入反馈数据"的两个活动中，哪个活动有自由时差？自由时差是多少？

5.4.6 绘制条形图

网络计划方法常与一种更为熟知的工具——条形图（bar chart），有时也叫做甘特图（Gantt chart）的工具加以比较。甘特图是一种更为古老的计划和进度安排工具，但因为其简单明了，至今仍被广泛使用。

图 5-8 是一个消费者市场研究项目的甘特图。活动在图的左侧纵向列出，时间长短在底部列出。每项活动预计需用的时间由表示活动完成的预期工期长短的线段或横条表示，可以在图中加入一列来表明每项活动由谁负责。

项目管理软件能够根据基于网络计划的进度表自动生成甘特图。这些甘特图通过应用连接箭线来表示任务间相互依存的关系。另外，一个甘特图可以基于最早开始和最早完成时间来绘制，或者基于最晚开始和最晚完成时间，图 5-8 就是基于表 5-3 中 ES 和 EF 绘制的。

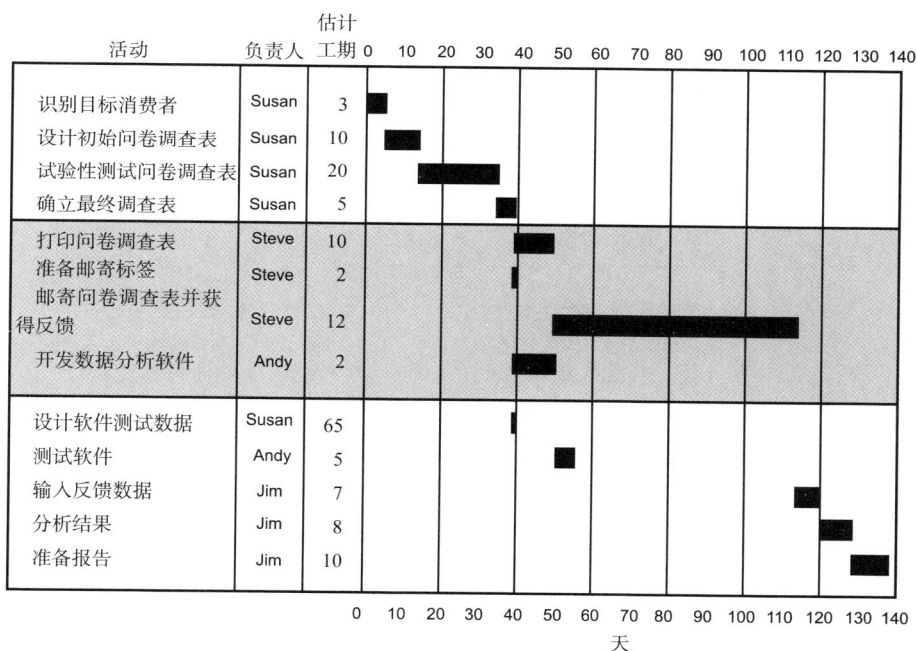

活动	负责人	估计工期
识别目标消费者	Susan	3
设计初始问卷调查表	Susan	10
试验性测试问卷调查表	Susan	20
确立最终调查表	Susan	5
打印问卷调查表	Steve	10
准备邮寄标签	Steve	2
邮寄问卷调查表并获得反馈	Steve	12
开发数据分析软件	Andy	2
设计软件测试数据	Susan	65
测试软件	Andy	5
输入反馈数据	Jim	7
分析结果	Jim	8
准备报告	Jim	10

图 5-8　消费者市场研究项目甘特图

然而，在甘特图代替网络计划方法时有一个缺陷，就是当只用一个甘特图绘制进度而没有事先准备网络计划图时，活动的计划和进度安排必须同时进行。绘制活动线段和横条的人必须清楚活动之间的相互关系，也就是说，哪些活动在其他活动开始以前必须完成，哪些活动可以同时进行。传统甘特图的主要缺点之一是，它没有以图解的方式表达出活动之间的相互关系，因此，如果一项活动被延误，就不能明显地表示出来其他哪些活动会受到影响。

5.5 项目控制过程

图 5-9 说明了项目控制过程的步骤。这个过程以制定一个表明项目范围（任务）如何在预算（资源、成本）内按时完成的基准计划为开始。一旦客户与承约商或者项目团队在基准计划上达成一致，项目就可以开始了。要时刻监控项目进程以确保一切按计划进行。项目控制过程包括定期收集项目完成情况的数据，将实际完成情况与计划相比较。一旦实际情况落后于计划，必须立即采取纠正措施进行补救。这项工作一般贯穿于整个项目过程。

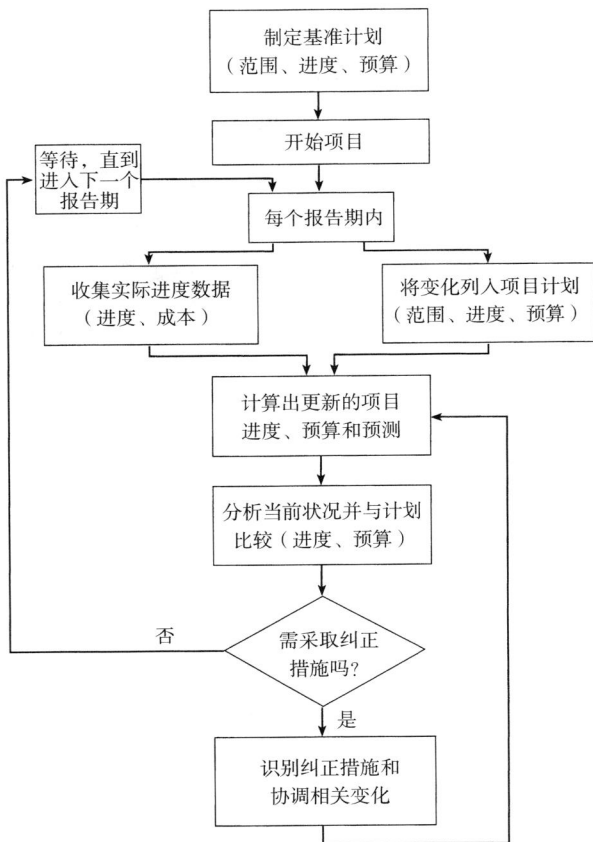

图 5-9　项目控制过程

应该确定一个固定的报告期（reporting period），将实际进程与计划进程进行比较。根据项目的复杂程度和时间期限，可以将报告期定为日、周、双周或月。如果项目预计在一个月内完成，报告期应该短至一天；如果项目期为五年，则报告期可能是一个月。

在整个报告期内，需要收集两种数据或信息。

（1）实际执行中的数据，包括：

- 活动开始或结束的实际时间。
- 使用或投入的实际成本。
- 活动完成的挣值。

（2）任何有关项目范围、进度计划和预算变更的信息。这些变更可能是由客户或项目团队引起的，或者是由某种不可预见事情的发生引起的。

应当注意的是，一旦变更被列入计划并取得了客户同意，就必须建立一个新的基准计划，这个计划的范围、进度和预算可能和最初的基准计划有所不同。

有一点很重要，上面讨论的数据或信息必须及时收集，以作为更新项目进度计划和预算的依据。例如，如果项目报告期是一个月，数据和信息应尽可能在该月的后期收集，这样才能保证在更新进度计划和预算时所依据的信息是尽可能新的。换句话说，项目经理不应在月初收集信息，而到月末才利用它来更新进度和预算，因为月初的这些数据已过时，可能会引起在项目进展情况和纠正措施方面的决策失误。

最新的进度计划和预算一经形成，必须将它们与基准进度和预算进行比较，分析各种变量，以预测项目将提前还是延期完成，是低于还是超过预算完成。如果项目进展良好，就不需要采取纠正措施，在下一个报告期对进展情况再做分析。

有效的项目控制的关键在于定期测量实际项目进度，并与计划进度进行比较，及时采取必要的纠正措施。

然而，如果认为需要采取纠正措施，必须做出如何修订进度计划或预算的决定，这些决定经常涉及时间、成本和项目范围的交易。例如，缩减活动的工期可能需要增加资源从而增大成本或缩小任务范围（并且可能达不到客户的技术要求）。同样，降低项目成本可能需要使用低于计划原定质量的材料。一旦决定采取某种纠正措施，必须将其列入进度计划和预算，然后测算出一个修改的进度计划和预算，以判定计划采取的纠正措施是否在进度和预算上是可以接受的。否则，需进一步进行修改。

项目控制过程贯穿于整个项目。一般来说，报告期越短，早发现问题并采取纠正措施的机会越多。如果一个项目远远偏离了控制，就很难在不牺牲项目范围、预算、进度或质量的情况下实现项目目标。明智的做法是增加报告期的频率，直到项目按进度进行。例如，如果一个报告期为一个月的 5 年期项目偏离进度或超出预算，明智的做法是将报告期缩减至一周，以更好地监控项目和纠正措施的效果。

项目控制过程是项目管理中重要而必备的部分，仅仅建立一个全面的基准计划还不够，因为即使是最完善的计划也并不总是进展顺利。项目管理是控制项目的一种积极主动的方法，在项目不能按计划进展的情况下，也能确保项目目标的实现。

✎ 练习题

19. 如果实际_____落后于_____，就必须采取_____。

20. 在每个报告期需要收集的两种数据或信息是什么？

21. 判断正误：一般来说，项目进行期间报告期越短越好。

5.6 实际进度完成情况的影响

在整个项目进展中，一些活动会按时完成，一些活动会提前完成，而另一些活动则会延期完成。实际进展——无论快还是慢都会对项目的未完成部分产生影响，特别是已完成活动的实际完成时间（Actual Finish times，AFs），不仅决定着网络图中其他未完成活动的最早开始与结束时间，而且决定着总时差。

图 5-10（a）是一个简单项目的网络图，它表明项目的最早结束时间是第 15 天（即三项活动的工期之和为 7+5+3）。因为项目的要求完工时间是第 20 天，所以项目共有 5 天的总时差。

假设活动 1 "除去旧墙纸"，由于比预计的难做，用了 10 天才完成，而不是预计的 7 天，如图 5-10b 所示，这意味着活动 2 和活动 3 的最早开始与结束时间将比计划晚 3 天。由于"除去旧墙纸"实际花费了 10 天，"修补墙壁"的最早开始时间将为第 10 天，最早结束时间将为第 15 天。依次类推，"贴新墙纸"的最早开始时间将为第 15 天，最早结束时间将为第 18 天。将最后一项活动新的最早结束时间与项目的要求完工时间 20 天相比较，我们会发现有 2 天的时差，总时差变小——向着负方向转变，从+5 天减至+2 天。这个例子表明活动的实际完成时间如何具有波形反应，改变着未完成活动的最早开始和结束时间及总时差。

以某种方式在网络图上表明已完成的活动会对我们很有帮助。一种方法就是如图 5-10（b）所示，在活动块上加阴影或者画"×"。

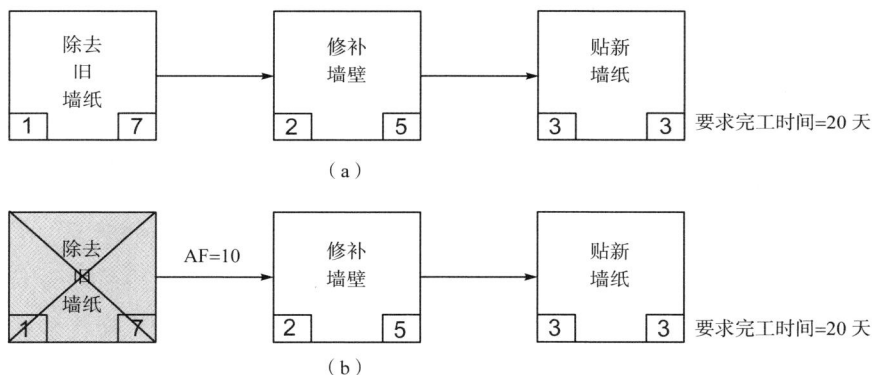

图 5-10 实际完成时间的影响

✎ **练习题**

22. 项目＿＿＿＿＿是为了＿＿＿＿＿完成项目＿＿＿＿＿的一种＿＿＿＿＿方法。

23. 已完成活动的实际完成时间会影响哪三类值？

5.7 项目变更融入进度

在整个项目进行过程中，可能发生的变更会对进度计划产生影响。如前所述，这些变更可能是由客户或项目团队引起的，或者是由不可预见事情的发生引起的。

下面是一些由客户引起变更的例子：

- 购房者向建筑商建议，房间应该更大些，卧室窗户的位置应重新设置。

● 客户要求信息系统开发项目团队提高信息系统的能力，以生成以前未提到过的报告和图表。这就需要在数据库中添加一些额外的元素。

这类变更意味着对最初项目范围的修改，将会对进度计划、成本产生影响。然而，影响程度却取决于做出变更的时间。发生在项目早期的变更对进度、成本的影响要比发生在晚期的变更小。例如，在房子的设计图纸尚未完成时，改变房子的大小和窗户的位置相对来说要容易些，然而，如果房子的框架已经搭起，窗户已安装好，以上改变对进度、成本的影响将会大得多。

当客户提出变更要求时，承约商或项目团队应该估计变更对项目预算和进度的影响，然后，在实施之前征得客户的同意。客户同意了对项目进度和预算的修改建议后，所有额外的任务、修改后的工期估计、原材料和劳动力费用均应列入计划。

下面是一个由项目团队引发变更的例子。在设计一个城镇展销会时，由于空间的限制和保险费用的原因，项目团队决定取消供成年人娱乐的骑马设施。因此，项目计划必须改变，以去掉或修改那些涉及供成年人骑马设施的活动。这里还有一个由项目经理引发变更的例子。一位负责为客户开发自动发票系统的承约商提出，为了减少成本，加快进度，自动发票系统应该使用现成的标准化软件，而不是再为客户专门设计软件。

一些变更是由最初制定计划时忽略了一些活动而引起的。例如，项目团队可能忘记将"开发培训教材"和"为新系统进行培训"列入计划中，或者在建造饭店时，客户或承约商忘记将安装流水槽和下水道列入工作范围了。

不可预见事件的发生，使一些变更成为必需的。比如说，暴风雪延缓了建筑施工过程、新产品未能通过质量检验、项目团队的关键成员突然辞职。这些事件对项目进度或预算都有影响，需要对项目计划进行修改。

然而，随着项目的进展，网络图上更多细节的增加可能会引起另外的变更。无论最初的网络图详细到何种程度，在项目进展过程中都会分解出一些新的活动。

变更无论是由客户、承约商、项目经理、项目团队成员还是由不可预见事件的发生引起的，都要求对计划涉及的范围、预算或进度进行修改。一旦这些变更被各方同意，一个新的基准计划就形成了。它将被作为衡量项目进展情况的比较基准。

对于项目进度，变更可能会引起活动的增加或删除、活动的重新排序、活动工期估计的变更或者项目要求完工时间的更新。

第 10 章和第 12 章对管理和控制变更有更进一步的讨论。

✎　**练习题**

24. 项目变更影响哪三类因素？

5.8　更新项目进度

基于实际进度和其他一些可能发生的变更，可形成一个项目进度更新计划，来预测项目是否能在既定工期内完成。一旦收集到已完成活动的实际结束时间和项目变更带来影响的有关数据，就可以计算出一个更新的项目进度。这些计算以本章提出的方法为依据：

- 未完成活动的最早开始和结束时间可以沿网络图正向推算得出，但它们是以已完成的活动的实际完成时间和未完成活动的工期估计为基础的。
- 未完成活动的最迟开始和结束时间可以沿网络图反向推算得出。

为了说明如何得出一个最新的进度计划，让我们考虑图 5-11 中市场调研项目的网络图。先做以下假设。

（1）已完成的活动：

a. 活动 1 "识别目标消费者" 已在第 2 天完成。

b. 活动 2 "设计初始问卷调查表" 已在第 11 天完成。

c. 活动 3 "试验性测试问卷调查表" 已在第 30 天完成。

（2）项目变更：

a. 发现准备邮寄标签的数据库已经过时，在邮寄前必须订购一个新的数据库。新数据库在第 23 天订购，但供应商交货需要 21 天。

b. 对 "试验性测试问卷调查表" 中反馈信息的初步评审发现，问卷调查表需进行大量的修改。因此，活动 4 的工期估计要从 5 天增加到 15 天。

图 5-11 的网络图已列出了以上信息，表 5-5 给出了更新后的进度计划。应该注意的是，现在关键路径的总时差是−5 天，而不是表 5-4 的+2 天，预计完工时间是 135 天，超过了 130 天这一项目的要求完工时间。

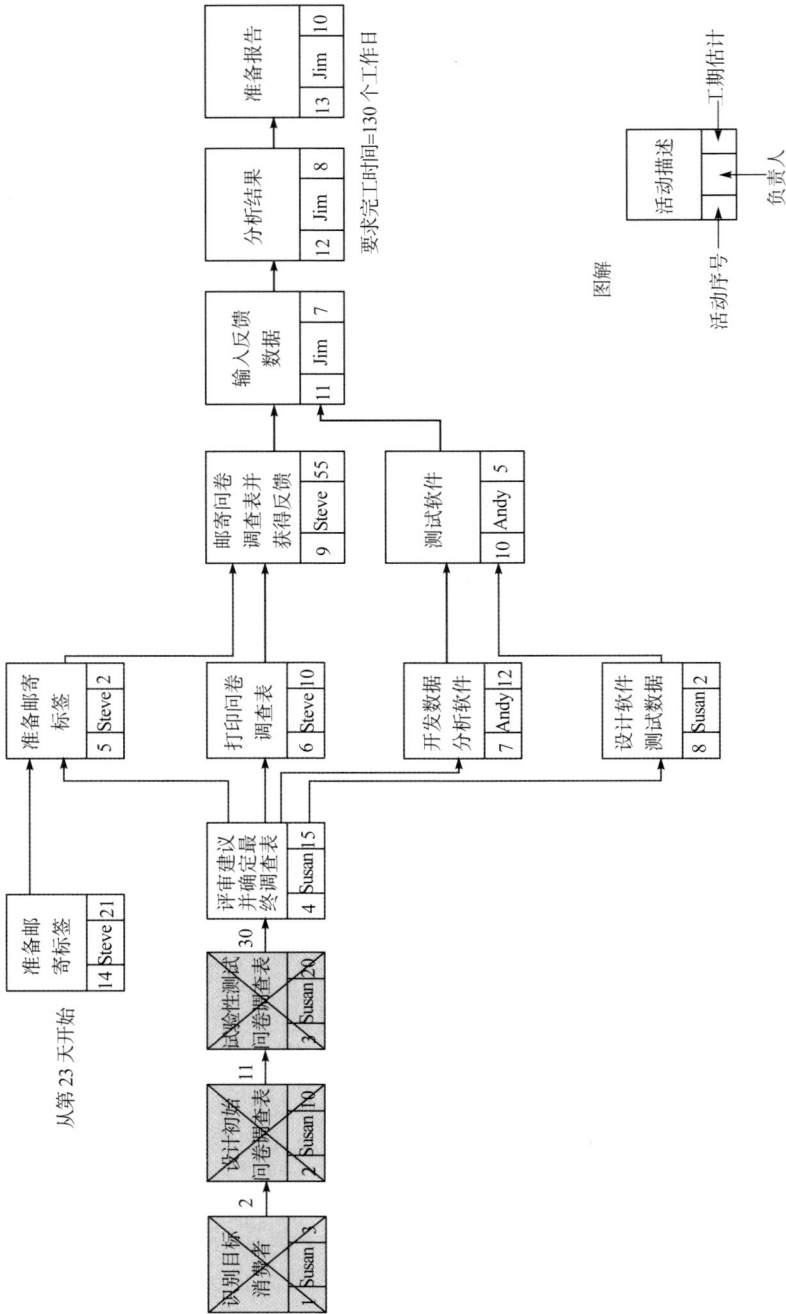

图 5-11　纳入实际进程和变更后市场研究项目网络图

表 5-5　更新后的市场调研项目进度

活　　动	负责人	工期估计	最　早		最　迟		总时差	实际完成时间
			开始时间	结束时间	开始时间	结束时间		
1　识别目标消费者	Susan							2
2　设计初始问卷调查表	Susan							11
3　试验性测试问卷调查表	Susan							30
4　评审建议并确认最终调查表	Susan	15	30	45	25	40	−5	
5　准备邮寄标签	Steve	2	45	47	48	50	3	
6　打印问卷调查表	Steve	10	45	55	40	50	−5	
7　开发数据分析软件	Andy	12	45	57	88	100	43	
8　设计软件测试数据	Susan	2	45	47	98	100	53	
9　邮寄问卷调查表并获得反馈	Steve	55	55	110	50	105	−5	
10　测试软件	Andy	5	57	62	100	105	43	
11　输入反馈数据	Jim	7	110	117	105	112	−5	
12　分析结果	Jim	8	117	125	112	120	−5	
13　准备报告	Jim	10	125	135	120	130	−5	
14　为标签订购新数据库	Steve	21	23	44	27	48	4	

5.9　进度控制方法

进度控制包括以下 4 个步骤：

（1）分析进度，找出哪些地方需要采取纠正措施。

（2）确定应采取哪种具体的纠正措施。

（3）修改计划，将纠正措施列入计划。

（4）重新计算进度，估计计划采取的纠正措施的效果。

如果计划采取的纠正措施仍无法获得满意的进度安排，则必须重复以上步骤。

在整个项目实施过程中，每次——无论是在实际数据或项目变更被列入进度计划之后，还是纠正措施被列入计划之后——重新得出进度计划，都要分析这一新的进度计划，以决定是否需要进一步修正。进度分析应该包括识别关键路径和任何有负时差的活动路径，以及那些与以前进度计划相比偏离预定进度的路径（时差变坏的路径）。

加快项目进度的重点应放在有负时差的路径上，时差的数值决定着重点努力的优先级，例如，负时差最大的路径优先级最高。

我们必须找出能够从项目中消除负时差的纠正措施，这些纠正措施必须减少有负时差路径上的活动的工期估计。切记，活动路径是由路径上全部活动所共享的。因此，路径上任何活动预计工期的变更都会引起该路径上时差的相应变更。

当分析有负时差的活动路径时，应将精力集中在以下两种活动上。

（1）近期内的活动（即正在进行或随后即将开始的活动）。减少活动工期的一种明智做法是，对即将到来期间内的活动采取积极的纠正措施，而不是打算对将来期间内的活动采取纠正措施。如果将减少活动工期的纠正措施推迟到遥远的将来，你会发现负时差甚至比发现时更糟糕。随着项目的进展，可以用来采取纠正措施的时间总是越来越少。

如表 5-5 所示，我们会发现，减少关键路径上近期活动"评审建议并确定最终调查表"或"打印问卷调查表"的工期，比将纠正措施推迟到最后一个活动"准备报告"，要好得多。

（2）工期估计长的活动。减少一项具有 20 天工期活动 20% 的时间（即 4 天）的纠正措施，会比完全除去一项只有 1 天工期活动的纠正措施有更大的影响。总的来说，工期较长的活动意味着较大缩减的可能。

再如表 5-5 所示，"邮寄问卷调查表并获得反馈"估计需要 55 天时间，从中减少 5 天（9%），将比从关键路径上其他具有较短工期估计的活动中省出时间的机会多。

有多种方法可以缩短活动的工期估计。一种显而易见的方法是投入更多的资源以加快活动进度。分派更多的人来完成一项活动，或者要求活动的工作人员增加每天的工作时间或每周的工作天数，均可以加快活动进度。增加的相应资源可以从有正时差的活动中转移来。然而，有时候在一项活动中增加人员，实际上却会延长活动的工期，这是因为原有工作人员为帮助新人熟悉工作而分散了工作。另一种方法是指派一位经验更丰富的人去完成或帮助完成这项活动，以便在比最初派出的无经验的人完成这项活动短的时间内完成任务。

缩小活动范围或降低活动要求是另一种缩短活动工期的方法。例如，房间内可以只涂一层油漆，而不像最初计划的那样涂两层油漆。在一些非常情况下，可以决定完全除去一些活动，将这些活动和它们的工期从进度中除去，如取消在房屋周围安装栅栏。

通过改进方法或技术提高生产率也是一种缩短活动工期的方法。例如，我们可以通过光学扫描设备将从客户服务处得到的数据输入计算机数据库，而不是用键盘人工输入。

一旦减少负时差的具体纠正措施被确定下来，就必须修正网络计划中相应活动的工期估计，然后计算出一个修改的进度，以评价计划采取的纠正措施能否像预期的那样减少负时差。

在绝大多数情况下，通过缩短活动的工期来消除负时差时，需在成本增加或范围缩小之间进行权衡（为了更全面讨论这个问题，可参照第 7 章后的附录"时间—成本平衡法"）。如果项目落后于进度（有很大的负时差），为了使项目按进度进行，往往需要大幅提高项目成本、缩小工作范围、降低质量标准，这可能危害到整个项目目标的各个因素：范围、预算、进度或质量。某些情况下，客户和承约商或项目团队可能不得不承认这些因素中的一个或多个不可能实现，这样，客户就不得不延长整个项目的要求完工时间，否则关于因加快进度而增加的成本由谁承担，是客户还是承约商，都会产生争议。

一些合同包括奖励条款，因此，如果项目提前完成，客户应给予承约商奖励。相反，一些合同包括惩罚条款，因此，如果项目未按进度完成，客户将减少给承约商的最终付款，而且一些惩罚可能还相当严厉。进度控制在以上两种情况中均至关重要。

有效进度控制的关键是尽可能早地、果断地将主要精力放在有负时差或时差变坏的路径上，而不应寄希望于随着项目的进展情况会自动改善。尽早处理进度问题会减少对成本和范围的负面影响。如果项目远远落后于进度，赶上原进度会更加困难，而且这需要代价，要想赶上原进度需要投入更多的财力，或者缩小项目范围，或者降低质量标准。

对于没有负时差的项目，重要的是不要使它出现耽搁或延误而最终造成时差的减少。如果项目进展快于进度，要尽力保持这种状况。

项目会议是处理进度控制问题的绝好论坛。可参看第 12 章讨论的项目会议和第 11 章讨论的问题解决方法。

练习题

25. 在分析项目进度时，重要的是找出所有具有_____时差活动的路径。
26. 当分析有负时差的活动路径时，应仔细分析哪两种活动？
27. 列出缩短活动预计工期的四种方法。

现实世界中的项目管理

美国能源部宣布完成在通用–日立核能公司 Vallecitos 核中心的清理项目

从 1995 年到 2006 年，美国能源部一直致力于加快科罗拉多州的洛基旧址的清扫工作。这项工作最初计划耗时 65 年，耗资 370 亿美元，来移除所有污染物，包括大楼和残留的化学物质。在六个项目经理的领导下，这项工作提前 54 年完成，并且节省了超过 300 亿美元的成本。从这个项目中我们可以学到的是，要对事件、环境、结果进行理智的考虑，并将其运用到其他清理项目中。成功的关键因素有：① 对最后的情形有一个清晰的判断；② 和政府代表机构、协调者结盟；③ 充分获取地点的特征描述，以便拥有准确的信息来进行基准和范围计划；④ 资金支持；⑤ 为整体项目绩效设定一定价格的奖励条款；⑥ 实施合同管理；⑦ 始终聚焦于实现目标。该项目被誉为项目管理协会 2006 年年度项目。

从 1967 年到 1975 年，Vallecitos 核中心进行了一项有关原子能委员会的核能计划、快中子增值反应堆开发计划、加利福尼亚州的民用核能工业的调查。能源部的环境管理计划启动了一项把 65 立方米的放射性废弃物从 Vallecitos 核中心移除的工作。环境管理助理秘书长 Triay 博士说，这个历时 2 年半的项目得以完成，要归功于加利福尼亚州、西部州长协会和运输途中各州的协力合作。

美国能源部从 Vallecitos 核中心学到了宝贵的一课。能源部的项目经理们负责运输后勤工作,通用-日立核能公司的项目经理们负责准备和打包所有的污染物，他们共清理了：

- 21 立方米超铀废弃物。
- 43 立方米低放射性废物。
- 0.68 立方米混合低放射性废物。

超铀废弃物有工具、碎屑、防护衣、烂泥、粪便和其他一些受到放射性元素污染的物质。尽管这种类型的废弃物不是很糟糕，但是仍须遵循严格的打包、运输、存储标准来处理。

越来越多的项目开始追随这些成功的例子。"冷战"期间，五十年的核武器生产留下了 150 万立方米的固体废物和 8 800 万加仑的液体废物。能源部的环境管理办公室负责这次核清理。尽管产生这些废弃物用了五十年，但是清理工作却不必耗费那么长时间。

随着 Vallecitos 核中心清理工作的完成，现在热电池设备可以重新用于热电池研究和其他商业性的核能工作，旧址也从一个放射性废弃物的隔离存储设施转变为一个有助于经济发展的场所。还有许许多多核能开发点亟待能源部去清理。课程学习中的项目管理和进度计划应该提供更多在预算和工期内完成的项目实例。

资料来源：B. Talor, "DOE Announces the Completion of Cleanup Activities at GE Hitachi Nuclear Energy's Vallecitos Nuclear Center."U.S. Department of Energy. June 9, 2010.

5.10 信息系统开发项目的进度安排

第 4 章把信息系统（IS）定义为一个以计算机为基础接收输入数据、处理数据并产生用户所需信息的系统。为信息系统的开发安排进度计划是一个颇具挑战性的过程。遗憾的是，这种进度安排经常以一种很随便的方式制定，结果很大一部分 IS 项目的完成远远晚于最初的进度安排或者根本就没有完成。有效进度安排的最重要因素之一是对活动的工期估计尽可能切合实际，这不是一个简单的任务，但随着经验增加，它会变得相对容易。

使 IS 开发项目超出要求完工时间的常见问题如下：

- 没有全面识别用户要求。
- 没有正确识别用户要求。
- 项目范围不断扩大。
- 低估了新软件包的学习曲线。
- 硬件不兼容。
- 逻辑设计错误。
- 低劣的软件选择。
- 未能选择最好的设计战略。
- 数据不兼容。
- 未能完成 SDLC 的所有阶段。

控制信息系统开发项目的进度是一项难度很大的工作，大量无法预测的情况会使信息系统开发项目远远超出它预定的完工日期。然而，就像任何其他类型的项目一样，有效控制项目进度的关键是监控实际进程，及时、定期地将它与计划进度进行比较，并立即采取必要的纠正措施。

类似于其他类型的进度控制，信息系统开发项目的进度控制应按照本章前面论述的步骤进行。如图 5-9 所示，项目控制过程应该是将实际进程与计划进度进行比较的过程。一旦客户与项目团队就变更达成一致，就应记录下这些变更，并修改进度计划。

信息系统开发项目中会出现如下一些变更：

- 界面的变更，如增加的字段、不同的图标、不同的颜色、不同的菜单结构、按钮或全新的输入屏幕。
- 报告的变更，如增加的字段、不同的小计和合计、不同的分类、不同的选择标准、不同的字段顺序或全新的报告。
- 在线查询的变更，如各种非预先安排的查询能力、进入不同字段或数据库、不同的查询结构或额外的查询。
- 数据库结构的变更，如增加的字段、不同的数据字段名、不同的数据存储空间、数据间不同的关系或全新的数据库。
- 软件处理路径的变更，如不同的算法、与另外子路径的不同界面、不同的内部逻辑或全新的程序。

- 处理速度的变更，如更高的输出速率和更短的反应时间。
- 存储能力的变更，如数据记录最大容量的提高。
- 商务处理的变更，如工作或数据流的变更、新增客户的进入或全新程序的支持。
- 硬件更新引起的软件变更，或相反地，功能更强大的软件的出现引起的硬件更新。

信息系统实例: ABC 办公室设计公司的因特网应用软件开发 (续)

在第 4 章中我们提到，ABC 办公室设计公司有许多向大公司销售办公设备的销售代理。每个代理商被指派到国内四个区中的某一个州。为使管理机构能够监控每个代理商、每个州和每个地区的交易量，ABC 公司已决定建立一个以因特网为基础的信息系统（IS）。除此之外，IS 还要能够跟踪价格、库存和竞争情况。

公司的 IS 部任命贝丝·史密斯为该系统开发项目的项目经理。贝丝首先确定了所有要完成的主要任务，并建立了工作分解结构、责任矩阵和网络图。她的下一步工作是做出各项活动的工期估计。经过和项目团队的广泛商讨之后，她得出的估计工期如表 5-6 所示。

表 5-6　销售报告系统项目活动列表、紧前工序和工期估计

活　动	紧前活动	工期估计（天）
1. 收集数据	—	3
2. 可行性研究	—	4
3. 准备问题界定报告	1，2	1
4. 会晤用户	3	5
5. 研究现有系统	3	8
6. 明确用户要求	4	5
7. 准备系统分析报告	5，6	1
8. 数据输入和输出	7	8
9. 处理数据和建数据库	7	10
10. 评估	8，9	2
11. 准备系统设计报告	10	2

活　　　动	紧前活动	工期估计（天）
12. 开发软件	11	15
13. 开发硬件	11	10
14. 开发网络	11	6
15. 准备系统开发报告	12，13，14，	2
16. 测试软件	15	6
17. 测试硬件	15	4
18. 测试网络	15	4
19. 准备测试报告	16，17，18	1
20. 培训	19	4
21. 系统转换	19	2
22. 准备实施报告	20，21	1

　　我们提到过，这个项目预计在 50 天内完成，而且要求尽可能早地完成。给出每项活动的工期估计和项目的要求开始和完成时间后，贝丝计算出了每项活动的最早开始（ES）和最早结束时间（EF），这些值标在图 5-12 中每项活动的上面。

　　贝丝通过沿网络图正向推算的方法计算出 ES 和 EF。网络图中第一项任务"收集数据"和"可行性研究"的最早开始时间为 0，因为"收集数据"预计要用 3 天时间，它的 EF 就是 0+3=3 天。因为"可行性研究"预计要用 4 天时间，它的 EF 就是 0+4=4 天。贝丝继续沿网络图正向推算，直到得出所有活动的 ES 和 EF。

　　ES 和 EF 都算出后，贝丝开始计算最迟开始时间（LS）和最迟结束时间（LF）。计算的起点是项目的要求完工时间——第 50 天。每项活动的 LS 和 LF 均标在图 5-13 中每项活动的下面。

　　贝丝通过沿网络图反向推算的方法计算出了 LF 和 LS。网络图中最后一项任务"准备实施报告"最迟结束时间为第 50 天，即项目的要求完工时间。由于"准备实施报告"预计要用 1 天时间，因此，它的最迟开始时间就是 50-1=49 天。这意味着"准备实施报告"最迟在第 49 天开始，否则项目将不能按期完成。贝丝继续沿网络图反向推算，直到得出所有活动的 LF 和 LS。

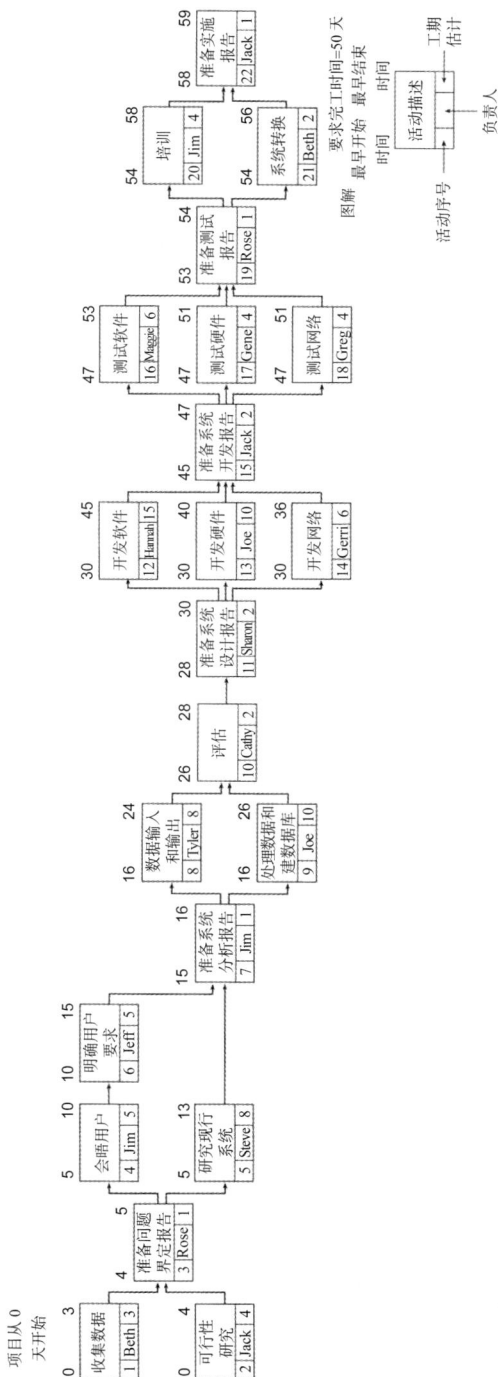

图 5-12　附有最早开始和结束时间的网络基础报告系统项目网络图

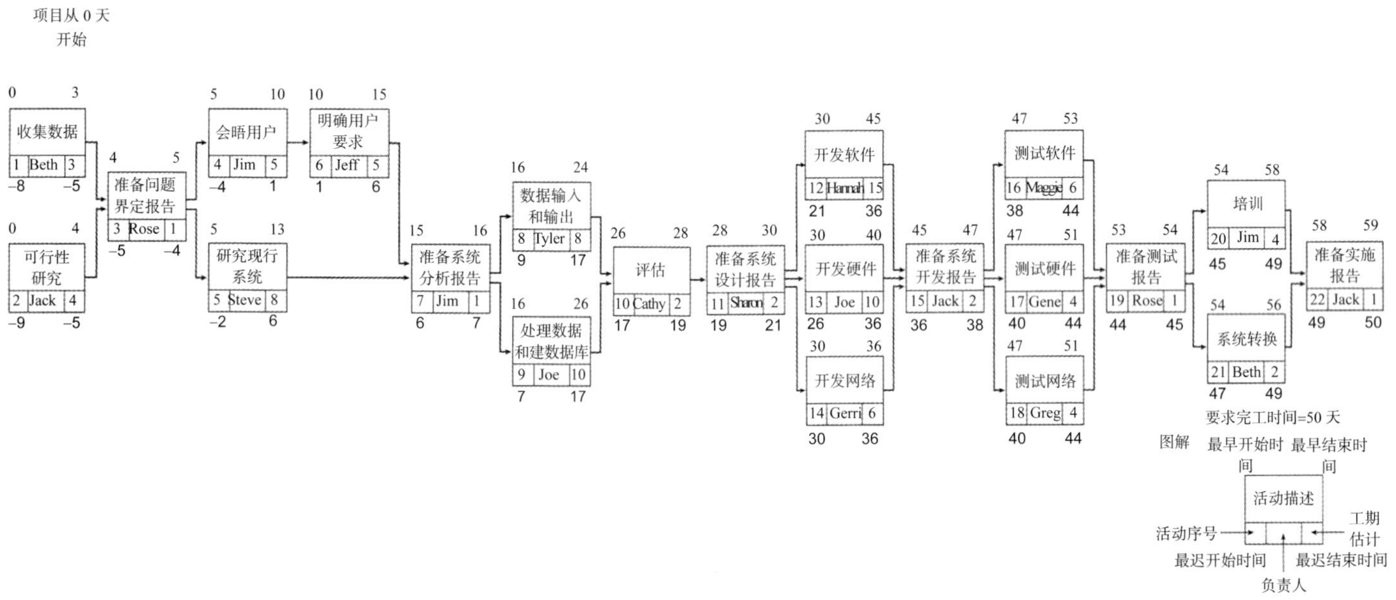

图 5-13　附有最早开始和结束时间的网络基础报告系统项目网络图

ES、EF、LS 和 LF 算出后，贝丝开始计算总时差如表 5-7 所示。如前所述，总时差可以由每项活动的 LS 减去 ES 或 LF 减去 EF 计算得出。

表 5-7　以因特网为基础的报告系统项目进度

	活　　动	负责人	工期估计	最 早		最 迟		总时差
				开始时间	结束时间	开始时间	结束时间	
1	收集数据	Beth	3	0	3	–8	–5	–8
2	可行性研究	Jack	4	0	4	–9	–5	–9
3	准备问题界定报告	Rose	1	4	5	–5	–4	–9
4	会晤用户	Jim	5	5	10	–4	1	–9
5	研究现行系统	Steve	8	5	13	–2	6	–7
6	明确用户要求	Jeff	5	10	15	1	6	–9
7	准备系统分析报告	Jim	1	15	16	6	7	–9
8	数据输入和输出	Tyler	8	16	24	9	17	–7
9	处理数据和建数据库	Joe	10	16	26	7	17	–9
10	评估	Cathy	2	26	28	17	19	–9
11	准备系统设计报告	Sharon	2	28	30	19	21	–9
12	开发软件	Hannah	15	30	45	21	36	–9
13	开发硬件	Joe	10	30	40	26	36	–4
14	开发网络	Gerri	6	30	36	30	36	0
15	准备系统开发报告	Jack	2	45	47	36	38	–9
16	测试软件	Maggie	6	47	53	38	44	–9
17	测试硬件	Gene	4	47	51	40	44	–7
18	测试网络	Greg	4	47	51	40	44	–7
19	准备测试报告	Rose	1	53	54	44	45	–9
20	培训	Jim	4	54	58	45	49	–9
21	系统转换	Beth	2	54	56	47	49	–7
22	准备实施报告	Jack	1	58	59	49	50	–9

计算出每项活动的总时差后，贝丝需要找出关键路径。对于这个开发项目，所有总时差为–9 的活动均在关键路径上，图 5-14 标出了这个开发项目的关键路径。对于总时差为负这一点，贝丝和她的项目团队要么采取措施减少 9 天的开发时间，要么申请将完工期限从 50 天延长到 59 天，或者是两种方案的折中。

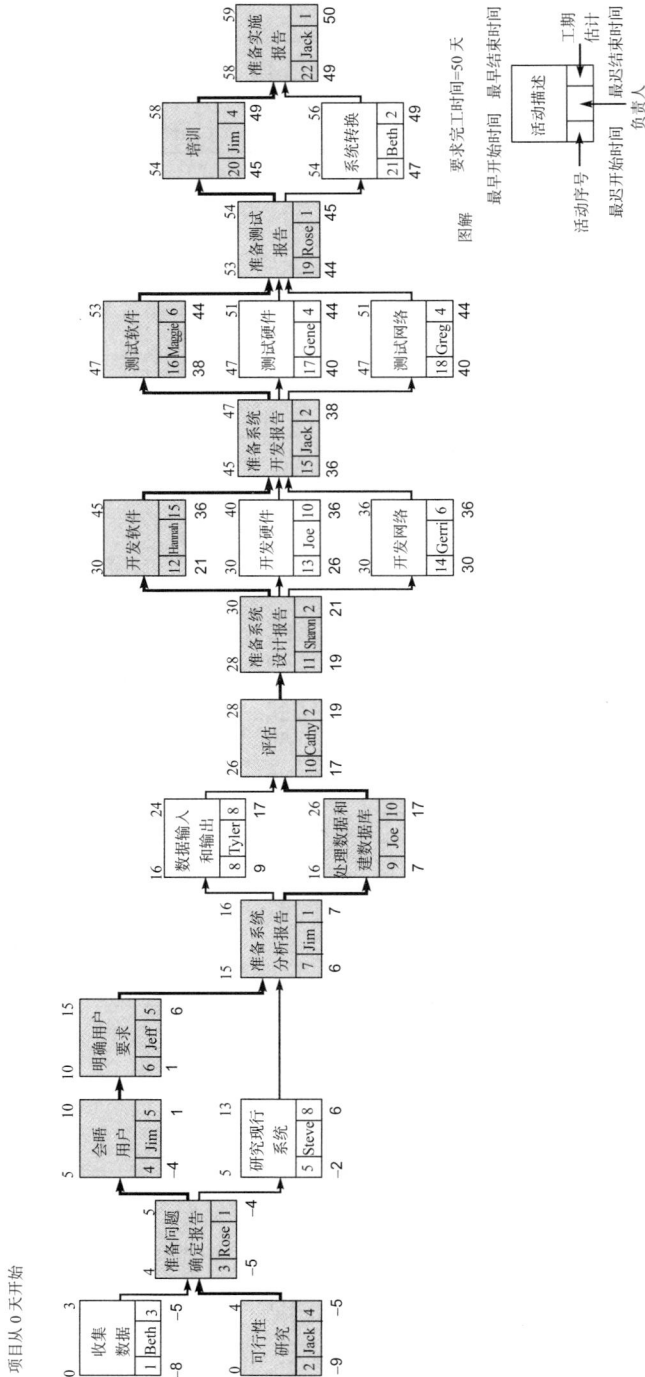

图 5-14 标明关键路径的、以因特网为基础的报告系统项目的网络图

然而，在与高层领导的广泛磋商中，贝丝强调第一次就开发出良好系统的重要性，指出不必匆忙完成 SDLC 的一些关键阶段，最终使领导确信，应将整个项目完成时间延长至 60 天。

贝丝和她的项目团队着手进行该项目，首先完成了第一阶段的 6 项活动：

活动 1 "收集数据"，在第 4 天完成。

活动 2 "可行性研究"，在第 4 天完成。

活动 3 "准备问题界定报告"，在第 5 天完成。

活动 4 "会晤用户"，在第 10 天完成。

活动 5 "研究现有系统"，在第 15 天完成。

活动 6 "明确用户要求"，在第 18 天完成。

在完成第一阶段任务后，他们发现，使用某种可重复应用的数据库软件可将活动 9 "处理数据和建数据库"的预计工期从 10 天减至 8 天。

图 5-15 和表 5-8 分别给出了将变更列入后更新的网络图和项目进度。值得注意的是，由于以上这些事情的发生，目前关键路径上总时差为 0。

5.11　项目管理信息系统

几乎所有的项目管理信息系统都具有本章所述的安排进度计划的职能。特别是进行活动工期估计时，可以以小时、天、周、月或年为单位，只要用鼠标点击时间单位栏就可以很方便地实现从天到周、从周到天等的时间转换，工期估计也能够比较容易地实现更新和修改。另外，日历系统为项目经理提供了处理周末、公司节假日的能力。

项目开始和结束时间可以用日历上的明确日期记录（如 2012 年 6 月 1 日或 2012 年 12 月 31 日）。如果没有指定具体日期，也可以用总天数（或周、月等）记录，如项目需要在 50 周内完成。给定项目要求完工的日期和带有估计工期的活动清单，管理软件就可以计算项目的开始日期了。类似地，根据实际开始日期和带有估计工期的活动清单，管理软件也可以计算项目的最早完工日期。

仅仅通过点击鼠标，软件就可以计算 ES、EF、LS、LF、总时差和自由时差，并找出关键路径。然而，让项目经理理解这些术语和计算结果的意义是很重要的。

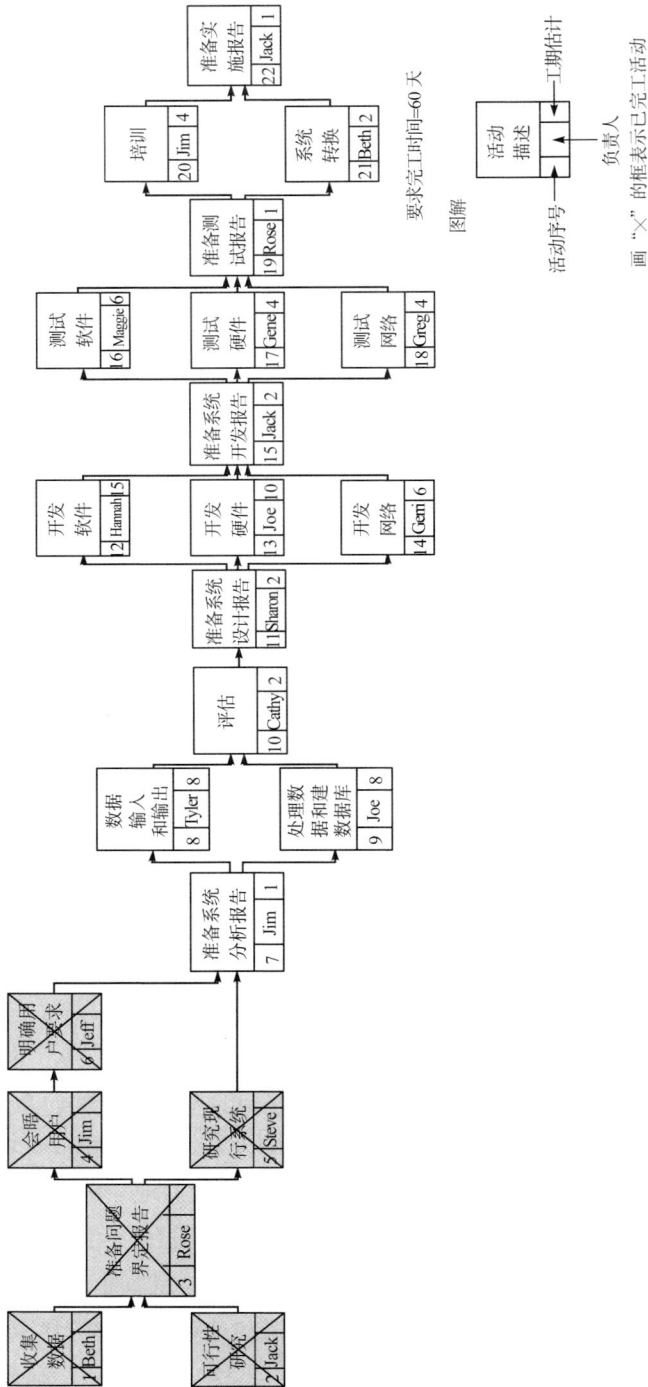

图 5-15 纳入实际进程和变更后的以因特网为基础的报告系统项目网络图

表 5-8　更新后的网络基础报告系统项目进度

活　　动	负责人	工期估计	最早开始时间	最早结束时间	最迟开始时间	最迟结束时间	总时差	实际完成时间
1　收集数据	Beth							4
2　可行性研究	Jack							4
3　准备问题界定报告	Rose							5
4　会晤用户	Jim							10
5　研究现行系统	Steve							15
6　明确用户要求	Jeff							18
7　准备系统分析报告	Jim	1	18	19	18	19	0	
8　数据输入和输出	Tyler	8	19	27	19	27	0	
9　处理数据和建数据库	Joe	8	19	27	19	27	0	
10　评估	Cathy	2	27	29	27	29	0	
11　准备系统设计报告	Sharon	2	29	31	29	31	0	
12　开发软件	Hannah	15	31	46	31	46	0	
13　开发硬件	Joe	10	31	41	36	46	5	
14　开发网络	Gerri	6	31	37	40	46	9	
15　准备系统开发报告	Jack	2	46	48	46	48	0	
16　测试软件	Maggie	6	48	54	48	54	0	
17　测试硬件	Gene	4	48	52	50	54	2	
18　测试网络	Greg	4	48	52	50	54	2	
19　准备测试报告	Rose	1	54	55	54	55	0	
20　培训	Jim	4	55	59	55	59	0	
21　系统转换	Beth	2	55	57	57	59	2	
22　准备实施报告	Jack	1	59	60	59	60	0	

　　大多数项目管理信息系统都能够提供甘特图，通过箭线连接各项活动及其紧前活动，来表示各活动之间的依赖关系。用户可以在甘特图和网络图之间来回点击查看。

　　几乎所有的项目管理信息系统也都具有本章所述的控制功能。特别是当一项活动正在进行或已经完成时，当前信息可以输入系统中，接着软件就能自动修改项目进度。同样，如果未来某项活动的估计工期发生变动，将此信息输入系统中，系统也会自动更新进度。生成的一切网络图表和报告都将随时更新以反映最新的信息。

关键的成功要素

- 执行活动的负责人应该为这个活动制定出工期估计，这将代表着此负责人对计划的一种承诺。
- 活动的工期估计必须以活动中期望用到的资源数量为基础。
- 活动的工期估计应该是积极而可靠的。
- 实际过程中存在着用于回顾并同计划过程进行比较的时间间隙，工期估计不应长于这个时间间隙。
- 项目管理包括一些前期控制活动，这些活动确保项目目标即使在事情没有与计划相符时也可以完成。
- 当项目开始后，通过检测实际进度来确保每件事情与计划相符是很重要的。
- 提高项目控制的关键是检测实际过程，把它和计划按时间进行比较，必要时采取纠正的行为。
- 提高时间管理的关键是在每条关键路径辨认时，对每条路径一经确认，就标出负时差或破坏性的时差，如果要加快项目进度，就必须应用这一方法。负时差的数量将决定应用这种集中努力的优先级。
- 当试图减少带有负时差的活动路径的时间跨度时，关注近期活动和具有长估计工期的活动。
- 及早确定计划表的问题将使消极的成本和范围影响降到最低。如果项目落后于计划表太多，使它重新跟上计划变得非常困难，并且，经常需要花费更多的钱、缩减范围或降低质量。
- 如果修正的行动是必需的，那么必须做出关于相应付出的时间、成本和范围的决定。
- 为了对实际过程和计划过程进行比较，应该设立一个定期的报告期。
- 报告期越短，尽早发现问题并采取纠正措施的可能性越大。
- 在每个报告期中，实际绩效的数据和项目的范围、计划表和预算的变动情况信息需要及时地收集，并且应用这些信息来计算重新更新的时间表和预算。

小结

在使用网络计划方法时，进度安排功能必须依赖于计划功能。进度就是计划的一份时间表，因此不可能在网络计划出来之前完成。

一项活动的工期估计必须基于该活动所用资源的种类和数量。在为活动估计资源时，每一种资源的可用性必须考虑在内。资源的种类、数量及可用性都将影响对活动完成工期的估计。

资源确定下来以后，工期估计就可以开始了。这个工期必须是一个总的实耗时间，即完成工作的时间加上相关的等待时间。由于活动的工期估计是在完成活动所需资源数量的基础上制定的，因此这项估计应该是积极并可靠的。在项目初期，是不太可能精确地对所有活动工期做出具有一定可信度的估计的，尤其是对于长期项目而言。近期项目的工期估计可能相对比较容易，但是随着项目的进展，由于越来越多的信息变得明确清晰，项目团队渐渐地就能更为精确地对工期做出详细估计。

利用活动的估计工期计算出一份进度表还需要一个基础，那就是要确定一个开始时间和整个项目的要求完工时间。这两个时间（或日期）规定了项目必须完成所需的时间段，或者说规定了项目必须完成的时间限制。

项目进度为每项活动设立了一个时间表，并显示了每项活动的最早开始和最早结束（ES 和 EF）时间与最迟开始和最迟结束（LS 和 LF）时间。最早开始和最早结束时间可以沿着网络图正向推算得出。每项活动的最早开始时间在项目预计开始时间和所有紧前活动的工期估计的基础上计算得出。最早结束时间在该活动的最早开始时间基础上加上该活动的工期估计得出。一项活动的最早开始时间要相同或晚于指向该活动的所有活动的最早结束时间中的最晚时间。

每项活动的最迟开始和最迟结束时间可以沿着网络图反向推算得出。每项活动的最迟结束时间在项目的要求完工时间和各项紧后活动的工期估计的基础上计算得出。最迟开始时间在该活动的最迟结束时间基础上减去该活动的工期估计得出。一项活动的最迟结束时间要相同或早于该活动直接指向的所有活动的最迟开始时间中的最早时间。

网络图上某一路径的总时差是由该路径上所有活动共有和共享的。如果总时差是正值，说明这条路径上的所有活动花费时间的最大总量可以延长，而不必担心会出现在项目的要求完工时间内项目无法完成的窘况。如果总时差为负值，说明在这条路径上各项活动需要加速完成以减少整条路径上花费的时间总量，保证项目按期完成。如果总时差为零，说明在这条路径上的各项活动不必加速但也不能延迟。关键路径是网络图上最长（耗时最长）的活动路径，这条路径上的一系列活动不能延迟，否则会造成对整个项目的延迟。

项目一旦真正开始，就必须时刻监控项目进程，以确保一切按计划进行。有效的项目控制的关键在于监控实际进度，及时、定期地将它与计划进度进行比较，并立即采取必要的纠正措施。为了对实际进度和计划进度进行比较，应该设立一个固定的报告期。在每一个报告期内，需要收集两类信息和数据：实际完工情况的数据和任何与项目范围、进度、预算变更有关的信息。项目控制过程贯穿于整个项目。一般说来，报告期越短，早发现问题并采取纠正措施的机会越多。如果一个项目远远偏离了控制，就很难在不牺牲项目范围、预算、进度或质量的情况下实现项目目标。

在整个项目进展中，一些活动会按时完成，一些活动会提前完成，而另一些活动则会延期完成。实际进展——无论快还是慢，都会对项目的未完成部分产生影响，特别是已完成活动的实际完成时间，不仅决定着网络图中其他未完成活动的最早开始与结束时间，而且决定着总时差。

在整个项目进行过程中，可能发生的变更会对进度计划产生影响。这些变更可能是由客户或项目团队引起的，或者是由不可预见事情的发生引起的。变更无论是由客户、承约商、项目经理、项目团队成员还是由不可预见事件的发生所引起的，都要求对计划涉及的范围、预算或进度进行修改。一旦这些变更被各方同意，一个新的基准计划就形成了。它将作为新的衡量项目进展情况的比较基准。

基于实际进程和其他一些可能发生的变更，可形成一个项目进度更新计划，来预测项目是否能在既定工期内完成。一旦收集到已完成活动的实际结束时间和项目变更带来影响的有关数据，就可以计算出一个更新的项目进度。

进度控制包括 4 个步骤：分析进度，找出哪些地方需要采取纠正措施；确定应采取哪种具体的纠正措施；修改计划，将纠正措施列入计划；重新计算进度，估计计划采取的纠正措施的效果。我们必须找出能够从项目中消除负时差的纠正措施，这些纠正措施必须减少有负时差路径上的活动的工期估计。当分析有负时差的活动路径时，应将精力集中在两种活动上：近期活动和工期估计长的活动。

有多种方法可以缩短活动的工期估计，包括：投入更多的资源以加快活动进度；指派一位经验更丰富的人去完成或帮助完成这项活动；缩小活动范围或降低活动要求；通过改进方法或技术提高生产率。

为信息系统开发安排进度计划是一个颇具挑战性的过程。遗憾的是，这种进度安排经常以一种很随便的方式制定，因此很大一部分信息系统项目的完成远远晚于最初的进度安排。有效进度安排的最重要因素之一是对活动的工期估计尽可能切合实际。项目经理应该了解导致信息系统项目超过预定完工日期的常见问题。项目管理信息系统在进度安排过程中能够发挥很大作用。

思考题

1．为什么进度安排职能要依靠计划职能？哪一个必须先做？为什么？

2．描述一下什么是活动的工期估计，它如何确定？一项活动的工期是否可以为零，为什么可以或不可以？

3．为什么项目承约商愿意以在项目开始后所需天数来表示项目的完成时间，而不愿用某一指定日期？试举例说明。

4．参考图 5-4，说说为什么"评审建议并确定最终调查表"的最早开始时间是第 33 天，最早结束时间是第 38 天？

5．参考图 5-6，说明为什么"邮寄问卷调查表并获得反馈"的最迟开始时间是第 40 天，最迟结束时间是第 105 天？

6．描述不同类型的项目浮动时间（时差）及其计算方法。

7．确定一个项目的关键路径有什么重要性？当在这条路径上的活动发生延迟时会出现什么情况？如果在这条路径上的活动加快完成会出现什么情况？

8．从你的个人经验来说，描述你是如何运用项目控制进程的。如果你没有对进程进行持续监控，那在你运用了项目控制方法以后，它将如何提高项目成功的可能性？

9．为什么项目一定要建立一个固定报告期？所有项目都使用相同的固定报告期吗？为什么？在每一个报告期之内应该收集哪些数据？

10．谁可以主动对项目进程进行变更？描述为什么及何时项目会发生变更。网络图及进度表如何根据变更进行更新？

11．描述你如何运用四个步骤进行项目进程控制。如果项目需要加快进度，哪些类型的活动需要优先考虑？为什么？

12．为什么 IS 项目的进度安排如此具有挑战性？使 IS 项目超出其预定时间的常见问题有哪些？

13．计算下图中各项活动的 ES、EF、LS 和 LF 及时差，并找出该项目的关键路径。试问该项目是否能够在 40 周内完成？假设活动 A 实际完成时间为 3 周，活动 B 实际完成时间为 12 周，活动 C 实际完成时间为 13 周。重新计算预计完成时间。将优先考虑哪些活动以使项目能按时完成？

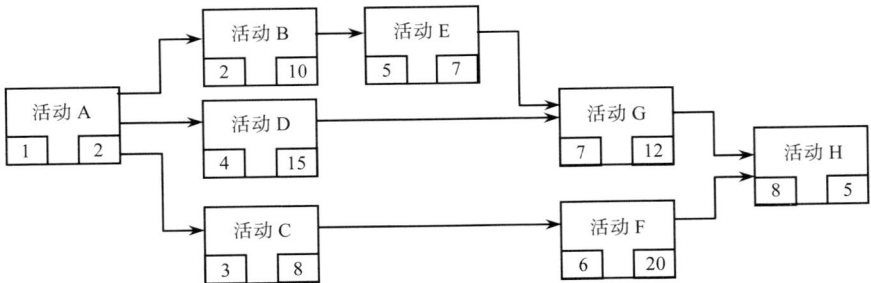

14．计算下图中各项活动的 ES、EF、LS 和 LF 及时差，并找出该项目的关键路径。试问该项目是否能够在 30 周内完成？假设系统分析实际完成时间为 8 周，"设计输入和输出"实际完成时间为 15 周，"设计数据库"实际完成时间为 19 周。重新计算项目的预计完成时间。将优先考虑哪些活动以使项目能按时完成？

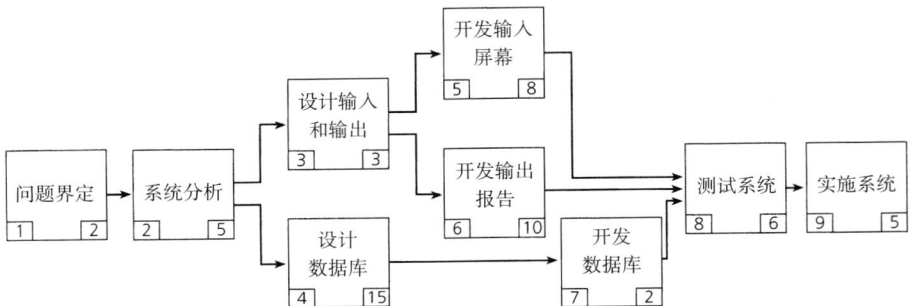

15．计算下图中各项活动的 ES、EF、LS 和 LF 及时差，并找出该项目的关键路径。试问该项目是否能够在 30 周内完成？假设活动 A、B 实际完成时间为 5 周。重新计算项目的预计完成时间。将优先考虑哪些活动以使项目能按时完成？

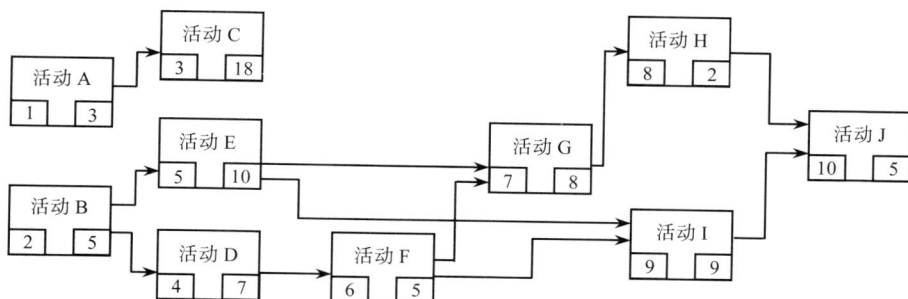

WWW 练习

本次练习中提到的一些网站地址，可以进入本书的配套网站 www.cengagebrain.com，在"Internet Exercises"中找到。建议将此网址收藏起来以便日后方便地使用。

1．搜索关于"项目进度"的网站，并描述至少三个你所找到的网站。用"工具""控制"等其他术语搜索，列出你所添加的术语，并描述至少三个网站。

2．从问题 2 到问题 5，访问 4PM 公司的网站，它提供了什么类型的信息？

3．点击"Articles and Videos"链接，对你感兴趣的视频给出一份单页概要。

4．点击"PMTalk Newsletter"链接，订阅免费的时事通讯。另外，在"Articles and Videos"链接里对你感兴趣的文章给出一份单页概要。

5．在"Articles and Videos"链接里浏览项目管理博客，描述你的发现。

附录 5A　活动工期的概率性

活动工期估计

回想一下，每项活动的工期估计是从该活动开始到完成所经历的全部时间。对于那些存在高度不确定因素的项目，可以给每项活动三个估计时间。

（1）乐观时间 t_o（optimistic time）是指在任何事情都进行得很顺利、没有遇到任何困难的情况下，完成某项活动所需的时间。经验规律是，在少于乐观时间估计的时间内完成活动的机会仅有 1/10。

（2）最可能时间 t_m（most likely time）是指在正常情况下完成某活动最经常出现的时间。如果某项活动已经做过很多遍，最经常发生的实际工期可以用做最可能时间估计。

（3）悲观时间 t_p（pessimistic time）是指某活动在最不利的情况下（如遇到不常见的或未预见到的困难）能够完成的时间。经验规律是，在超出悲观时间估计的时间内完成活动的机会仅有 1/10。

在估计一件事情将要花费多长时间时，建立三个时间估计也就把不确定因素考虑进来了。最可能时间必须大于或等于乐观时间，悲观时间必须大于或等于最可能时间。

对每项活动都给出三个工期估计是没必要的。在完成项目时，如果一个人有丰富的经验和完成非常类似活动的时间数据，可以只对活动工期做一个估计（如本章中讨论过的）。然而，当某项活动的工期估计存在高度不确定性因素时，最好用三个时间估计（t_o，t_m 和 t_p）。

β 概率分布

在网络计划中，当对每项活动都用三个时间估计时，是假定三个估计均服从 β 概率分布（beta probability distribution）。在这个假定基础上，由每项活动的三个时间估计可以为每项活动计算一个期望（平均或折中）工期（t_e）。期望工期用下面公式计算：

$$t_e = \frac{t_o + 4(t_m) + t_p}{6}$$

假定一项活动的乐观时间为 1 周，最可能时间为 5 周，悲观时间为 15 周，这项活动的 β 概率分布如图 5-16 所示，则该项活动的期望工期为：

$$t_e = \frac{1 + 4 \times 5 + 15}{6} = 6 \text{（周）}$$

假定另一活动的乐观时间为 10 周，最可能时间为 15 周，悲观时间为 20 周，这项活动的 β 概率分布如图 5-17 所示。则该项活动的期望工期为：

$$t_e = \frac{10 + 4 \times 15 + 20}{6} = 15 \text{（周）}$$

巧合的是，这正好与最可能时间估计相同。

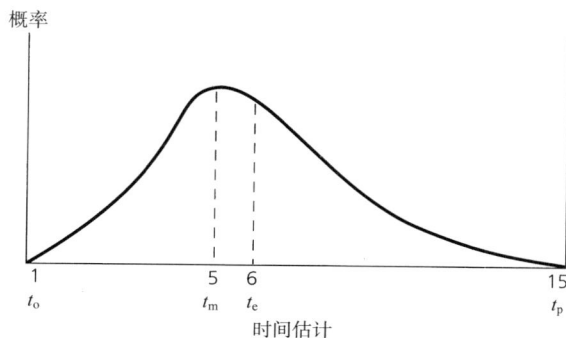

图 5-16　β 概率分布（1）

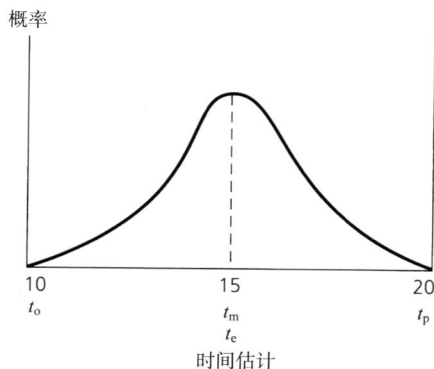

图 5-17　β 概率分布（2）

　　在图 5-16 和图 5-17 中，曲线的峰值代表了每项活动各自的最可能时间。期望工期（t_e）把 β 概率分布曲线下的总面积分成相等的两部分，换句话说，β 概率分布曲线下 50% 的面积在 t_e 的左边，50% 的面积在 t_e 的右边。例如，在图 5-16 中，曲线下 50% 的面积在 6 周的左边，50% 的面积在 6 周的右边。因此，活动实际执行时间多于和少于期望工期的概率均为 50%。用另一种方式表述，即活动工期超出 t_e 的概率为 50%，少于 t_e 的概率也为 50%。在图 5-16 中，活动实际执行时间多于 6 周的概率为 50%，少于 6 周的概率也为 50%。

这里的假设是，在项目进行中，一些活动花费的时间比它们的期望工期少，一些活动花费的时间则比它们的期望工期多。进一步假设，到整个项目完成时，所有期望工期与所有实际工期之间的净总差值是最小的。

✏️ **练习题**

28. 计算一项活动的期望工期，该活动有以下时间估计：$t_o=8$，$t_m=12$，$t_p=22$。

概率基本原理

在网络计划中，由于给出三个假定按 β 概率分布的估计时间后，就允许在活动工期估计中存在不确定因素了，因此，为每项活动估计三个工期是一项随机的（stochastic）或概率统计（probabilistic）的技术。仅用一个时间估计的技术叫确定性（deterministic）技术。既然已假定每项活动的三个时间估计的分布符合 β 概率分布，就可以计算在要求完工时间之前完成项目的概率了。如果每项活动只用一个工期估计，则不能进行这样的概率计算。

当采用三个时间估计时，网络图中关键路径上所有活动的时间估计加起来可以得到一个总概率分布。由概率理论中的中心极限定理可知，这个总概率分布不是一个 β 概率分布，而是正态概率分布（normal probability distribution），概率曲线是以其平均值为对称轴的钟形曲线。进一步讲，这个总概率分布的期望工期等于构成总分布的各项活动期望工期之和。

期望工期（将概率分布下面的面积分为相等的两部分）是衡量分布集中倾向的尺度，方差是衡量分布从期望值向外离散或扩散倾向的尺度。一项活动的 β 概率分布的方差 σ^2 可以通过以下公式计算：

$$方差 = \sigma^2 = \left(\frac{t_p - t_o}{6}\right)^2$$

总概率分布的方差（variance）等于构成总分布的各项活动工期的方差之和。

标准差（standard deviation）是另一个衡量离散倾向的尺度，并且等于方差的平方根。与方差相比，标准差是一种更直观地表示分布从其平均值或期望值向外离散程度的方法。对于正态分布（见图 5-18），在期望值两边一个标准差的范围内，曲线下面积约占总面积的 68%；两个标准方差范围内，曲线下面积约占总面积的 95%；三个标准差范围内，曲线下面积约占总面积的 99%。

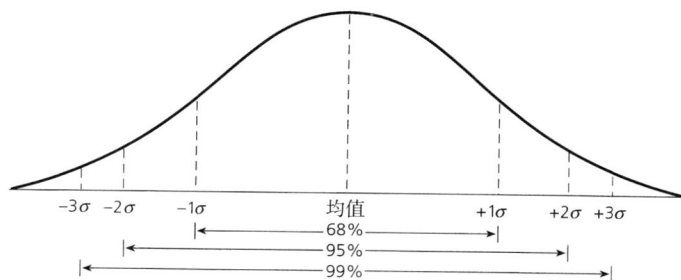

图 5-18　正态概率分布（1）

如上所述，标准差是衡量分布离散程度的尺度。图 5.27 给出了两个正态分布。图 5-19（a）中的概率分布比图 5-19（b）中的概率分布更宽，这样，图 5-19（a）中分布就有较大的标准差。然而，对于任何两个正态分布，在其平均值两侧的一个标准差范围内都包含了各自总面积的 68%。

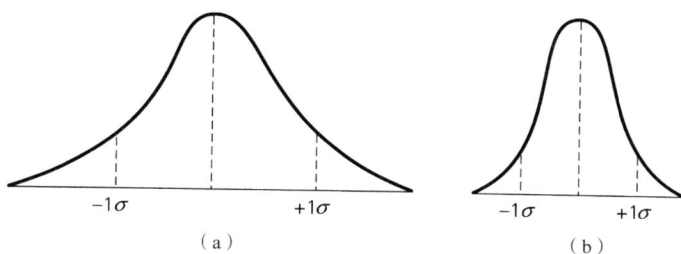

图 5-19　正态概率分布（2）

网络图中关键路径上的所有活动的总概率分布是一个正态分布，其均值等于各项活动期望工期之和，方差等于各项活动的方差之和。考虑图 5-20 中的简单网络图，假定项目的开始时间为 0 并且必须在第 42 天之前完成。图 5-20 中每项活动的概率分布如图 5-21 所示。

要求完工时间=42（天）

各个活动的期望工期计算如下：

$$活动 A \quad t_e = \frac{2+4\times4+6}{6} = 4 \text{（天）}$$

活动 B $\quad t_e = \dfrac{5 + 4 \times 13 + 15}{6} = 12$（天）

活动 C $\quad t_e = \dfrac{13 + 4 \times 18 + 35}{6} = 20$（天）

共计 36 天

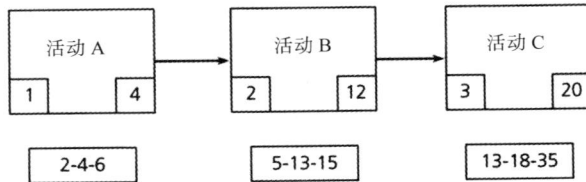

图 5-20　项目举例

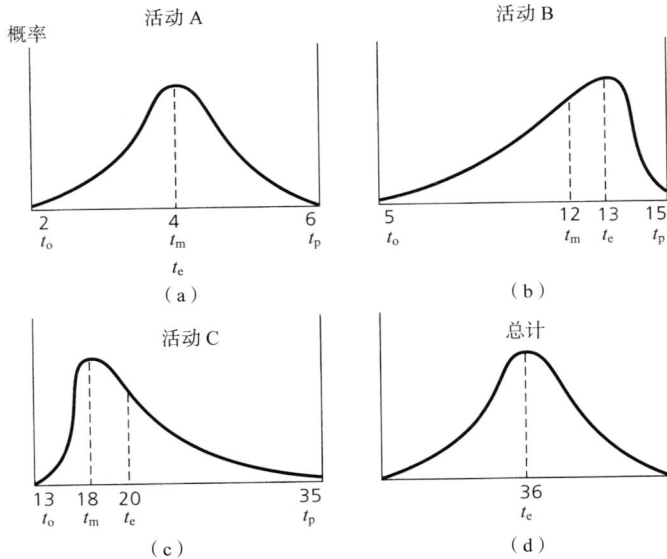

图 5-21　概率分布

把这三个分布值加总，我们可以得到一个总平均值，也就是总的 t_e：

活　　动	t_o	t_m	t_p
A	2	4	6
B	5	13	15
C	13	18	35
总计	20	35	56

$$t_e = \frac{20 + 4 \times 35 + 56}{6} = 36 \text{（天）}$$

这个结果与前面计算出的三项活动的期望值之和（4+12+20=36 天）相同。三项活动的总概率分布如图 5.29（d）所示。路径 1-2-3-4 的总期望工期是 36 天，因此，项目的最早期望完成时间就是第 36 天，而前面提到过，项目的要求完工时间是 42 天。

总分布平均消耗时间等于三项活动消耗时间平均值或期望值之和。在第 36 天之前完成项目的概率为 0.5，在第 36 天之后完成项目的概率也为 0.5。

对于图 5-20 中的简单例子，三项活动的 β 概率分布的方差如下：

$$\text{活动 A} \quad \sigma^2 = \left(\frac{t_p - t_o}{6} \right)^2 = 0.444$$

$$\text{活动 B} \quad \sigma^2 = \left(\frac{t_p - t_o}{6} \right)^2 = 2.778$$

$$\text{活动 C} \quad \sigma^2 = \left(\frac{t_p - t_o}{6} \right)^2 = 13.444$$

总方差=16.666

总分布是一个正态概率分布，它的方差是三项活动的方差之和，即 16.666。总分布的标准差 σ 是：

$$\text{标准差} = \sigma = \sqrt{\sigma^2} = \sqrt{16.666} = 4.08 \text{（天）}$$

类似图 5-21（d），图 5-22 表示出了总概率曲线与其标准差。

图 5-22 是一个正态曲线，所以在 $\pm 1\sigma$（标准差）范围内即在 31.92 天与 40.08 天之间包含了总面积的 68%；在 27.84 天和 44.16 天之间包含了总面积的 95%；在 23.76 天与 48.24 天之间包含了总面积的 99%。概率分布可以解释如下：

- 在 23.76 天到 48.24 天完成项目的概率为 99%（概率为 0.99）。
- 在 27.84 天到 44.16 天完成项目的概率为 95%（概率为 0.95）。
- 在 27.84 天到 36 天完成项目的概率为 47.5%（概率为 0.475）。
- 在 36 天到 44.16 天完成项目的概率为 47.5%（概率为 0.475）。
- 在 31.92 天到 40.08 天完成项目的概率为 68%（概率为 0.68）。
- 在 31.92 天到 36 天完成项目的概率为 34%（概率为 0.34）。

- 在 36 天到 40.08 天完成项目的概率为 34%（概率为 0.34）。

- 在 27.84 天到 31.92 天完成项目的概率为 13.5%（概率为 0.135）。

- 在 40.08 天到 44.16 天完成项目的概率为 13.5%（概率为 0.135）。

- 在 23.76 天之前完成项目的概率为 0.5%（概率为 0.005）。

- 在 48.24 天之后完成项目的概率为 0.5%（概率为 0.005）。

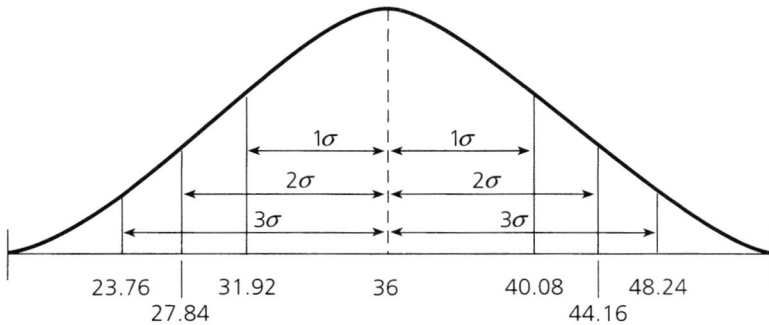

图 5-22　项目举例的正态概率分布

因此，可以这样说，在某部分正态曲线下的面积对曲线下总面积的比率与概率相关。

✎ 练习题

29. 计算下列 β 概率分布的期望工期（t_e）和方差（σ^2）。

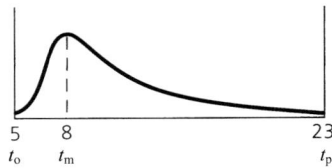

30. 正态曲线下阴影部分的面积有多大？

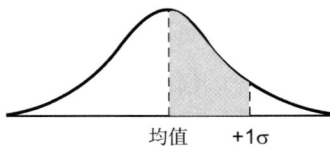

31. 如果在下面正态曲线下标明的两点间有 95% 的面积，标准差是多少？方差是多少？

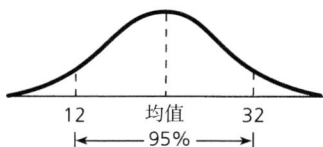

概率计算

项目的最早期望结束时间取决于网络图上的关键路径，它等于项目计划开始时间加上关键路径上从项目开始到项目完成时各项活动的期望工期之和。如前所述，在期望完工时间之前完成项目的概率为 0.5，因为正态曲线下有一半的面积位于期望时间之左；在期望完工时间之后完成项目的概率也为 0.5，因为正态曲线下有一半的面积位于期望时间之右。知道了项目的要求完工时间就可以计算在此时间之前完成项目的概率了。

当计算在项目的要求完工时间之前完成项目的概率时，可采用下面的公式：

$$Z = \frac{LF - EF}{\sigma_t}$$

式中，LF——项目的要求完工时间（最迟结束时间）；

　　　　EF——项目最早期望结束时间（正态分布的均值）；

　　　　σ_t——沿最长（花费最多时间）路径完成项目各项活动的总分布的标准差。

在上面的公式中，Z 是度量正态概率曲线上 EF 和 LF 之间标准差的量值。这个 Z 值必须转化为 EF 和 LF 之间正态曲线下的面积与正态曲线下总面积的比值。因为正态曲线下总面积为 1.0，因此，在项目的要求完工时间之前完成项目的概率就等于曲线下 LF 以左的面积所占总面积的比例数值。

在图 5-20 中，只有三项活动的简单网络图的最早期望结束时间（EF）是 36 天。已知项目的要求完工时间（LF）是 42 天，或者说比 EF 晚 6 天。图 5-23 给出了项目的正态曲线，其中 EF=36 天，LF=42 天。

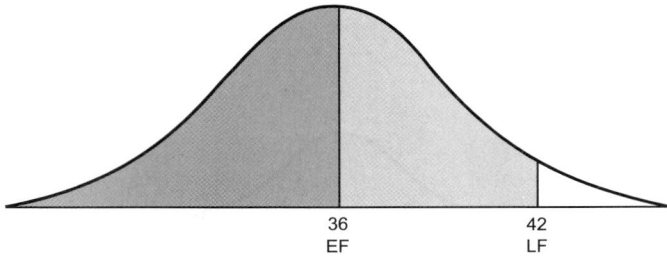

图 5-23　项目案例的正态概率分布

　　LF 左边曲线下面积占曲线下总面积的比例等于在 42 天以内完成项目的概率。EF 把曲线下面积分为两个相等的部分，因此，EF 左边面积所占比例为 0.5。我们现在只要知道 EF 和 LF 之间面积占总面积的比例，再加上 0.5，可得到 LF 左边面积占总面积的比例。用前面所讲公式算出 EF 和 LF 之间面积的比例后，我们就可以计算 Z 值：

$$Z = \frac{LF - EF}{\sigma_t} = \frac{42 - 36}{4.08} = \frac{6}{4.08} = 1.47$$

　　Z 值为 1.47，表明在 EF 和 LF 之间有 1.47 个标准差（一个标准差为 4.08 天）。然而，Z 值不能直接给出曲线下 EF 和 LF 之间的面积比例。为了计算这个面积，我们利用表 5-9 所示的标准差表把 Z 值转化为一个直接给出这个面积的数值。

　　表 5-9 中的第一列和第一行用来找到所要找的 Z 值（级差为 0.01）。要找到值为 1.47 的 Z 对应的面积，首先在第一列向下找到 1.4，然后沿这一行找到 0.07 对应的列，交叉点处的数值是 0.429 22。这表示对于 Z=1.47，正态曲线下与 Z 值对应的面积的比例为 0.429 22。这个数字告诉我们，在 EF 和 LF 之间（即在 36 天到 42 天之间）实际完成项目的概率为 0.429 22，概率为 42.992%。然而，既然我们要找的是在 42 天之前任何时间内完成项目的概率，我们必须加上 36 天之前完成项目的概率。42 天之前完成项目的概率等于在 36 天之前完成项目的概率加上在 36 天到 42 天完成项目的概率：

0.500 00+0.429 22=0.929 22

　　在项目的要求完工时间 42 天之前完成项目的概率为 0.929 22，概率为 92.922%。

表 5-9　正态曲线下最大横坐标之间的面积和 Z 值表

Z	0.00	0.01	0.02	0.03	0.04	0.05	0.06	0.07	0.08	0.09
0.0	.00000	.00399	.00798	.01197	.01595	.01994	.02392	.02790	.03188	.03586
0.1	.03983	.04380	.04776	.05172	.05567	.05962	.06356	.06749	.07142	.07535
0.2	.07926	.08317	.08706	.09095	.09483	.09871	.10257	.10642	.11026	.11409
0.3	.11791	.12172	.12552	.12930	.13307	.13683	.14058	.14431	.14803	.15173
0.4	.15542	.15910	.16276	.16640	.17003	.17364	.17724	.18082	.18439	.18793
0.5	.19146	.19497	.19847	.20194	.20540	.20884	.21226	.21566	.21904	.22240
0.6	.22575	.22907	.23237	.23565	.23891	.24215	.24537	.24857	.25175	.25490
0.7	.25804	.26115	.26424	.26730	.27035	.27337	27637	.27935	.28230	.28524
0.8	.28814	.29103	.29389	.29673	.29955	.30234	.30511	.30785	.31057	.31327
0.9	.31594	.31859	.32121	.32381	.32639	.32894	.33147	.33398	.33646	.33891
1.0	.34134	.34375	.34614	.34850	.35083	.35314	.35543	.35769	35993	.36214
1.1	.36433	.36650	.36864	.37076	.37286	.37493	.37698	.37900	.38100	.38298
1.2	.38493	.38686	.38877	.39065	.39251	.39435	.39617	.39796	.39973	.40147
1.3	.40320	.40490	.40658	.40824	.40988	.41149	.41309	.41466	.41621	.41774
1.4	.41924	.42073	.42220	.42364	.42507	.42647	.42786	.42922	.43056	.43189
1.5	.44319	.43448	.43574	.43699	.43822	.43943	.44062	.44179	.44295	.44408
1.6	.44520	.44630	.44738	.44845	.44950	.45053	.45154	.45254	.45352	.45449
1.7	.45543	.45637	.45728	.45818	.45907	.45994	.46080	.46164	.46246	.46327
1.8	.46407	.46485	.46562	.46638	.46712	.46784	.46856	.46926	.46995	.47062
1.9	.47128	.47193	.47257	.47320	.47381	.47441	.47500	.47558	.47615	.47670
2.0	.47725	.47778	.47831	.47882	.47932	.47982	.48030	.48077	.48124	.48169
2.1	.48214	.48257	.48300	.48341	.48382	.48422	.48461	.48500	.48537	.48574
2.2	.48610	.48645	.48679	.48713	.48745	.48778	.48809	.48840	.48870	.48899
2.3	.48928	.48956	.48983	.49010	.49036	.49061	.49086	.49111	.49134	.49158
2.4	.49180	.49202	.49224	.49245	.49266	.49286	.49305	.49324	.49343	.49361
2.5	.49377	.49396	.49413	.49430	.49446	.49461	.49447	.49492	.49506	.49520
2.6	.49534	.49547	.49560	.49573	.49585	.49598	.49609	.49621	.49632	.49643
2.7	.49653	.49664	.49674	.49683	.49693	.49702	.49711	.49720	.49728	.49736
2.8	.49744	.49752	.49760	.49767	.49774	.49781	.49788	.49795	.49801	.49807
2.9	.49813	.49819	.49825	.49831	.49836	.49841	.49846	.49851	.49856	.49861

Z	0.00	0.01	0.02	0.03	0.04	0.05	0.06	0.07	0.08	0.09
3.0	.49865	.49869	.49874	.49878	.49882	.49886	.49889	.49893	.49897	.49900
3.1	.49903	.49906	.49910	.49913	.49916	.49918	.49921	.49924	.49926	.49929
3.2	.49931	.49934	.49936	.49938	.49940	.49942	.49944	.49946	.49948	.49950
3.3	.49952	.49953	.49955	.49957	.49958	.49960	.49961	.49962	.49964	.49965
3.4	.49966	.49968	.49969	.49970	.49971	.49972	.49973	.49974	.49975	.49976
3.5	.49977	.49978	.49978	.49979	.49980	.49981	.49981	.49982	.49983	.49983
3.6	.49984	.49985	.49985	.49986	.49986	.49987	.49987	.49988	.49988	.49989
3.7	.49989	.49990	.49990	.49990	.49991	.49991	.49992	.49992	.49992	.49992
3.8	.49993	.49993	.49993	.49994	.49994	.49994	.49994	.49995	.49995	.49995
3.9	.49995	.49995	.49996	.49996	.49996	.49996	.49996	.49996	.49997	.49997
4.0	.49997	.49997	.49997	.49997	.49997	.49997	.49998	.49998	.49998	.49998

小结

如果在一个项目的网络图中，每项活动都有三个工期估计（乐观的、最可能的和悲观的），利用上述方法就可以计算出在要求完工时间之前实际完成项目的概率。然而，在你解释这个概率时必须小心，尤其是当存在几条和关键路径几乎一样长的路径时。因为，如果这些相似路径和关键路径在标准差上有很大差别，当利用这些路径进行概率计算时，得到的在要求完工时间之前完成项目的概率可能低于利用关键路径进行同样计算时得出的结果。这种情况只有在项目有两条或两条以上的路径其长度相等或近似相等时才会出现。

思考题

1．判断正误：为了计算在要求完工时间之前完成项目的概率，必须知道每项活动的三个工期估计和项目的要求完工时间。

2．对于一项活动，三个预计工期分别是 $t_o=2$，$t_m=14$，$t_p=14$，求这项活动的期望工期、方差和标准差。

3．下面这些指标哪些是衡量离散或扩散的尺度：方差、均值和标准差。

4．一个项目的最早期望结束时间是 138 天，它的要求完工时间是 130 天。如果σ$_t$（最长路径上各项活动总分布的标准差）是 6，那么在要求完工时间之前完成项目的概率是多少？

附录 5B　Microsoft Project

在这个附录中，我们将以消费者市场研究项目为例讨论 Microsoft Project 软件是如何支持本章讨论过的内容的。为了找到项目信息，进入"File"菜单，选择"Open"，并打开你在第 4 章存储的消费者市场研究项目的文件，现在我们已准备好了进入本章讨论过的各项任务的工期估计，检查项目进度、制作甘特图、确定关键路径、设立一个基准来帮助追踪项目、监控进度、编制任务信息、生成报告。

直接把工期数据输入到甘特图视图中的"工期"栏。如果不在甘特图视图，点击"任务"栏中的"任务视图"组里的"甘特图"。检查菜单上"模式"标签上方的"甘特图工具"。请参见图 5-24 所示的工期数据。注意，当我们输入每个任务工期后，默认单位"d"是"天"，你可以输入"m"来代表"分钟"，"h"代表"小时"，"w"代表"星期"，"mon"代表"月"。例如，"2w"等同于两个星期的工期估计。若"任务"栏中的"任务"组中选择了"自动计划表"模式，当修改工期估计时，系统将自动更新每个任务的开始和结束日期。"任务"模式列中每个任务后面的图表显示了这个任务是"人工计划表"模式还是"自动计划表"模式。在本例中，每个任务都选择了"自动计划表"模式。

当输入工期后，工作包的工期就是它们的活动工期的总和。标题的"项目"行显示了项目中所有活动的工期总和，工作包和项目标题用来总结工作。注意项目的总工期是 138 天。

Microsoft Project 2010 已经计算出每个任务的最早与最晚的起始时间和结束时间、自由浮动时间和总浮动时间。想要查看这些数值，你需要从甘特图视图查看"计划表"。先从甘特图视图开始，在"视图"菜单，点击"甘特图"，接着，在"视图"菜单，指向表格，点击"计划"。应该能够看到如图 5-25 所示的表格。

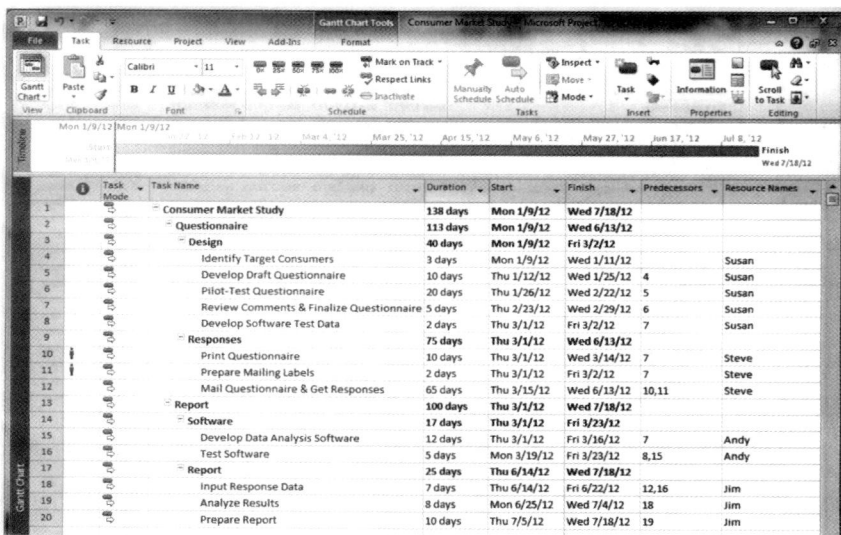

图 5-24　添加工期数据

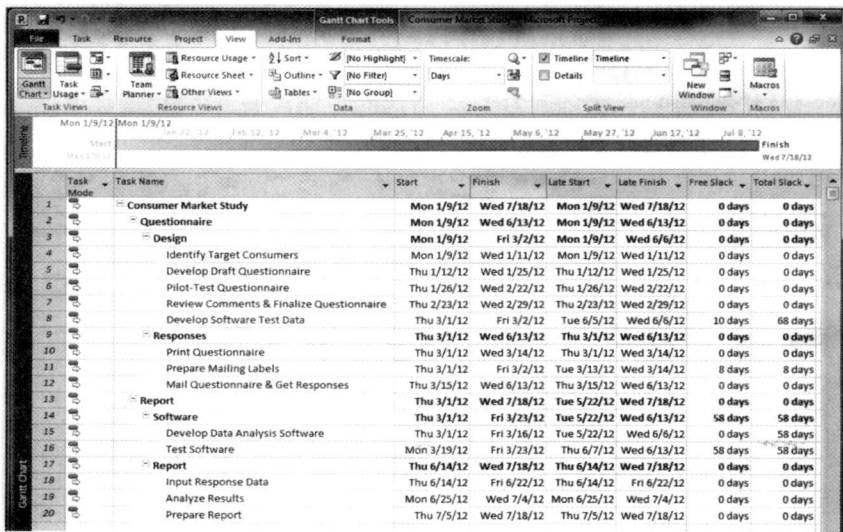

图 5-25　甘特图视图/计划表

当在甘特图视图中表格右侧输入任务及它们的任务信息后，Microsoft Project
会自动生成甘特图。甘特图中任务间的联系用箭线表示。要想用红色突出显示关
键路径，进入"甘特图工具"的"Format"菜单，选择"条形"组中的"关键任

务"。图 5-26 展示了强调了关键路线的甘特图。

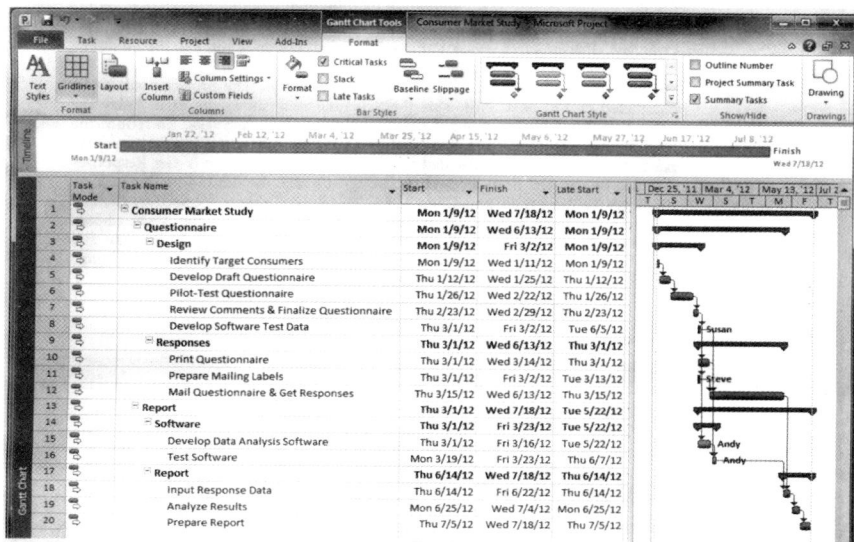

图 5-26　甘特图中的关键路径

在消费者市场研究项目中，你可以生成关键任务报告。在"项目"栏中"报告"组点击"报告"。可以看到"报告"窗口包含了一份如图 5-27 所示的报告类型菜单，选择"综合视图"，点击"选择"，选择"关键任务"，点击"选择"。应该能看到如图 5-28 所示的关键任务报告。

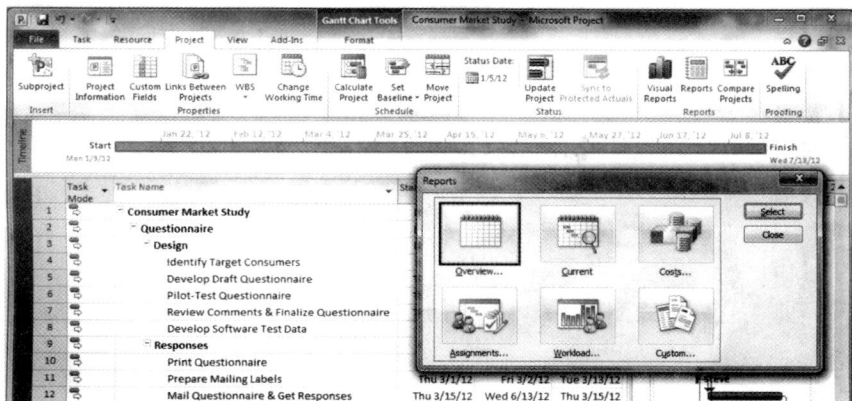

图 5-27　生成报告

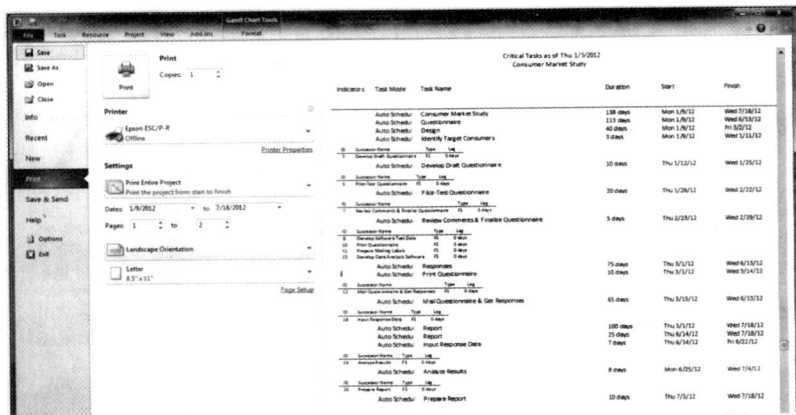

图 5-28　关键任务报告

回想项目总工期为 138 天，而项目需要在 130 天内完成。注意"计划表"视图显示了项目完成的最早时间及每个任务的最晚开始时间。为了缩短项目的总工期，至少有一个关键路径上的任务工期要缩短。最终决定"邮寄问卷调查表并获得反馈"任务要从 65 天缩短到 55 天。改变"甘特图视图"中登记表中的工期。登记表通过点击"视图"栏中"数据"组的"表格"菜单中的"登记表"进入。Microsoft Project 自动更新甘特图、网络图和进度的变化。注意此时的项目总工期缩短到了 128 天，如图 5-29 所示。

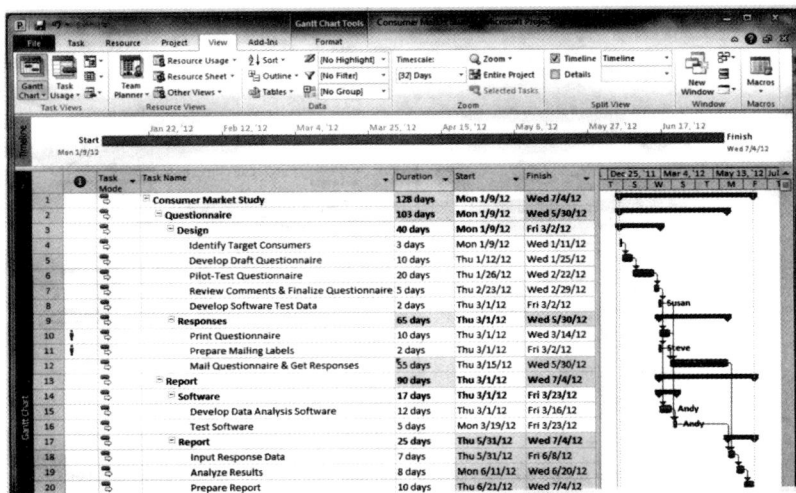

图 5-29　编辑活动工期

定期存储项目基准来监控变化很重要。要想存储基准项目数据，在"项目"栏点击"计划表"组里的"设立基准"。在这里存储文件，文件名为"消费者市场研究"，以继续第 6、7 章中给出的计划。

Microsoft Project 有助于确定项目实际完成日期的影响。将项目实际完成日期输入"任务信息"窗口。Susan 用两天时间完成了"识别目标消费者"，而不是计划的 3 天，用 9 天时间"设计初始问卷调查表"，用 19 天的时间"试验性测试问卷调查表"。Susan 发现她需要对问卷做大量的修正，并把完成"评审建议并确定最终调查表"的工期从 5 天改成 15 天。Steve 不得不在项目第 23 天为标签订购了一个新的数据库，因为原先的数据库不是最新的。Steve 收到数据库要用 21 天，而这项活动是"准备邮寄标签"活动的前导活动。将活动的实际完成时间更新入计划表，并将"新数据库"这一活动添加进去。

为了更新任务信息，右键点击任务名选择菜单中的"信息"或者双击任务名。"任务信息"窗口中"综合"标签由系统默认值选定。在这里可以写出这项任务完成的百分比和实际工期。图 5-30 展示了"综合"标签下的输入屏。修改了任务信息后，甘特图和网络图会自动更新。注意登记表中的"信息"列里每个完全完成的任务前都会出现一个检查标记。

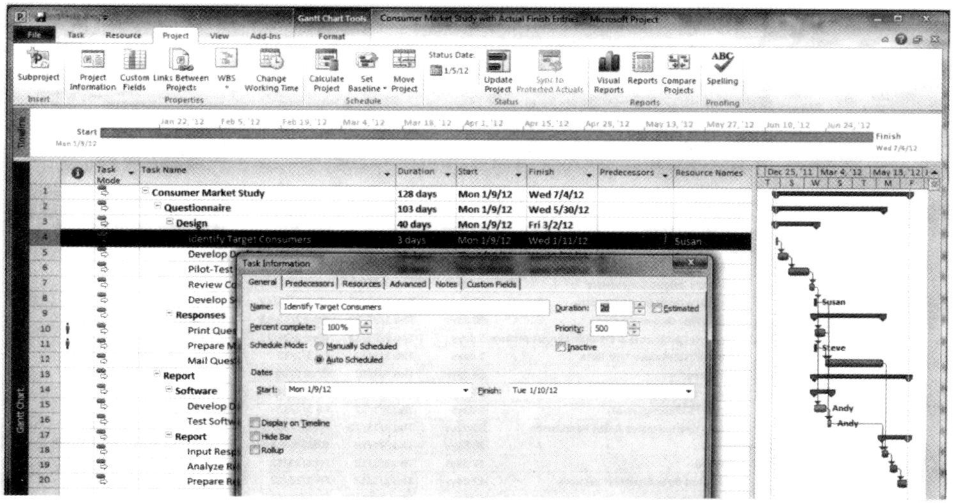

图 5-30　任务信息

想要输入新任务，点击要输入新任务的行，然后点击"任务"栏"输入"组中的"任务"按钮的顶端。想给 Steve 添加新活动，点击第 10 行"打印问卷调查表"。在"任务"栏中的"输入"组点击"任务"按钮的顶端插入一个空白行。然后，键入活动名称"为标签订购新的数据库"，输入工期"21 天"，设立任务模式"人工计划表"。新任务的开始时间是项目的第 23 天，项目在 1 月 9 日开始，23 天后是 2 月 9 日。打开"任务信息"窗口，在起始格中输入"2/9/2012"以更新任务信息，也可以从下拉日历中选择日期。这个新任务是任务"准备邮寄标签"的紧前活动，更新"准备邮寄标签"的前导任务。注意 Microsoft Project 会为剩余的任务及它们的紧前活动自动调整任务编号。图 5-31 展示了新任务的添加与更新。

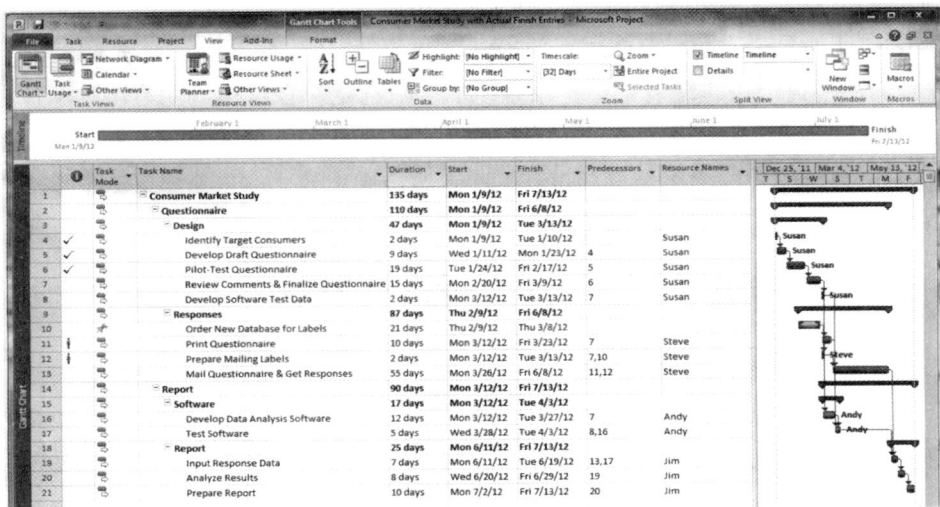

图 5-31　插入新的人工活动

有追踪价值的数据可以在"追踪表"中显示。而在甘特图视图中，在"视图"栏点击"数据"组中的"表格"，然后点击菜单中的"追踪表"。这个表显示了实际的开始和结束时间、完成的百分比、实际工期、剩余工期、实际费用和每个活动的实际工作时间，如图 5-32 所示。注意实际的完成时间由 Susan 完成的三项任务反映出来。甘特图在实际完成时间和完成的百分比上进行了更新。

图 5-32　追踪表

　　想要得到实际进度与计划进度的对比，点击"视图"组中"甘特图"图标的向下箭头，选择菜单中的"追踪甘特图"。追踪甘特图如图 5-33 所示，每个任务都有两个条形图，较低的条形图显示了基准开始日期和基准完成日期，较高的条形图表示当前开始日期和当前结束日期，以便看到基准计划和当前计划的不同。

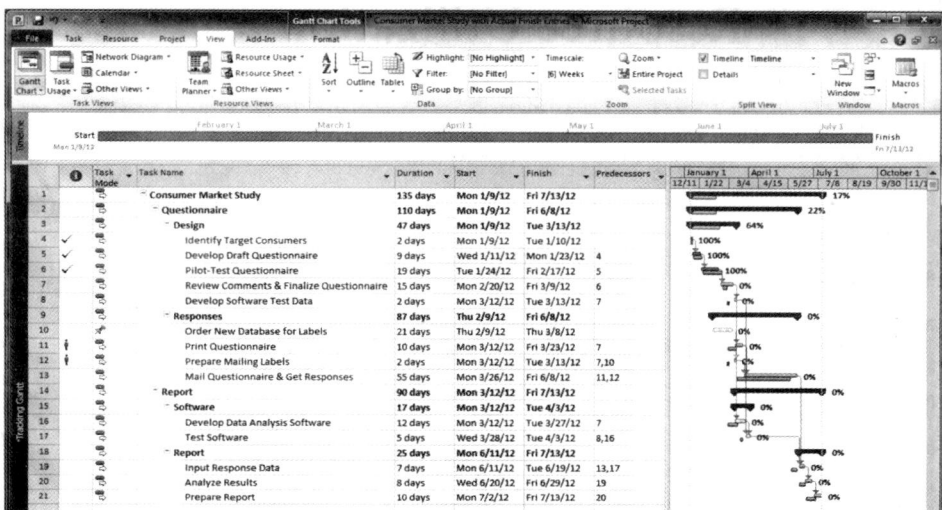

图 5-33　追踪甘特图

要想找到项目信息中的变化，需要选择一个能够展示变化的表格。点击"视图"栏的"数据"组的"表格"，选择菜单中的变化，应该能看到如图 5-34 所示的表格。这个表格显示了每个任务实际开始时间与实际结束时间和基准开始时间与基准结束时间的对比，除此之外还有所有的变化。注意在这里我们可以看到 Susan 完成的三项任务的结果。时间会随着项目的进行而改变，要更新完成的百分比和任务的实际完成时间。

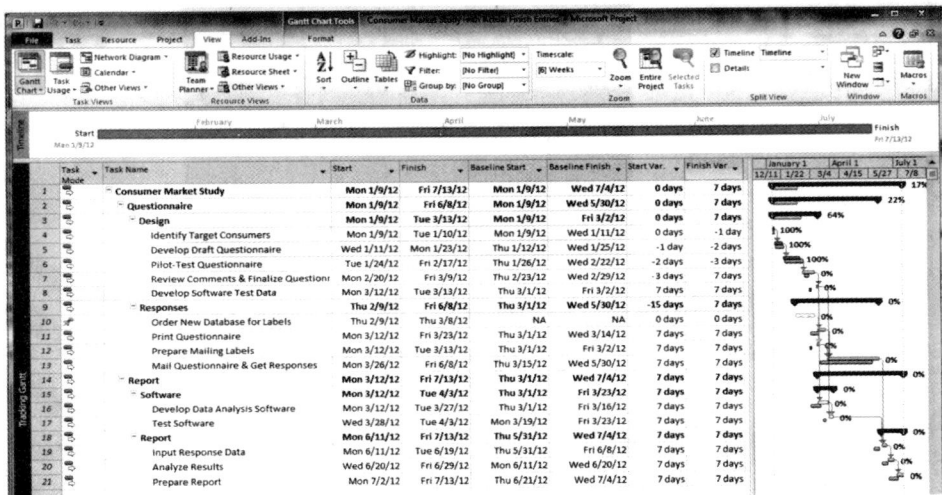

5-34　变化表

随着工作的进行，存储项目信息是有益的。要想存储项目信息，点击"文件"标签的"存储为"，输入文件名"消费者市场研究项目的实际完成登记"

案例研究 5-1　一个非营利性的医疗研究中心

这个案例是第 4 章案例研究 4-1 的延续。

❓ 案例问题

1. 给出每个活动的工期估计。

2. 设定一个开始时间为 0（5 月 15 日）、完成时间为 180 天（11 月 15 日）的项目，计算 ES、EF、LS、LF，以及每项活动总时差。如果你在项目进度表中计算出总的负时差，在这时，你需要修订项目范围、活动估计工期或活动的顺序及依赖关系，以达到项目能在 180 天完成的可接受的基准计划。描述你做的修订。

3. 确认关键路径并且识别组成关键路径的活动。

4. 根据 ES、EF 时间，设计一个甘特图。

◤◢ 小组活动

就像以前章节的小组活动一样，把课程参与者分成 3～4 人的相同的小组，并回答上述问题。

注：第 6～8 章还将继续利用这个案例学习，请保存好你的结果。

案例研究 5-2　婚礼

这个案例是第 4 章案例研究 4-2 的延续。

❓ 案例问题

1. 给出每个活动的工期估计。

2. 设一个开始时间为 0（1 月 1 日）、完成时间为 180 天（6 月 30 日）的项目，计算 ES、EF、LS、LF，以及每项活动总时差。如果你在项目进度中计算出总的负时差，这时，你需要修订项目范围、活动估计工期或活动顺序依赖关系，以达到项目能在 180 天完成的可接受的基准计划。描述你做的修订。

3. 确认关键路径并且识别组成关键路径的活动。

4. 根据 ES、EF 时间，设计一个甘特图。

◤◢ 小组活动

就像以前章节的小组活动一样，把课程参与者分成 3～4 人的相同的小组，并回答上述问题。

注：第 6～8 章还将继续利用这个案例学习，请保存好你的结果。

第 6 章 资源配置

本章内容支持《PMBOK 指南》中的如下领域：

项目时间管理

项目人力资源管理

现实世界中的项目管理

新兴科技基金向 Palmaz 科学公司投资 300 万美元

南得克萨斯创新与商业化区域中心（STRCIC）是得克萨斯州新兴科技基金的区域代理商之一。STRCIC 确定了技术导向的企业家风险投资来增加与工业、金融、高等教育的公共机构的合作。由 17 人组成的座谈小组评审了在先进科技基础上构建商业企业的创新提议。基金会向 104 家初创企业提供了 1.32 亿美元。在资格匹配和科研优势上，这些资助项目已经与基金会给得克萨斯州的大学提供的 1.53 亿美元不相上下了。

STRCIC 的董事长兼 CEO Jim Poage 声明："我们高兴地宣布，Palmaz 科学公司成为南得克萨斯州最新的 ETF 基金接受者，包括新兴科技基金在内的投资者都密切注意到了管理团队的经验。由举世闻名的创新者、企业家 Julio Palmaz 教授领导，辅以已经证明过自己能力的行政人员、医师、科学家及工程师们，Palmaz 科学公司有把握将公司带到新的水平。"

Palmaz 科学公司开发并取得了创新性的血管支架的专利权，提高了血管支架及其他可植入的医学装置的效力和安全性。Palmaz 科学公司的首席执行官 Steve Solomon 声明："我们很兴奋，这次资助使我们能够给病人和医生提供具备更好治愈性能的产品，它们简单易用并提高了安全性，最终改善了病人的治疗效果和生活质量。我们已经拥有 90 个以上已施行的国内国际专利，还有 122 个以上的有效专利待定，相信我们的技术会在将来提供更多出众的疗法以供选择。"

医师、科学家、工程师和投资者共同来领导 Palmaz 科学公司。他们有一个创新的细菌培养器，可帮助医学专业人员、研究员和投资者持续开展医学科学改进，开发知识产权，以加快治疗、促进病人康复。项目组还在尝试在可植入医学装置中应用纳米技术。其他项目应用还包括精细的合金薄膜遮盖支架、微神经及血管支架、血管修复气囊、麻醉药递送装置，以及美容、整形外科埋植剂。

源于最初要改善一个能使血管张开不闭合的支架，Palmaz 和一系列团队合作展开合作，每个团队都包括科学家、医生和风险资本家。Palmaz 还在设法找到能够帮助促进改进和成功创造更加安全、更加可预测的植入式假体装置的资源。Palmaz 的第一次商业成功，即心血管支架的成功应用，从概念到批准应用于冠状动脉耗费了 6 年时间。

没有这些资源和富有创造力的研究团队，心血管支架仍旧只是实验室中的一个想法。这项工作已经超出了医学专业而牵涉了冶金业、高真空物质和化学蒸气沉积物及分子和细胞生物。一个人可能会有灵感来改进解决方法，却需要整个团队来把它变成现实。这个团队是公认的榜样，团队成员在一起工作，通过项目管理来研究和开发项目，并把这些项目成功商业化，最终得以改进生活质量。

资料来源：Anonymous, "Carotid Stents; Speaker Joe Straus Joins STRCIC to Announce $3 Million Emerging Technology Fund Investment In Palmaz Scientific, Inc." Cardiovascular Device Liability Week, May 30, 2010, 5.

本章概要

对资源的考虑为计划和进度安排添加了一个新的维度。我们有必要估计出完成每项活动所需资源的种类和数量。这些资源包括人员、物资、设备、工具、设施等。一份资源需求计划阐明了在项目整个时间跨度的不同时期的预期资源配置。

在许多项目中，执行项目所需的各类资源的数量是有限的。在同一时间里，某些工序可能要求同一种资源，但往往不能得到充分的资源来满足所有的需要。换言之，这些工序对同一种资源具有竞争性。如果不能得到充分的资源，某些工序就不得不重新计划，并要等到它们所需要的资源能够得到时才能进行。因此，项目进度表受到了资源的限制。要是按时完成项目一定需要增加资源的话，资源将会影响项目在预算内完成。

本章包含了在项目计划和进度计划中调整资源配置的几种方法。你将掌握以下几种方法：

- 在设计网络图时考虑资源的约束。
- 确定项目计划资源的利用。
- 在项目规定时间范围内平衡资源的使用。
- 在可得到资源有限的情况下，确定最短项目进度计划。

学习成果

学完本章后，你将能够：

- 创建考虑进资源限制的网络图。
- 准备资源需求计划。
- 解释资源水平。
- 讨论资源限制条件下的进度表。

6.1 资源约束计划

配置资源的一种方法是利用网络图的形式在考虑资源的情况下画出各工序之间的逻辑关系。最简单的网络图要描述工序之间的技术限制，画出工序的顺序

关系，因为从技术角度看，这些工序应该是按顺序进行的。例如，图 6-1 表示了
必须按顺序进行的建筑房屋的三道工序——打地基、建框架和封顶。在技术上，
这些工序必须按先后次序进行，封顶不可能在建框架之前完成。

图 6-1　具有技术约束的活动次序

除了表示出工序之间的技术限制之外，网络图也要考虑到资源限制。画出工
序的次序就能反映有限数量资源的可得性。如图 6-2（a）所示，在技术上表示了
可以同时进行的三种工序——粉刷起居室、粉刷厨房和粉刷卧室。也就是说，没
有技术上的原因使这些工序的开始依赖于另一工序的完成。可是，要是假设只有
一个人来做全部粉刷工作的话，这就在粉刷工序中引入了资源约束。也就是说，
尽管在技术上所有三道工序可以同时进行，但也包含因为只能得到一个油漆工来
做全部的粉刷工作而不得不按先后顺序进行各工序。为了包含这一资源约束，网
络图将必须画成如图 6-2（b）所示的样子。这三道工序确切的顺序，即指定哪个
房间第一、第二和第三粉刷是在画网络图时所做的另一种决策。

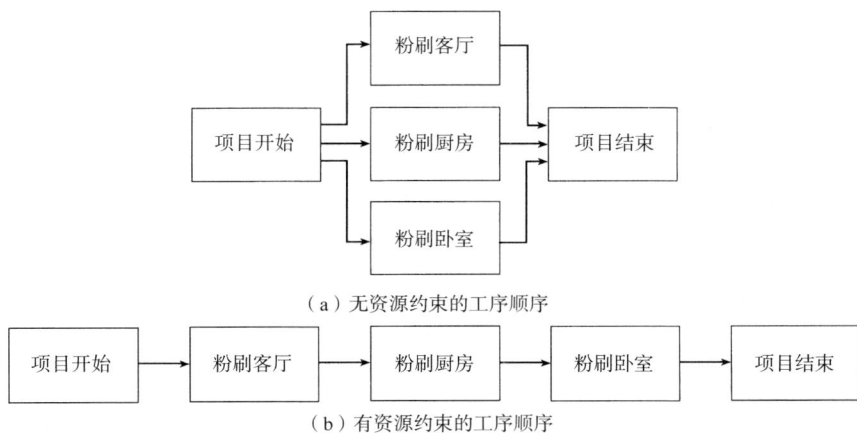

（a）无资源约束的工序顺序

（b）有资源约束的工序顺序

图 6-2　具有资源约束的计划

这个例子说明在画网络图时是如何考虑资源限制的。这种将资源约束融入各
工序之间的逻辑关系的方法，对于包含几种资源的小项目是可行的。然而，对于

大项目和需要各种不同资源的项目来说，这一方法就会变得复杂起来。

✏️ **练习题**

1. 最简单的网络图要描述工序之间的_____限制。然而，在得到的资源有限时，所画的网络图也要反映_____限制。

6.2 资源需求计划

如前面章节中已讨论过的，有必要估计出完成每项活动所需资源的种类和数量。资源需求计划阐明了在项目整个时间跨度的不同时期的预期资源配置。

以消费者市场研究项目为例，参考表 5-4 中修订的基准进度计划。让我们想想人力资源的配置——项目组：Susan、Steve、Andy 和 Jim。这里还需要提到几个假设：

团队的 4 个成员中没有任何一个需要参与全部的项目估算工期（128 天）。

活动 6 "打印问卷调查表" 会转包出去。所以虽然它的估算工期是 10 天，却只需要 Steve 工作 1 天。然而，Steve 仍然是被指派要对这个活动负责的小组成员。

活动 9 "邮寄问卷调查表并获得反馈" 的估算工期是 55 天。然而，Steve 只在最开始的 5 天邮寄问卷，剩下的 50 天等候问卷返回，那段时间 Steve 不需要做任何工作。

对于其他全部活动，当被指派的人负责做一项活动时，他（或者她）会用估算工期的全部时间来做。

脑海中有了这些假设并参考表 5-4 中计划表的最早与最晚开始时间，我们就可以确定对项目组中每个成员的计划资源要求。

Susan 的 5 个活动（1，2，3，4，8）都在项目的前端，需要从 0～40 这 40 个工作日来完成。

Steve 的 3 个活动（5，6，9）需要 38～53 中的 8 个工作日。记住，活动 9 的估算工期的最后 50 天（53～103）只是等待问卷的返回。同样，Steve 只需要为活动 6 工作 1 天，因为活动会转包出去。

Andy 的 2 个活动（7，10）需要 38～55 这 17 个工作日。

Jim 的 3 个活动（11，12，13）都在项目的最后，需要 103～128 这 25 个工作日。

表 6-1 显示了每个团队成员的工作时间要求的估计值，以及每个人需要工作的时间周期。尽管项目估计完成时间是 128 天，团队的 4 个成员只在此期间工作 90 天。

表 6-1　消费者市场研究项目的资源需求估计

名　　字	活　　动	工作天数	周　　期
Susan	1，2，3，4，8	40	0～40
Steve	5，6，9	8	38～53
Andy	7，10	17	38～55
Jim	11，12，13	25	103～128
		90	0～128

举个例子来说明一种特定资源的多种数量配置，图 6-3 是粉刷项目的网络图，每一工序的框图内表示估计工期（以天表示），以及在估计工期内完成该工序所需油漆工的人数。

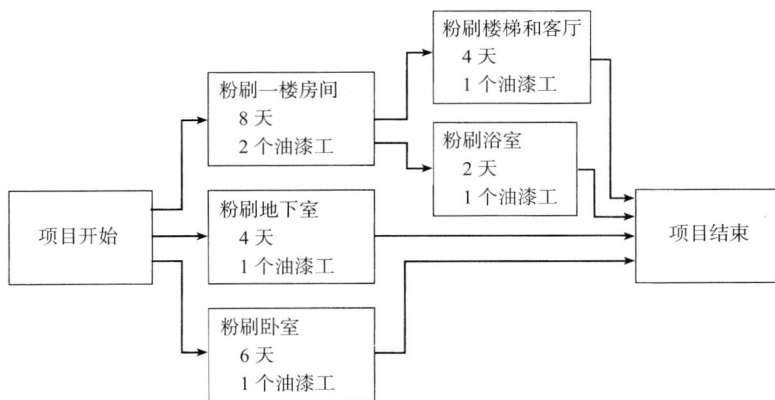

图 6-3　粉刷项目的资源需求

利用图 6-3 的信息，我们可以绘制资源利用图，如图 6-4 所示，它表示基于每项活动的最早开始和结束的时间，确定每天需要的油漆工人数。资源利用图表示出第 1～4 天需要 4 个油漆工，第 5～6 天需要 3 个油漆工，第 7～10 天需要 2

个油漆工，在第 11～12 天只需要 1 个油漆工。总共需要 32 个油漆工日。油漆工的资源组合在图 6-6 中表示出来。它表明油漆工的利用是不均衡的。在某部分项目期内需要多达 4 个油漆工，而在另一部分项目期内只需要 1 个油漆工。

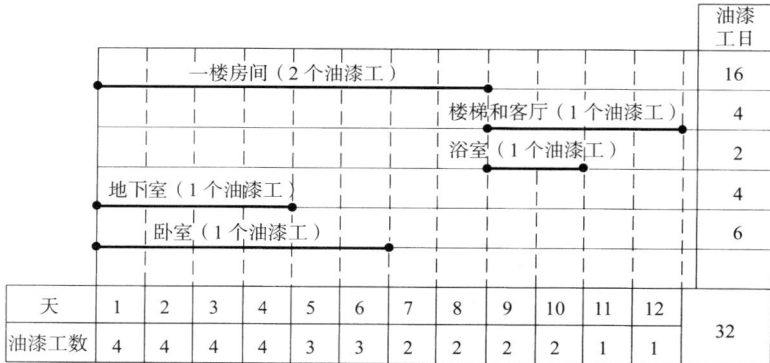

活动	油漆工日
一楼房间（2 个油漆工）	16
楼梯和客厅（1 个油漆工）	4
浴室（1 个油漆工）	2
地下室（1 个油漆工）	4
卧室（1 个油漆工）	6

天	1	2	3	4	5	6	7	8	9	10	11	12	
油漆工数	4	4	4	4	3	3	2	2	2	2	1	1	32

图 6-4　粉刷项目的资源利用

资源通常不是每天都可以得到的，因此难以满足这种不稳定要求。如果整个项目必须雇用相同数量的油漆工的话，就必须要求某些油漆工在高峰期加班，在低峰期空闲，但仍须支付他们报酬。因而，资源的利用更均衡或比较平衡才是可取的。

注意：图 6-4 和图 6-5 表示的资源利用图是根据每项活动的最早开始时间确定的。像这样的资源利用图可以说是各项活动都按最早开始的原则（As-Soon-As-Possible，ASAP）进行的进度安排。按照每项活动最晚开始时间的资源利用图可以说是各项活动都按最晚开始时间（As-Late-As-Possible，ALAP）进行的进度安排。

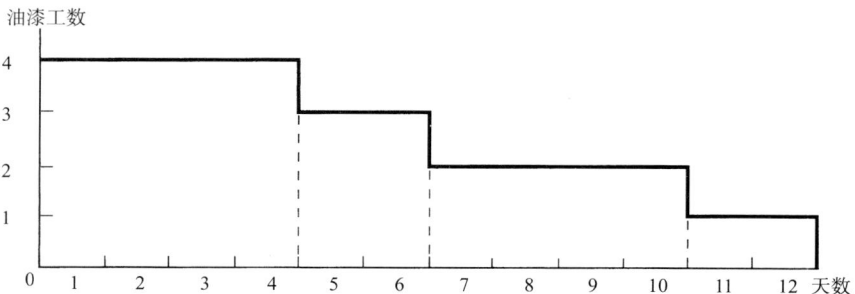

图 6-5　油漆工的资源组合

此外，看看第 4 章中分派责任的内容和第 5 章中估计活动资源的内容以获取更多的相关信息。

✐ **练习题**

2. 资源____计划阐明了在项目整个时间跨度的不同时期的_____。

6.3　资源平衡

资源平衡或均衡方法（resource leveling or smoothing）是制定使资源需求波动最小化的进度计划的一种方法。这种平衡资源的方法是为了尽可能均衡地利用资源并满足项目的进度计划。这是一种反复试验法，即为了保持资源需求均衡水平而推迟了那些非关键（时差为正值）的工序最早开工时间（不超过最晚开工时间），但只能推迟到所有时差为正值的活动不再有正时差为止，否则会使项目超过预定完工日期。资源平衡是在不延长项目要求完工时间的情况下建立资源均衡利用的进度计划。

让我们看看表 6-1、图 6-4 和图 6-5 中的粉刷项目，来确定资源利用是否均衡。表 6-1 和图 6-4 表示了项目的关键路径是由两类活动组成的，它长达 12 天（8 天油漆一楼的房间，另加 4 天油漆楼梯和客厅）。所以，在不延长项目 12 天工期的情况下，这两个活动不能推迟。看图 6-4，我们看到"浴室"可推迟两天，"地下室"可推迟 8 天，而"卧室"可推迟 6 天，所有的都不超过项目 12 天的工期。再看图 6-4，我们可以采取两种方案来平衡每天所需的油漆工的资源。

方案 1：推迟具有最大正时差的"地下室"工序（+8 天时差），可以让它在"卧室"刷完后的第 7 天开始，而不需要同时用两个油漆工分别油漆地下室和卧室，资源平衡表要求使用同一个油漆工先粉刷卧室再粉刷地下室。

方案 2：推迟"卧室"工序，要它在"地下室"完工之后的第 5 天开工，这一方案要求同一个油漆工先粉刷地下室再粉刷卧室（虽与方案 1 相反，但效果相同）。

图 6-6 和图 6-7 画出了当我们选择方案 1 时资源平衡的资源组合。将图 6-6 和图 6-4 比较，我们看到"地下室"的最早开始时间从第 1 天推迟到第 7 天，而它的最早结束时间是现在的第 10 天而不是第 4 天。除了第 11 天，第 12 天之外，

说明图 6-7 比图 6-5 更均衡地利用了油漆工。在两图都需要 32 个油漆工日的情况下，前者的资源平衡进度计划波动较小。

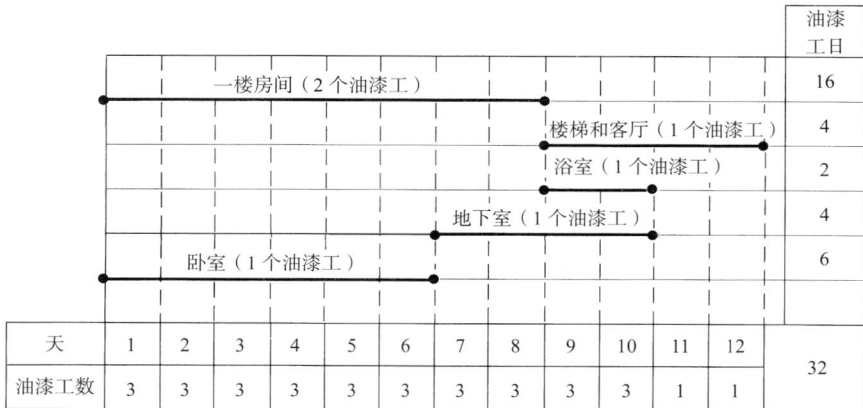

	天	1	2	3	4	5	6	7	8	9	10	11	12	油漆工日

一楼房间（2 个油漆工） —— 16
楼梯和客厅（1 个油漆工）—— 4
浴室（1 个油漆工）—— 2
地下室（1 个油漆工）—— 4
卧室（1 个油漆工）—— 6

天	1	2	3	4	5	6	7	8	9	10	11	12	
油漆工数	3	3	3	3	3	3	3	3	3	3	1	1	32

图 6-6　粉刷项目的资源平衡需求计划

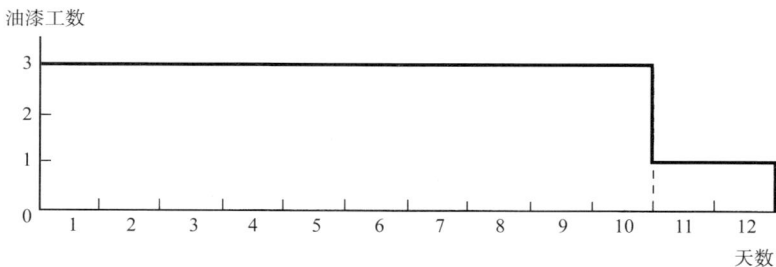

图 6-7　油漆工的资源平衡组合

对于包括各种不同资源的大项目来说，资源平衡是非常复杂的。可以应用各种项目管理软件包来帮助你生成资源平衡进度计划和资源利用图及资源利用组合。

✏ 练习题

3. 资源平衡方法是在_____延长项目_____时间的情况下，建立尽可能均衡利用资源的项目进度计划。

6.4　资源约束进度安排

资源约束进度安排方法（resource-limited scheduling）是在各种可得资源的数量不变的情况下制定最短进度计划的一种方法。这一方法适用于项目可得到的资源是有限的且不能超过该资源约束的情况。由于必须遵守资源约束条件，应用这种方法会导致延长项目完工时间。这是在最小时差的原则下反复地将资源分配到各个工序的一种方法。在几个工序同时需要同一有限资源的情况下，按最小时差的要求将这些资源分配给最优先的工序。一旦资源空闲，就分配给次优先的工序，依次类推。若当其他工序也需要这种资源，而该资源已经全部分给较高优先权的工序时，低优先权的工序就得推迟了；若这种误工状态变糟，即使该工序最终也能爬上优先的阶梯，但也会因该工序的推迟而延长项目完工时间。

图 6-8 说明了只有有限数量的油漆工——两个油漆工完成粉刷项目时所发生的情况。当我们因为最多使用两个油漆工而降低资源标准时，就必须延长项目完工时间。要是在任何时候只能得到两名油漆工，为了满足 32 个油漆工日，项目工期就不得不从 12 天延长到至少 16 天。

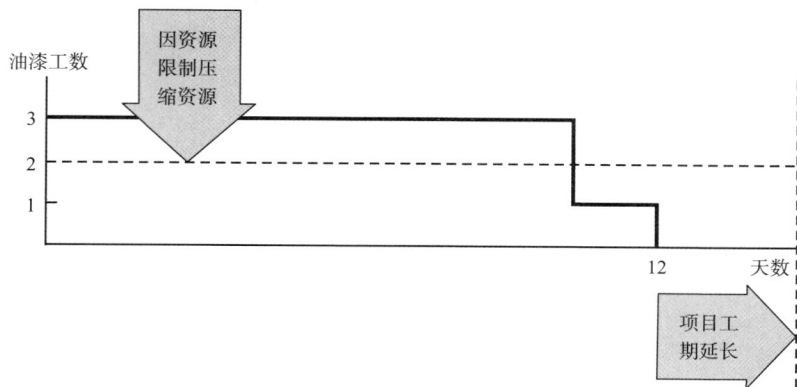

图 6-8　限资源可得性的影响

让我们在如图 6-3 所示的粉刷项目上应用资源约束进度安排。根据图 6-4 所做的图 6-9，表示原来的资源利用情况，它表明项目完成时间是 12 天。我们现在假设只有两个油漆工的情况。

如图 6-9 所示，随着项目开始，三道工序一共要求 4 个油漆工（"一楼"、"地下室"和"卧室"）。由于只能得到两个油漆工，所以根据最小时差确定优先权的原则分配油漆工到各个工序中去。

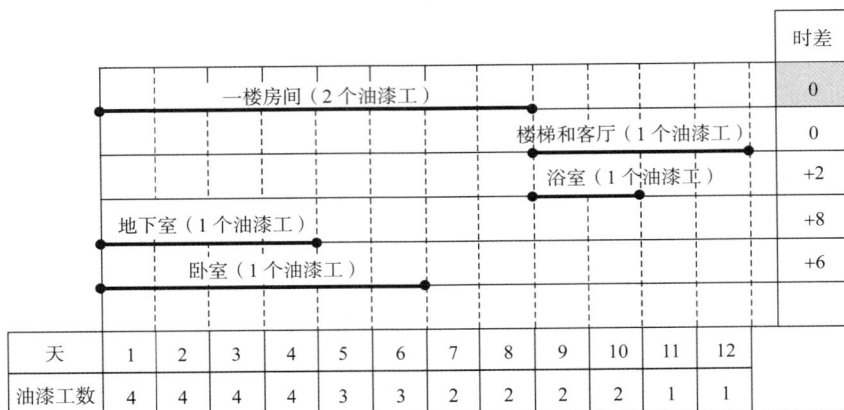

天	1	2	3	4	5	6	7	8	9	10	11	12
油漆工数	4	4	4	4	3	3	2	2	2	2	1	1

图 6-9　资源的利用情况

"一楼"时差为 0 天，而"地下室"为+8 天、"卧室"为+6 天。因而，两个油漆工都被分到一楼，直到他们完成之后再另做安排。（在本例中，假设某个工序一旦开始就必须连续做完而不能中途停工再重新开始。）因为从第 1 天到第 8 天所有可得到的资源都分配到"一楼"，其他两道工序（"地下室"和"卧室"）将延到 8 天之后开工。第一步资源分配如图 6-10 所示。

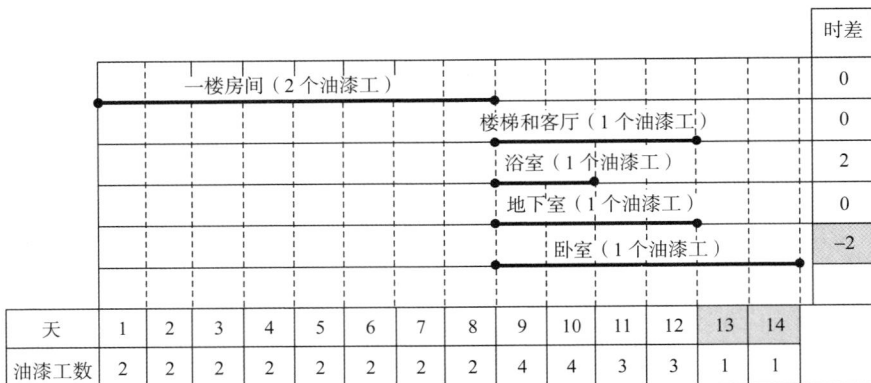

天	1	2	3	4	5	6	7	8	9	10	11	12	13	14
油漆工数	2	2	2	2	2	2	2	2	4	4	3	3	1	1

图 6-10　第一次资源分配

　　由于"卧室"工序的推迟，第一次反复分配油漆工的结果就使得项目完成时间从 12 天延长到 14 天。此外，因为资源需求超过 2 个油漆工的限制，第 9～12 天仍有问题。所以，现在必须在第 9 天做油漆工的第二次分配，对于原来要求 12 天的项目完工时间来说，"卧室"活动时差最小，为−2 天；它的最早期望结束时间是第 14 天，项目要求完工时间是 12 天；"卧室"需要 1 个油漆工，所以 2 个可得到的油漆工中的 1 个被分配给它。还有 1 个油漆工可再做安排。另两类活动"楼梯和客厅"与"地下室"有同样的最小时差（0）。在两者之间做出选择的一种方法是确定哪个活动长期来看更重要。回过来看，我们知道在图 6-10 中"楼梯和客厅"（时差为 0 天）比"地下室"更重要（时差为+8 天）。因此，余下的 1 个油漆工应该分给"楼梯和客厅"。"卧室"从第 9 天开始并持续到第 14 天。"楼梯和客厅"也从第 9 天开始持续到第 12 天。下次有 1 个油漆工闲置下来是在完成"楼梯和客厅"之后的第 13 天。所以，剩下的两类活动"地下室"和"浴室"将推迟到第 13 天开始。第二次资源分配如图 6-11 所示。

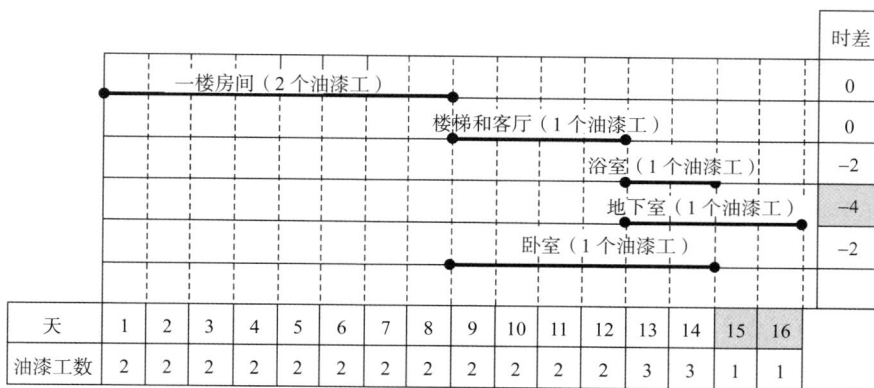

																时差
	一楼房间（2 个油漆工）															0
							楼梯和客厅（1 个油漆工）									0
								浴室（1 个油漆工）								−2
										地下室（1 个油漆工）						−4
								卧室（1 个油漆工）								−2
天	1	2	3	4	5	6	7	8	9	10	11	12	13	14	15	16
油漆工数	2	2	2	2	2	2	2	2	2	2	2	2	3	3	1	1

图 6-11　第二次资源分配

　　第二次分配油漆工的结果延长了项目完工时间，这一次因为"地下室"活动的完工时间从 14 天延到 16 天。因为资源需求超过了 2 个油漆工的限制，在第 13 天和第 14 天仍存在问题，所以，现在必须在第 13 天做油漆工的第三次分配。完成"楼梯和客厅"（记住此时另一个油漆工仍在"卧室"工作）之后可得到 1 个油漆工。另两类活动"浴室"和"地下室"在第 13 天各需要 1 个油漆工。"地下室"与别的活动相比有最小时差（−4 天），所以，这个油漆工应分配给它。"地下室"将从第 13 天开始持续到第 16 天。在"卧室"第 14 天完工之后，就空出 1 个油漆工，所以，"浴室"将延至第 15 天开工。第三次资源分配如图 6-12 所示。

第三次分配油漆工的结果使得项目完工时间相对于过去的要求仍延长了 4 天，但是所有的活动都保持在两个油漆工的限制内安排了开始和结束时间。至此不再需要重复上述步骤。

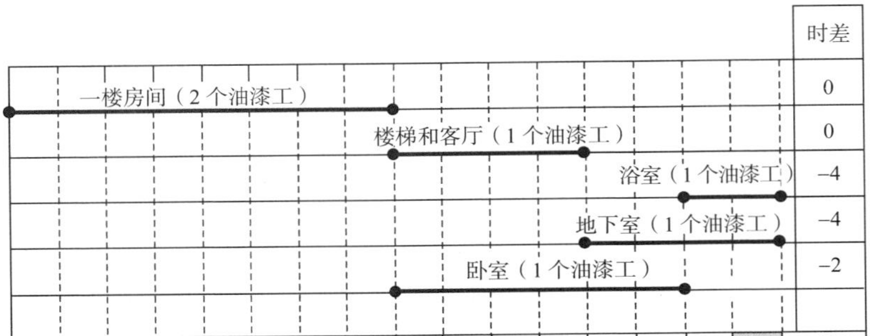

	时差
一楼房间（2 个油漆工）	0
楼梯和客厅（1 个油漆工）	0
浴室（1 个油漆工）	-4
地下室（1 个油漆工）	-4
卧室（1 个油漆工）	-2

天	1	2	3	4	5	6	7	8	9	10	11	12	13	14	15	16
油漆工数	2	2	2	2	2	2	2	2	2	2	2	2	3	3	1	1

图 6-12　第三次资源分配

为了加快进度以在第 12 天完成项目，就必须采用第 5 章提到的一种或多种进度控制方法，如增加更多的油漆工、延长工作时间、减少工作的范围或减少某些活动的要求，或者提高生产率。

对于需要多种资源的大项目来说，由于每种资源可得性的限制不尽相同，资源约束进度安排也变得更为复杂。这可以应用编制资源约束进度安排的各种项目管理软件包来解决。

练习题

4. 资源约束进度安排方法是在各种可得资源的数量不变的情况下制定_____进度计划的一种方法。由于必须遵守资源约束条件，应用这种方法会导致项目完工时间的_____。

现实世界中的项目管理

在多项目计划中分配资源：从战壕中学到的教训

同时管理多个项目或者一揽子项目已成为国防部雇用的项目经理必须面对的工作现实。对单个项目进行资源配置已经可以应对并有了充足的解决方法。但管理多个项目使同样资源的利用更为复杂，要求有效的管理技巧并能够识别关键的资源冲突和优先级。

最近有一项软件需求分析任务要求分析师在一个历时 5 周的开发项目中工作 200 个小时。分析师必须同时面对较高优先级别的生命周期里程碑。有两个交付物须同时处理。第一个交付物要改进功能要求，计划需要工作 120 小时；第二个交付物是完成系统设计文件的创建，计划需要工作 80 小时。分析师报告说这些任务和交付物可以在时间框架内完成。

第一项任务是会见 3 个不同的商业机构以招揽投资，并准备一个当前的进度文件，计划 1 周完成。分析师在为会议准备当前进度文件时发现目前还没有这样的文件材料。分析师与项目经理交流了这种情况，决定与开发商一起准备文件材料。在接下来的 2 周，当准备文件材料时，分析师意识到需要有 10 个商业机构来参与，这些资金资助者遍及全国。计划这个会议会有一半的资助者进行面对面会谈，另一半资助者进行电话会议。最初的任务由一周延长到 2 周，与 10 个资助者的协作则计划用接下来的 2 周完成。第一项任务耗费 4 周，项目中分析师部分的总时间为 5 周。

在准备好功能要求文件并得到批准之前，开发团队还不能开始项目的开发工作。开发任务计划用时 12 周。在项目开始后的前 4 周，功能要求文件仍然没有准备好，开发团队无法开始工作。在延期期间，一个开发者发现了一种合理的技巧，能够使开发时间从 12 周缩减到 3 周。这个时间上的压缩会给项目经理 6 周的浮动时间来达到项目目标。

除了最初第一个任务有 3 周的延迟，项目经理报告了项目的总体情况，如在计划内可接受的目标变化。由于大量资源需要管理及指定了多个项目，功能要求文件的开发和系统设计文件的创建也出现了额外的延迟。7 个额外的商业机构没有指定人来做这个项目。项目经理只能与项目集经理合作来确定项目关键路径对其他项目的影响。由于不可能显示多个项目真实的可得到资源容量，支持资源配置过程的系统也没有发挥作用。

项目小组实施了4种具体的变更方案，来帮助解决这个项目和其他项目中遇到的问题，这些问题并不是这个特定项目所独有的。在最初阶段，无法确定真实的项目集能力。资源的供给和需求都需要好好估计，还要包括一份计划用量的误差范围。每个项目都会追踪项目资源的使用，这个系统不支持项目集层次的对资源的实时追踪。还可以使用综合性的企业资源计划系统来考虑项目间资源的要求。在一些实例中，只需要一份简单的电子数据表来追踪多个项目所涉及的资源。项目经理不用报告项目集层次的任务追踪，只对每个项目的资源库做总结报告。项目经理和项目集经理一起检查任务要求和追踪资源使用，以避免不必要的资源冲突，包括进行任务所需人工量投入的资源估计变化的计算和挣值计算。项目经理只为单个项目确定网络活动的关键路径。通过关键路径分析工具来完成计划复杂项目活动所需的数学算式。项目经理必须明确他们项目中的每个项目中任务都有详细的定义，有必要计算每个任务中真实的人工量投入。没有这样水平的明细，系统就无法评估资源冲突并制定风险降低战略。

希望在了解项目和项目集管理的步骤和复杂性后，我们可以面对那些更具挑战性的多项目的情形，这是开展项目间和项目内的资源管理所必需的。项目管理领域有成功的技巧来管理项目内的资源配置。勤奋和适应这些技巧会有助于提高管理复杂、多项目环境的成功率。

资料来源：E. Lari, J. Beach, T. Mazzuchi, and S. Sarkani, "Allocating Resources in Multi-Project Programs: Lessons Learned from the Trenches, "The Journal of Defense Software Engineering, May 2010.

6.5 信息系统开发的资源要求

信息系统开发包括人力、硬件、软件、数据和网络资源这五种基础的必需资源。人力资源包括最终用户和信息系统专家。硬件资源包括计算机系统、计算机外围设备和存储信息需要的媒体。软件资源就是指导用户执行程序的步骤和规程。信息系统开发创造了组织在数据库中的数据和用来支持项目所有阶段的知识库。网络资源包括沟通媒体和网络支持。

所有资源都分配给了各项活动以完成任务，活动所需资源评估做得越精确，开发项目准时完成的可能性也就越高。大部分信息系统项目给多个任务同时分配资源，不考虑过度配置和为完成项目工作资源之间的冲突。过度配置使得资源过分扩张，增加了项目失败的概率。在第 4 章介绍的经典的 SDLC 问题解决方法中，问题定义步骤中介绍了一种更加仔细的分析方法，可以改进工作、物料和资金资源的分配，从而增加项目成功的概率。

一个例子：ABC 办公室设计公司的因特网应用软件开发（续）

回想第 4 章和第 5 章中 ABC 办公室设计公司的 Beth Smith 担任了一个基于网络的销售报告系统项目开发的项目经理。Beth 已经辨认出需要完成的主要任务和项目计划。管理部门已经同意了项目组 60 天完成开发的计划。Beth 的项目组有 14 个成员，每个成员都对至少一个活动负主要职责，项目职责分配矩阵如表 4-3 所示。大部分活动都需要各项目组成员尽支持职责。

Beth Smith 向每个需要完成的主要任务的负责人征询投入需求，开始制定资源需求计划。Beth 早前已经和项目组进行了协商，以制定职责矩阵并有足够的资源来完成任务。Beth 最初给他们分派的每个活动持续期间都配置了 100%的主要的和支持性的人工量投入。

Beth 还注意到，如果职责分配矩阵中所有任务涉及的每种资源都按 100%来配备，一些资源将被过度分配。现在的情况就是过度分配的资源分配给了一些必要的子任务，以完成主要的任务软件开发、培训和系统转换。Beth 与项目组评估了每个任务，并制定了资源配置的优先级，如果每个活动都需要所有的主要和支持资源来完成工作，那就以此来决定资源分派方式。

据主要承担软件开发活动的 Hannah 说，虽然 Joe 和 Gerri 承担软件开发中的子任务软件包和定制软件的支持职责，但他们对硬件开发和网络开发负主要职责，具有优先权。在这些子任务上，Hannah 有 Maggie 的支持帮助，并决定如果她和 Maggie 需要 Joe 和 Gerrie 的额外帮助来支持她们的软件开发工作，Joe 和 Gerri 会在延长工作时间的基础上承担任务。

其他过度分配还包括，Hannah 和 Gerri 被调配去和 Jim 与 Beth 做培训与系统转换工作。用 2 天的时间就可以完成系统转换，但必须用 4 天的时间来做培训。Hannah 和 Gerri 承担和 Jim 一起培训的任务，Beth 和 Jim 同意如果 Beth 不能在分配的 2 天内完成系统转换，Hannah 和 Gerri 就可以离开培训 2 天。Hannah 和 Gerri 还将和 Jim 一起工作 2 天，如果 Beth 需要他们做系统转换而 Hannah 和 Gerri 有空儿，那么他们可以计划开展更多的培训项目。开发小组建议，他们可以另外准备一个人，在他们做系统开发和测试期间完成系统转换，以避免人员过度使用。

Beth 最终确定了项目报告中的资源需求表，并通报给了管理部门。要想完成这个销售报告系统项目，必要工作时间是 2 040 工时。项目小组有信心在 60 天的框架内完成。表 6-2 显示了资源名称、表 4-3 的职责分配矩阵中的活动、每个活动所用时间、每个资源的总工作时间及资源的工作周期。Beth 还把原料和资金资源纳入了她的报告。

表 6-2　销售报告系统开发项目的资源需求

资源名称	活　　动	活动工时	总　工　时	周　　期
Beth	1.1 收集数据	24		1～3
	1.3 准备问题定义报告	8		55～56
	3.3 评估	16	72	5
	6.2 系统转换	16		31～32
	6.3 准备实施报告	8		59
Jim	1.1 收集数据	24		16
	2.1 会晤用户	40		6～10
	2.4 准备系统分析报告	8		16
	3.1.1 菜单	32		17～20
	3.1.2 数据输入屏幕	32	192	21～24
	3.3 评估	16		31～32
	6.1 培训	32		55～58
	6.3 准备实施报告	8		59
Jack	1.2 可行性研究	32		1～4
	3.3 评估	16	72	31～32
	4.4 准备软件开发报告	16		50～51
	6.3 准备实施报告	8		59

续表

资源名称	活 动	活动工时	总 工 时	周 期
Rose	1.3 准备问题定义报告	8	56	55 ~ 56
	2.1 会晤用户	40		6 ~ 10
	5.4 准备测试报告	8		33
Steve	1.2 可行性研究	32	208	1 ~ 4
	2.2 研究现有研究	64		6 ~ 13
	3.1.3 定期报告	32		17 ~ 20
	3.1.4 特殊问题	32		21 ~ 24
	5.1 测试软件	48		48 ~ 53
Jeff	1.2 可行性研究	32	184	1 ~ 4
	2.3 明确用户需求	40		11 ~ 15
	3.1.3 定期报告	32		17 ~ 20
	3.1.4 特殊问题	32		21 ~ 24
	5.1 测试软件	48		48 ~ 53
Tyler	3.1.1 菜单	32	144	16
	3.1.2 数据输入屏幕	32		21 ~ 24
	4.2 开发硬件	80		31 ~ 40
Cathy	1.2 可行性研究	32	80	1 ~ 4
	3.3 评估	16		31 ~ 32
	5.3 测试网络	32		48 ~ 51
Sharon	1.2 可行性研究	32	48	1 ~ 4
	3.4 准备系统设计报告	16		29 ~ 30
Hannah	2.1 会晤用户	40	136	6 ~ 10
	3.4 准备系统设计报告	16		29 ~ 30
	4.1.1 包装	16		31 ~ 32
	5.3 测试网络	32		48 ~ 51
	6.1 培训	32		55 ~ 58
Joe	3.2 处理数据和建数据库	80	192	17 ~ 26
	4.2 开发硬件	80		31 ~ 40
	5.2 测试硬件	32		48 ~ 51

资源名称	活　　动	活动工时	总　工　时	周　　期
Gerri	1.1 收集数据	24	200	1～3
	3.1.3 定期报告	32		17～20
	3.1.4 特殊问题	32		21～24
	4.3 开发网络	48		31～36
	5.2 测试硬件	32		48～51
	6.1 培训	32		55～58
Maggie	2.1 会晤用户	40	216	6～10
	4.1.1 包装	16		31～32
	4.1.2 定制软件	104		33～45
	5.1 测试软件	48		48～53
	5.4 准备测试报告	8		54
Gene	3.2 加工&数据库	80	120	17～26
	5.2 测试硬件	32		48～51
	5.4 准备测试报告	8		54
Greg	3.2 处理数据和建数据库	80	120	17～26
	5.3 测试网络	32		48～51
	5.4 准备测试报告	8		54
培训材料	6.1 培训			55～58
软件包装	4.1.1 包装			31～32
旅行	2.1 会晤用户			6～10
		2 040	**2 040**	

6.6　项目管理信息系统

　　项目管理信息系统提供了良好的功能以解决项目中的资源配置问题。大多数软件包让你创建和维护一个资源表，该表中的资源对于项目中的各项任务来说是可以获得的。该表让你存储资源的名称、可得的最大单位数量、标准和超时工时率及成本等条件。另外，由于资源的费用能在整个项目期内以不同的倍数增加，绝大多数软件系统允许你在项目开始或在项目结束时以固定间隔提供一笔资源的款项。此外，在规定的时间对每种资源的可得性也可编制一个日历表。

软件会提醒使用者是否有资源配置的时间冲突，或者是否在一个或几个项目之间有过量的资源分配。资源利用的图表也可从中得到。

为了解决任何冲突或平衡这些资源，软件提供两种选择：一是手工修改状态，在这种选择中使用者修改任务信息和要求或修改资源表，然后看看问题是否解决了；二是让软件自动运行这个过程。如果选择自动过程，软件就会向使用者提问，要是延长最后期限是唯一解决冲突或平衡资源的方式的话，是否延长最后期限？

关键的成功要素

- 由于进行项目活动所需的大量各种类型的资源可能是有限的，所以资源的有限性会阻碍项目工期的完成。
- 如果在计划中考虑资源的话，就必须为执行每个活动所需的资源的数量和种类进行估计。
- 如果资源不充足，那么一些活动就不得不被重新安排在所需的资源可以获得的时间里。
- 资源的平衡和均衡是开发一个试图使资源需求波动最小计划的方法，使得在不超过所需的完成时间的情况下，尽可能均衡地使用资源。
- 有限资源计划是在资源数量固定的情况下，开发最短期计划的方法。如果必须保证在资源限制内，那么将会延长项目的完成时间。

小结

对资源的考虑为计划和进度安排增加了一个新的维度。有必要估计出完成每项活动所需资源的种类和数量。这些资源包括人员、物资、设备、工具、设施等。一份资源需求计划阐明了在项目整个时间跨度内不同时期的预期资源配置。

资源配置的另一方面（除时间因素以外）是计划和进度。在许多项目中，进行各种项目工序可得到的各类资源的数量是有限的。某些工序可能同时需要同一种资源，但往往不可能得到充分的资源来满足所有的需要。换句话说，这些工序对同一种资源具有竞争性。如果不能得到充分的资源，某些工序就不得不重新计划，要等到它们所需要的资源可以得到时才能开始。因此，项目进度会受到资源的限制。

资源配置的一种方法是利用网络图的形式在考虑资源的情况下画出各工序之间的逻辑关系，即除了表示出各工序之间的技术限制之外，网络图也要考虑资源限制。画出工序的顺序就能反映有限数量资源的可得性。

资源平衡或均衡方法是制定进度计划并使资源需求波动最小化的一种方法。这种平衡资源的方法是为了尽可能均衡地利用资源并满足项目要求的完成进度。平衡资源是在不使工期超过原定完工时间的情况下，尽可能均衡地利用资源并建立资源利用进度计划。在资源平衡中，原定的项目完工时间是不变的，而在努力减少波动的情况下，资源是可变的。

资源约束进度安排方法是在各种可得到的资源数量固定时制定最短进度计划的一种方法。这一方法适用于项目可得到的资源是有限的且不能超过该资源约束的情况。由于必须遵守资源约束条件，应用这种方法会导致延长项目完工时间。这是在最小时差的情况下反复地将资源分配到各个工序的一种方法。不断地重复各步骤直到满足资源约束为止。在资源约束进度安排中，为了不超过资源约束，资源是不变的，而项目完工时间是可变（可延长）的。

表6-3显示了资源平衡方法和资源约束进度安排方法之间的区别。

表6-3　资源平衡方法和资源约束进度安排方法的不变因素和可变要素

	不变因素	可变因素
资源平衡方法	项目原定完工时间	资源
资源约束进度安排方法	资源	项目原定完工时间

对于要求多种资源的大项目来说，由于每种资源的可得性的限制不尽相同，资源约束进度安排也变得更为复杂，可应用各种项目管理软件包来解决。

思考题

1．给出至少10种资源的例子。

2．考虑一个你正在进行或已做完的项目，列出项目中用过的全部资源。

3．讨论在制定进度计划时为什么需要配置资源。

4．叙述在画网络图时资源是如何配置的。

5．什么是技术约束？请举出几个例子来。

6．什么是资源约束？举出几个例子。

7．叙述资源平衡或均衡方法的含义，为什么要使用它？什么时候使用它？

8．资源平衡方法会使项目按进度进行吗？如果那样，应该怎样做？

9．叙述资源约束进度安排方法的含义，为什么要用它？什么时候用它？

10．资源约束进度安排方法会使项目按进度进行吗？如果那样，应该怎样做？

11．利用下图进行资源平衡。假设每项任务的进行不依赖于其他任务。

天	1	2	3	4	5	6	7	8	9	10
工人	6	6	6	4	2	3	3	4	3	3

任务1（2个工人）
任务2（1个工人）
任务3（3个工人）
任务4（2个工人）
任务5（1个工人）
任务6（3个工人）

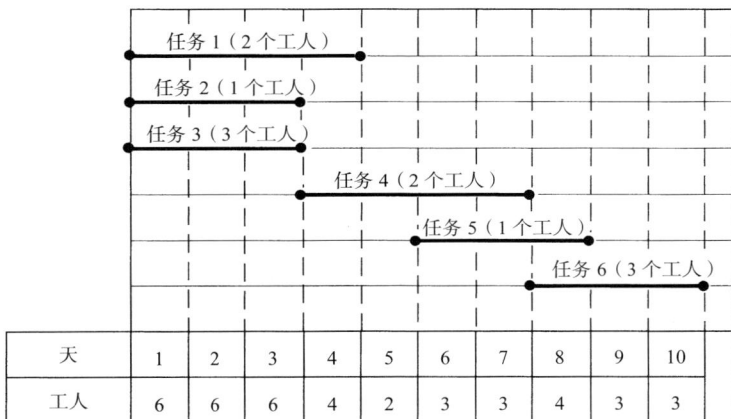

12．利用第11题的图进行资源约束进度安排。假设你在任何给定时刻只能得到3个工人，项目新的完工日期是多少？

WWW 练习

1．搜索资源平衡和均衡方法的网页并描述你所找到的内容。

2．找到并描述至少一个项目管理软件包是如何处理本章讨论的资源的。

3．从问题3到问题5，访问项目管理协会的网站，点击"About Us"并描述该组织的使命。

4．点击"Resources"链接，浏览网站提供的资源，并总结一篇能够吸引你的内容。

5．浏览"Latest News"或"Upcoming Events"链接，描述你所找到的内容。

附录 6A Microsoft Project

在这个附录中，我们将以消费者市场研究项目为例来讨论 Microsoft Project 如何用来支持本章讨论的技术。当在加入实际完成日期和新任务之前设置基准时，为了查询项目信息，进入"File"菜单，选择"Open"，找出在第 5 章保存的消费者市场研究项目的文件。我们现在准备增加额外资源，管理任务中资源的时间分配，评估任务用途，平衡过度分配的资源，并给出资源报告。

图 6-13 显示了消费者市场研究项目的资源表单，为得到资源表单，进入"View"菜单，在"Resource Views"中选择"Resource Sheet"。你可在这个表格中输入包括每种资源具体工作日历信息在内的资源信息。除了人力资源外的其他资源也能在这个表格中输入。人力资源可作为工作资源输入。其他类型的资源作为材料或成本资源输入。资源表单的"Type"列显示了资源的类型是工作、材料还是成本。

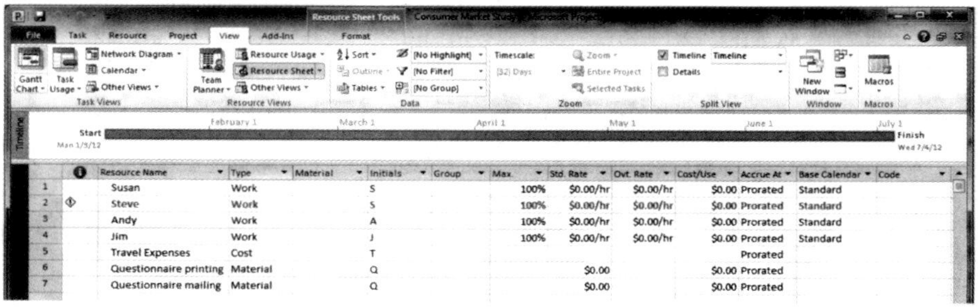

图 6-13   资源表单

通过在"Resource Name"列中输入名字和通过点击"Type"列中的下拉箭头选择材料或成本类型来增加材料和成本资源。消费者市场研究项目除了需要 4 种工作资源外，还需要两种材料资源和一种成本资源。

若对每种资源的附加信息进行添加，可以通过双击"Resource Name"列的"Resource Name"按钮。有一个"Resource Information"窗口，包括四个标签：整体、成本、标注和自定义范围，如图 6-14 显示，可加一个标注来提供成本资源的附加信息。

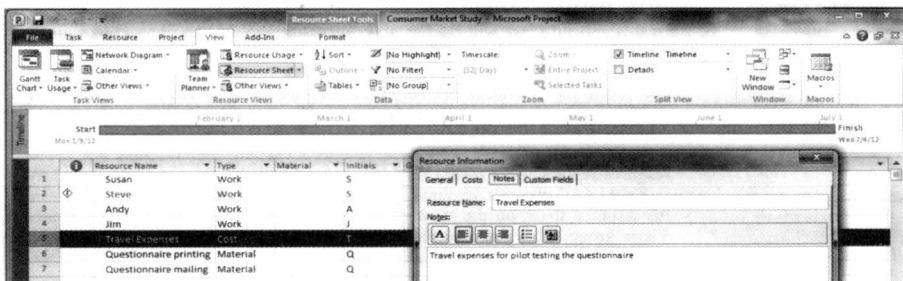

图 6-14 资源标注

通过查看甘特图条目表，视图中的任务列表将新材料和成本分配到消费者市场研究项目的任务中。记得能通过在"Task Views"中的"View"菜单中选择"Gantt Chart"，然后再选择"Data"组中的"Table"并且选择菜单中的"Entry"查看甘特图的条目表。为了在任务中添加材料或成本信息，双击任务名称打开"Task Information"窗口。在"Resource"记录中，输入资源名称或通过点击单元格中的下拉箭头从资源列表中选择。在图 6-15 中记录在第 5 章中邮件问卷和得到回复的活动持续时间已经减少到 55 天，并且问卷邮寄已经作为材料资源加到了项目中。现在把成本资源和差旅费加到试验性测试问卷活动上。把物资和问卷邮寄加到邮寄问卷和得到回复的活动上。

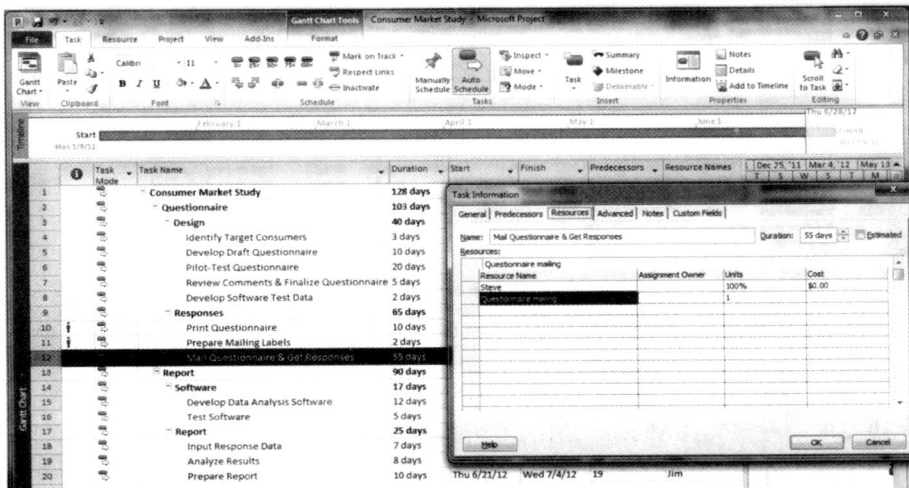

图 6-15 向任务中增加资源

对于消费者市场研究项目，并不是所有的工作资源都用于任务的整个工期。对于印刷问卷、邮寄问卷和得到回复的活动，Steve 并不是在任务的整个工期中都工作。对于印刷问卷活动，他工作 1 天，对于邮寄问卷和得到回复活动，他工作 5 天。在 Microsoft Project 中你可以选择，制定依赖于必要人工量来完成任务的工期，并且将任务的类型设置为固定单位、固定工作还是固定工期。如果没有设置任务人工量的类别，并且任务的类型设置成固定工期，那么任务的实际工作时间就可以予以设定而且不影响任务工期。

在甘特图的条目视图中，输入新的三列。点击"Add New Column"，从第一列的菜单中选择"Effort Driven"。点击"Add New Column"，第二列选择"Type"。点击"Add New Column"，第三列选择"Work"。通过点击单元格里的下拉箭头把每一个任务的"Type"列改为"Fixed Duration"。把"Work"列中 Steve 在印刷问卷活动中的工作时间定为 8 小时，在邮寄问卷和得到回复活动中的工作时间定为 40 小时，如图 6-16 所示。

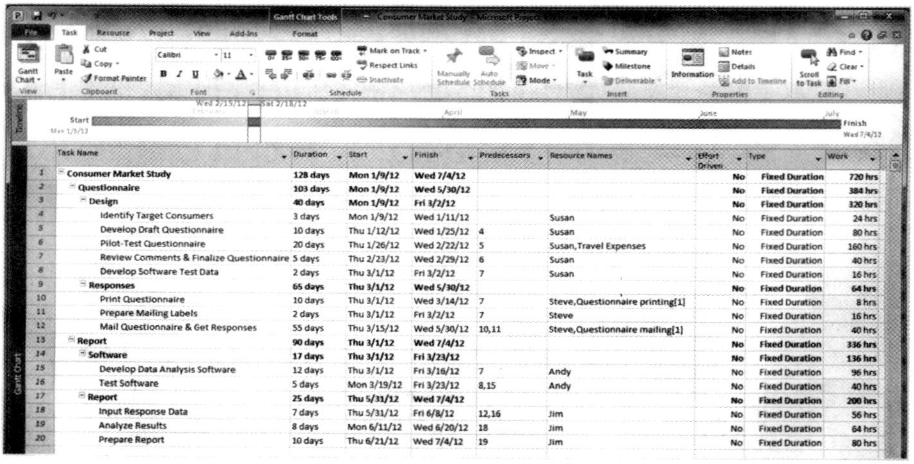

图 6-16　将工作时间设为固定工期

Microsoft Project 会在每个任务的时间中输入时间的百分比。这两个任务都需要尽快完成。在"Task Views"组的"View"菜单中点击"Task Usage"可打开任务使用表单。移动到计划细节的 3 月 1 日，在 Steve 要完成的打印问卷活动工作中输入"8h"，删除其他在活动工期中输入的时间。检查问卷印刷的时间是 80 小时。对于邮寄问卷和得到回复的活动，移动到活动开始日期，3 月 15 日，在 Steve 要做的 3 月 15 日到 3 月 21 日的每个单元格中输入"8h"，删除任务的剩余时间。检查问卷邮寄的时间是 40 小时。图 6-17 显示了 Steve 工作时间的变化、材料资源工作时间的变化，以及在计划细节上工作小时数的变化。

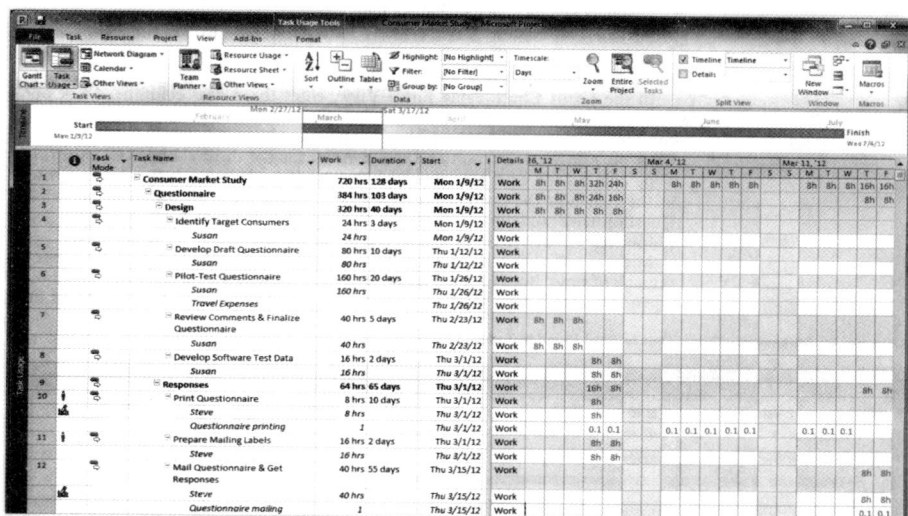

图 6-17 对"任务"的操作

与资源相关的各种报告都可以得到。确定资源表单工具在菜单的格式上面。要想显示资源表单，在"View"菜单中点击"Resource Views"组的资源表单。想要看与资源相关的各种报告，进入"Project"菜单，选择"Reports"组中的"Reports"，再选择"Assignments"，然后点击"Selection"。如图 6-18 所示，有 4 种工作报告可以利用。

从工作报告菜单中选择"Overallocated Resources"。

如图 6-19 所示，这是个有关过度分配资源信息的报告。在这个例子中，标明在 2012 年 3 月 1 日星期四，Steve 被指派每日准备邮寄标签 8 小时。他也被指派在同一天印刷问卷。换句话说，这个报告预示着 Steve 被指派在星期四（3 月 1 日）当天要做两种不同的、各自耗费 8 小时工作。这种过量分配的资源是需要平衡一下的。

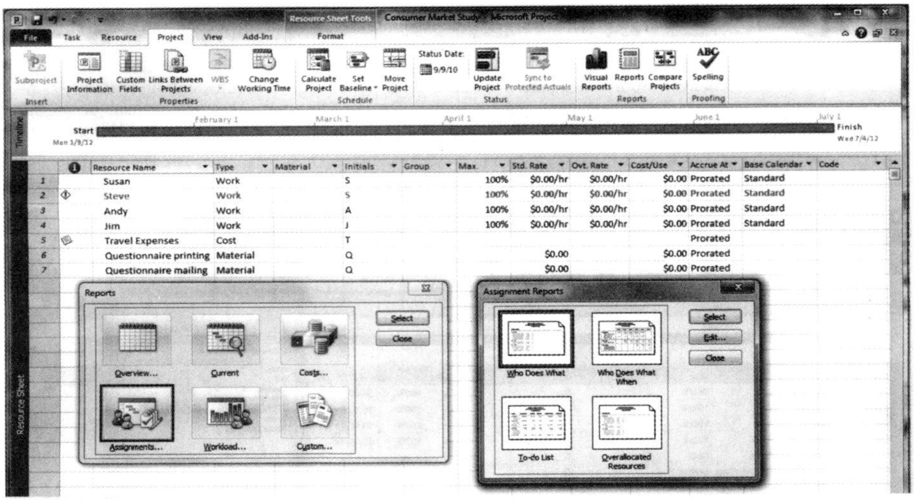

图 6-18　指派报告

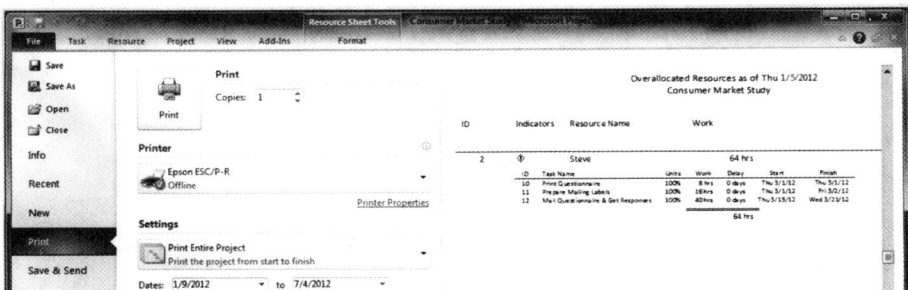

图 6-19　过度分配资源报告

　　要想用软件进行资源平衡，进入"Resource"菜单，选择"Level Resource"，会自动弹出一个与图 6-20 相似的屏幕，在 Microsoft Project 中，资源平衡工具基本只关注过度分配的资源，以及通过延长项目的最后期限，来解决过度分配问题。当进行这种平衡时，Microsoft Project 不改变资源分配，也不改变任务信息，它只延迟资源过度分配的任务。资源平衡可以通过选择要被平衡的资源的名字或点击"Level Now"按钮来执行；资源平衡也可以点击在"Resource"菜单中的"Level"的"Clear Leveling"按钮来撤销。在 Microsoft Project 2010 中的另一种方法是，点击"Resource"菜单的"Level"中的"Level All"。Microsoft Project 如何进行资源平衡可以通过点击"Resource"菜单的"Level"中的"Leveling Options"来

选择。如图 6-21，在 "Task Usage" 视图中标明，在 3 月 2 日星期五，Steve 准备
邮寄标签的工作时间已经开始。

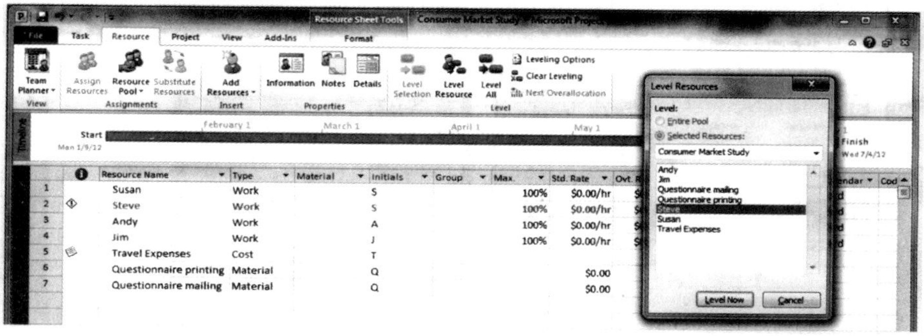

图 6-20 资源平衡

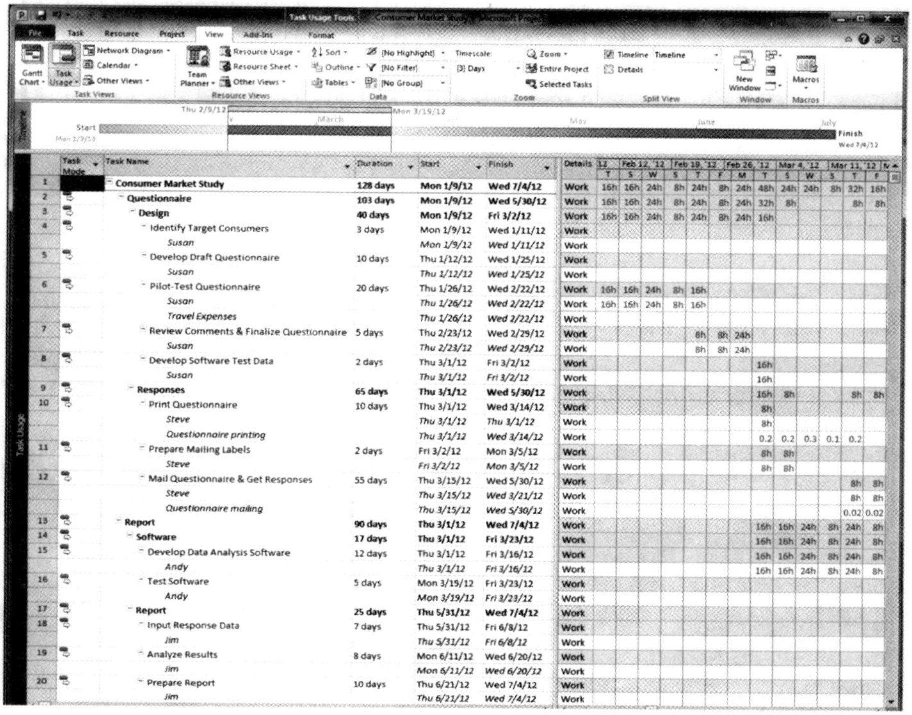

图 6-21 任务使用总结

这个 "Resource Usage" 报告会显示一个清单，包括项目所有资源和周计划

工作的总时间。为得到资源使用报告，首先进入"View"菜单，选"Resource"，再选"Resource Usage"。然后进入"Project"菜单，选择"Reports"，在"Reports"菜单中选择"Workload"，再选择"Resource Usage"，会生成"Resource Usage"报告。这个"Resource Usage"报告如图 6-22 所示。

定期保存控制项目变化的基准是很重要的。要想保存基准项目数据，进入"Project"菜单，选择"Schedule"，再选择"Set Baseline"。

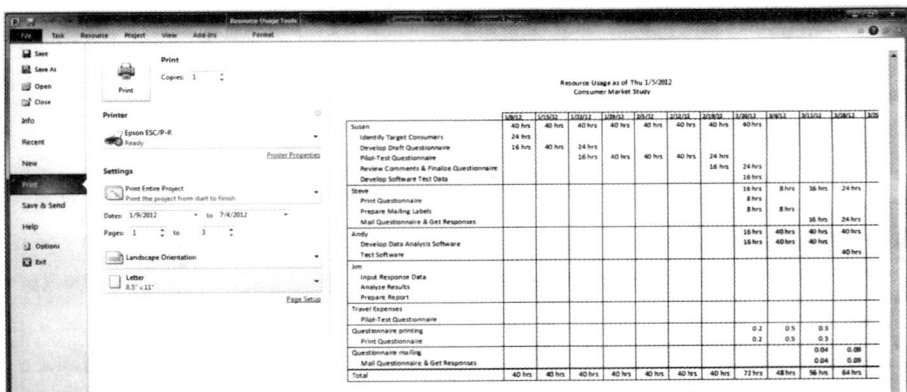

图 6-22 资源使用报告

案例研究 6-1　一个非营利性的医疗研究中心

这个案例是第 4、5 章案例研究的延续。

❓ 案例问题

1. 根据第 4 章的责任矩阵和第 5 章的计划表，现在来开发一个资源需求表格，对每种资源的安排都基于最早可以完成的计划。

◤◢ 小组活动

就像以前章节的小组活动一样，把课程参与者分成 3~4 人的相同的小组，并想一下以上的每一步。

注：第 7、8 章还将继续利用这个案例学习，请保存好你的结果。

案例研究 6-2　婚礼

这个案例是第 4、5 章案例研究的延续。

❓ 案例问题

1. 根据第 4 章的责任矩阵和第 5 章的计划表，现在来开发一个资源需求表格，对每种资源的安排都基于最早可以完成的计划。

◣ 小组活动

就像以前章节的小组活动一样，把课程参与者分成 3~4 人的相同的小组，并想一下以上的每一步。

注：第 7、8 章还将继续利用这个案例学习，请保存好你的结果。

第 **7** 章　确定成本、预算和挣值

本章内容支持《PMBOK 指南》中的如下领域：

项目集成管理

项目成本管理

现实世界中的项目管理

为什么大型油砂项目的成本超支和进度超期?

在加拿大亚伯达省的油砂中发现了世界上最大的碳氢化合物矿藏之一。目前的技术能够将锁在含砂沥青中储藏的油的 1.6 万亿桶油中开采出 1 750 亿桶。亚伯达省油砂开发项目的投资额在 80 亿~100 亿美元，并且雇用了数千名工人。环境的影响、水的需求、供给效益、充足的劳动力施工效率、能源需求、基础设施制约和市场状况都是每个油砂开发项目所面临的挑战。记录的成本超支已经达到了最初成本估计的一倍。成本超支和进度超期是范围、质量、时间、成本、效率、材料和领导的管理不善造成的。

许多大规模基础设施项目存在成本超支，例如，丹佛国际机场花费了 50 多亿美元，成本超支了将近 2 倍，为 2012 年伦敦奥运会建造的温布利体育场花费了 15.4 亿美元，是代价最高的竞技场，很多原因应该或者本可以通过增加研究和增加项目决定进程的责任而避免。

一个典型的油砂开发项目包括工程的人工量投入和施工的人工量投入。工程的人工量投入包括 350 万工作时，每小时 100 美元；4 万~5 万张设计

图纸和 1 万～2 万张卖家和商店图纸。施工的人工量投入包括资金中每 100 亿美元将近 5 000 个工作时，有着 300%职工流动率的 10 000 名工人，500～800 名信贷支持人员和 8 000 万种材料物品。

亚伯达省油砂的一个所在区域是麦克默里堡。10 000 名施工工人被成对分配工作，每天至少做两种不同的工作。他们使用脚手架、索具、焊接工具、X 射线技术和各种其他材料来完成任务。对项目管理的要求很高，这对于安排在 10 天轮班工作的超过 10 万项工作以获得项目成功很有必要。

成本超支的主要原因包括粗糙的前期计划、采购问题、失败的启动和地点控制、人力资源问题、弱化的组织、不当的项目进程管理和缺乏项目控制。成本超支的调查表明，项目的最初成本估算不现实，过度乐观。

成本问题大部分和劳动力相关。在加拿大亚伯达省的北部，人们严重低估了吸引和维持劳动力的成本。将工人从营地运送到遥远的项目区域的运输成本，营地开发和运营成本，都被低估了。有能力的工人的缺乏和低于预期的生产效率导致了更高的加班费用。对优秀工人需求的加大也提高了劳动力的成本率。

和材料、设施相关的成本也估计不当。材料定价的变动，特别是那些价格增长一倍的金属，也被低估了，并且缺少应急费用。但采用的合同类型使得材料成本的增加从供应商和承包商转嫁到了石油开发公司。

通常，一个施工项目需要赶工。由于成本和人工量投入有关，进度压缩应计划在施工工作中进行，而不是在工程工作中；工程通常比施工的人工量投入每小时花费更多。对油砂开发而言，劳动力成本包括营地成本，以及超过了工程人工量投入的成本。进度超期迫使开发项目压缩施工期。在施工期间的赶工成本是每小时 120～180 美元，比工程投入的成本要高许多。

项目小组未来要避免成本超支和进度超期，可以通过增强风险管理意识、开展项目控制、变更控制、沟通、组织和落实项目责任等一系列策略，改善管理、设计、施工和争议的合同策略，规划好项目区域和布局，以减少时间浪费和提高生产效率，并且让项目合伙人、承包商和工程公司连成一线。目的是，要尽早查明和限制系统性的成本低估、范围变更和进度偏离，以避免成本超支和进度超期。

资料来源：J.Ruwanpura and G.Jergeas, "Why Cost and Schedule Overruns on Mega Oil Sands Projects?" Cost Engineering 52, no.1(2010):24-27.

本章概要

除了建立项目基准进度计划之外，也必须制定基准预算。对每一个具体的活动都必须做成本预算。项目预算是通过汇总所有活动的成本估计而确定的。然后必须将预算分摊到项目的预期时间跨度中，建立一个分阶段基准预算，用来分析项目的成本绩效。一旦项目开始，就要监督实际成本和工作绩效。在项目进行期间，定期监控如下相关成本参数：

- 自项目开始以来累计实际成本额。
- 自项目开始以来已完工工程的累计挣值。
- 根据项目进度计划，自项目开始以来计划应支付的累计预算成本额。

必须对这三种参数相互进行比较来评估项目能否在预算内完成，以及挣值是否与实际成本相当。

如果在项目的任何阶段认定项目超出预算或挣值不能补偿实际成本，就必须采取修正措施。一旦项目成本失控，就很难在预算内完成项目。正如你在本章看到的，有效成本控制的关键是及时定期地分析成本绩效。在情况变糟之前，较早地发现成本偏差有利于及时修正。在本章中，你将学会怎样根据实际成本和挣值来定期预测全部项目能否在预算内完成。你将了解如下内容：

- 估计活动成本。
- 确定分阶段基准预算。
- 确定工作绩效。
- 分析成本绩效。
- 预测项目完工成本。
- 监控项目成本。
- 管理现金流。

学完这一章后，读者应该掌握：

- 估计活动成本。
- 汇总预算成本。
- 制定分阶段基准预算。
- 描述如何累计实际成本。
- 确定工作绩效。
- 计算和分析关键项目绩效措施。
- 讨论和应用某些方法以控制项目预算。
- 说明管理现金流的重要性。

7.1　项目成本估计

估计项目总成本经常在项目初期进行，或是在项目承包商准备项目建议书期间进行，但详细的计划通常不在此时准备。然而，在项目计划阶段定义具体活动和制定网络计划时，一旦定义了具体活动，就要估计资源、工期和每一个具体活动的成本。正如在第 5 章中提到的，估计每个具体活动将使用的资源的类型和数量是非常必要的。资源包括人力、原材料、设备、特别设施等。估计活动资源是估计活动成本的基础。每一个具体活动的估计成本包括以下内容：

（1）劳动力。这部分给出的估计成本包括将在项目中工作的各类人员，如油漆工、设计师和计算机程序员等。劳动力成本按每个人的每个类别来估计工作时间（不必和活动的估计工期一致）和工时率。

（2）原材料。这部分是承约商或项目团队所须为项目购买的各种原材料的成本，如油漆、木料、管子、毛毯、电缆、纸、艺术品、食品、计算机或软件包。

（3）设备。作为项目的一部分，一些项目必须采购设备和物料，如计算机和机器。举个例子，一个诊所建设项目包括各种类型的医药设备的采购。或者，制造设备升级项目可能包括新生产机器的采购。还有，一个新办公室项目可能包括新计算机系统的采购。

（4）特殊设备。一些项目可能需要为项目组或因某些安全因素而准备特殊的设备，或者准备额外场地以储存原材料或建造、装配和测试项目成品（可交付使用的）。如果需要这样的特殊设备，租用场地的估计费用就需要包括进去。

（5）分包商和顾问。当承约商或项目团队缺乏某项专门技术或不具备完成某个项目任务的资源时，他们可以雇用分包商或顾问执行这些任务，如设计小册子、编制培训手册、编制软件和举办招待会等。

（6）差旅费。如果在项目期间需要到外地出差，就需要差旅费（如机票），还包括住宿费和必要的餐饮费。

（7）应急费用。除此之外，承约商或项目团队还应准备一定量的意外开支准备金，就像储蓄一样，以便在项目期内发生意外事件时使用。这包括在最初定义项目范围时所遗漏项目的费用，由于第一次没做好而要返工（重新设计）的费用，或很可能发生影响较大的风险的费用。

表 7-1 显示了在消费者市场研究项目中每个活动的估计成本。例子中的劳动力成本是以第 6 章资源需求计划在这一部分所讨论的估计工作天数为基础的。这里还要提到几个附加假设：

- 活动 3 "试验性测试问卷调查表，"需要出差去引导讨论组，以获得有关问卷草稿的反馈和评论，因此差旅费的估计成本要包括在内。
- 活动 6 "打印问卷调查表，"它分包给了供应商，因此供应商的估计成本要包括在内。
- 活动 9 "邮寄问卷调查表并获得反馈"需包括邮费的估计成本。
- 投资方已经同意了项目 40 000 美元的预算。

表 7-1 消费者市场研究项目的预估成本

活　　动	负责人	工作天数（天）	劳动力成本率（$）	劳动力成本（$）	原材料成本（$）	差旅费（$）	总成本（$）
1. 识别目标消费者	Susan	3	260	780			780
2. 设计初始问卷调查表	Susan	10	260	2 600			2 600
3. 试验性测试问卷调查表	Susan	20	260	5 200		3 000	8 200
4. 评审建议并确定最终调查表	Susan	5	260	1 300			1 300

续表

活　　　动	负责人	工作天数（天）	劳动力成本率（$）	劳动力成本（$）	原材料成本（$）	差旅费（$）	总成本（$）
5.　准备邮寄标签	Steve	2	200	400			400
6.　打印问卷调查表	Steve	1	200	200	1 700		1 900
7.　开发数据分析软件	Andy	12	300	3 600			3 600
8.　设计软件测试数据	Susan	2	260	520			520
9.　邮寄问卷调查表并获得反馈	Steve	5	200	1 000	7 800		8 800
10.　测试软件	Andy	5	300	1 500			1 500
11.　输入反馈数据	Jim	7	400	2 800			2 800
12.　分析结果	Jim	8	400	3 200			3 200
13.　准备报告	Jim	10	400	4 000			4 000
合　　　计		90		27 100	9 500	3 000	39 600

　　让某项具体工作及其相关成本的负责人估计成本是一个好办法。这会得到该负责人的认可，并防止了由一个人对整个项目的全部成本进行估计所带来的偏差，在某些情况下，如在涉及几百人在几年中开展各种活动的大项目中，让每个人都去做成本估计是不现实的。在这种情况下，每一层相关组织或分包商有责任为一组或一种活动指定一个有经验的人负责本部门所承担工作的成本估计。如果承约商或该部门曾做过类似项目并保留了各种实际成本的档案，这些历史数据就可以指导以后项目相似条目的成本估计了。

　　成本估计应是合理的和切合实际的，把所能想象到的、要发生或可能出错的事情都归入意外开支准备金里的"虚报"是不现实的。一方面要是成本估计过于保守，项目的全部估计成本可能超过发起人或客户所愿为项目支付的资金，并高于其他承约商；另一方面，要是成本估计过分乐观且有些意外费用必须支付的话，承约商和项目组可能就必须尴尬地回到客户那里要求追加投资。

　　在项目的一开始就要表明，用关注活动准确性的置信水平来估计所有活动的成本是不可能的。特别是对于长期项目而言更是如此。估计近期活动的成本可能很容易，但是随着项目的进行，项目组可以在知道更多信息或者可以很清楚地考虑和更为精确地估计成本之后进一步详细估计成本。

✎ **练习题**

1. 列出应估计的成本细目。
2. 一个活动的估计成本应该是_____和_____。

7.2 项目预算

项目预算过程包括两个步骤。第一，每个工作包的预算是通过汇总在工作分解结构中和每个工作包相关的所有具体活动的估计成本来确定的；第二，将每个工作包的预算分摊到为工作包所安排的活动的预期工期内，这才有可能知道在任何时点预算应当支出多少。

7.2.1 分摊总预算成本

项目总成本将按各成本要素——人工、原材料、设备和分包商，分摊到工作分解结构中适当的工作包中，并为每一个工作包建立总预算成本（Total Budgeted Cost，TBC），也可以参考每个工作包的完工预算（Budget at Completion，BAC）。每个工作包的 TBC 就是组成各工作包的所有活动的成本的加总。当所有工作包的预算总计后，他们不能超过发起人或客户为项目预算所提供的资金总数。

所有活动的最初估计成本的总和通常不会比发起人或客户为项目预算所提供的资金总数多，而且可能要反复修改具体活动的估计成本，以最终得到一个能够接受的基准预算。

有时候，项目组或分包商通过强制配合估计活动成本以满足客户要求的总成本数量。他们仅仅通过主观估计来减少具体活动的估计成本，并使人相信无论如何（侥幸地）活动都能在该成本内完成项目。然后当项目不能在预算内完成时，他们似乎就很惊讶！应该的做法是，深入考虑实际来估计活动成本，然后确定估计的总成本超过客户期望的成本多少。那样的话，他们能够合理地确定怎样减少成本以迎合客户预算内的总估计成本。这是通过确定如何减少具体活动的估计成本来实现的。这可能意味着做一些权衡决策，用低成本或更有效的资源来取代另一些资源，分包某些任务，缩减范围或降低规格等。最后一个办法是找发起人或客户要求追加投资或缩减范围。在项目中最好早一点通知客户，而不是让客户之后感到惊讶。对客户做些营销工作也很重要。

图 7-1 表明了把 600 000 美元的项目成本分摊到工作分解结构中各个工作包的情况。每个工作包中的金额代表安排和完成所有和工作包相关的具体活动的 TBC。

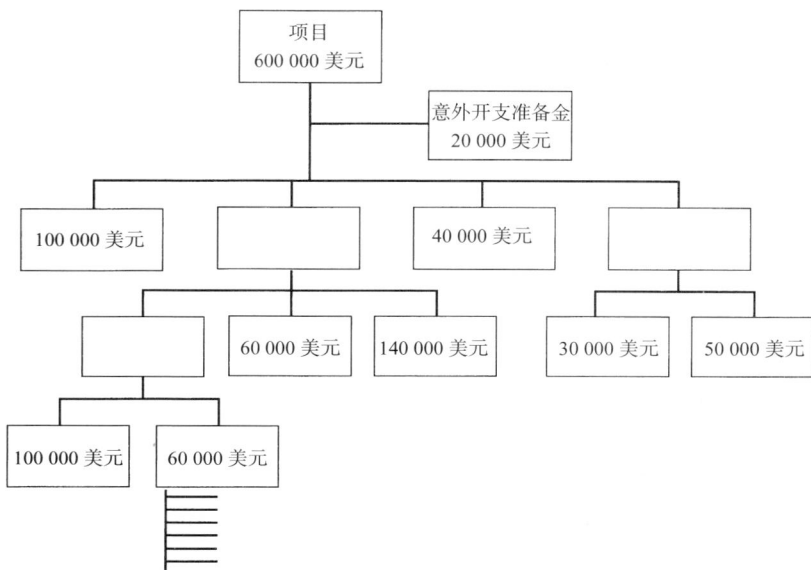

图 7-1　分摊预算成本的工作分解结构

图 7-2 是设计和制造专用自动包装机并安装到客户工厂的项目网络图。这部机器将把客户的产品装入盒子里，再通过高速传送带传送。该项目将作为后面几节的例子来使用，所以比较简单。该项目由三部分活动组成，网络图显示了每个活动的工期（以周为单位）。图 7-3 是带有每个工作包总预算成本的工作分解结构。

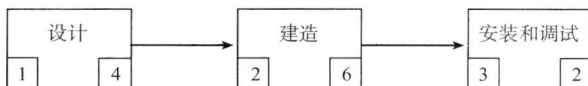

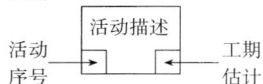

图 7-2　包装机项目的网络图

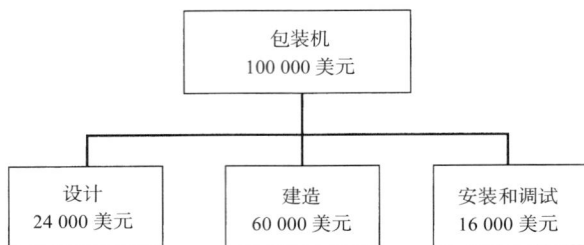

图 7-3　包装机项目的工作分解结构

✎ **练习题**

3. 项目预算过程的第一步是通过_____在工作分解结构中和每个_____相关的所有_____来确定的。

4. 参考表 7-1 和图 4-4，每个工作包的总预算成本是多少？

7.2.2　生成累计预算成本

　　一旦为每个工作包建立了总预算成本，项目预算过程的第二步就是将 TBC 分摊到各工作包的整个工期中去。每期的成本估计是根据组成该工作包的各个活动所完成的进度确定的。当每个工作包的 TBC 分摊到工期的各个区间，制定一个分阶段预算就能确定在某一时点用了多少预算。这个数字可通过截至某期的每期预算成本加总而算出。这一合计数称做累计预算成本（Cumulative Budgeted Cost，CBC），也叫做计划价值（Planned Value，PV）或计划工作预算成本（Budgeted Cost of Work Scheduled，BCWS），是直到某期为止按进度完成的工作预算值。CBC 将作为分析项目成本绩效的分阶段基准预算。

　　对于包装机项目，表 7-2 显示了按照图 7-2 给出的估计工期如何将每个工作包的 TBC 分摊到各期的，也列出了整个项目的每期预算成本及累计预算成本（CBC）。表 7-2 表明，到第 5 周，按进度完成的工作预算是 32 000 美元。分摊预算的时段通常由基准项目进度计划中的活动最早开始和结束时间来决定（经资源状况和资源约束进度调整过的）。

表 7-2　包装机项目的每期预算成本　　　　　　　　单位：千美元

	TBC	周											
		1	2	3	4	5	6	7	8	9	10	11	12
设计	24	4	4	8	8								
建造	60					8	8	12	12	10	10		
安装和调试	16											8	8
合计	100	4	4	8	8	8	8	12	12	10	10	8	8
累计		4	8	16	24	32	40	52	64	74	84	92	100

利用 CBC 的值，可画出累计预算成本曲线来说明整个项目工期的预算支出。图 7-4 表示包装机项目的累计预算成本曲线。尽管表 7-2 和图 7-4 中的成本曲线是表示整个项目的累计成本曲线，要是需要的话，对每一工作包也能做出类似的表和曲线。

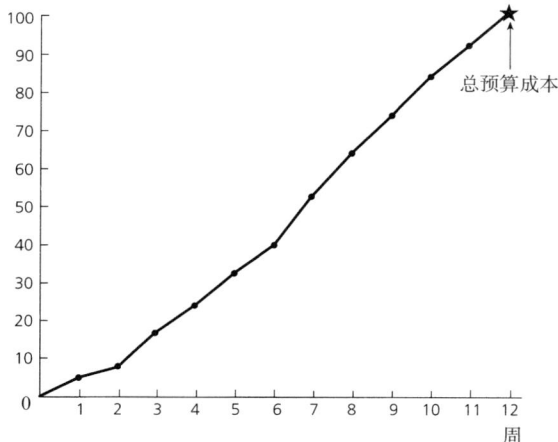

图 7-4　包装机项目的累计预算成本曲线

整个项目的 CBC 或每个工作包的 CBC 在项目的任何时点都能与实际成本和工作绩效相比较。对项目或工作包来说，仅仅将消耗的实际成本与总预算成本做比较容易引起误解，因为只要实际成本低于 TBC，成本绩效看起来就是好的。在包装机的例子中，我们可能会认为，只要实际总成本低于 100 000 美元，项目成本就得到了控制。但当某一天实际总成本超过了 100 000 美元，而项目还没有完成，那该怎么办呢？到了项目预算已经超出而仍有剩余的工作尚未完成的时候，要完成项目就必须追加投资，此时再进行成本控制就太晚了。

为了避免这种可怕的事情发生，重要的是利用 CBC 而不是 TBC 作为标准来与实际成本做比较。这样的话，当实际成本开始超过 CBC 时，还可以亡羊补牢。

对于那些包括很多工作包或活动的大项目，可使用项目管理软件来帮助进行项目预算。

练习题

5. 一旦对每个工作包建立了总预算成本，项目预算过程的第二步就是将 TBC_____到其工作包的_____。

6. _____是直到某期为止按进度完成_____的预算值。

7.3　确定实际成本

一旦项目开工，就必须记录实际成本（actual cost）和承付款项（committed cost），以便将它们与 CBC 进行比较。

7.3.1　实际成本

为了记录项目的实际成本，必须建立及时和定期地收集资金实际支出数据的制度。这一制度包括收集数据的步骤和报表。根据工作分解结构的编号系统建立会计结构表，以便能将支出的每项实际成本分摊到各个工作包。而每个工作包的实际成本就能汇总并与其 CBC 加以比较。

周工作时间记录卡常用来收集实际人工成本数据。项目的工作人数用各工作包的人数和每一工作包所用的工时来表示。工时乘以每人的工时成本率就是实际现金成本。在人员可能被同时安排在几个项目的情况下，在工作时间记录卡中必须表明某人所在的项目数和工作包数，以确保实际人工成本被分摊到合适的项目中。当收到已购原材料、设备和劳务的发票时，也必须分摊到适当的工作包中。

7.3.2 承付款项

在很多项目中，要把大笔资金用在原材料、设备和劳务（分包商、顾问）上，这些费用常常横跨多个成本报告期。这些承付款项需要以特殊方式来处理，以便会计制度分期把这笔总费用分摊到实际成本中去，而不能等到原材料和劳务用完之后再分摊到实际总成本中去。承付款项又称承付成本（commitments）、承担义务成本（obligated costs）或保留成本（encumbered costs）。当一个成本细目（原材料、分包商）已签下订单，资金便被捆住了，即使在以后原材料或设备发货或劳务结算并开发票的时候才实际付款。当供应商或分包商下达采购订单，订单所需资金就被捆住了，而不能再用于其他项目活动。所承付的款项被当做保留资金搁置起来，因为在未来某个时候，当开出发票时，就需要向供应商或分包商支付款项。例如，如果你用 5 000 美元雇用一个分包商来粉刷房间，即使实际可能要等到工作完工以后才付款给分包商，你也要预先留出 5 000 美元。

为了能将实际成本与累计预算成本做符合实际的比较，部分承付款项应该随着工作的进行分摊到实际成本中去。在某些情况下，供应商或分包商可能要求按施工进度付款，而不是等到全部工作完工之后再付款。在这种情况下，当收到供应商或分包商的发票，要求部分支付或按进度支付时，发票的数额就应该分摊到相应的工作包的实际成本中去。假设承约商与一个顾问签了一项开发 6 个不同的软件模块、价值 12 000 美元的计算机库存控制系统的项目。在每个模块完成并交付使用之后，该顾问就交来一张 20 000 美元的发票。当收到发票后，这 20 000 美元就应当看做实际成本。

让我们考虑这样一种特殊的情况，供应商或分包商并没有要求部分付款或按施工进度付款而开出发票，而是等到全部工作完工和交付之后才提交一张总额发票。即便如此，总承付款项的各部分也应随着工作的不断进行而分期地分摊到实际成本中去。比如，一个改造办公楼的项目，它包括分包商与水暖承约商签订的于 4 个月内在办公楼每一间办公室安装新的暖器设备的价值 80 000 美元的合同。即使当全部工作完工时，分包商才提交一张总额为 80 000 美元的发票，那么随着工作的进行，每月也应该分摊 20 000 美元到实际成本中去。

7.3.3 实际成本与预算成本的比较

由于按照实际成本收集的数据已包含了部分承付款项，所以要将它们按工作包汇总起来，以便能与累计预算进行比较。对于包装机项目，表 7-3 列出了每个工作包 8 周中各周的实际成本，也列出了 8 周中各期成本及累计实际成本（Cumulative Actual Cost，CAC），也叫做已完工作实际成本（Actual Cost of Work Performed，ACWP）。

表 7-3 包装机项目的每期实际成本   单位：千美元

	周								总费用
	1	2	3	4	5	6	7	8	
设计	2	5	9	5	1				22
建造				2	8	10	14	12	46
安装和调试									0
合计	2	5	9	7	9	10	14	12	68
累计	2	7	16	23	32	42	56	68	68

表 7-3 表明该项目到第 8 周末实际上已经花费了 68 000 美元。表 7-2 中的 CBC 表明到第 8 周末只预计花费 64 000 美元。有 4 000 美元的差额，说明项目超出了预算。

利用 CAC 的值，能够画出累计实际成本曲线，在同一坐标图上画出累计预算成本曲线，如图 7-5 所示，它提供了很好的直观比较。

尽管表 7-3 和图 7-5 中的成本曲线表示的是整个项目的数据，但如果需要，对于每一工作包也可画出类似的表格和曲线。画出各种曲线有助于查明那些对超出预算影响较大的特殊工作包。

✎ **练习题**

7. 参看表 7-2 和表 7-3，"设计"和"建造"工作包在第 8 周末对 4 000 美元的超额分别贡献多少？

                   数额   超或未超

        设计 _____   _____

        建造 _____   _____

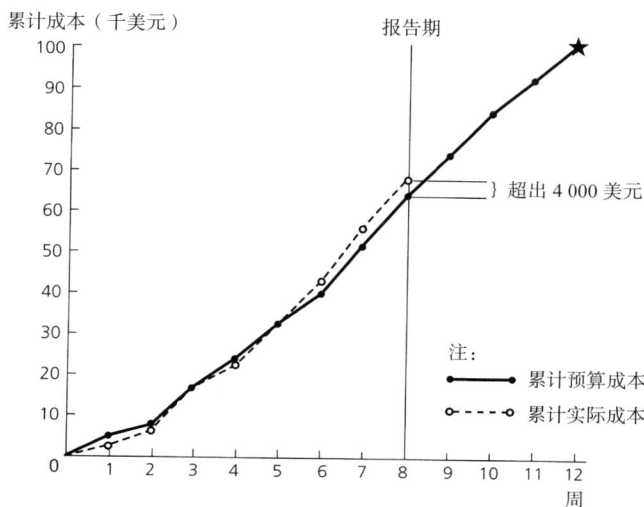

图 7-5　包装机项目的累计预算成本曲线和实际成本曲线

7.4　确定工作绩效的价值

考察一个在 10 天内粉刷 10 间房子（每天 1 间）、总预算为 2 000 美元的项目。每间房子的预算为 200 美元，第 5 天结束时，你确信实际花费了 1 000 美元。当你把支出与 5 天的实际累计成本进行比较时，实际成本看似没超过预算，但这只是事情的一个方面。为什么这么说呢？因为到第 5 天结束时，若只有 3 个房间粉刷完了，会怎么样呢？那就太糟糕了，因为已经花了预算的一半，却只粉刷了 3/10 的房间。另一方面，要是到了第 5 天结束时，粉刷了 6 间房间又如何呢？那就太好了，因为只花了一半的预算就刷完了 6/10 的房间。这个例子说明了工作绩效的价值。实际上，预算花费了一半，工程却并不一定完成了一半。如果工作绩效不能与实际成本保持同步，就会出现麻烦，即使实际成本与 CBC 保持一致也无济于事。

挣值（Earned Value，EV），也叫做已完工作预算成本（Budgeted Cost of Work Performed，BCWP），即实际工作绩效挣得的价值，是在整个项目期内必须确定的重要参数。累计实际成本与累计预算成本的比较只能说明事情的一个侧面，很可能得出对项目状况的错误结论。

271

与跟踪项目的实际成本同样重要的是，建立及时、定期地收集数据的制度，关注每个工作包的工作绩效的价值。收集每个工作包的完工比率（percent complete），然后乘以该工作包的 TBC，通过把这个百分比转换成货币价值来确定挣值。

完工比率的数据通常可以从工作包负责人那里得到。在很多情况下，这个估计是主观的。因此，做出完工比率估计的那个人是非常重要的，他要对该工作包的工作绩效相对于其全部工作范围给出真实的评价。但似乎常常有一种过分乐观的倾向，过早高估完工比率。例如，假设对于 20 周工期的工作包，负责人在第 10 周时报告：90%的工程已经完成了。如果这个报告是不切实际的，就会产生虚假的自信心：工程绩效超过了实际成本。一个不切实际的报告会使项目经理得出项目绩效比实际要好的结论，使其不再采取任何纠正措施。随着实际成本的不断积累，项目经理才发现完工百分比被夸大了，而项目绩效在随后几周还会不断恶化。到第 20 周，完工比率可能只有 96%，而实际成本已经超过累计预算成本了。但是，如果纠正措施采取得早一点，问题或许就被制止了。预防夸大完工比率的一种方法是根据范围和工期把工作包或活动细分。估计工期中的活动不应该比评估实际项目绩效并与计划进度比较的时间间隔长。重要的是，估计完工比率的人不仅要评估工作完成了多少，还要考虑未完成的工作有多少。

一旦得到完工比率的数据，就能计算出挣值。这可以用该工作包的总预算成本乘以它的完工比率求得。例如，在用 2 000 美元粉刷 10 个房间的项目中，如果有 3 个房间完工了，就有把握说完成了 30%的工作量，挣值为：

$$0.30 \times 2\,000 = 600\,（美元）$$

现在，让我们回到包装机的例子上，在第 8 周末，"建造"工作包是一个唯一的在建工程，估计已完成了 50%。"设计"工作包已在此之前完成，所以它完成了 100%。而"安装和调试"工作包还没有开始，所以它完成了 0%。表 7-4 列出了每个工作包在前 8 周的每周累计完工比率。表 7-5 列出了每个工作包分摊的累计挣值（Cumulative Earned Value，CEV），由每个工作包的 TBC 乘以其完工比率求得。表 7-5 表明，在第 8 周结束时，这个项目已完成的挣值为 54 000 美元。

表 7-4　包装机项目每期累计完成比率　　　　　　　单位：%

	周							
	1	2	3	4	5	6	7	8
设计	10	25	80	90	100	100	100	100
建造	0	0	0	5	15	25	40	50
安装和调试	0	0	0	0	0	0	0	0

表 7-5　包装机项目每期累计挣值　　　　　　　单位：千美元

	TBC	周							
		1	2	3	4	5	6	7	8
设计	24	2.4	6	19.2	21.6	24	24	24	24
建造	60				3	9	15	24	30
安装和调试	16								
累计	100	2.4	6	19.2	24.6	33	39	48	54

利用 CEV 的值，能够画出累计挣值曲线。可把它与累计预算成本曲线和累计实际成本曲线画在同一坐标系上，如图 7-6 所示，提供了很好的直观比较。尽管图 7-6 的成本曲线描述了全部工程的 CBC、CAC 和 CEV，但对于每一工作包来说，如果需要也可以画出类似曲线。画出各个曲线有助于发现每个工作包对项目成本绩效的影响程度。

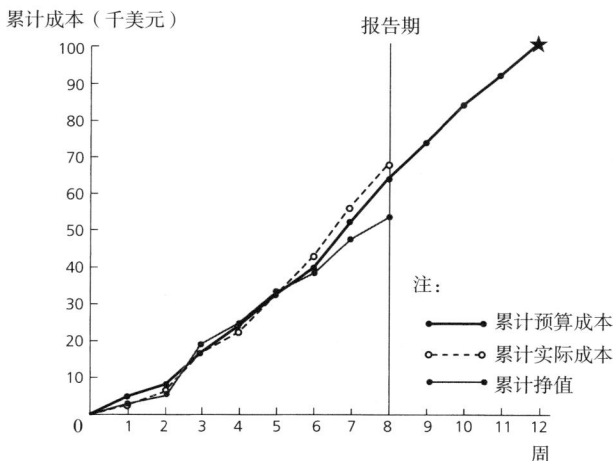

图 7-6　包装机项目的累计预算曲线、累计实际成本曲线和累计挣值曲线

✐ **练习题**

8. 求累计挣值是先确定每个工作包的_____，然后乘以每个工作包的_____。

7.5 成本绩效分析

利用如下 4 个相关成本衡量指标分析项目的成本绩效：

- TBC（总预算成本）。
- CBC（累计预算成本）。
- CAC（累计实际成本）。
- CEV（累计挣值）。

它们可用于确定项目是否在预算之内进行，工作绩效是否与实际成本保持一致。

在第 8 周末分析包装机项目的表 7-2、表 7-3 和表 7-5，我们可以看出：

- 在前 8 周并截止到第 8 周末，所有计划进行的工程的预算应为 64 000 美元。
- 到第 8 周末实际花费 68 000 美元。
- 到第 8 周末实际进行工作的挣值为 54 000 美元。

我们立刻就能分析出实际成本超过了预算成本，而使情况进一步恶化的是，挣值还落后于实际成本。

在每个报告期末，在同一坐标系中画出 CBC、CAC 和 CEV 三条曲线是一个好主意，如图 7-5 所示，它能揭示任何成本绩效是改善了还是恶化了的趋势。

另一个表示方法是根据项目总预算成本 10 万美元的百分比分析进度，如图 7-7 所示，在第 8 周末，我们可以说：

- 在前 8 周并截止到第 8 周末，计划进行的所有工作应花费项目总预算的 64%。
- 到第 8 周末实际花费了总预算的 68%。
- 到第 8 周末实际进行工作的挣值为整个项目的 54%。

除了在同一坐标图上画出 CBC、CAC 和 CEV 曲线之外，将这个百分比制成表格或画成曲线也是有用的，这将反映成本绩效是趋向于改善还是趋向于恶化。

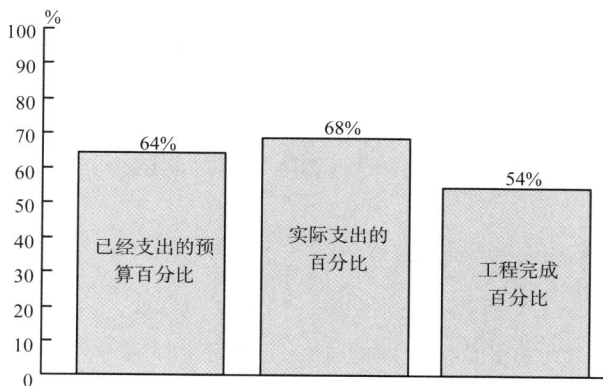

图 7-7 截至第 8 周的包装机项目状况

✏️ **练习题**

9. 列出 4 个用于分析项目成本绩效的相关成本指标。

7.5.1 成本绩效指数

一个衡量成本绩效的指标是费用绩效指数（Cost Performance Index，CPI），它衡量正在进行的项目的成本效率。确定 CPI 的公式是：

$$费用绩效指数=累计挣值/累计实际成本$$

$$CPI=CEV/CAC$$

在包装机项目中，第 8 周的 CPI 为：

$$CPI=54\,000/68\,000=0.79$$

这一比率表明，每实际支出 1 美元，只实现 0.79 美元的挣值。应认真关注 CPI 的走势。当 CPI 在 1.0 以下或逐渐变小时，就应该采取纠正措施。

✏️ **练习题**

10. 在包装机项目中"设计"工作包在第 5 周末的费用绩效指数是多少？

7.5.2 费用偏差

另一个衡量成本绩效的指标是费用偏差（Cost Variance，CV），它是累计挣值与累计实际成本之差。确定 CV 的公式是：

$$费用偏差=累计挣值-累计实际成本$$

$$CV=CEV-CAC$$

与 CPI 一样，这一指标表明挣值与实际成本之间的差异，而不同的是，CV 是以货币来表示的。

对于包装机项目，在第 8 周的费用偏差是：

$$CV=54\ 000-68\ 000=-14\ 000（美元）$$

这一结果表明，到第 8 周，工效值比已花费的实际成本少 14 000 美元。它是工程绩效落后于实际成本的另一标志。

对分析成本绩效来说，重要的是尽可能同时收集以同一报告期为基础的全部数据。例如，如果规定每月第 30 天收集数据，那么，各工作包的完工百分比估计就应该根据截至第 30 天的工作绩效来计算。

✎ 练习题

11. 包装机项目中"建造"工作包在第 8 周末的费用偏差是多少？

7.6 预测完工成本

在项目的任何时期，在分析实际成本和工作绩效挣值的基础上，就可以估计或预测项目或工作包完工时的总成本了。确定预测完工成本（Forecasted Cost At Completion，FCAC），即完工预算（Estimated Cost At Completion，EAC），有几种不同的方法。

第一种方法是假设项目或工程的未完工部分将按照到目前为止已完工工程的效率去进行。用第一种方法计算 FCAC 的公式：

$$预测完工成本=总预算成本/费用绩效指数$$

$$FCAC=TBC/CPI$$

对于包装机项目来说，预测完工成本由下式给出：

$$FCAC=100\ 000/0.79=126\ 582（美元）$$

按照第 8 周项目具有的效率，即 CPI 为 0.79，如果其余工程以同样效率进行，那么全部项目实际成本就是 126 582 美元。如果这一预测是正确的，相对于项目 100 000 美元的总预算成本，就将超支 26 582 美元。

第二种确定预测完工成本的方法是，不管过去已有的项目或工作包的效率如何，项目或工作包的剩余工作都按预算来进行。用这种方法确定 FCAC 的公式：

预测完工成本=累计实际成本+（总预算成本–累计挣值）

$$FCAC=CAC+（TBC–CEV）$$

对于包装机项目来说，预测完工成本由下式给出：

$$FCAC=68\,000+（100\,000–54\,000）$$

$$=68\,000+46\,000$$

$$=114\,000（美元）$$

在第 8 周，累计实际成本为 68 000 美元，但已完成工作的挣值只有 54 000 美元。所以，未完成项目需要完成 46 000 美元挣值的工程。这一方法是假设，即使在第 8 周末项目的效率是 0.79，剩余的工作将按照 1.0 的效率来完成。由此方法得出预测完工成本为 114 000 美元，预计超出项目总预算成本 14 000 美元。

第三种确定预测完工成本的方法是重估所有要进行的剩余工作的成本，然后把这个重估成本与累计实际成本相加。使用第三种方法确定 FCAC 的公式：

$$FCAC=CAC+重估剩余工程的成本$$

这种方法是要花时间的，但是，如果项目实际与计划严重背离或情况已有很大变化的话，也是有必要的。

作为常规成本绩效分析的一部分，应该用上述第一种和第二种方法计算 FCAC。然后，就可以确定预测成本超支或节约数额。当预测项目或工作包完工时的成本时，在某个指定报告期的一个微小差异随着工作的进行就可能演变成一个巨大的超支，因此，要尽早采取纠正措施。

另一种可能感兴趣的是待完成绩效指数（To-Complete Performance Index，TCPI）。要想在总预算成本之内完成项目或工作包，那么剩余工作就需要提高速率，这个速率就是待完成绩效指数。计算 TCPI 的公式是：

$$TCPI=（TBC–CEV）/（TBC–CAC）$$

等式的分子 TBC–CEV，是要做的剩余工作的挣值数量。等式的分母 TBC–CAC，是剩余的预算数量。因此对于包装机项目来说，待完成绩效指数是：

TCPI=（100 000–54 000）/（100 000–68 000）

=46 000/32 000

=1.44

它预示着剩余工作挣值还有 46 000 美元没做，而且只剩下预算的 32 000 美元来做剩余的工作。因此为了在 100 000 美元的预算以内完成项目，剩余的工作就要以 1.44 的效率去完成。

练习题

12. 利用第一种预测方法，计算包装机项目中"建造"工作包的预测完工成本。

13. 利用第二种预测方法，计算包装机项目中"建造"工作包的预测完工成本。

7.7 成本控制

有效成本控制的关键是定期、及时地分析成本绩效。成本控制开始于建立一个基准性的分阶段预算，显示在项目工期内期望如何花费成本，接下来有必要监控实际花费成本和挣值情况。至关重要的是尽早地发现费用偏差和无效率，以便在情况恶化之前能够采取纠正措施。一旦成本失控，要在预算内完成项目可能是非常困难的。

成本控制包括如下内容：

（1）分析成本绩效以确定哪个工作包需要采取纠正措施。

（2）决定要采取哪些具体的纠正措施。

（3）修订项目计划，包括工期和成本估计，假设计划采取纠正措施。

成本绩效分析应指出哪些工作包有负的费用偏差或费用绩效指数在 1.0 以下，还应指出哪些工作包从以前哪个报告期开始，其 CV 或 CPI 指标就已经恶化了。要关注那些费用偏差为负的工作包，以减少成本或提高工作效率。根据 CV 的值来确定集中全力采取纠正措施的优先权，也就是说，CV 负值最大的工作包应该给予最高的优先权。

在评估费用偏差的工作包时，应该集中采取纠正措施来降低两类活动的成本。

（1）近期就要进行的活动。采取积极的纠正措施来降低不久就会发生的活动的估计成本，这要比计划着去降低在很久以后才会发生的活动成本要明智得多。如果在近期采取了纠正措施，你就要及时地反馈采取措施后的效果。如果拖到很久以后的某一时候才采取纠正措施，到那时，负的费用偏差或 CPI 就会进一步扩大，随着项目的进行，留待采取纠正措施的时间会越来越少。

（2）具有较大的估计成本的活动。采取措施减少一个 20 000 美元工程的 10%的成本比砍掉一个总值 300 美元的工作的影响要大得多。通常，一项工作的估计成本越大，大幅减少成本的机会也就越多。

有各种降低工程成本的方法。一种方法是采用符合规范而成本较低的原材料。有时能找到另一个供应商提供的同一种原材料但成本较低。另一种方法是安排一位有专长或经验丰富的专家协助工作或到某个活动中当参谋，促使其他成员更有效地工作。

还有一种降低成本的方法，就是减少工作包或特定活动的作业范围或要求。例如，承约商可能决定房间只粉刷一层而不是原计划的两层。在很多情况下，可能要做一个决定，完全剔除一些活动，例如，决定不再在房子周围安装篱笆。

通过改进方法和技术来提高生产率也是一种降低成本的方法。例如，租用自动喷涂设备，承约商可以大大减少成本，这比油漆工用滚子和刷子粉刷房间节省时间。

在很多情况下，减少费用偏差要付出代价，有时要缩减项目范围，有时要推迟项目进度。如果负的费用偏差很大，可能要大幅削减工作的范围或质量才能使项目回到预算以内。但整个项目的范围、进度、预算或质量会处于危险之中。在某些情况下，客户与承约商或项目团队必须承认上述要素中的一个或几个达不到要求了。这可能需要项目发起人或客户额外提供资金来弥补预算的超支，否则将引起合同争议：谁造成的成本超支？谁负担这笔费用——客户还是承约商？

有效成本控制的关键是，只要发现费用偏差和无效率，就积极地着手解决，而不是希望随着工作的进行一切都会变好。成本问题越早提出，对范围和进度的冲击越小。一旦成本失控，要回到预算之内，可能不是减少工作范围或质量就是推迟项目进度。

即使项目的费用偏差为正，不让成本偏差进一步恶化也很重要。如果项目的成本绩效是正的，也要集中全力使它保持下去。一旦项目成本绩效出了问题，让它再回到正常轨道是很不容易的。

项目会议是一个解决成本控制问题的好方式。可以看看第 12 章中关于会议的部分和第 11 章关于问题解决的部分来寻找相关信息。

关于项目控制方法的一个深入讨论见本章末的附录一——时间-成本平衡法。

✎ **练习题**

14. 在分析成本绩效时，重要的是发现所有_____差异或费用绩效指数小于_____的工作包。

15. 在评估_____费用偏差为负的工作包时，你应采取纠正措施来减少将要进行的活动的成本和那些具有_____的成本估计活动的成本。

7.8 控制现金流

控制项目的现金流是很重要的。控制现金流包括要确保从客户那里及时收到足够的现款或付款，以便有足够的现款支付项目进行中的各种费用，如雇员工资、原材料费、分包商的费用和差旅费等。

控制现金流的关键是保证现金的流入要比流出快。如果得不到足够的现金来支付各种费用，就必须借款。借款会增加项目的成本，因为任何借款都要偿还本息。通过合同的支付条款，可以控制从客户流入的现金，从承约商的角度看，期望在项目的早期而不是后期从客户手中得到现款。承约商就支付条款谈判时，可能要求客户做到以下一项或几项要求：

● 在项目开工时要预付定金。这项要求是合理的，因为承约商需要在项目的开始阶段购买一定数量的原材料、设备和必需品。

● 根据项目的期望工期每月支付等量现金。在项目的早期阶段，现金的流出常常较小。如果在项目的早期阶段现金流入比流出的要多，承约商就能把闲置的现金放到银行里来赚取利息以满足项目后期更大现金流出的要求。

- 提供经常的支付，如每周、每月而不是每季度支付一次。

对于承约商来说，最坏的情况是客户只在项目结束时一次性支付。在这种情况下，承约商将必须通过借款来得到支付全部项目费用的现金。

承约商的现金流出也要通过支付条款来控制，这里指的是其与供应商或子承包商的合同。只要可能，承约商就想要推迟支付（现金流出）。如订购了价值 10 万美元的原材料的承约商，想要等到全部原材料都发出之后再付款给供应商。如果供应商的发票规定必须在 30 天以内支付，承约商就可能拖到大约第 27 天才支付。

练习题

16. 控制现金流的关键是保证现金_____比_____更快。

17. 如果得不到足够的现金来支付各种费用，承约商也许需要_____。
    这会增加项目的成本，因为承约商以后必须支付_____。

现实世界中的项目管理

美国财政检察官报告美国国税局现代化项目中的成本超支和工期超期

美国税务部财政检察官（TIGTA）一直在监控美国国税局的现代化工作。美国国税局有套陈旧的系统和运行代价高昂的流程。作为持续改善的一部分，力图减少运营成本，美国国税局制定了一个现代化方案，包括每年都要达到的里程碑事件。

目前的趋势预示着只有 82% 的里程碑事件按进度完成，而以前有 90% 的里程碑事件按进度完成。在从 2008 年 5 月到 2009 年 5 月期间，TIGTA 的记录表明，计划推迟了 5 个里程碑事件，进度超期了 30%～375%。以前在成本超支估计的 10% 内完成了 20 个中的 19 个里程碑事件。

计划推迟增加了成本。美国国税局面临着要满足下一阶段需求的挑战。美国国税局必须把它的新客户账户数据引擎融入它的系统中。这个新引擎是用来取代原来的个人主义文件的，作为税务账户数据库运行。

目前的现代化方案包括应用程序的设计与开发。数千个硬件和软件组件正在进行替换和融入，以便用更有效的系统和过程替换过时的技术，减少纳税人账户管理成本。

目前的项目运行并没有持续在之前三年期间显示的改善趋势，问题依旧存在。在一个努力完成里程碑事件的活动中，美国国税局项目组开发了一个策略，使用个人主文件夹中的元素和当前客户账户数据设计来重新设计税务账户管理过程。一直到这个重新设计的策略成功地和其他系统和应用程序融入一起，纳税人账户管理系统的其他的计划改善才得以进行。

美国国税局项目组还承担了将商业纳税人账户管理系统现代化的任务。根据 TIGTA 的助理检查员艾伦·邓肯的说法，这已经是美国国税局第四次没有制定一个权威性的计划了。

美国国税局必须完善纳税人账户管理系统以减少运行成本。TIGTA 已经检讨过大量的进度和成本超支，变革已经开始起作用了。现在减少的项目范围将有希望帮助美国国税局在进度和成本估计范围内完成项目里程碑。

为了达到项目目标，美国国税局正继续开发和实施现代化应用程序。项目组将继续替换和融合一些内容和过程，作为现代化项目的一部分。在成功和不成功完成里程碑中得到的经验教训将有助于计划纳税人账户管理系统中剩余里程碑的进度和成本。

很快，美国国税局会考虑一个让商业纳税人账户管理系统现代化的项目。在进度和成本估计方面好的项目管理能力将有助于为商业纳税人账户管理系统现代化设计符合现实的里程碑。

资料来源：Anonymous, "TIGTA Cites Costs, Delays jin IRS Modernization," Accounting Today, December 14, 2009-January 10, 2010.

7.9 信息系统开发的成本估计

第 4 章把信息系统定义为一个基于计算机的系统，接受输入的数据，处理数据，生成用户需要的信息。第 5 章曾指出，这类系统的计划经常是用一种随意的方式来做的，因而导致大量的信息系统项目不能按时完成。第 6 章强调资源需求计划对于人力、硬件、软件、数据和网络资源非常重要。准确地估计成本和安排一些应急费用在创建一个符合实际的预算，以及按预算完成工作方面都是很重要的。一个好的计划和进度安排有助于做出成本估计和基准预算。

如果估计成本过于乐观，项目小组就没有足够的资金来满足劳动力、原材料、设备和子承包商的费用。但若为每一个突发事件增加费用会导致项目的总估计成本超过预期，而且可能会由于高估计成本导致项目无法获得批准。成本估计中常见的失误有：

- 低估完成活动所必需的工作时间。
- 返工以满足用户需求。
- 低估项目范围的扩大。
- 忽略了需要购买新的硬件。
- 对缺陷进行更正超过突发事件的计划。
- 改变设计策略。
- 增加资源以跟上软件生命周期的各阶段。

一个例子：ABC 办公室设计公司的因特网应用软件开发（续）

回忆第 4、5、6 章，Beth Smith 被 ABC 办公室设计公司的信息系统开发指派做项目经理。第 5 章描述了 Beth 如何为 ABC 办公设计公司计划完成销售报告系统开发项目所需活动的最早开始时间、最早完成时间、最晚开始时间和最晚完成时间。第 6 章描述了 Beth 和项目组如何计划他们要在 60 天完成的项目的资源。管理层批准了完成项目所需的 125 000 美元的预算，并且培训了销售人员。

经对每个任务人工投入量进行估计，并在确认了最初完成所有任务所需的可靠资源之后，Beth 和人力资源组一起用每个员工每小时的薪水来确定这个销售报告系统项目的每个活动的劳动力成本。Beth 和项目组估计了出差完成用户面谈的成本（3 000 美元）、软件包的价格（500 美元）和经过加工的原材料的成本（1 300 美元）。

完成项目工作的预算成本接近 125 000 美元的限制，这还不包括培训销售人员。Beth 意识到已经没有足够的预算来让所有团队成员都接受面对面的培训。一个项目组成员评论说，如果销售团队都来培训办公室接受培训的话，那么每个人都会失去至少两天的销售机会。这是一个不能确认为项目成本的成本。

项目组讨论了是否要培训销售人员如何使用该销售报告系统。他们决定这个培训最好通过该销售系统来展示而不是让整个销售团队都从家里来到办公室进行面对面的培训。这个基于网络的系统能够记录下来培训过程，并让新的销售人员和想要回顾培训的人都能看到。这个基于网络的培训系统的成本比差旅费少，并且有助于让项目成本控制在预算之内。开发团队确认这个基于网络的系统报价是 300 美元。这比一个销售人员的一张单程机票都要便宜。其他额外的培训材料的估计成本是 1 000 美元。

Beth 对于完成这个基于网络的销售报告系统开发项目的估计活动成本如表 7-6 所示。成本估计显示将近 5% 的应急费用用于成本超支、项目的赶工、面试的材料或差旅费增加。

表 7-6　销售报告系统的估计活动成本

	活　　　动	主要负责人	工作天数	劳动力成本	原材料成本	差旅费	总成本
1	收集数据	Beth	3	$4 440			$4 400
2	可行性研究	Jack	4	7 360			7 360
3	准备问题界定报告	Rose	1	1 000			1 000
4	会晤用户	Jim	5	9 200		$6 000	15 200
5	研究现行系统	Steve	8	3 200			3 200
6	明确用户要求	Jeff	5	1 600			1 600
7	准备系统分析报告	Jim	1	480			480
8	数据输入和输出	Tyler	8	17 280			17 280
9	处理数据和建数据库	Joe	10	13 600			13 600
10	评估	Cathy	2	3 760			3 760
11	准备系统设计报告	Sharon	2	1 760			1 760
12	开发软件	Hannah	15	7 120	$500		7 620
13	开发硬件	Joe	10	9 600			9 600
14	开发网络	Gerri	6	2 400			2 400
15	准备系统开发报告	Jack	2	960			960
16	测试软件	Maggie	6	6 720			6 720

续表

	活　　动	主要负责人	工作天数	劳动力成本	原材料成本	差旅费	总成本
17	测试硬件	Gene	4	5 120			5 120
18	测试网络	Greg	4	5 440			5 440
19	准备测试报告	Rose	1	1 760			1 760
20	培训	Jim	4	5 760	1 300		7 060
21	系统转换	Beth	2	1 200			1 200
22	准备实施报告	Jack	1	1 560			1 560
合计			104	$111 320	$1 800	$6 000	$119 120

7.10 项目管理信息系统

　　项目管理信息系统使得掌握项目的成本核算非常容易。它可以存储与每类资源有关的各种成本，能计算每个工作包和整个项目的预算成本，并可随着项目不断进行来计算实际成本，也能预测期末成本。由于各种资源的价格结构不同，而且应以项目的各个时点的价格来付费，项目管理信息系统通常允许使用者对每种资源定义不同的价格结构，到时候这些资源的费用也将自然增加。在项目的任何时期，每一项任务、每一个工作包或全部项目的成本估计、分摊总预算成本、累计预算成本、实际成本、承付款项、挣值、费用绩效指数、费用偏差和成本预测等指标，通过点击鼠标即可算出。各种成本图表也可得到，用来帮助分析成本绩效。

关键的成功要素

- 估计活动成本必须根据预估的活动资源进行。
- 由从事与成本相关的工作人员来制定成本估计。这样做，可以得到普遍的认同。
- 成本估计应是合理的，并且也应是切合实际的。
- 一旦项目开始，就要监督实际成本和绩效，以确保每件事都在预算范围之内。
- 在经常及时的基础上，建立收集实际成本花费和允许成本花费，以及工作效率的挣值（完工比率）数据的系统，这样，就能够用它们与累计预算成本

（CBC）相比较。

- 在项目的任何时间，如果认定项目超过预算或者绩效衡量的价值与实际成本的增长速度不同步，那么，就必须立即采取纠正措施。

- 重要的是应用累计预算成本（CBC）而不是总预算成本（TBC）作为与累计实际成本（CAC）相比较的标准。由于只要实际成本低于总预算成本，成本绩效总认为是良好的，所以这里就会有一个误导，只单纯比较实际花费成本和总预算成本。

- 对累计实际成本与累计预算成本进行真实可信的比较，当进行相关的工作时，那么，承付款项部分应被认为是实际成本。

- 工作实际绩效的挣值是在整个项目期间必须确定和报告的关键参数。

- 在每个报告期内，完工比率的数据应从负责的工作人员那里得到。重要的是要在整个工作范围内对工作绩效做出公正的估计。

- 防止高估完工比率的方法是把工作包或活动以范围和时间分成小块。估计完工比率时，重要的不但是估计已经完成的工作，而且要估计什么工作没有完成。

- 提高成本控制效率的关键是经常及时地分析成本绩效，及早确认出费用偏差（CV），以便在情况变得更糟前采取纠正措施。

- 分析成本绩效时，重要的是以相同的报告期为基础，尽可能收集当前的数据。

- 仔细监督成本绩效比率的趋势，如果成本绩效比率小于1.0或逐渐变小，应采取纠正措施。

- 作为定期成本绩效分析的一部分，应计算出预测完工成本。

- 有效成本控制的关键是，一经发现负费用偏差和无效率，就应当确定具体的工作包或活动，同时，在这些方面进行集中的努力，负费用偏差的数量决定着这些努力的优先级。

- 当试图减少负费用偏差时，关注那些将要完成的活动和那些有着巨大成本估计的活动。

- 越早确定成本问题，对范围和进度的影响越小。一旦成本失控，要回到预算之内将变得很困难，可能需要减小项目范围或推迟项目进度。

- 管理现金流的关键是保证现金的流入快于流出。

- 尽可能从客户那得到付款（现金流入），尽可能推迟供应商的付款（现金流出）。

·小结

估计项目总成本经常在项目初期或是在项目承约商准备项目建议书期间进行，但是详细的计划通常不在此时准备。然而，在项目计划阶段需要定义具体活动和制定网络计划。因此一旦具体定义活动，就要估计资源、工期和每一个具体活动的成本。估计需要用于每个具体活动的资源的类型和数量是必要的。这些资源包括这样一些要素：人工、原材料、设备、工具、分包商和顾问、差旅费。估计活动资源是估计活动成本的基础。

项目预算过程包括两个步骤。第一，每个工作包的预算是通过分摊和计算在工作分解结构中与每个工作包有关的所有具体活动的估计成本来确定的。第二，要将每一工作包的预算分摊到这个工作包的活动完成的预期工期，这样才能在任何时候确定预算支出是多少。也就是说，必须建立一个分阶段预算，以便知道在工期内成本按照预期在什么时候花费到了哪些工作包。

将具体活动的估计成本分摊到工作分解结构中合适的工作包中，可以建立一个总预算成本（TBC），也称每个工作包的完工预算（BAC）。每个工作包的 TBC 是组成那个工作包的所有具体活动的估计成本的总和。当所有工作包的预算都分摊并汇总之后，其总和不能超过项目发起人或客户为项目同意拨付的资金总数。所有活动估计成本的初始汇总可能多于项目发起人或客户已经为项目预算的资金数目，并且可能要经过多次修改具体活动的估计成本以形成一个可接受的基准预算。

一旦每个工作包建立了总预算成本，项目预算过程的第二步就是分摊每个 TBC 到其工作包的整个工期中去。成本是在每期工作包中的具体活动都按进度进行的基础上确定的。当每个工作包的 TBC 按阶段分摊时，就形成了一个分阶段的预算安排，这样能够确定在某个阶段的任何时候应该花费多少预算。这个数额通过截至某期的每期预算成本加总而算出。这个合计数称做累计预算成本（CBC），是完成截至某期按进度进行的工作的预算数额。CBC 是分阶段基准预算，将被用于分析项目的成本绩效。整个项目或每个工作包的 CBC 提供了在项目的任一时期都能与实际成本和工作绩效相比较的基准。

一旦项目开工，就必须记录实际成本和承付款项，以便将它们与 CBC 进行比较。

另外，也必须监控已完成工作的挣值。用收集到的每个工作包的完工百分比乘以该工作包的 TBC，通过把这个百分比转换成货币值来确定挣值，这一数字可与累计预算成本和累计实际成本进行比较。

上述工作完成之后，就可以用总预算成本、累计预算成本、累计实际成本和累计挣值来分析项目成本绩效了。它们可用来确定项目是否在预算之内进行，已完成工作的挣值是否与实际成本保持一致。

另一个成本绩效的指标是费用绩效指数（CPI），它衡量的是正在进行的项目的成本效率。CPI 是通过累计挣值除以累计实际成本算出的。另一个成本绩效指标是费用偏差（CV），它是已完成工作的累计挣值与累计实际成本之差。

在项目期间的任何时候，在分析整个项目实际成本绩效的基础上，就可以预测项目或工作包完工时的总成本了。确定预测完工成本（FCAC），也称完工估算（EAC）的方法有几种。第一种方法是假设项目或工程未完工部分将按照到目前为止已完工工程的效率去进行。第二种方法是假设不管过去已有的项目或工作包的效率如何，其余项目或工作包的工作按预算来进行。第三种方法是重估所有要进行的剩余工作的成本，然后把这个重估成本与累计实际成本相加。

有效成本控制的关键是定期、及时地分析成本绩效。至关重要的是尽早地发现费用偏差和无效率，以便在情况变坏之前能够采取纠正措施。成本控制包括：分析成本绩效以确定对哪些工作包需要采取纠正措施；决定要采取哪些具体的纠正措施；修订项目计划（包括工期和成本估计），以纳入计划采取的纠正措施。

控制项目的现金流量是很重要的。它包括：确保及时地从客户那里收到足够的现款以便支付项目进行中的各种费用，如雇员工资、原材料费、分包商的费用和差旅费等。控制现金流量的关键是保证现金的流入要比流出更快。

思考题

1．简述为什么有必要制定项目的基准预算。

2．在估计活动成本时，列出并描述此部分所包括的条款。

3．术语"意外开支准备金"（contingencies）的含义是什么？意外成本应该包含在项目建议书中吗？解释你的答案。

4．成本估计太保守或激进会引发什么问题？

5．描述项目预算过程。

6．定义如下成本：TBC、CBC、CAC、CEV、CPI、CV 和 FCAC，怎样计算？

7．为什么一旦项目开工，就必须跟踪实际成本和承付款项？

8．为什么必须计算工程进行的挣值？怎样计算？

9．举一个计算成本绩效指数的例子。它在 1.0 以下意味着什么？它若在 1.0 以上呢？

10．当费用偏差是负值时意味着什么？是正值意味着什么？当所计算的工作包具有负的费用偏差时，你应关注哪两种活动？为什么？

11．控制现金流量的关键是什么？如何能完成这一目标？

12．（a）参考下表，第 6 周末的累计预算成本是多少？

单位：千美元

| | TBC | 周 | | | | | | | | | |
		1	2	3	4	5	6	7	8	9	10
任务一	30	10	15	5							
任务二	70		10	10	10	20	10	10			
任务三	40				5	5	25	5			
任务四	30								5	5	20
总　计	170	10	25	15	10	25	15	35	10	5	20
累　计											

（b）如下是项目实际成本表，第 6 周末的累计实际成本是多少？成本是超出还是有盈余？原因是什么？

单位：千美元

| | 周 | | | | | |
	1	2	3	4	5	6
任务一	10	16	8			
任务二		10	10	12	24	12

续表

	周					
	1	2	3	4	5	6
任务三					5	5
任务四						
总　计	10	26	18	12	29	17
累　计						

（c）以下是截止到第 6 周工程完工的累计百分比的表格，第 6 周末项目累计挣值是多少？它正常吗？

	周					
	1	2	3	4	5	6
任务一	30	80	100			
任务二		10	25	35	55	65
任务三					10	20
任务四						

（d）第 6 周末的 CPI 是多少？CV 又是多少？

（e）使用本章讲述的前两种方法计算 FCAC。另外，描述你能使用的第三种计算 FCAC 的方法。

WWW 练习

对于练习中提到的组织机构的网址，进入 www.cengagebrain.com，在 "book's companion" 中进入 "Internet Exercises"。建议在你的 "Favorites" 条目中收藏这个网址以便将来更方便地进入。

1．在网上搜索成本分析工具，描述所找到的工具，如果可能的话，下载成本分析工具软件的样本。

2．在网上搜索 "成本预测"，并讨论与本章描述的方法的异同点。

3．就问题 3～5 访问 PMFORVM。点击 "PM World Today" 的链接，的网站订阅该内容。读最近的一篇文章并写一个单页总结。

4．点击"PM Library"的链接，选择"PM Case Studies"，至少评论一个案例。这个案例是否成功？为什么成功或为什么不成功？项目经理做了哪些正确和错误的事？

5．在网站中，搜索"Cost Planning"。描述你有何发现，以及它和本章有什么关联。

附录 7A 时间—成本平衡法

时间—成本平衡法是一种用相关成本的最少增量缩短项目工期的方法。该方法基于以下假设。

（1）每项活动有两组工期和成本估计：正常的和应急的。正常时间（normal time）是指在正常条件下完成某项活动需要的估计时间。正常成本（normal cost）是指在正常时间内完成某项活动的预计成本。应急时间（crash time）是指完成某项活动的最短估计时间。应急成本（crash cost）是指在应急时间内完成某项活动的预计成本。在图 7A-1 中，4 个活动均有一组正常时间和成本估计，一组应急时间和成本估计。活动 A 的正常估计时间为 7 周，正常预计成本为 50 000 美元；应急时间是 5 周，在此期间内完成活动的应急成本为 62 000 美元。

（2）一项活动的工期可以被大大地缩短，从正常时间减至应急时间，这要靠投入更多的资源来实现——指派更多的人、延长工作时间、使用更多的设备，等等。成本的增加是与加快活动进度相联系的。

（3）无论对一项活动投入多少额外的资源，也不可能在比应急时间短的时间内完成这项活动。例如，无论投入多少资源，无论花费多少成本，也不能在少于 5 周的时间内完成活动 A。

（4）当需要将活动的预计工期从正常时间缩短至应急时间时，必须有足够的资源做保证。

（5）在活动的正常点和应急点之间，时间和成本的关系是线性的。为了将活动的工期从正常时间缩短至应急时间，每项活动都有自己的单位时间成本。缩短工期的单位时间成本可用如下公式计算：

$$缩短工期的单位时间成本= \frac{应急成本-正常成本}{正常时间-应急时间}$$

例如，在图 7-8 中，将活动 A 的工期从正常时间缩短至应急时间，在缩短的这段时间内的每周的成本为：

$$\frac{62\,000-50\,000}{7-5} = \frac{12\,000}{2} =6\,000（美元/周）$$

图 7-8 的网络图从开始到完成有两条路径：路径 A—B 和路径 C—D。如果我们仅考虑正常工期估计，路径 A—B 需要 16 周完成，而路径 C—D 需要 18 周完成。因此，根据以上这些时间估计可知，该项目的最早结束时间为 18 周——由 C 和 D 构成的关键路径的时间长度。根据正常时间内完成活动的成本可计算出项目总成本为：

$$50\,000+80\,000+40\,000+30\,000=200\,000（美元）$$

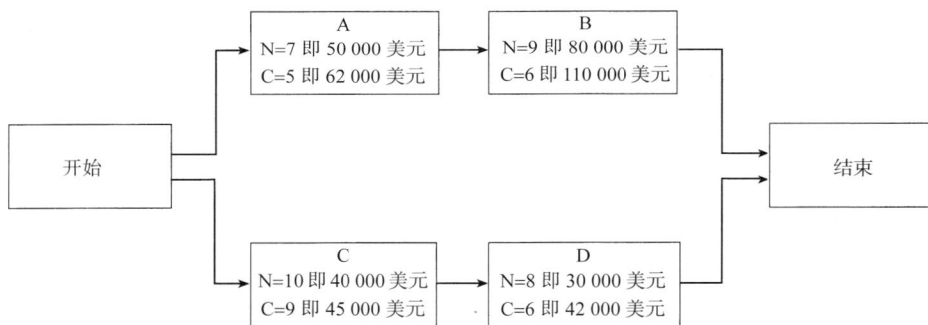

```
             ┌─────────────────────┐      ┌─────────────────────┐
             │         A           │      │         B           │
             │ N=7 即 50 000 美元   │─────▶│ N=9 即 80 000 美元   │
             │ C=5 即 62 000 美元   │      │ C=6 即 110 000 美元  │
             └─────────────────────┘      └─────────────────────┘
                    ▲                                    │
  ┌──────────┐     │                                    ▼      ┌──────────┐
  │   开始    │────┤                                           │   结束    │
  └──────────┘     │                                    ▲      └──────────┘
                    ▼                                    │
             ┌─────────────────────┐      ┌─────────────────────┐
             │         C           │      │         D           │
             │ N=10 即 40 000 美元  │─────▶│ N=8 即 30 000 美元   │
             │ C=9 即 45 000 美元   │      │ C=6 即 42 000 美元   │
             └─────────────────────┘      └─────────────────────┘
```

图 7-8　附有正常和应急时间及成本的网络图

注：N=正常估计；C=应急估计

如果全部活动均在它们各自的应急时间内完成，路径 A—B 将用 11 周时间，路径 C—D 将用 15 周时间。按应急时间估计计算，项目的最早结束时间是 15 周，比在正常时间内完成这些活动提前 3 周。

缩短全部活动的工期通常是不必要的，甚至是没有好处的。例如，在图 7A-1 中，我们只想对适当的活动在时间上进行必要的、一定量上的压缩，以加快项目进度，使其从 18 周缩短至 15 周。任何附加活动的压缩仅会增加项目的总成本，却不会减少项目的总工期，这是因为关键路径的工期决定着项目的总工期。换句话说，加快非关键路径上活动的进度不会缩短项目的完成时间，却会增加项目的总成本。

时间—成本平衡法的目标是通过压缩那些使总成本增加最少的活动的工期，确定项目最短完成时间。为了实现这个目标，应在每次平衡一个时间段的前提下，压缩关键路径上那些有最低单位时间增加成本的活动。在图 7A-1 上，根据正常时间和成本估计，我们首先确定项目的最早结束时间为 18 周（由关键路径 C—D 决定），项目的总成本是 200 000 美元，加快每项活动的每周成本是：

活动 A：6 000 美元/周

活动 B：10 000 美元/周

活动 C：5 000 美元/周

活动 D：6 000 美元/周

为了将项目的工期从 18 周减至 17 周，首先必须找出关键路径 C—D。然后，才能确定关键路径上哪项活动能以最低的每周成本被加快。加快活动 C 的进度每周需要 5 000 美元，加快活动 D 的进度每周需要 6 000 美元。如果将活动 C 缩短 1 周（从 10 周缩短至 9 周），项目总工期可从 18 周缩短至 17 周，但项目总成本增加了 5 000 美元，达 205 000 美元。

为了再缩短一个时间段，从 17 周缩短至 16 周，我们必须再次找出关键路径，两条路径的工期分别是 A—B 为 16 周，C—D 为 17 周，因此关键路径仍是 C—D，它必须再次被减少。观察一下关键路径 C—D，我们意识到尽管活动 C 比活动 D 每周加快成本低，却不能再加快活动 C 的进度了，因为当将项目的工期从 18 周减至 17 周时，活动 C 已达到它的应急时间——9 周了。因此，仅有的选择是加快活动 D 的进度，使其工期减少 1 周，从 8 周减至 7 周。这就将关键路径 C—D 的工期减至 16 周了，但总项目成本却增加了 6 000 美元（加快活动 D 的每周成本为 6 000 美元），从 205 000 美元增至 211 000 美元。

我们再次将项目工期缩短 1 周，从 16 周降至 15 周。观察两条路径，我们会发现它们现在有相同的工期——16 周。因此，我们现在有两条关键路径。为了将项目总工期从 16 周减至 15 周，必须将每个路径都加快 1 周。观察路径 C—D，我们意识到只有活动 D 仍有剩余时间可以被压缩，它还可以再压缩 1 周，从 7 周降至 6 周，同时增加 6 000 美元成本。为了使路径 A—B 加快 1 周，我们可以压缩活动 A 或活动 B。加快活动 A 每周增加 6 000 美元，而活动 B 的每周成本为

10 000 美元。因此，为了将项目总工期从 16 周缩短至 15 周，我们需将活动 D 和活动 A 各压缩 1 周。这使项目成本增加了 12 000 美元（6 000 美元+6 000 美元），从 211 000 美元增至 223 000 美元。

让我们再次尽力将项目总工期缩短 1 周，从 15 周降至 14 周。我们又一次有两条相同的关键路径。因此，我们必须将两条路径同时加快 1 周。然而，观察路径 C—D，我们发现两项活动均已达到它们的应急时间——分别为 9 周和 6 周，不能再进一步加快这两个活动的进度了。加快路径 A—B 的进度因此会毫无意义，因为这只能增加项目的总成本，却不能缩短项目的总工期。我们缩短项目总工期的能力由于路径 C—D 的工期不能再进一步缩短而受到限制。

表 7-7 列出了项目总工期的缩短和项目总成本的相应增加。表 7-7 表明项目总工期减少 1 周，项目总成本将增加 5 000 美元；项目工期减少 2 周，项目总成本将增加 11 000 美元；项目工期减少 3 周，项目总成本将增加 23 000 美元。

如果四项活动均达到应急时间，项目总成本将达到 259 000 美元，而项目的完成时间仍不会少于 15 周。用时间—成本平衡法，我们可以通过压缩关键路径上有最低单位时间加快成本的活动，用 23 000 美元的增加成本将项目的工期从 18 周降至 15 周。由于项目总工期不会少于 15 周，压缩全部活动至应急时间将会浪费 36 000 美元。

表 7-7　时间—成本平衡

项目工期（周）	关键路径	总项目成本（美元）
18	C—D	200 000
17	C—D	200 000+5 000=205 000
16	C—D	205 000+6 000=211 000
15	C—D，A—B	211 000+6 000+6 000=223 000

✎ **练习题**

18. 图 7A-1 中活动 B、C 和 D 的正常、应急时间和成本是多少？

19. 图 7A-1 中加快活动 B、C 和 D 时间进度的每周成本是多少？

20. 如果图 7A-1 中的活动全部在应急时间内完成，项目的总成本是多少？

小结

时间—成本平衡法是一种通过最低限度地增加相应成本来缩短项目工期的方法。时间—成本平衡法的假设前提是：每项活动有一个正常和应急时间和成本，可以通过增加更多的资源来加快活动进程，时间和成本之间的关系是线性的。正常时间是在正常条件下完成活动需要的估计时间长度，正常成本是在正常时间内完成活动的预计成本。应急时间是完成活动的最短估计时间长度，应急成本是在应急时间内完成活动的预计成本。

思考题

1．什么是时间—成本平衡法，何时使用它？

2．在时间—成本平衡过程中，为什么需要正常和应急时间和成本？

3．假定一项活动的正常时间是 20 周，正常成本是 72 000 美元，应急时间是 16 周，应急成本是 100 000 美元。这项活动最多可被减少至几周？加快这项活动的每周成本是多少？

4．为什么压缩项目的全部活动以实现最短项目进度是不合适的？

附录 7B　Microsoft Project

在这个附录中，我们将以消费者市场研究项目为例来讨论如何用 Microsoft Project 支持本章讨论过的技术。在"File"菜单中，为了检索你的项目信息，当你仿照资源水平设置基准，点击"Open"并定位你在第 6 章存储的消费者市场研究项目。我们现在准备进入资源成本、生产成本报告，并检验现金流和挣值表。

在 Microsoft Project 中，双击任务名称后，在任务信息窗口进入资源菜单或资源桌面，通过工时、原材料、消费资源的使用率，计算项目成本。重新保存并访问资源表单，点击资源视图组中的资源表单。在每种资源和超时率的"标准率"（Std. Rate）栏中可以找到标准率，从而记录在资源表单中的工时、原材料成本率。工作资源成本率是每小时的成本。材料资源成本率是每单位使用的成本。图 7-9

显示了"View"中资源表单中的标准和超时率，为了了解工作资源标准成本率和
材料资源标准成本率，进而为了消费者市场的研究。

图 7-9   有工时成本率和材料成本率的资源表单

双击"Gantt Chart Entry View"中的任务名称，根据任务层级来分配资源的
成本，还可以在资源标签中编辑成本值，如图 7-10 所示。

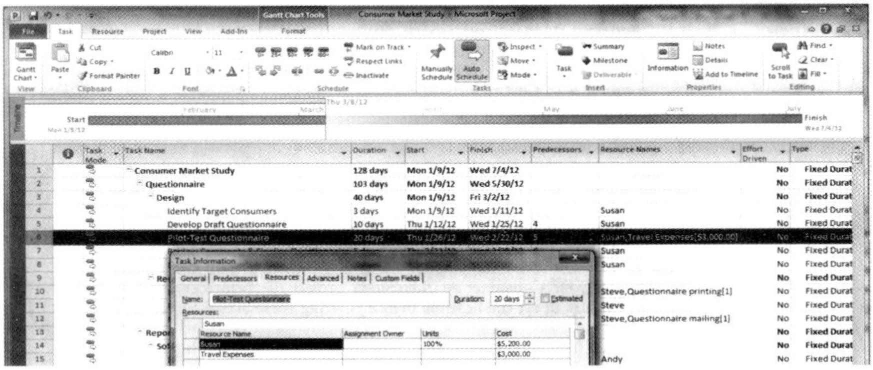

图 7-10   任务的资源成本输入

检查任务"打印并邮寄问卷调查表"所用的资源，确保每个任务只配置了一
单位的材料资源。在图 7-10 中，你可以看到括号中的数字 1，这是显示你正在使
用材料资源的数量。如果你要改数量，双击任务名称，然后在任务信息窗口中找
到资源记录，并修改数量。

为了得到图 7-11 中显示的项目总结报告，在项目菜单中，点击报告组中的
"Report"，选择"overview"，然后选择"Project Summary"。如果你已经更新了
任务资源信息，这个报告将显示实际中正确的基准日期、项目持续时间、工作时

间、成本和任务情况。项目总结报告针对项目的关键信息给利益相关者提供了一个快捷的报告。

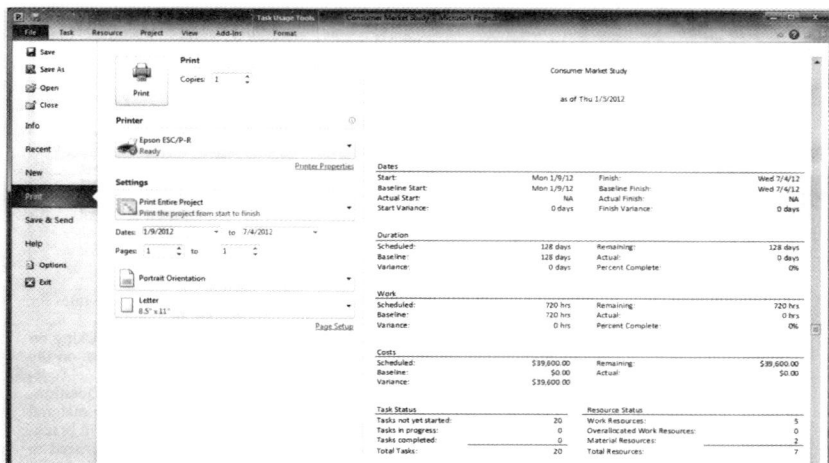

图 7-11　项目总结报告

Microsoft Project 包含了五种不同标准的报告。为了得到这些报告，在项目菜单上点击报告组中的"Reports"，选择"cost"。你将看到图 7-12 所示的菜单，标明了成本报告的五种图标类型。

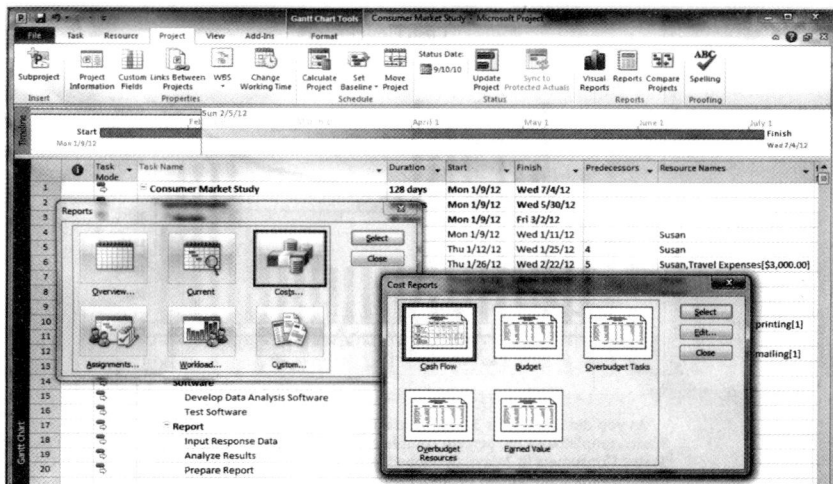

图 7-12　成本报告菜单

在成本报告中选择"Cash Flow",就会出现现金流报告。图 7-13 中的现金流报告提供了按周分解的成本信息。

图 7-13　现金流报告

若想创建可视化现金流报告,在项目菜单中找到报告组,然后选择"Visual Reports",在所有记录中选择"Cash Flow Report",然后点击查看。可视报告将在 Excel 或 Visio 中打开。Excel 中的可视现金流报告展示的是项目期间的现金流量,如图 7-14 所示。

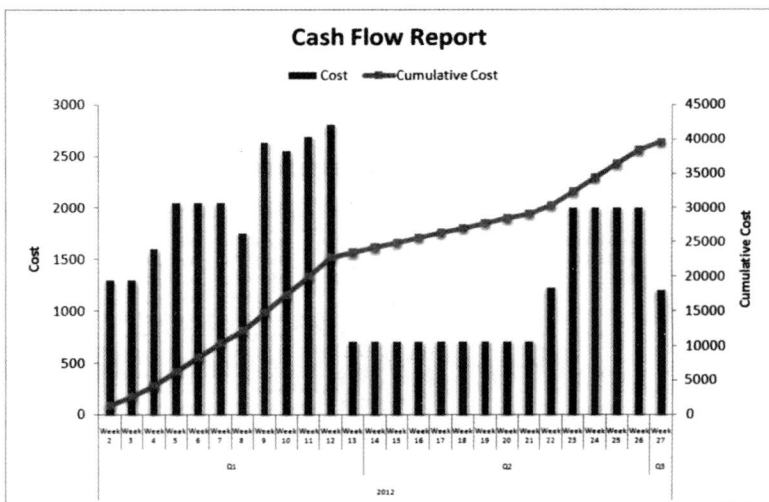

图 7-14　以 Excel 显示的可视现金流报告

当项目实际结束日期到来时，让我们检查一下项目过程中都发生了什么。在完成这个例子前保存消费者市场研究项目文本。确保在到达实际结束日期前设置了基准。

像第 5 章指出的那样，进入实际结束日期，标记 Susan 百分百完成的任务。回忆 Susan 2 天内完成了客户目标识别，9 天完成调查问卷的起草，19 天完成调查问卷的试点测试。图 7-15 展示了任务 4、5、6 的实际完成日期和甘特图的跟踪调查。

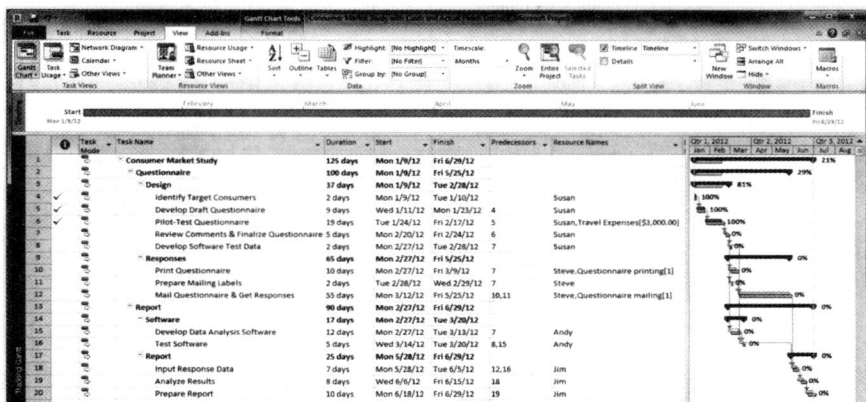

图 7-15　跟踪甘特图以显示实际完成日期

在"Cost Reports"菜单中选择"Budget Report"。图 7-16 展示了消费者市场研究项目的预算。包含了总成本、成本基准、每个活动的差别。注意到 Susan 提前一天完成了任务。预算报告显示项目目前运行在预算之内。

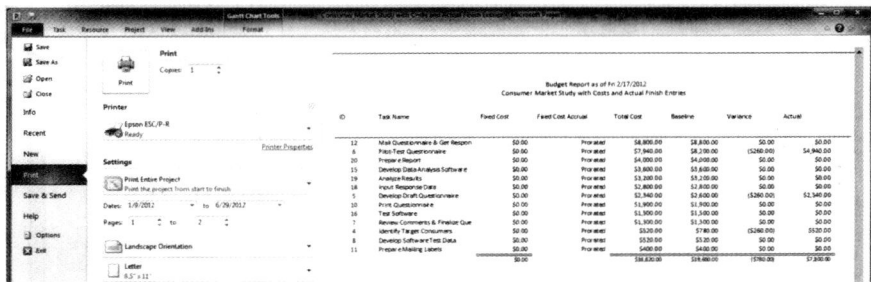

图 7-16　实际完成日期

为了得到与图 7-17 相似的表，进入"View"菜单，点击"Task View"组中的"Gantt Chart"，再选择"Tracking"。然后在"View"菜单中，点击"Data"组中的"Table"，然后在菜单中选择"Cost"。对每个任务来说，这个表提供了整体、基准、实际和剩余成本，以及很多变化。回忆一下，甘特图中每个任务包含两条横道，上面显示的是时间和完成的任务，下面显示的是时间和完成任务的基准数据。

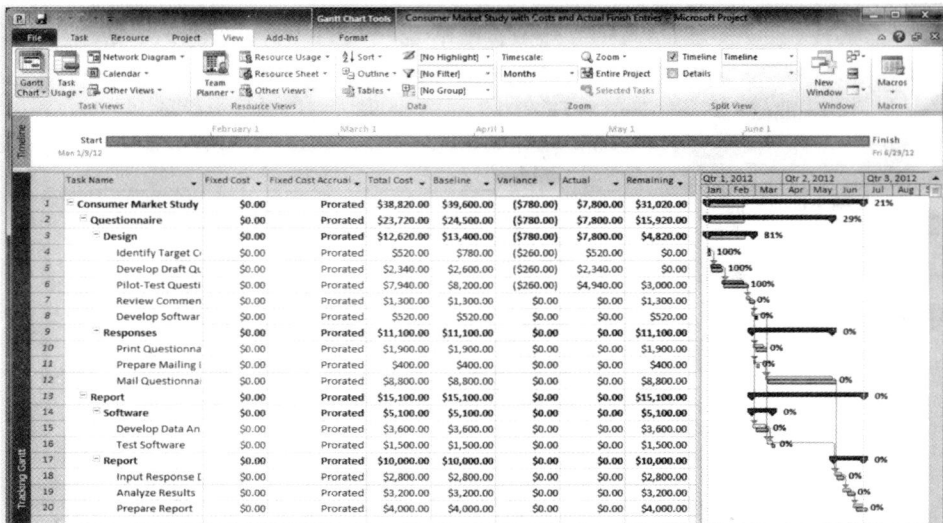

图 7-17　任务的成本变化

你同样可以指定一个资源成本变化表。你需要查看资源表（打开"View"菜单，点击"Resource View"中的"Resource Sheet"），然后查看成本表（打开"View"菜单，点击"Data"组中的"Table"，然后在菜单中选择"Cost"）。检查图 7-18 所示的表中与 Susan 有关的内容。

你可以创建一个表来显示每个任务的挣值。挣值的计算基于项目的进行情况。Susan 在 2 月 17 日完成了她的第三个任务。将日期情况设为 2012 年 2 月 17 日，打开"Project"菜单，在"Properties"组中点击"Project Information"，打开项目信息窗口，然后输入 2/17/12 或在下拉日历中选择日期。可以选择当天日期或任意当天以前的日期，如图 7-19 所示。

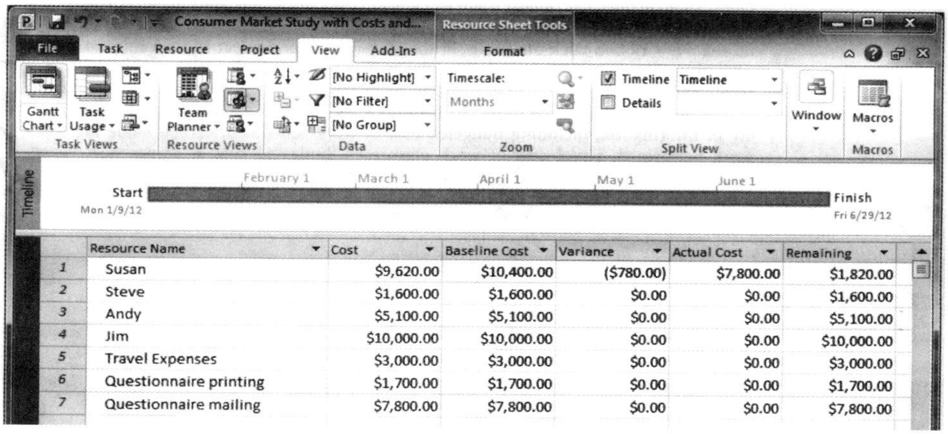

图 7-18　资源的成本变化

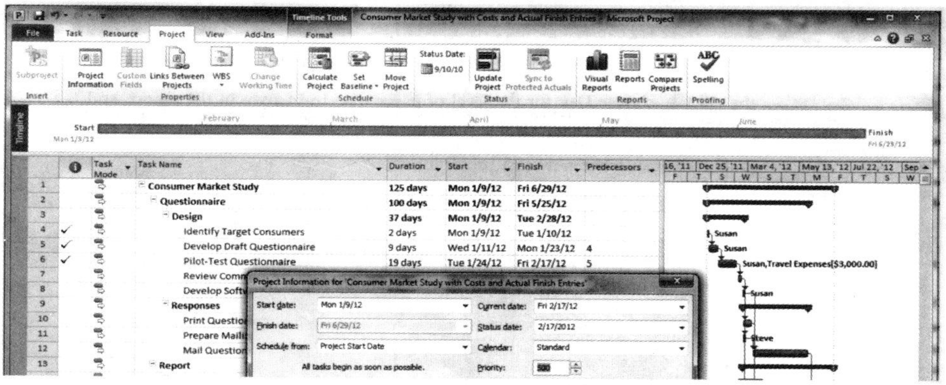

图 7-19　状态日期的变化

打开 "View" 菜单，点击 "Gantt Chart"，在菜单中选择 "Gantt Chart"，然后再打开 "View" 菜单，点击 "Data" 组中的 "Table"，选择进入。这会将你带回违约模板展示。为了查看挣值表，打开"View"菜单，点击"Data"组中的"Table"，为了打开其他表的菜单，选择 "More Table"。拉下菜单，选择 "Earn Value"，然后点击 "Apply"。

你将看到图 7-20 所示的表。这个表将提供很多信息，包括工作进度的预算成本、工作实施的挣值、工作实施的实际成本、项目完成的预算成本、完成的成本预估，以及其他一些变化。

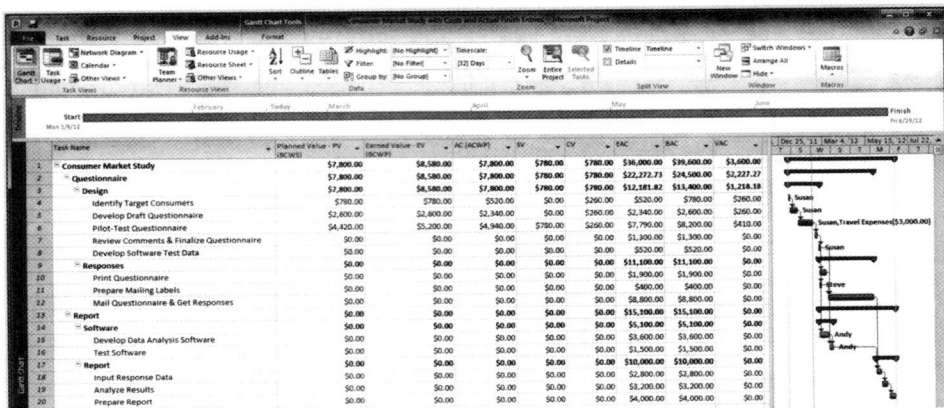

图 7-20　挣值表单

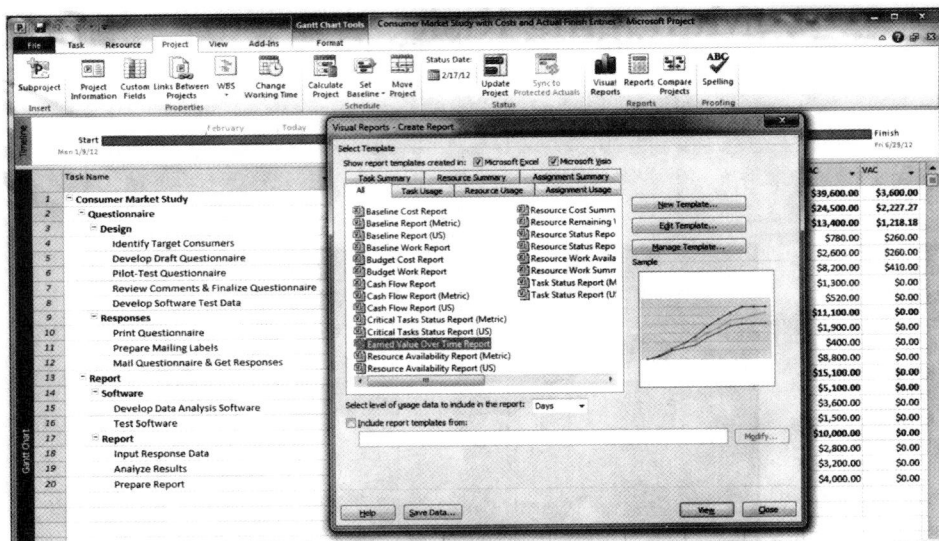

图 7-21　可视报告——创建报告窗口

同样可以获得一个可视化的挣值报告。打开"View"菜单，在"Report"中点击"Visual Reports"然后在"All"条目中选择"Earned Value Over Time"，选择"Day"来调用可使用的数据完成报告，然后点击"View"。图 7-21 显示了可视报告——创建报告窗口。参考图 7-22 中的可视挣值报告。通过这些数据和图标，你可以进行新的预测。

Earned Value Over Time Report

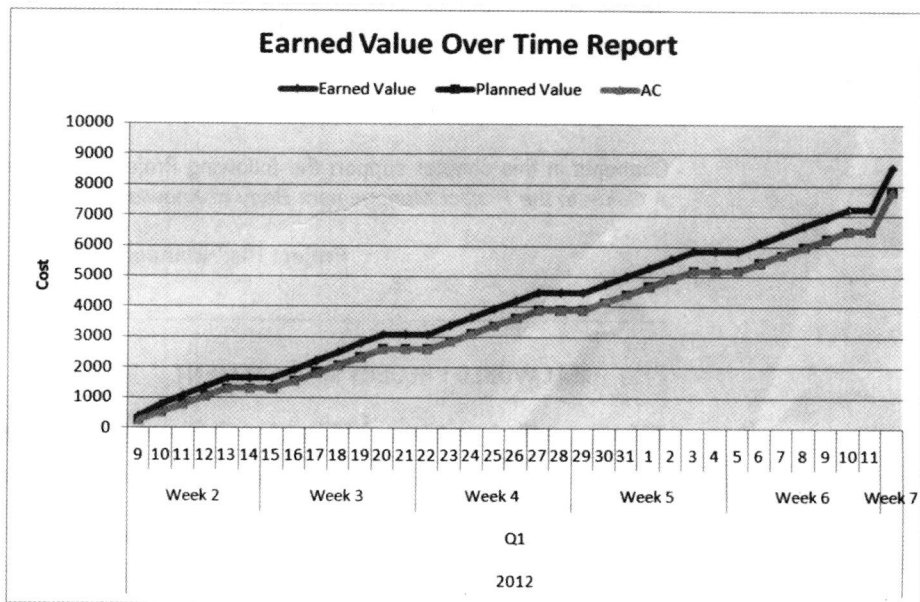

图 7-22 用 Excel 显示的挣值变化报告

案例研究 7-1 一个非营利性的医疗研究中心

这个案例是第 4、5、6 章案例分析的延续。

❓ 案例问题

1. 用第 5 章的计划表确定每个活动的成本。

2. 确定项目的总预计成本。

3. 以表格的形式准备项目成本预算，以及用图的形式显示项目的累计预算成本（CBC）曲线。

🔺 小组活动

就像以前章节的小组活动一样，把课程参与者分成 3~4 人的相同的小组，并想一下以上的每一步。

注：第 8 章还将继续利用这个案例学习，请保存好你的结果。

案例研究 7-2　婚礼

这个案例是第4、5、6章案例研究的延续。

❓ 案例问题

1. 用第5章的计划表确定每个活动的成本。

2. 确定项目的总预计成本。

3. 以表格的形式准备项目成本预算，以及用图的形式显示项目的累计预算成本（CBC）曲线。

◣ 小组活动

就像以前章节的小组活动一样，把课程参与者分成 3～4 人的相同的小组，并想一下以上的每一步。

注：第8章还将继续利用这个案例学习，请保存好你的结果。

第 **8** 章　风险管理

本章内容支持《PMBOK 指南》中的如下领域：

项目风险管理

现实世界中的项目管理

印度尼西亚供水系统项目的风险

当今世界人口的 1/3 面临水资源不足的困境。国际会议也讨论了淡水资源缺乏和使用不当的问题。很多发展中国家缺乏资金来有效地管理水资源。为了改善这种情况，这些国家以一种公私合作的方式将其转为私有制公司。项目的风险也通过合同的方式转到了私有公司。但是，既然风险转移了，政府也要付更高的价钱。

印度尼西亚政府鼓励私人投资供水系统开发的基础设施建设。印度尼西亚面临严峻问题——水很多，但无法带来收益，也就是说，水在到达用户之前在系统中流失掉了。这可能是因为基础设施的破旧导致途中漏水。由于旱季时没有充足的水资源，印度尼西亚人口最多的岛爪哇岛，每年面临 130 亿人口的缺水问题。政府虽会向缺水的地区提供水资源。但同时，这些水可能会被污染，也可能因为质量低而不适于消费者使用。

印度尼西亚政府准备在至少 40 个城市开展水供应私有化项目，且已经完成可察觉风险的评估。项目风险被分为六种：政策上的、宏观经济上的、操作上的、商业上的、土地建筑和不可抗拒因素。影响项目完成的五个最高级别的风险是水资源不足、新竞争者的加入、建筑成本不断增加、运行和维护成本不断增加、设备缺陷导致项目中断。三个风险级别最低的风险包括工人罢工、规则改变的区别对待、发生战争。

和很多项目一样，项目成员观点的改变，将改变风险的级别。项目的管理者可能会将水资源不足、竞争者的进入、建筑成本的不断增加列为三个最高级别的风险。其他一些水资源供应公司的运营者可能会将税率调节的确定性、政府毁约和水资源供应不足作为三个高级别的风险。如果任何一个项目组都不把政策问题视为一个发生可能性大、影响也大的风险，那么它就不会成为高等级的风险。

最高级别风险的构成由政府和私有公司共同决定，项目组将风险保留有利益对项目风险进行评估、控制和管理；有利于开发保护手段；最大可能地将风险多样化；或承担低级别风险。税率调整的不确定性受政府控制，却由私有公司来承担。为了管理这项风险，私有公司向政府索要高额酬金以弥补潜在的损失。政府同样可以控制毁约与否。私有公司担心政府会以政策变动为由不给报酬。因此应对计划是，政府应当在私有公司中建立信任，相信毁约情况不会出现。水资源不足的风险由政府和私有企业共同担负，私有企业必须保证将充足的可使用水源提供给消费者。政府必须保证本国水源的供应。如果政府不能提供足够的水源，那么私有公司将被迫从其他供应商处购买水源，从而导致收费的上涨。为了管理水源不足的风险，合同中一定要加入特定的条款，对水资源不足予以资金补偿和处罚。

管理者会同意接受那些他们熟悉的和那些他们可以应对的风险：开发、建筑、委托代理和运营风险。而那些他们无法控制的风险则不易被他们接受。对于其中的一个风险，由政府担负的风险的应对计划是，给出土地的大概价格，并且由政府来付保证价格和实际价格间的差价。

总之，私有公司和政府必须通过创建应对计划的方式来进行风险管理，以保证印度尼西亚水供应项目的成功。这种讨论还将继续下去，合同中将会加入更多明确的条目，如哪一方当事人对什么风险负责。项目的成功就取决于风险管理。

资料来源：A.Wibowo and S.Mohamed, "Risk Criticality and Allocation in Privatised Water Supply Projects in Indonesia," International Journal of Project Management, 28, no. 5(2010), 504-513.

本章概要

如第 1 章所提到的，包含一定程度的不确定性是项目的一个特性。这种不确定性会影响项目的结果。在项目执行中会出现一些对项目的成功有不利影响的情况。风险就是一种可能性，即意外情况的出现，并导致一些损失的发生。风险管理（Risk Management）包括识别、评估和应对项目风险，以此来最小化不利情况出现的可能性及其对于项目目标实现的影响。对于风险的提前预知可以提高实现项目目标的可能性。等到不利事情发生后再应对它们则会导致恐慌和较高的应对成本。风险管理包括采取行动来避免或最小化不利事情出现的可能性和其产生的影响。

在项目生命周期中提出解决方案的阶段应确保采取一些风险计划，例如，承约商应理解在项目需求建议书的投标中会涉及的风险。有了对潜在风险的认识，承包商的报价中可以包括为应对意外事情或管理而产生的那部分费用。另外，如果风险过大，承包商也可以决定不进行投标，如第 3 章讨论的内容。因此，项目开始前一定要进行详细的风险计划。

项目经理不能是风险的反对者。他必须接受，风险是项目管理的一部分，而且要正面面对风险。此外，项目经理应该鼓励项目小组对风险进行公开和及时的讨论。你将了解以下内容：

- 风险识别及其潜在影响。
- 评估风险出现的可能性及其影响程度。
- 风险应对计划。
- 风险监控。

学习成果

学完本章后，你将能够了解：

- 风险管理包含的内容。
- 风险识别与分类。

- 风险评估与排序。
- 风险应对计划的准备。
- 风险评估矩阵的制定。
- 风险控制。

8.1 风险识别

在项目执行过程中，会出现一些对项目成功有不利影响的情况。风险就是一种可能性，即意外情况的出现，并导致一些损失的发生。风险识别包括确定哪些风险会对项目目标产生负面影响，以及每个风险出现时会产生什么样的后果。

有时候当项目被批准后，项目发起人会通过项目章程识别主要风险。一个承包商也会通过客户的需求建议书识别风险。承包商可以以此来向客户展示他实施项目的经验和切实可行的方案，以及他规避风险的期望。这同样可以满足客户的期望。

最常用的识别风险的方法是头脑风暴法（头脑风暴法会在第11章进行介绍）。项目经理应该让核心项目组成员参与识别潜在风险来源，即那些会发生，并对实现项目目标产生负面影响的事情。每位成员可以利用他们的经验和知识来帮助列出包括大量潜在风险来源的清单。有多少种风险需要识别？小组成员可以各走极端，提出成千上百个可能的风险。例如，每个活动都可能花费超出计划和预算的时间和费用。当识别风险时，应该考虑一般性和合理性。风险应是那些会发生，并会对项目目标的实现产生负面影响的事情。

另一个方法就是建立风险分类，从每一种分类中识别可能发生的风险。以下是风险分类的举例：

- 技术
  — 无法满足客户在性能上的需求。
  — 新科技的应用。
  — 可能无法达到质量标准或规定。
- 日程安排
  — 供应商延迟交送重要设备。

- 成本
  - 材料成本的扩大超过预期。
- 人力资源
  - 当项目需要员工时可能没有人员供应。
- 外部条件
  - 恶劣的天气。
  - 政府制度的改变。
  - 客户偏好的改变。
  - 当地反对者发起合法的行动延误项目。
- 发起人/客户
  - 批准上的延误。
  - 发起人资金的保障。

另一个有利于识别风险的资源是过去项目的历史信息。如果事后项目评估（本内容会在第 9 章进行讨论）在项目完成后进行，它将是识别风险的很好资源，也为类似风险的再次发生提供了有效的应对信息。

以下是一些风险的例子：

- 新产品中的多种先进技术。
- 比现在使用的测量方法快 10 倍的性能需求。
- 技术的进步使原先选择的技术在项目完成之前被废弃。
- 为罕见和复杂的外科手术第一次使用新的机器人操控设备。
- 当地方经济较强和失业率低时，劳动力的随时可获得性。
- 当挖掘时遇到更多意料之外的岩石结构。
- 在客户接受之前，多次的网络设计更改。
- 项目的关键时期，工人罢工的出现。
- 工厂扩建项目的建筑阶段遇到恶劣的天气（如提前下雪）。
- 银行不批准项目的全部贷款金额。
- 因表面防火材料的供不应求而导致的价格明显上涨。
- 在手术过程中病人出现出血现象。
- 当紧急需要时，没有充足的疫苗以供使用。

- 新产品没有通过认证测试。
- 海外供应商对于关键零件的交货期超过了预先期望的交货期。
- 当需要时，客户不能提供样品以供测试。
- 小镇周末的节庆日遇到下雨。

对于每一个识别的风险，需要列明潜在的结果。这些结果包括进度延期，额外开支的产生，项目结束后的交付没有达到已认可的标准，缺乏客户认可的新产品，客户强制执行合同中的惩罚条款，发起人提前终结了合同。

值得注意的是，在每个项目的开始，不可能识别出所有的风险。特别是对长期项目而言，如持续多年的项目或有多个阶段的项目。对于短期项目可能比较容易识别风险，但是随着项目的进展，项目团队可以不断详细地识别新风险。同时，随着相关信息的日渐清晰，项目团队可以对先前识别的风险产生的影响进行更精确的评估。

🖉 练习题

1. 风险是一种_____事件，如果它_____，将不利于_____的完成。

2. 对于每个_____的风险，需要_____潜在的_____。

8.2 风险评估

风险评估包括确定风险出现的可能性及对于项目目标影响的程度。每个因素可以以高、中、低或比率（1%～5%，1%～10%等）来进行定级。项目经理与了解潜在风险的团队成员进行协商，来为每个风险进行定级。以前类似项目的历史资料也非常有用。例如，如果恶劣的天气是一个风险，每日天气的历史信息或者气象预报服务机构将非常有用。

基于风险出现的可能性和潜在影响，对其进行排序。例如，那些发生可能性较强和影响较大的风险，在开发应对计划中会给予更多考虑。

另一个风险排序要考虑的因素是，这个与风险相关的活动是否在关键路径上。如果存在这样的风险，应当给予很高的关注度，因为与在时间弹性较大的路径上相关活动的风险相比，它会对进度安排产生更大的影响。

评估风险的一个工具是风险评估矩阵，如表 8-1 所示。

表 8-1 风险评估矩阵

风险	结　果	出现机会（L，M，H）	影响（L，M，H）	关键行为	责任人	应对计划
活动当天下雨	• 低参加率 • 导致财务损失	M	H	活动前两天的天气预报	Laura	• 预定室内活动场所 • 雇用临时志愿者日夜不停地建设室内活动场所 • 开发详细计划
道路施工	• 参加者减少 • 减少收入	H	H	公路部门发布的施工进度计划	Allison	• 指明替代路线 • 制作标志 • 沿路张贴标志 • 在新闻媒体中发布消息

练习题

3. 风险评估包括确定风险＿＿＿＿＿＿以及对于项目＿＿＿＿＿＿＿＿。

8.3 风险应对计划

风险应对计划可定义为：设置一系列活动去阻止或减少风险发生的可能性和其产生的影响，以及当风险事件发生时的应对措施。风险应对计划包括设计行动计划来减少每个风险发生的可能性或产生的影响，建立一个行动点来指明何时采取针对每个风险的应对活动，为每个应对计划的具体实施者分配职责。

风险应对计划可以用来避免风险，减轻风险，或者接受风险。避免风险指通过选择一系列不同的行动来消除风险。例如，在新产品中决定使用传统技术而非最新技术；为避免下雨的影响，在室内庆祝周末。减轻风险包括通过行动来减少风险事件发生的可能性或造成的潜在影响。例如，为了减少对客户网站的多次设计，可以在项目初期给客户看一些设计案例。接受风险意味着，当它们发生时再进行处理，而不是采取行动预先避免或减少影响。

风险应对计划必须包括行动点或警示旗来标明何时为每个风险实施应对计划。一个标明何时购买稀缺原材料的行动点可能是当原材料的价格比预算中的价格高出 5%时，决定在新产品中采用新技术的行动点可能是工程学习的完成。另一个例子是，在项目剩余期间内，项目实际工期落后于计划的 5%时批准加班。

执行风险应对计划需要额外费用，这些额外资金用于支付使用额外资源、延时工作、加急运费、购买额外原材料、非预期的价格上涨，等等。项目报价和预算应该包括一个应急成本来支付实施应急计划所发生的费用。

练习题

4. 风险_____是一个风险评估的工具和_____。

5. 风险_____可定义为设置_____去阻止或____风险发生的_____和其_____，以及当风险事件发生时的_____。

8.4 风险监控

风险监控指在项目期间经常回顾风险管理矩阵。在项目期间，有一点非常重要，即对所有风险进行评估，来决定是否有些风险会改变其发生的可能性和潜在影响。这样可以确定是否某个风险值得特别注意，或是某个风险的重要性降低了。此外，也可能识别某些新风险，即那些在项目初期没有被考虑到，但现在需要加到风险评估矩阵中去的风险。例如，为新产品原型进行的初期测试指明产品没有达到最初的性能指标。另一个情况是，由于早期在设计阶段的延误，扩建工厂项目的建筑阶段被确定在了暴风雨季节的中期。在项目阶段，客户对于项目工作范围、进度表，或者预算等改变的许可同样影响到对于早先已确定风险的评估，或者导致发现新的风险。

项目会议是一个很好的经常评审、更新、定位风险的方式。项目状况评审会议的日程表应该包括风险评估部分。应该特别注意回顾每个风险的行动点，来决定是否某些风险应对计划应该马上实施。有关项目状况评审会议的信息请参考第 12 章，问题解决相关信息请参考第 11 章。

跟踪和记录风险的发生及其影响是非常有意义的。这些信息对未来项目的风险管理来说是很好的学习材料。

✎ **练习题**

6. _____是一个很好的____评审、_____、_____风险的方式。

现实世界中的项目管理

制药研究开发项目的风险管理

作为批准项目的要求，一些组织的风险管理要在项目计划阶段完成。但是，一些项目经理会仅仅参照其他项目中常见的风险，并不花时间开发现在项目的应对计划。一些资金部门的项目小组管理项目中所有的风险：资金、技术、经营、组织。

制药业希望规范它的风险管理战略，就像那些软件开发公司和高新技术公司的实用战略，但并不是那些没有实际分析风险管理部门的那些有问题且不成规矩的技术。因为每个项目的不确定性和复杂程度不一样，所以对制药研究开发项目也有它固有的风险。

生产设计监督项目包含复杂的、多个系统的综合。这些复杂项目风险管理的成功基于完成过程中所做的决策、问题架构的清晰描述和问题解决方案的到位。药品开发的每个阶段（探索、设计、开发、测试）都有适用于项目、项目团队风险和风险管理需求的决策模板。科学家则致力于创造性的药品开发。问题结构化的解决方法需要药品开发小组的所有成员一起决定风险应对计划，包括为缓和、接受风险而采取的行动。

为了更好地决策，美国国家航空航天局（NASA）和制药业的项目都需要减少不确定性。对于两者来说，项目的决策是生死攸关的抉择，所有不确定的风险都要达到可接受的程度，项目才可以继续进行。为了分析风险发生的可能性，对每个因素的不确定性都要进行分析。一个好的风险分析决定了缓和风险因素的各种选择、风险的影响程度和它发生的可能性。对一些风险，要不惜代价地制定应对计划；缓和风险因素胜过金钱的价值。诊所试营业如果导致人的生命危险，那是一定不可接受的。

对于 IT 开发项目和制药业开发项目来说，一个正式的风险管理流程要通过多种分析得出一大张风险清单，来避免项目由于重新实施、成本、日程等方面而受到阻碍。对一个组织而言，实际中的挑战是完成一个正式的风险评估过程。这些技巧无法帮助那些不准备对风险问题复杂性进行管理的组织。很少有 IT 和制药企业坚持使用一套正式的风险评估方法并伴随多种分析。理论上整合的必要性与实践中方案的贯彻还没有得到统一。

药品开发项目需要一个持续的风险评估过程。随着项目的进展，关键项目需要得到重新评估。在药品开发开始阶段的关键风险，在接下来的阶段中可能就不是问题了。在评审的过程中，需要给出风险应对计划的结论。制药业成功地运用风险管理决策计划和有效的风险分析来减少风险的不确定性。

结构化的分析方法对软件开发和高新技术产业的风险管理同样有帮助。对于项目风险识别、风险评估、风险应对计划开发、风险监控的严格应用，有助于制药业的发展。提供完整的风险识别书、改进的风险及影响文档、基于影响程度和发生可能性的风险排序，以及用定性和定量方法完成的风险应对计划，都将有助于制药业最终做出决策。

资料来源：Y. Kwak and C. Dixon, "Risk Management Framework for Pharmaceutical Research and Development Projects," International Journal of Managing Projects in Business 1, no. 4 (2008) 552-565.

8.5 信息系统开发的风险管理

信息系统（IS）开发的风险存在于 IS 项目的所有方面。该风险可以被分为七个类型：科技风险、人员风险、可用性风险、项目团队风险、项目风险、组织风险和政策战略上的风险。这些分类可以更好地解释风险与系统开发中接收数据、处理数据、信息形成间的联系。第 4 章到第 7 章提供了有关 IS 开发项目的定义、安排、资料储存和成本的相关信息。

回忆第 6 章，IS 开发项目包含五种形式的基本资源：人、硬件、软件、数据、网络。对于硬件和软件来说，科技风险是项目中一种关键的风险。综合性、功能性、兼容性的错综复杂，将影响 IS 项目开发的成功与否，以及程序运行的速度和系统的安全性。科技风险对资源有需求，且会影响项目中的人员、可操作性、组织和政策战略风险。

除了拥有项目必需的信息系统知识和技能，项目和项目团队会遇到项目管理技巧和执行上的风险。提高科技性能就会带来风险。一个使用新技术的决策会导致组织系统的硬件和软件缺乏整合性。新技术的推进会导致项目范围的缓慢变动和项目需求的变化，从而导致项目难以控制。

以上的分类有助于项目团队在进行头脑风暴会议时对潜在风险进行罗列。本章中所学的项目风险列表也有助于头脑风暴活动。同时建议读者用经验和历史来罗列风险列表，并评估、优化那些最可能发生的、影响最大的、位于关键路径上IS 开发项目的风险。

案例：ABC 办公室设计公司的因特网应用软件开发（续）

回忆第 4 章到第 7 章的内容，Beth Smith 是 ABC 办公室设计公司因特网应用软件开发项目的项目经理。Beth 和项目组计划使用 125 000 美元和 60 天的时间来完成项目。项目团队成员对项目直接的责任感，使 Beth 相信项目会在现有资源下按时完成。Beth 想要给项目分析潜在的风险，那样团队就可以提前注意到这些风险，就不会影响系统数据的传输了。销售成员在他们的计划中已经准备好了要测试的数据。一旦项目延误，销售员工和公司将失去这些机会。

Beth 主持了一个项目更新会议。在她的日程中包含了风险可能性的讨论。对于每一个风险，她为团队计划好了初步内容：风险的影响，发生的可能性，一旦发生影响的程度，风险的引发活动，谁对风险负责，为避免、减缓、接受风险而开发的风险应对计划。按此内容，项目团队和 Beth 开发了项目评估矩阵。表 8-2 是他们起草的风险评估矩阵。

表 8-2　ABC 办公室设计公司的因特网应用软件开发项目的风险评估矩阵

风　险	影　响	发生的可能性（低、中、高）	影响的程度（低、中、高）	引发活动	责任人	应对计划
与使用者缺乏合作和投入	报告系统中出现错误的销售记录	中	高	销售人员在系统使用培训中遇到困难	Jim	用额外的培训材料来展示如何使用

风　险	影　响	发生的可能性（低、中、高）	影响的程度（低、中、高）	引发活动	责任人	应对计划
有太多问题要解决	系统设计没有按时完成	低	高	解决问题的时间比完成时间多	Jeff	在任务上将员工工作安排的较长；员工至少有 7 天的可调整时间
测试揭露了设计问题	重新设计并开发	中	高	评估揭示问题	Cathy	进行评估工作时检查设计缺陷
开发软件时遇到综合性问题	系统不工作，没有信息记录	低	高	学习现有的系统来识别潜在问题	Steve	开发兼容的程序，可以不是最新程序
项目组中成员身份的改变	缺乏完成相应任务的适当知识和技能	低	中	人员的辞职	Beth	在认知阶段安排另外一个小组成员学习相关知识

　　项目组认为，随着项目的开展，风险也会发生改变。因为只有 60 天就要完成项目，Beth 和团队认为对于这个不完善的项目，他们还有很多事情要做。为了按时完成项目，Beth 决定把资源配置给那些在关键路径上的、不完善的任务。如果必要，将会动用意外开支准备基金来弥补额外的成本。

　　Beth 再一次学习了其他项目的经验教训，确保下次项目更新会议上团队能继续讨论其他项目的风险。学习其他项目成功和失败的经验教训是 Beth 成功成为项目经理的原因之一。对于以前那些 Beth 认为团队可以避免的风险，她认为没有必要重复予以考虑。

关键的成功要素

- 项目开始以前要识别风险及其潜在影响。
- 评估风险时要包括项目团队及相关专家。

- 对于出现的可能性高、对项目成果影响大的风险应给与高度关注。
- 针对高关注度的风险应制定相应的应对计划。

小结

在项目执行过程中会出现一些对项目成功有不利影响的情况。风险就是一种可能性，即意外情况的出现，并导致一些损失的发生。风险管理（Risk Management）包括识别、评估和应对项目风险，以此来最小化不利情况出现的可能性及其对于项目目标实现的影响。风险识别包括确定哪些风险会对项目目标产生负面影响，以及每个风险出现时会产生什么样的后果。风险评估包括确定风险出现的可能性，以及对项目目标影响的程度，并将它们进行排序。风险应对计划则被定义为设置一系列活动去阻止或减少风险发生的可能性和其产生的影响，以及当风险事件发生时的应对措施。风险应对计划包括设计行动计划来减少每个风险发生的可能性或产生的影响，建立一个行动点来指明何时采取针对每个风险的应对活动，为每个应对计划的具体实施者分配职责。在项目期间，有一点非常重要，即对所有风险进行评估，来决定是否有些风险会改变其发生的可能性和潜在影响；不仅如此，也可能识别出某些新风险，即那些在项目初期没有被考虑到的风险。项目会议是一个很好的经常评审、更新、定位风险的方式。

思考题

1．描述应该采取什么措施来管理项目风险，何时做，风险评估矩阵在项目过程中有什么用处。

2．通过自己管理项目的经验，列出三个风险并将其分类。那时的风险应对计划可以适度减轻风险吗？如果是现在的话，你会制定怎样的风险应对计划？

3．在项目中对什么样的风险应给予最高的关注度？随着项目的进行，风险的排序会随之变化吗？

4．随着项目的进行，项目风险将怎样变化？当变化发生时，怎样将变化体现在风险评估矩阵中？

WWW 练习

对于以下练习提到的组织的网址，可以进入 www.cengagebrain.com. 中的网上练习指南寻找。为了将来进入方便，我们建议你将此网站放入收藏夹。

1．在网上搜索项目风险管理的相关内容，并至少描述三处你找到的信息。

2．从练习 2 到练习 5，访问软件业项目经理管络（Software Program Managers Network，SPMN）的网页。看看它创立的原因及它的用途。

3．点击"16 Critical Software Practices"，简单描述这 16 个要素。从中选出与所有类型项目都相关而不是仅与软件项目相关的要素。

4．点击"Lesson Learned"部分。那里有多个链接，找出与风险管理相关的，并对其进行描述。

5．点击"Web Links"按钮，细看并描述至少 3 个链接。

案例研究 8-1　一个非营利性的医疗研究中心

这个案例是第 4～7 章案例研究的延续。

❓ 案例问题

1．确定至少四个项目可能面临的风险。

2．做一个风险分配矩阵，包括每个风险的应对计划。

◣ 小组活动

就像以前章节的小组活动一样，把课程参与者分成 3～4 人的相同的小组，并回答上述问题。

祝贺你完成了这个案例。如果你用手中的笔和纸手工完成了所有的表格和图表，就可能具有令人恐惧的工作量，更容易产生错误，并且将占用大量的时间。项目管理软件，如 Microsoft Project，能自动完成这些任务，允许你更高效地利用时间分析项目计划和成本绩效及成功地管理项目。

案例研究 8-2 婚礼

这个案例是第 4~7 章案例研究的延续。

❓ 案例问题

1. 确定至少四个项目可能面临的风险。
2. 做一个风险分配矩阵，包括每个风险的应对计划。

◤ 小组活动

就像以前章节的小组活动一样，把课程参与者分成 3~4 人的相同的小组，并回答上述问题。

祝贺你完成了这个案例。如果你用手中的笔和纸手工完成了所有的表格和图表，就可能具有令人恐惧的工作量，更容易产生错误，并且将占用大量的时间。项目管理软件，如 Microsoft Project，能自动完成这些任务，允许你更高效地利用时间分析项目计划和成本绩效及成功地管理项目。

案例研究 8-3 学生募集资金项目

在 9 月召开的本学年的第一次会议上，茅特·克莱门特大学（Mount Clement University）的大学生联谊会决定开展一个项目，为当地医院筹集资金，以帮助更新儿童重症监护病房的医疗设备。大学生联谊会有 24 个学生会，每个学生会派出一名代表组成。今天的会议，有 15 名代表出席。

虽然今天出席会议的成员都对这个项目表示支持，但是他们也提出了一些问题，比如：

- 我们所要做的项目是什么类型的？
- 今年什么时候是最佳的项目实施时间？
- 我们有没有设立一个目标，希望筹集多少钱？
- 我们应该如何在学生会内部分配任务？
- 如果今天没有出席会议的其他代表不同意这个提议怎么办？

● 我们需要在开始的时候支付一些费用以便让接下来的事情顺利进行吗？我们需要支付广告费之类的费用吗？

● 我们需要得到什么批准吗？

汉娜说："这会变得越来越复杂的，会有很多问题和未知的事情。"

马卡斯补充说："如果我们没有募集到很多钱会不会很丢人？尤其是我们做了很多事还没筹集到什么钱。"

特蕾莎回应说："当然会有很多工作要做啊！不过我们的学生会内部有很多成员，我们可以求助于他们。"

凯西说："也许我们先要进行风险判断，然后再讨论我们是否能做这个项目。"

蒙根说："我不想站在墙角拿着易拉罐来筹集钱。"

温迪说："我也不想这样，但是我们有很多更有趣的方式来募集资金。"

苏菲说："也许我们应该跟社区合作，这会帮助我们筹集更多的钱。"

苏丽发言说："我愿意主持一次计划委员会议，还有谁愿意参与？我们明天五点在这里开会。我会给今天没来的大学生联谊会的其他成员发一份邮件，邀请他们参加。我们会筹集到很多钱的。我们做每件事都有风险，但是我相信我们能应对风险。我们应该相信自己！"

❓ 案例问题

1. 你觉得下一步应该做什么？

2. 识别为儿童重症监护病房的医疗设备筹集资金这件事中潜在的三个项目。

3. 选择一个项目，识别出这个项目中可能会影响项目成功的三个风险。

4. 设计一个应对方案，能避免或者减轻每一个风险。

◢◣ 小组活动

把课程参与者分成3~4人的相同的小组，让他们进行以下活动：

● 用头脑风暴法列出八个可能为医院筹集资金的项目。

● 找出小组成员都认可的那个项目。

● 识别选出项目中六个潜在的可能影响项目成功的风险。

● 设计一个应对方案使每一个风险能得到避免或者减轻风险。

找一个发言人，在全班同学面前说明你们的答案。

第**9**章　结束项目

本章内容支持《PMBOK 指南》中的如下领域：

项目集成管理

现实世界中的项目管理

特大项目日程延误分析：朝鲜特快列车的经验教训

为建造一条全长 412 千米、往返于首尔和釜山之间的朝鲜高速铁路——朝鲜特快列车（KTX），已经完成了 11 000 多个不同的活动。起初，KTX 的预算是 58 亿美元，工期 7 年。但一些问题导致成本和工期的超支，预算变成了 184 亿美元，将持续 12.5 年。这条铁路由 39% 的铁路隧道、34% 的桥梁和 27% 的地面作业构成。为了保证全线铁路可以保持 300 千米/小时的平均速度，对建筑质量和安全规范标准的要求都很高，因此需要严格规范。26 条线形的铁路分段穿过建筑的三个不同的部分。在申请获取和使用土地时，所在城市都出现了极大的延误。

随着项目的开展，建设延误的类型也发生了改变。最初的延误是因为无法获取充足的土地，这个阶段延误了项目的批准和许可。复杂项目常见的那些不令人满意的沟通、不充分的计划和仓促执行，使得责任和分工都不明确。铁路的技术规格要有很高的标准，但有些地方没有设计经验，经常调换顺序或重新完成。整个项目微观和宏观的整合系统并没有发挥作用。日程仅仅在微观层面上有效，整个系统和很多项目经理都处在分割状态。在整个项目实施中，没有用一个宏观性的工具。

所有大规模的项目——铁路、石油管道、高速公路建设等，都可以分解成一个个同时进行的部分。这并不能使项目变简单，反而更复杂。可以从微观、宏观综合的角度来分析这些子项的风险，如可能会导致时间延误或成本过高。铁路方面重要子项的重大延误可以分为五类：管理问题、常见变更、不适当的项目运输系统、没有项目进度安排工具、重新设计和次序的改变。

第一个经验教训是，高速铁路建设与传统铁路建设有根本性的区别。两者虽然类似，但技术要求有很大差别。第二个经验教训是在延误发生前的风险管理和延误发生后危机的妥善处理对项目管理来说是非常重要的。有没有这个管理和处理能力，对大项目经理的选拔是非常重要的因素。延误的风险因素可以通过一个充分的风险应对计划来有效加以控制。这个铁路开发项目缺少风险监控系统，一个有助于识别触发点和风险应对计划的系统。第三个经验教训是，项目经理为了项目的成功，必须考虑社会和政治因素。中央政府和地方政府的不协调会影响项目的计划和进度安排。

KTX 项目最终多花了五年半才完成，成本是原预算的两倍多。KTX 项目的经验教训可以有助于其他大型项目的管理，甚至一些地理、政治相似的小项目的管理。最好还是识别与日程延误和成本溢出有关的风险，并且尽力避免或缓和这些风险。

应从这个项目的失败中评估其经验教训，并从宏观和微观的角度分析它将怎样有助于你的项目。如果你这么做了，在识别风险、制定计划的项目上，你将更接近项目的预算和按时完成项目。

资料来源：H. Seung Heon, Y. Sungmin, K. Hyoung Kwan, K. Young Hoon, P. Hyung Keun, and L. Sang Hyun, "Analyzing Schedule Daley of Mega Project: Lessons Learned from Korea Train Express," IEEE Transactions on Engineering Management 56, no. 2 (2009) 243-256.

本章概要

当项目工作完成且客户接收所有交付物后，项目的实施阶段就结束了。于是，项目进入了第四个阶段，也是最后一个阶段——结束项目。

本章讨论了项目结束阶段所涉及的多种问题。你将了解以下内容：

- 结束项目时必须要进行的活动。
- 完成一个内部项目后评价。
- 整理经验教训的重要性。
- 项目文件的整理和存档。
- 获得项目客户的反馈。
- 提前结束项目。

学习成果

学习完本章后，读者将能够：

- 识别项目结束阶段需要进行的活动。
- 完成内部的项目后评估。
- 讨论学习经验教训的价值和用处。
- 解释梳理和完成项目文档的重要性。
- 获得项目的客户反馈。
- 描述提前结束项目的情况。

9.1　项目结束活动

项目生命周期的第 4 个，也就是最后一个阶段，是结束项目。此阶段开始于项目工作的结束之时，如图 9-1 所示。结束阶段开始于项目的工作绩效已符合要求，工作成果得到客户认可的时候。承约商为客户完成项目后，承约商必须确认已交付了双方商定的所有交付物。这些交付物可能包括培训或程序手册、图样、流程图、设备、软件、说明书、报告和数据资料。在某些情况下，这可能是较正式的活动。如自动化系统项目，必须满足合同中载明的那套标准并通过测试；而另一些项目，如大学生组织的一次周末返校活动，则在一段很短的时间内就完成了。此阶段包括各种适当终止项目的措施，包括：

- 处理应收应付款。
- 人员的认知与评价。
- 内部的项目后评估。
- 经验教训的学习。
- 项目文档的梳理和存档。

与结束项目阶段有关的活动，应当在项目基准计划中确定并载入——这些活动不应当仅仅视为一种自发的事后聪明。

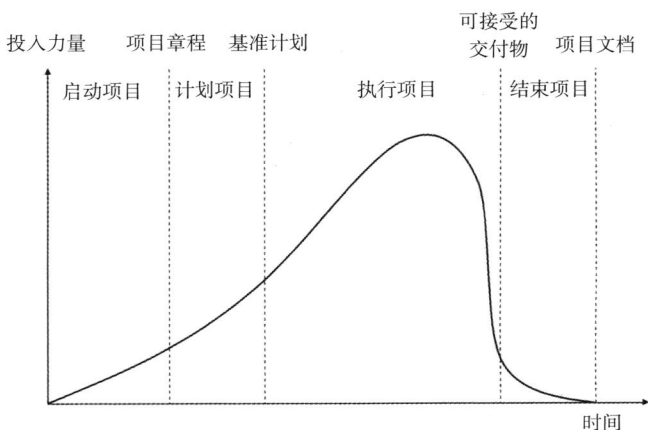

图 9-1　项目生命周期

9.1.1　项目结算

在项目结束阶段必须执行的另一项活动是确保客户应付款项都已收到。许多合同都会包括一个渐进付款的条款，注明在项目结束时，客户将结清最后的款项。在有些情况下，最后一次付款可能占总项目款额较高的比例，如 25%。类似地，也应该查证所有已付给分包商或顾问的款项和已付的购买原材料或其他设施的款额。一旦收到了所有的款额并付清了所有款项，项目"账簿"或会计记录就可以封存了，最后的项目分析也就可以进行了，即把实际成本与项目预算成本相比较。

9.1.2　人员的认知与评价

人员的认知与评价是结束项目阶段的重要活动。成功的项目都应当以某种形式的庆祝活动宣告结束。这种庆祝可以是工作后的非正式的晚宴，也可以是正式的活动，让来自客户组织的代表参加，并在会上为项目的执行者授予奖品和证书。

　　在项目结束阶段，项目经理应当准备一份书面的关于项目团队成员的绩效评估书，并注明执行项目任务的结果，每个人是如何扩展他的知识的，以及他需要进一步提高的地方。如果在公司内部，项目团队成员并不直接向项目经理报告，那么项目经理就应当给每个人的直接上级主管提供一份绩效评估书的复件。

9.1.3　内部的项目后评估

　　在项目结束阶段的另一项重要活动是举行项目后评估会议。这些会议应在内部、执行项目的组织内，以及与客户共同举行。这些会议的目的是评估项目绩效，以确定应从项目中获得的预期收益是否确实达到了，并确定为改进将来的项目绩效应做些什么。

　　有两种类型的内部会议：与团队成员之间的个人会议及与项目团队的小组会议。在项目完成后，会议应尽快举行，并且应当提前宣布召开会议，以便人们做好准备工作。

　　项目经理应当和每个团队成员都进行一次个人会议，这些会议允许团队成员说出他们个人对项目工作绩效的认识，以及未来的项目应该做哪些改进工作。这种会议让成员们能够畅所欲言，不受团队会议的约束。例如，他们可以谈到在与其他团队成员合作时工作关系上的问题。当然，项目经理必须严守秘密。团队成员的个人会议结束后，项目经理就能提炼出会议中的一些共同问题。有了这种信息，项目经理就可以为与整个项目团队一起召开的团队会议准备会议议程了。

　　在与项目团队一起召开的团队会议中，项目经理应当讨论项目执行期间发生的事，并确定一些具体的改进建议。表 9-1 就是一个项目后评估团队会议的会议议程样本。下面是在每个议程中讨论的主题。

表 9-1　项目后的评估团队会议议程

项目后的评估团队会议议程
1. 技术绩效
● 工作范围
● 质量
● 管理变更

项目后的评估团队会议议程
2. 成本绩效
3. 进度计划绩效
4. 项目计划与控制
5. 风险管理
6. 客户联系
7. 团队联系
8. 交流
9. 识别问题与解决问题
10. 经验教训
11. 对未来项目的建议

（1）技术绩效。最后的工作范围与项目初期的工作范围的比较结果是什么？工作范围上有什么变更吗？变更文件与批准行动处理得当吗？变更对项目成本和进度计划有什么影响？工作范围都完成了吗？项目工作和交付物的完成质量如何？符合客户期望吗？

（2）成本绩效。最终的项目成本与原始预算和包括项目范围变更的项目预算的比较结果是什么？如果是固定价格合同，那么项目组织是获利了还是亏损了？如果是成本补偿合同，项目是在客户的预算内完成的吗？有没有个别工作包超支或节省了 10% 以上的预算？如果有，为什么？所有成本超支的原因是什么？成本预算切合实际吗？

（3）进度绩效。实际项目进度计划与原始进度计划的比较结果是什么？如果项目延期完成，是什么原因？每个工作包进度计划的绩效如何？活动工期估计现实可行吗？

（4）项目计划与控制。项目计划足够详细吗？计划是否及时得到了更新从而包含了变更部分？实际绩效与计划绩效是否定期进行比较？有关实际绩效的资料准确吗？收集及时吗？项目团队定期使用项目计划和控制系统吗？计划和控制系统是否有助于决策制定？

（5）风险管理。有未预料的事件发生并影响项目的结果吗？如果是这样，它们在风险计划中被识别出来了吗？项目开始时是否充分识别了发生可能性高、影响大的风险？项目开始时是否存在应该被识别却没有识别出来的风险？什么风险在项目开始时没有识别出来，而是在项目进行当中才被识别出来的？为什么它们在项目开始阶段没有被识别出来？如果识别出的风险发生了，是否有充分的应对计划？是否发生了没有应对计划的未预料事件？

（6）客户关系。是否努力让客户参与项目？是否定期征询客户对项目进程的满意度？与客户之间定期举行面对面的会谈吗？是否及时通知客户潜在的问题，并邀请客户参与解决问题？

（7）团队关系。团队是否参与了项目计划？有团队观念和为使项目成功而努力的使命感吗？是否有阻碍团队合作的情况？

（8）交流。团队对项目执行状况和潜在的问题及时了解并掌握了吗？项目环境是否有助于公开、坦诚、及时的交流？项目会议有成果吗？团队内部、团队与客户间的书面交流充不充分？

（9）识别问题与解决问题。这一机制合理吗？是否有利于团队成员及早识别潜在问题？问题解决的方法合理而全面吗？

（10）经验教训。做什么有成效？做什么没有成效？做什么特定的事情可以有助于项目的成功，在其他项目中也可以使用吗？做什么事情阻碍了项目的进展，在将来的项目中需要消除或改进吗？如果有机会重新开始这个项目，将会有什么不同？

（11）建议。基于团队讨论和上述各项内容的评估，可得到哪些有助于改进未来项目绩效的具体建议？

在评估会议后，项目经理应当为管理层准备一份简要的书面报告，作为项目经验教训和建议的总结。项目组织需要主动、积极地进行交流。例如，交流内部项目后评估反馈表，如果它不包括任何机密信息和项目组织中的关键人员的话。要确保经理们和项目团队在将来进行项目时会参考这些反馈表。

9.1.4　经验教训

识别和学习经验教训的目的，在于利用以前项目获得的知识和经验来提高将来项目的完成效果。项目组织必须建立一个基本的知识系统，包含易进入的信息库，以鼓励项目经理和项目小组回顾以前项目的经验教训和知识。系统必须对信息进行梳理，这样人们可以通过种类、学科或关键词更容易地进行回顾和学习。

项目团队不能等到项目的末尾再进行经验教训的记录和整理，这项工作应当贯穿项目的计划和实施的整个过程。这将有助于提高项目剩余部分的完成质量。必须建立一个系统来记录这些经验教训产生的时刻，并在项目的实施阶段完成一个经验教训列表。有了这样的系统，就不会遗忘一些条目。否则，如果这是一个持续时间很长的项目，如横跨多年的项目，组织中的一些关键人物，在项目早期可能会给出一些很好的经验教训。但到了项目的后期，他们就不一定还在项目组中了，也就无法分享他们的经验了。

有关经验教训的信息，以及内部项目后评估会议和客户、发起人反馈中的相关需求等，同样需要添加到组织经验教训的知识库中。

经验教训方面的一个重要注意事项就是，要确保相关文档的保存、流通，能供将来项目经理和项目小组使用。有一种方法是将其列为一个新项目见面会的议事日程之一。而对于组织开展的内部项目管理培训，经验教训也是一个很好的话题。

9.1.5 项目文档存档

项目结束时，项目团队和承包商需要确保将相应的项目文档进行整理、归档，以便将来回顾和使用。比如，承包商希望使用成功项目中的实际成本和进度安排的相关信息，来帮助未来项目建议书中进度的制定和成本的估计。或者，如果项目描述、筹划了一个集体节日活动，项目团队应当收集所有有关节日优化建议方面的文件，用于来年节日活动的筹划与组织。

一些组织有标准的条目清单和索引，确保项目所有重要文档和记录的保留，包括技术、财务、合同、报告等方面。大多数文档都是以电子格式保存的，但一些需要纸质版储存。为安全起见，最好将文件备份，存在不同的档案中。

此外，在文件档案中，针对过去项目中的常见数据建立数据库是非常有价值的，我们可以分析出数据蕴含的走势和关联，以便于未来项目的投标、计划和实施。这样的分析对于特定的活动或物料，将显示出低估成本的趋势，如低估特定活动的持续时间。

练习题

1. 项目_____的第四个阶段，也就是最后一个阶段，是_____。

2. 成功的项目都应当以某种形式的_____宣告结束。

3. 项目经理需要举办的内部项目后评估会议的两种形式是什么？

4. 识别和_____的目的在于，利用以前项目获得的_____和_____来提高_____项目的_____。

5. 项目团队____等到项目的____再进行_____的记录和____。

6. 项目结束时，相应的项目____需要进行适当的_____、_____。

9.2　客户反馈

　　客户反馈与客户的项目后评估会议与内部会议一样，都很重要。会议的目的是确定项目是否为客户带来了预期的收益，评估客户满意度，获得将来可能会对与这家客户或其他客户开展业务联系有所帮助的反馈信息。会议参与者应当包括项目经理、关键的项目团队成员、与项目有关的客户组织的主要代表。项目经理应当仔细斟酌，确定一个合适的开会时间，以便客户能真正说出项目是否达到了预期水平，是否获得了预期收益。如果项目是给客户做一份长达 8 页的彩色说明书，那么在最终印制的说明书送达客户手中后不久，就可以举行会议，因为客户立即就知道说明书是否符合期望。然而，如果项目是向客户提供一台使废品率从10%降低到 2%的自动装配机器，就得在机器安装好之后的几个月内，客户才能证实废品率是否确实下降了。因为操作者需要在这段时间内学会如何操作设备，或客户需要在这段时间内证实退货率确实减少了。如果一个开发新产品的项目有一个目标——新产品首发后的十二个月销量达到 200 万件。也就是说，直到产品首发后的十二个月，发起人才知道研发和售卖新产品的项目是否达到预期利润。

　　理想情况下，承约商应当与客户坐下来开诚布公地交流，这不仅给客户提供了表达他们满意度的机会，也给他们提供了对项目的某些部分满意与否的详细评论的机会。如果项目经理在整个项目过程中都持续关注客户满意度，那么这些评估就不会来得太突然。如果客户对项目很满意，执行项目的承约商或组织就会得到更多的机会。

　　首先，承约商可以向客户要求他可以做的其他项目，或者可以不经过竞争需求建议书的过程。例如，如果客户对说明书很满意，承约商就可以要求承担别的说明书、年度报告或营销资料等类似项目。同样，如果客户对自动装配机器很满意，承约商就可以询问一下，是否客户公司的制造工艺中的其他部分也需要改进生产效率。

其次，承约商可以获得客户的许可，将该客户作为其对潜在客户的成功例证。承约商甚至想在说明书中为客户做一个特写，可能会附上一幅画和一段话，说明客户对承约商的工作有多么满意。另一个宣传角度是写一个关于与客户合作项目的新闻故事，并把它作为一个新闻发布给有关报纸和其他媒体。

另一个得到有关客户对项目结果满意度的反馈方法，通常是客户对项目的评估调查表，如表9-2所示。项目经理把调查表交给客户和其他利害相关者，让他们完成并返还。对于大型项目，客户组织可能会下一番工夫系统地分析一下答复意见。收到客户填写好的调查表后，项目经理最好跟客户安排一个跟进会议，来获取反馈的更多细节。设立一个整理储存客户评价与反馈评分系统是非常有价值的，尤其是将来承包商或项目组给同一个客户编制不同项目建议书的时候。

表 9-2　项目后客户评估调查表

请完成这张简短的调查表，帮助我们评估和改善项目管理绩效。

如需更多的空间回答，请另附几页。

项目名称：＿＿＿＿＿＿＿＿＿＿＿＿＿＿＿＿＿＿＿＿＿＿＿＿＿＿＿

条　目	满　意　度	
	低	高
1. 工作范围的完成	1　2　3　4　5　6　7　8　9　10	
评价＿＿＿＿＿＿＿＿＿＿＿＿＿＿＿＿＿＿＿＿＿＿＿＿＿＿＿		
2. 工作质量	1　2　3　4　5　6　7　8　9　10	
评价＿＿＿＿＿＿＿＿＿＿＿＿＿＿＿＿＿＿＿＿＿＿＿＿＿＿＿		
3. 进度计划绩效	1　2　3　4　5　6　7　8　9　10	
评价＿＿＿＿＿＿＿＿＿＿＿＿＿＿＿＿＿＿＿＿＿＿＿＿＿＿＿		
4. 预算绩效	1　2　3　4　5　6　7　8　9　10	
评价＿＿＿＿＿＿＿＿＿＿＿＿＿＿＿＿＿＿＿＿＿＿＿＿＿＿＿		

续表

条　　目	满　意　度									
	低									高
5. 沟通	1	2	3	4	5	6	7	8	9	10
评价＿＿＿＿＿＿＿＿										
6. 客户联系	1	2	3	4	5	6	7	8	9	10
评价＿＿＿＿＿＿＿＿										
7. 总体绩效	1	2	3	4	5	6	7	8	9	10
评价＿＿＿＿＿＿＿＿										

你意识到实际收获了＿＿＿＿＿＿或是预期项目结果有＿＿＿＿＿＿。

A. 数量收益

B. 质量收益

我们如何在未来的项目中改善我们的工作？请写下你的有关建议。

姓名：＿＿＿＿＿＿＿＿＿＿＿＿　日期：＿＿＿＿＿＿＿＿＿＿＿＿＿＿

　　当有多个客户或多个终极用户时，从他们那里获得反馈可能比较困难。例如，一个志愿团队组织了一场长达一周的城市庆典活动，如何能从参与者那里得到有关其满意度，以及对明年活动建议的反馈呢？再举一个例子，如开发新软件的项目，直接客户是某公司的产品经理，但是真正的客户是最终购买软件的消费者。产品经理可能对产品很满意，但是项目团队如何确定终端用户是否满意呢？在这些例子中——城市庆典项目和新软件产品项目——项目团队可能会用某种调查方式或用对照组从终端用户那里获得反馈。

✎ 练习题

　　7. 列出三个理由，说明承约商为什么要与客户举行项目后评估会议。

9.3 提前结束项目

　　可能会出现某些特殊情况，使项目在未完成之前就被迫结束。例如，假设一家公司正在进行一个开发项目，研制一种在极低温度下具备某种特性的高级材料。在经过一定的开发工作和测试之后发现，进一步开发该材料可能会耗费更高，而且比原计划时间要长很多。如果公司预计在此项目上进一步投资的话，成功的可能性将会很低，那么项目就应当停止，即使公司已经投入了数百万美元。另一种会使项目提前结束的情况则可能是公司的资金状况问题，如公司的销售量下降，或是被另一家公司收购。

项目也可能由于客户不满意而终止。例如，买房者不满意承约商的工作质量，或对进度延迟不太高兴，他们可能会终止与承约商之间的合同，再雇用另一家承约商完成项目。类似地，如果政府正投资于新型军用飞机的设计和生产，当此项目的实际成本大幅超出预算时，政府可能就会终止合同。

如果项目由于客户的不满意而提前终止，会对承约商的业务造成很大的影响。承约商可能会因为提前终止项目而蒙受资金损失，也可能不得不解雇一些为该项目工作的员工。更重要的是，承约商的声誉可能会随之扫地。承约商很有可能再无机会从不满意的客户那里得到业务，声誉受损也使承约商难以从其他客户那里获得业务。为了避免由于客户不满意而提出终止项目的要求，在项目期内要持续不断地监控客户的满意度，一旦出现不满意的信号就立刻采取纠正措施。

✎ 练习题

8. 对承约商而言，由于客户的不满意而使项目提前结束的两个潜在后果是什么？

现实世界中的项目管理

绿色建筑——潜在影响项目的进度安排

减少项目周期中建筑阶段的成本和对环境的影响是绿色科技和绿色建筑的两大目标。绿色项目因包含美国绿色建筑协会在能源环境方面（LEED）认证的特定技术，获得了从银到白金等级的 LEED 等级证书。虽然建筑期间对环境的影响减少了，但是建筑的进行需要充足的成本。与传统建筑相比，绿色建筑项目的计划与设计阶段加长了 20%～50%。同时，建造阶段活动持续的时间也变得更长了！

一个针对大量绿色建筑项目的研究，如建造大型医院、八层综合性大厦和七层车库等，揭示了绿色开发项目中很多的经验教训。

一些绿色建筑的创新所需的新材料和程序不符合政府的规章制度。所有的项目都要经历进度的延误，来克服与现存建筑法规、分区制、常规性有关的阻碍，而芝加哥除外，因为那里绿色开发项目在批准时比传统建筑所用时间的一半还少。随着快速发展，为了表示创新符合当今建筑的法规和分区制，准备文件时，项目的过程是必须额外加入的。

新建筑对于材料和程序的需求会影响部分活动的进度安排，但不会对整体安排造成很大的影响。活动需要的创新程序和设备需要一段额外的时间来学习如何运转和安置它们。那些需要包含承包商和子承包商提前投入活动的设计会议持续的时间要比传统项目长。环境保护也会影响活动持续的时间，比如对大规模的腐蚀和沉淀进行控制、保护现有的植被。一些时间要花在植被保护上，而不是土地作业等活动上。为了保证和缩短运输的时间，需要花大成本购买本地的材料，但是供应的限制导致了订购材料时间过长。其他一些延长持续时间的活动有：特殊绿色植被看护的培训，子承包商的分段运输，原材料的处理，设备的测试等。

在对已有建筑物进行改造时，原材料的处理增加了很多时间，如将混凝土的实体压碎并回收，对将要掩埋的垃圾进行回收和再利用。砖的重新利用，石膏板的回收，将钢筋从混凝物中分离等活动，与将其直接毁坏并拖到垃圾场相比，要花费很多时间。

当完成一个绿色开发项目时，增加的时间基本都在项目的早期阶段。总体上，绿色建筑和传统建筑在建造方面时间差不多。在建造的成本方面会有不同。长时间的作业需要更多的人员，购买本地的材料通常比从海外进口要贵。

完成一个项目后评估有助于根据预期和其他项目来对自己的项目进行评估和比较。这些绿色建筑项目的项目后评估给未来的绿色建筑项目在进度安排和开支方面提供了宝贵的经验教训。

资料来源：J. Doyle, R. Brown, D. de Leon, and L. Ludwig, "Building Green—Protential Impacts to the Project Schedule," AACE International Transactions, PS.08.1-PS.08.11 (2009).

关键的成功要素

- 项目团队的表彰和成果庆祝要贯穿整个项目。
- 经常性地询问客户对于项目完成和进度的满意度。当客户第一次提出不满意时就采取纠正措施。
- 项目完成后，应该评估项目绩效，以便学习如果未来执行一个相似项目，有哪些是应该改进的。应该从客户和项目团队那里得到反馈。
- 经验教训的收集和存档要贯穿整个项目。
- 建立经验教训的知识库，确保它易于流通和未来项目的使用。
- 项目文档的整理和存档，以及对关键数据的分析，将有助于未来项目的投标、计划和实施。
- 保存客户的评价和反馈信息，有利于将来与相同客户开展其他项目。

小结

当项目工作完成且客户接收所有交付物后，项目的实施阶段就结束了。于是，项目进入了第四个阶段，也是最后一个阶段——结束项目。此阶段包括各种适当终止项目的措施，如处理应收应付款、人员的认知与评价、内部的项目后评估、经验教训的学习、项目文档的梳理与存档。

人员的认知与评价是结束项目阶段重要的活动。成功的项目都应当以某种形式的庆祝活动宣告结束。在项目结束阶段，项目经理应当准备一份书面的关于项目团队成员的绩效评估书。

在项目结束阶段的另一项重要活动是举行项目后评估会议。这些会议应在内部、执行项目的组织内，以及与客户共同举行。这些会议的目的是评估项目绩效，以确定应从项目中获得的预期收益是否确实达到了，并确定为改进将来的项目绩效应做些什么。有两种类型的内部会议：与团队成员之间的个人会议及与项目团队的小组会议。项目组织需要主动、积极地进行交流。例如，交流内部项目后评估反馈表，如果它不包括任何机密信息及项目组织中的关键人员的话。要确保经理和团队在将来进行项目时会参考该反馈表。

识别和学习经验教训的目的，在于利用以前项目获得的知识和经验来提高将来项目的完成效果。项目组织必须建立一个基本的知识系统，包含易进入的信息库，要鼓励项目经理和团队回顾以前项目的经验教训和知识。项目结束时，项目团队和承包商需要确保将相应的项目文件进行整理、归档，以便将来回顾和使用。

一个项目后评估会议应当包含客户和发起人。会议的目的是确定项目是否为客户带来了预期的收益，评估客户满意度，获得将来可能会对与这家客户或其他客户开展业务联系有所帮助的反馈信息。另一个得到有关客户对项目结果满意度的反馈方法，通常是客户对项目的评估调查表

有些项目由于种种原因，在未完成以前就被迫终止，如果客户对项目不满意，则客户很可能会终止项目。这可能会导致承约商或执行项目的组织的资金损失和声誉损害。避免由于客户不满意而提前终止项目的方法是，在项目期内持续不断地关注客户的满意度，一旦出现不满意的信号就立刻采取纠正措施。

思考题

1. 讨论结束项目时需要做些什么，这些活动为什么重要。

2. 讨论内部的项目后评估过程，以及相关的两种会议。

3. 在项目完成后，用什么方法从客户那里获取反馈信息？如何运用这种信息？

4. 为什么有些项目会在未完成之前就终止了，什么时候这么做才是明智的？

5. 思考你目前正从事或已经从事过的项目。列出一系列的经验教训，在将来的项目中你将如何使用这些信息？

WWW 练习

对于以下练习提到的组织的网址，可以进入 www.cengagebrain.com.中的网上练习指南寻找。为了将来进入方便，我们建议你将此网站放入收藏夹。

1. 在网上搜索一个已成功完成的项目，写三页有关该项目的总结，包括促使该项目成功的关键因素。在网上搜索一个未能成功完成的项目，写三页有关该

项目的总结，包括你认为该项目失败的原因。

2．在网上搜索"项目经验教训"。记录经验教训是怎样给项目提供信息的。这些与本章讨论的内容有什么联系。

3．在网上搜索"内部项目后评估"，尝试找到一个完整的项目后评估记录，并对其优缺点进行评价。

4．在网上搜索"项目管理标准"，将找到的标准列成清单。描述其中你认为最重要的三条标准。

5．在网上搜索有关的项目管理杂志。提供这些杂志和它们最近刊载的文章的目录。如果可能，从这些杂志中的一家或几家那里申请一份免费的样刊。

案例研究 9-1　工厂的扩建计划

雅各布·克莱门森（Jacob Clemson）掌管着一家成长中的电子公司，它的名字是迪吉特西吉（Digitsig, Inc.）。该公司的销售额一直增长得很快。他的工厂现在已经是三班不停地生产，产能已经达到极限了。他还不得不在几英里远的地方租用了一些厂房。他知道他必须扩建他的工厂，以适应正在增长的需求，要提高效率，并且降低用卡车在他的工厂和租借的厂房之间往返运送原材料和产成品的成本。由于在该地区没有很多适用的空地，所以租借成本非常高。雅各布渴望马上得到别的地方，否则他就无法满足需求，那样客户会选择他的竞争对手的产品。

雅各布在一次商会上碰到了 AG 承包商的股东安迪·吉布森（Andy Gibson），他向安迪讲了他的扩建需要。安迪说："克莱门森先生，我们能为你做些事情。我们已经做了许多类似的项目，像你知道的那样，这个地区商业发展得很快，而找到一个承约商并不容易。但是，很幸运，我们相遇了。我们刚好完成了另外一个项目，如果我们能很快达成一致的话，也许我们马上就能为你的项目工作了。听上去你们现在似乎真需要马上开始扩建工作，我想我们可以帮你们完成。"

雅各布担心找不到别的承约商，而他也不想再去浪费时间了。他认为 AG 公司的价格很合理，就同 AG 承约商签订了一份有关设计和扩建工厂的合同。扩建的地方主要用于储存新来的原材料和最终产成品。他同意在合同中加入奖金条款，如果 AG 承约商能够在 12 个月完成而不是通常需要的 15 个月，将得到 10%

的奖金。

14 个月以后，安迪·吉布森和 AG 承约商新聘用的项目经理格里·佩克（Gerri Penk）一起走进了雅各布·克莱门森的办公室。接待员问道："要我帮忙吗？"

安迪问："雅各布在吗？"

"是的，他在。你们预约了没有？"接待员回答道。安迪很快越过了接待员，说："我不需要预约，我只要花一分钟就够了。"格里惊奇地跟着他，他敲了一下克莱门森的门，并没有得到允许就开门走了进去。

雅各布·克莱门森很惊讶，抬起头说："我正在做某个重要的事情……"

安迪打断他说："这只会占用几分钟。我想说的就是，我们已经按时并在预算内完成了你们的工厂扩建计划。我的意思是，就像我知道我们会在 12 个月内完成一样，我们像希望的那样完成了。我有时不得不和一些下一级承约商发生争吵，但这就是商业运作的方式。有些时候，你也要采取像流氓一样强硬的方式才能完成你的工作。我确信你是以这样的方式工作的，雅各布，否则你不能待在今天你所在的位置。"

雅各布·克莱门森提高了声音说："那么，有一些问题……"

但是安迪又一次打断了。"在一个这样的大型项目中，总是存在很多问题，而很多人都会产生疑问。但是那是经常发生的，不要再关心那些问题了，最后项目毕竟是完成了。我想，也许我们能一起吃顿午饭庆祝一下，但是我在另一个城市还有一个会议。不过，你能以某种方式联系到我，如果我能帮你解决你目前面临的其他项目的话，也许我们又能在一起合作了。"说完，安迪迅速离开了雅各布的办公室，跟在他后面的格里也跟着他走了出去。

他们离开后，雅各布有一些懊恼也很生气。他自言自语道："别的项目？说我是呆板的，以一个流氓的方式做事？他认为我是什么样的人？按时并且在预算内完成项目，他认为那就是项目所包含的全部内容吗？这个项目简直就是一个噩梦。由于他们提出的变更，项目完工的成本超出了 AG 承约商最初价格的 50%。他们从来就没有问过我，也不听从我的意见，从来也不告诉我项目的进展情况，也从不回复我的电话。简直就是一群无赖！我绝对不会再和他们合作了。"

走进安迪的车后，安迪告诉格里："刚才你去的地方，又是一个 AG 的满意客户，而且也是相当幼稚的一个（安迪抿着嘴笑）。我知道我们能够在 12 个月完成这个项目，但是我知道他正处在危急当中，我就告诉他，项目将要花 15 个月的时间，然后让他同意如果我们能够 12 个月完成就会付给我们一笔奖金。"

格里问："安迪，那是不是不道德呀？"

"迪吉特西吉生意很好，他们有很多的钱。另外，那是他的问题，在决定扩建工厂以前等了那么久。他已经很幸运了，是我们帮他走出了困境。但是我想跟你说的是，格里，我想知道他为什么要建立一个储存用的仓库，而其他人都在实行准时制（just-in-time）。但是，我是不会告诉他那些事情的。很奇怪他还能做生意。好了，你将会发现那是一个人吃人的世界，格里。"

格里回答说："安迪，我有一种感觉，也许克莱门森先生根本就不满意。我的意思是，他真的并没有说他觉得满意。"

"他也没说他不满意呀。"安迪突然说，"而且，他从来就没有对这个项目感过兴趣，他从来没有要求召开任何会议，当我们试图安排一次会议的时候，他总说太忙了。同时，他总是推迟付款——就像个流氓或者别的什么那样无耻地做事。相信我，他满意 AG 公司所做的事情。他是如此渴望做这个项目，而我们为他按时并且在预算之内完成了这个项目。我们在这个项目上赚了一大笔钱，所以我们都是胜利者。"

"实际上，我要用雅各布作为给新的客户的一个例证。我们将在今天下午见面，同时讨论一下他们的需求建议书。客户总是希望借鉴以前的项目，但是很显然，他们几乎从来就不联系那些老客户。"

"格里，你应重点关注下一个客户，而不是担心那些老客户。这将起很大的作用，相信我，否则我现在也不会开着保时捷了。也许在 MBA 学院他们不会教给你那些东西的，格里，但从我父亲那里继承了这个生意以后，我从激烈竞争的社会大学中学到了这些。我的父亲得到了这个社会的承认，而我也正紧跟着他的脚步。"

❓ 案例问题

1. 雅各布在他最初见到安迪·吉布森和在项目的过程中本应做些什么？

2. 格里应该做些什么？

3. 安迪·吉布森在他与雅各布·克莱门森的办公室的会面中应该做些什么？

4. 在安迪与克莱门森签订的最初合同及在项目的过程中，安迪本应做什么？

▲ **小组活动**

　　把学员分成 3～4 个小组回答所提出的案例问题。每一个小组必须挑选一位发言人在全班同学面前说明他们的答案。

案例研究 9-2　**市场研究报告项目**

　　蒙根在有效的市场研究公司（Effective Market Research）做项目经理已经十多年了。公司的总裁埃里松对蒙根在项目细节方面的关注很满意。自从蒙根当上项目经理之后，有效的市场研究公司的效益翻了三倍。

　　蒙根的项目团队由八个成员组成，每个成员都是市场研究专业出身。除了做优秀的市场分析之外，客户对项目团队的评价还特别包括了项目进行过程中团队成员的配合情况。蒙根很在意项目成员之间的沟通。他从客户那里收集信息来确保客户对每一次项目会议都满意。

　　克里斯丁，劳动力发展组织的领导者，在会议上看到了一份蒙根团队报告的复印件。对于克里斯丁来说，在她自己的地区找一个市场研究团队的资金还是充裕的。而克里斯丁所需要的为她的组织筹集资金的提案中需要的信息类型和蒙根团队所写报告中的信息类型很相似。

　　克里斯丁和有效的市场研究公司的销售部取得联系，询问一下关于为她所在的地区做一份市场研究报告的事情。销售部门安排克里斯丁和蒙根、埃里松进行一次面对面的交谈，来交流项目需求方面的问题。

　　会议上，克里斯丁描述了她的信息需求。蒙根听得很认真，并为需要交付的项目列了一个提纲。作为会议的结果，蒙根和埃里松会起草一份项目提案，并把它交给克里斯丁审查。有效的市场研究公司和劳动力发展组织合作来确保这次的合作有一个价格固定的合同。

　　蒙根和他的团队，以及克里斯丁和克里斯丁的新项目经理萨拉，一起出席了第一次会议。在会议上，克里斯丁说："我升职了，萨拉将会负责和你们公司的合作项目。萨拉应该和你联系，并参与所有的交流。我现在没有时间来处理这个项目了。"为了能让萨拉在剩下来的项目时间内都能参与交流，蒙根修改了沟通计划。

在报告预计交付期的前三周，蒙根给萨拉寄了一份报告复印件让她审核。三天后，萨拉留言给蒙根说："报告非常不错，克里斯丁和我觉得报告里你可以多放一些我们地区的照片，然后把报告缩成两页纸的概要，我觉得这样会比较方便地区的专员和监工审阅。"

蒙根更改了项目时间表，并于第二天跟山姆——项目团队的画图专家，开了一次会。蒙根问："山姆，劳动力发展组织希望在报告中加入更多的图片，你觉得怎么样比较好？"此时，两页纸的报告已经完成了。它不再是接下来三周的首选审核文件。

山姆建议说："文件中还有一些图画我们报告中没有用到。我们可以拼接放在封面上，然后每页上放一张图片。根据沟通计划，报告是发电子版的，这样额外的图形就不会增加制作费用。"蒙根认可了山姆的做法。

蒙根把两页纸的概要和新的报告发给萨拉，希望能够通过。萨拉觉得这些报告写得很不错。萨拉在项目预期时间一个星期前，把最后的报告发给了组织的所有成员。有效的市场研究公司的财务部收到了项目最后25%的费用。蒙根把评估表发给了萨拉并和她的团队见了面。

两天以后，蒙根收到了下面这封邮件。"蒙根，我并没有同意将这份报告分发下去，我觉得在报告被批准之前，里面的错误都应该被纠正过来。"这封信是来自克里斯丁的。

蒙根很小心地听从了克里斯丁的指示，并且从萨拉那里得到了对最后报告的许可。蒙根给克里斯丁留言说："克里斯丁，请让我知道报告中有哪些错误，这样我们可以改正。"蒙根对克里斯丁的反应很震惊，因为跟萨拉谈话时，她已经表示克里斯丁批准了报告。萨拉应该跟蒙根联系的。

❓ 案例问题

1. 蒙根的团队让客户满意了吗？说明理由

2. 在萨拉批准了最后的报告后，蒙根应该如何回应克里斯丁的评论？

3. 项目团队将要结束整个项目，在他们开展另一个项目之前，他们还有一个星期的松弛时间，蒙根和他的团队应该做什么？

4. 蒙根在项目中所做的事情和其他项目成员有什么不同？

■ **小组活动**

把同学分成 3~4 个小组回答所提出的案例问题。每一个小组必须挑选一位
发言人在全班同学面前说明他们的答案。

第 3 篇　人员：项目成功的关键

本篇中的章节包括《项目管理知识体系指南》（《PMBOK 指南》）中的以下项目管理知识领域：

项目集成管理（第 10、12、13 章）

项目人力资源管理（第 10、11、12、13 章）

项目沟通管理（第 12 章）

第 3 篇中的章节重点讨论项目中有关人员的重要性。显然，要圆满地完成项目目标，关键在于人员，而不是程序和技术。程序和技术只不过是协助人员工作的工具。

项目经理通过对工作的计划、组织和控制的领导，从而为项目团队完成项目目标提供领导作用。项目经理的最终职责是确保工作在预算内按时优质地完成，使客户满意。激励项目团队，赢得客户的信任，是项目经理必备的技能。

一组个体为取得项目目标而在一起协作，形成项目团队，团队工作就是为了达到这一共同目标，团队成员通力合作。项目团队的工作绩效对项目的成败具有重要意义。一个项目要想成功，制定计划与项目管理技术是必不可少的，但人员——项目经理和项目团队却是关键所在。

可利用各种结构将人们组织起来进行工作，以使项目成功。但是，无论项目团队怎样进行组织和交流，包括项目团队和客户之间、项目团队内部，以及项目团队和其上级管理层之间的交流对项目成功都是至关重要的。

第3篇　人员：项目成功的关键

第10章　项目经理

讨论项目经理的职责，项目经理成功领导项目所需的技能，怎样培养项目经理的能力和管理项目变更。

第11章　项目团队

本章内容包括团队的发展和壮大，何为有效的项目团队和有效的团队成员，团队建设，尊重团队的差异性，道德行为，冲突处理，如何解决问题及时间管理。

第12章　项目沟通和文件记录

探讨有效的口头和书面沟通，有效聆听，项目会议，陈述和报告，跟踪项目，文件变更，以及项目沟通计划和协作沟通工具的重要性。

第13章　项目组织的类型

阐释各种能够用于组织中人们开展项目工作的结构。

第 10 章 项目经理

本章内容支持《PMBOK 指南》中的如下领域：

项目集成管理

项目人力资源管理

现实世界中的项目管理

海角风经联邦政府批准成为美国第一个海上风力发电场
项目将强化地区的清洁能源工作

10 多年前,能源管理机构的项目管理者在美国马萨诸塞州楠塔基特海峡的 Horseshoe 浅滩开始着手发展美国第一个海上风力发电场。海角和岛屿 3/4 的电力需求会来源于 130 个风力发电机。有了强烈并且持续的风力，还有电力与陆地近在咫尺的连接，海角风的发电机会处于受保护的浅水域内，并且不会处在航道、商业划艇路线和航运交通范围之内。

项目开始首先是收集用来确定项目发展可行性的天气方面的数据。项目使用了一座高 60 米的塔，将风力划分为 3 个等级，这样做是为了收集设计风力涡轮机组的数据和信息。项目团队还和一些大学共享风力、波浪、潮汐、水流和水温信息以便更好地了解当地的气候状态。

在 2002 年，能源管理机构聘请了一个助理项目经理来负责项目管理和社区推广活动。其他的项目经理负责工厂设施的整体设计，管理和协调所有有关网站的活动，土木工程的调查、统计和测试，环境评估，地方和国家的许可证审批，购买施工和操作所需的用地权，地址的选择，致命缺陷的调查，财务建模，环境许可，同出资人的合作，设计和施工的承包、采购、建造和启动等。项目经理同其他项目团队一起完成环境、土木和海洋环境的研究。四位项目领导合起来共有超过 100 年的项目管理经验。

海角风项目的主席 Jim Gordon 说："项目能进行到这个里程碑式的地步，主要是靠环境、劳动力、健康和贸易机构的坚定支持和绝大多数马萨诸塞州的市民支持。"海角风的项目经理已经明确想要项目成功完成，进行领导、沟通和解决问题能力是很必要的。Gordon 评价市民和社区领导的时候说："我们很感激他们在项目成形方面的支持。"

"我们在海角帮我们的邻居分担他们对本地的、地域的和全球环境的担忧，并且据此来开展活动。我们对待社区关系的理念很简单，就是诚实、开放、扮演一个好邻居和我们共享的资源和环境的保护卫士的角色。"Gordon 对海角风项目的发展这样断言道。环境影响报告书草案长达 3 800 页，项目团队也设定了一个长达 108 天的评论时期，同时他们举办了 4 场公众听证会来收集有关项目的评价。项目经理听取了钓鱼产业成员的想法，借此来确保对娱乐和商业捕鱼造成的影响最小化。发电机之间 0.1～0.152 4 米的距离让导航系统免受干扰，其他对天空、海洋和陆地上的动物产生的影响被验证为是局部化的、暂时性的，并且是短期的。

和社区成员之间的交流是由项目所带来的经济利益做支撑的。在繁忙的施工阶段和操作阶段的一系列工作，从施工作业到监控、操作和维护风电场，都可以带来一些预期的收益，这些都显示在一份有关经济影响的研究中。130 个发电机的壮观场景只能在贴近水面的地方看见，从岸上看时，修长的支持塔将融入地平线的景色中。科德角社区大学环境项目协调专家 Mary Jane Curran 评价说："我坚信海角风项目促使科德角的居民意识并且理解这样一个观念，可再生资源可以减少我们对化石燃料的依赖并且让我们的地区拥有干净的空气。我坚信这个项目也为海角这边的可再生能源的工厂提供了一个经济发展的契机。"

其他收集到的评论也印证了项目团队的成功，尤其是在执行项目经理的首要的职责方面，例如，领导团队进行计划、组织和控制项目工作完成项目目标。和陆地上比较起来，海上被削弱的风流可以延长发电机至少 20 年的使用寿命，项目团队已经将发电机的停止使用列入项目发展的计划之中了。

资料来源：Cape Wind Associate, LLC, "Cape Wind Approved by Federal Government as America's First Offshore Wind Farm; Project Will Add Clean Energy Jobs for Region," http://www.capewind.org/news1099.htm, 2010.

本章概要

对完成项目目标至关重要的是人员，而不是程序和技术。程序与技术仅仅是协助人员做好工作的工具。例如，一位画家为完成一幅画像需要颜料、画布和画笔，但这些工具只有通过与画家的技能和知识相结合才能完成一幅画像。这个原理同样适用于项目管理：具有技能和知识的人员是项目成功的关键所在。这一章将着重讨论一位非常重要的人物——项目经理。你将了解以下内容：

- 项目经理的职责。
- 成功管理项目所需具备的技能及获取这些技能的方法。
- 有效授权的方法。
- 项目经理如何管理和控制项目的一些变更。

学习成果

学完本章后，你将能够：

- 讨论项目经理的三项职责。
- 认识、解释和练习项目经理应具备的五种技能和能力。
- 描述并采取行动以开发项目经理能力。
- 讨论并实践有效授权。
- 解释如何管理变更。

10.1 项目经理的职责

　　项目经理应确保全部工作已在预算范围内按时优质地完成，从而使客户满意。项目经理的基本职责是领导项目的计划、组织和控制工作，以实现项目目标。换句话说，项目经理的职责是领导项目团队完成项目目标。如果项目团队是一个运动队，项目经理就是教练；如果项目团队是一个交响乐团，项目经理就是指挥家。项目经理协调各个团队成员的活动，使他们作为一个和谐的整体，适时履行其各自的工作。

10.1.1 计划

　　第一，项目经理要高度明确项目目标，并就该目标与客户取得一致意见。第二，项目经理与项目团队就这一目标进行沟通交流，这样，他们就能对成功地完成项目目标所应做的工作形成共识。项目经理作为带头人，领导团队成员一起制定实现项目目标的计划。通过项目团队参与制定这一计划，项目经理可以确信，这样的计划比他单独一个人制定更切合实际。而且，这样的参与将使团队成员为取得项目目标做出更大的投入。然后，项目经理与客户对该计划进行评价。计划获得认可后，还得建立起一个项目管理信息系统——人工或计算机操作——以便将项目的实际进度与计划进度进行比较。使项目团队理解、掌握这一系统也是很重要的——以便团队在项目管理过程中正确无误地应用这一系统。

> ✎ **练习题**
>
> 1. 项目经理让团队成员参与制定计划的两个益处是什么？

10.1.2 组织

　　组织工作涉及为开展工作，如何合理地配置资源。首先，项目经理应决定哪些工作由组织内部完成，哪些工作由承约商或顾问公司完成。对于那些由组织内部负责的工作，负责这一工作的具体人员应对项目经理做出承诺；对于由承约商完成的工作，项目经理应对工作范围和交付物做出清楚的划分，与每一个承约商协商，达成一致。其次，项目经理将根据各种任务为具体的人员或承约商分配职责，授予权力，前提条件是这些人在给定的预算和时间进度计划下能够完成任务。对于包括众多人员的大型项目，项目经理可以为具体任务团队选派领导。最后，也是最重要的，组织工作应营造一种工作环境，使所有成员作为一个项目团队士气高昂地投入工作。

✎ 练习题

2. 项目经理获取_____以开展工作，然后根据各种不同的任务，给每个具体人员分配_____，授予_____。

10.1.3　控制

为了实施对项目的监控，项目经理需要一套项目管理信息系统，跟踪实际工作进度并将其与计划进度进行比较。这一系统将有助于项目经理了解哪些工作对完成目标是有意义的，哪些是劳而无功的。项目团队成员掌握其所承担任务的工作进度并定期提供有关工作进展、时间进度及成本的相关数据。这些资料会在定期召开的项目工作评审会议上公布。如果实际工作进度落后于预计进度，或者发生意外事件，项目经理应立即采取措施。相关项目的成员要向经理就相应的补救措施及项目重新计划提供建议和信息。应当及早发现问题，甚至是潜在的问题，并采取行动。项目经理决不能采取等待和观望的工作方法，因为一切事情都不是自生自灭的。一定要积极主动，要在问题恶化之前予以解决。

项目经理通过计划、组织、控制来领导项目工作，但决不可大权独揽，应使团队成员参与进来，使他们为圆满地完成项目工作做出更大的投入。

✎ 练习题

3. 项目经理使用项目管理信息系统，这套系统有哪两个作用？
4. 项目经理在哪三个管理职能上提供基本的领导职责？

10.2　项目经理的技能

对于一个成功的项目，项目经理是不可或缺的主要因素。除了在对项目的计划、组织、控制方面发挥领导作用外，项目经理还应具备一系列技能，来激励员工取得成功，赢得客户的信任。领导能力、培养员工的能力、非凡的沟通技巧、良好的人际交往能力、处理压力和解决问题的能力、谈判技巧及管理时间的技能，都是一个优秀的项目经理所必备的技能。

10.2.1　领导能力

领导工作就是通过别人来完成工作，项目经理就是通过项目团队来取得工作成果的。项目领导工作包括激励项目成员齐心协力地工作，以成功地完成计划，实现项目目标。项目经理要为团队形象地勾画出项目的愿景和预期收益。例如，某个项目的目标是对工厂进行重新设计，那么，项目经理就应将这一目标生动地描绘出来，把这一项目的益处向成员解释明白，表达清楚，如消除生产上的瓶颈问题、增加产量、减少库存。这样，当项目成员设想出项目的美好结果时，就会更加热情地投入工作，圆满完成项目任务。

有效的项目管理需要采取参与和顾问式的领导方式。项目经理以这种方式为项目团队提供导向和教练作用。这种方法较之等级制的独断的和指挥性的管理方式更为有效。领导作用要求项目经理提供指导而不是指挥工作。项目经理所需做的工作是制定准则和纲要，由项目成员自己决定怎样完成任务。领导有方的项目经理从不教导人们怎样做工作。

项目领导工作要求团队成员的参与和授权。每个人对自己的工作都想拥有掌握和控制权，以表明他们有能力完成任务，迎接挑战。项目经理要使成员参与到与其自身有关的决策中去，让其在自己的职责范围内拥有决定权。创造这样一种授权的项目文化不仅要根据项目任务给成员分配职责，还要授予成员为完成这些任务而做决策的权力。成员将接受制定工作计划、决定如何完成任务、控制工作进度，以及解决妨碍工作进展问题的职责，承担按时在预算范围内完成工作的职责。

在给成员授权，让他们可以做出与其工作相关的决策时，项目经理应制定一个明确的纲领，而且，如果合适的话，还应包括一些限制。例如，团队成员有权在预算和进度计划范围之内补偿自己因解决问题而蒙受的损失，只要这种补偿不超出预算的范围。否则，就应与团队领导或项目经理进行协商。同样，如果一个团队内的某个人或团队成员所做的决定对其他成员的工作、预算或进度计划产生不利影响，那么，也要与项目经理进行协调。例如，某位成员要求项目团队在他对某一具体测试结果做出确认之前，停止对某种原料的订货，但这样做就会使团队其他成员的工作跟不上进度。在这种情况下，项目经理可能会要求所有相关团队成员一起开会来解决这一问题。

有能力的项目经理懂得激励成员，并能创造出一种富于支持和鼓励的工作环境，使大家能在这一环境下组成一个表现杰出的团队，出色地完成工作。项目经理可以通过鼓励全体成员积极参与，创造出这样一个环境。方法包括：促成项目会议，从而使全体成员参加讨论；与成员单独会谈，倾听他们的意见；让成员出席各种与客户或公司管理层的演示会，表达见解。当项目经理向团队成员征求意见和建议时，应对他们的付出表示肯定和认同。同时，项目经理应该付出更多努力让那些没有那么坦诚的团队成员参与进来。另外，项目经理也应鼓励团队成员相互交流学习。这样不仅能让每位成员学到其他成员的知识和技能，而且还能在团队内创造出一种互惠合作的气氛，充分发挥每位成员的特长。

项目经理应竭力避免出现使大家沮丧的局面。当项目前景还不明朗时，就有可能出现这种情况。请仔细思考下面这个事例：星期一，项目经理告诉 Gayle 尽快完成某一项任务。到了星期五，他问她工作是否已完成。当 Gayle 表示最早也要到下星期五才能完成任务时，项目经理变得有些恼火，说道："我实际上需要这项工作在今天就完成！"如果他有一个具体的期限，那么他在当初交代任务时就应向 Gayle 说明这一情况。

另一种令成员沮丧的情况是让成员受制于一些没必要的程序，例如，每周项目例会上做了口头报告之后，再要求成员每周准备相类似的书面形式报告。没有什么意义的团队会议也会降低成员的士气。

对成员的大材小用会导致另一种不利局面。给成员分配毫无挑战性的、大大低于其能力的工作，会令成员士气低落。更有甚者，是"过度管理"，即教导成员怎样工作。这种方法会令成员觉得项目经理对他们不信任，其结果是产生这样的情绪："你想告诉我怎样工作，那么这工作由你来做好了！"由此看来，成功的项目经理不仅要建立一种富于支持鼓励的工作环境，更要避免使事情产生负面影响。

不论是作为一个整体的项目团队，还是每个团队成员，都需给予认同和奖赏。项目经理可以通过这种方法培养团队的士气。项目经理应一直对成员的想法、具体的努力和实现的目标表达赞赏之意。应该在项目进程中，而不是在项目竣工之时实施这种方法。成员会觉得他们对项目做出了贡献，应该得到认可和奖励。奖励有多种方式，不必一定是金钱。口头鼓励、表扬、赞赏，或是奖品，都可以达到这种效果。这类积极的强化对期望的行为具有激励作用，被认同或得到奖赏的行为就会重复发生。一个项目团队可能会因在预算范围内提前完成一项重大任务或发明一种可以加快项目进度的工作方法而受到奖励，这样会鼓励团队在未来工作中保持和发扬这一良好作风。

可供项目经理采纳的一种奖励方法是，对项目团队中每位成员的工作表现出兴趣。做法是，当成员向你汇报他们的工作时，要全神贯注地听，然后向他们提一些有关工作的问题。一个简短的总结评语，如"谢谢"、"干得不错"或"很好"就可表明他的付出已得到认同和赏识。其他奖励方法还有：一封贺信或感谢信、公司新闻简报上的一篇文章或一幅图片、赠与证书或奖章，或分配给他职责更大的任务。

奖赏应在工作获得认同后尽快付诸实施。如果一次良好的行为隔了很长时间以后才予以奖励，那么，奖励对于这种行为的保持和发扬就起不到多大的作用了。同时，成员也会觉得项目经理对于他的工作付出不是很感兴趣。除了受到奖赏的人之外，如果可能的话，让其他人也加入奖赏活动中来。成员喜欢在他的同事面前获得赏识。例如，项目经理可以在客户或公司管理层面前对团队或具体成员做出肯定性的评价。项目经理应尽可能使这种奖赏有趣一些——给他们发一些新奇有趣的小奖品或一起共进午餐。有效的项目经理从不使自己独占风头或将别人的工作成绩和功劳据为己有。

项目经理要建立一种相互信任、充满乐趣而又有发展空间的工作环境，为项目团队的工作确立基调。为建立起相互信任的氛围，项目经理要言行一致，身体力行。这样，就树立起一种典范，表明希望项目团队的所有成员都坚持不懈。如果项目经理对成员所提出的建议、问题或话题兴趣索然，他就会失去信任。万一工作不能像计划或设想的那样圆满完成，项目经理就应对此做出解释，以维护其信誉。

有才干的项目经理对自己和项目团队的每个成员都有较高的期望，相信人们会尽力达到期望的水准。如果项目经理对团队成员信心十足，并对他们的工作有较高的期望，那么，团队成员通常会竭尽全力发挥自己的能力。项目经理要乐观，有时即使遇到一些难以逾越的困难，也要勇敢面对。如果项目经理不能处理好现实与高期望和乐观之间的关系，团队就可能会遭受挫折。不现实的期望包括对一个复杂任务盲目设计工期并盲目投入，以及希望某种新开发的软件产品在首次使用时不出现任何毛病。一个令人觉得鲁莽、不可靠的项目经理，不会赢得项目团队和客户的信任。

项目工作应该充满乐趣，项目经理应从工作中获得乐趣，也鼓励项目团队成员获得同样的乐趣。绝大多数从事项目工作的人都要寻求归属和社会认同，他们不愿意单独工作。项目团队在成为表现良好的团队之前，首先要社会化。项目经理要在成员之间创造一种同志式的友谊与忠诚。促进团队社会化的一种方法是为项目团队举办不定期的社会活动——聚餐或比萨聚会；组织团队成员的家属一起参与的活动，如野餐、远足、骑车，也可以是参加一场体育比赛或者音乐会；或者组织一队志愿者参与社区活动，来支持某些事业或慈善事业。另一种方法是使所有项目团队成员在一个办公环境下工作——如果可行的话。这样做，比起让每个成员关起门来办公更容易促使成员相互交往，从而加强团队的社会化。最后一种方法是，项目经理应寻找机会，庆贺胜利，尤其是在项目工作的早期。取得工作的早期业绩后，项目经理可以给团队会议带来一些小食品，或者在员工会议结束时，为每位成员订一份午餐盒饭。这类活动会为讨论团队社会化、闲谈及团队组建的话题提供场所，使工作趣味盎然。谁能说工作没有意思呢？

项目经理可以影响项目团队为实现项目目标所做的努力。领导意味着项目经理应动力十足，为项目团队树立一个良好的榜样，换句话说，就是言行一致。如果项目经理希望成员为使工作赶上进度而留下来加班，他就应该首先留下来而不是提前离开。项目经理所说的和所做的一切都会成为成员的榜样。项目经理必须保持一种积极的态度，没有消极的论调，没有哀叹，没有满嘴脏话和埋怨，也没有诋毁，同时确保这样的行为在团队工作时是不可接受的。有效的项目经理需要有一种"没问题"的态度，一种达到目的和克服困难的渴望。他们在挑战中成长壮大，完成工作，他们努力寻求完成工作的方法，而不是寻找无法完成任务的理由，优秀的项目经理不会因障碍或借口而退缩不前，他们自信并在项目团队前展示自信。

据说……

有些人促使事情发生。

有些人让事情发生。

有些人怀疑所发生的事情。

项目经理通过促使事情发生来领导项目工作。

✏️ **练习题**

5. 领导工作包括_____项目成员齐心协力地工作，以成功地执行_____，实现_____。

6. 项目领导工作要求团队成员的_____和_____。

7. 有能力的项目经理懂得_____成员的因素，并能设计出一种_____的工作环境，使大家能在这一环境下成为一个表现杰出的团队，出色地完成工作。

8. 成员会觉得他们对项目做出了_____，这应该得到_____和_____。

9. 项目经理要建立一种_____、_____，又有_____的工作环境，为项目团队的工作确立基调。

10. 从事项目工作的人都希望寻求_____和_____，他们不愿意_____工作。

11. 领导意味着项目经理应_____十足，为项目团队树立一个_____。

10.2.2 人员开发能力

有效的项目经理有责任对项目工作人员进行训练和培养。他们将项目视为每个成员增加自身价值的良好机会，这样，每个成员在项目结束时就拥有了比项目开始时更丰富的知识和竞争力。项目经理应创造一种学习环境，使员工能从他们所从事的工作中、从他们所经历或观察的情况下获得知识。项目经理应经常就自我发展的重要性与团队交流意见。为鼓励这样的活动，要在项目团队会议上论述自我发展的重要意义。另外，可以在分配项目任务时约见团队成员，鼓励他们在工作中扩展其知识和技能。优秀的项目经理相信所有成员对组织都是有价值的，他们通过不断学习，可以做出更大的贡献。通过鼓励成员积极进取，项目经理可以突出强调自我提高的意义。例如，要求承担新的、具有挑战性的任务，或加入一个学习研讨班。成员在一个项目中，可以在许多方面，如沟通交流、解决问题和领导谈判及管理时间等活动中，获得更多扩展知识技能、培养能力的机会。

有能力的项目经理鼓励成员进行创新，承担风险，做出决策，这是学习和发展的良机。他承认在学习和发展过程中，犯错误是难免的，但他不会制造失败的恐惧。项目经理在给成员分配任务时，要因人而异，使他们能在充实自我的同时更好地完成任务。例如，一项利用光学技术设计探测器的任务，就可以分派给一个光学技术知识有限的工程师，这会使得他去学习更多的光学技术，从而为组织在将来的项目上做出更大的贡献。

另外，项目经理还可以做的是，确定在什么情况下阅历不足的成员能从经验丰富的成员那里学些东西，例如，将一个总是收集测试数据的员工和一个数据分析员分配在一起工作，这样他就能学会怎样分析和解释数据。这时，项目经理应告诉经验丰富的员工，给阅历不足的员工当师傅是他们项目工作的一部分。

项目经理培养成员的最后一种方法是让他们参加正式的培训课程。例如，某个成员没有在公众面前做正式陈述的经验或缺乏陈述技巧，项目经理就可能让他参加一个研讨班，学习怎样做精彩的陈述。然后，在团队会议上就让这个人运用他所学到的知识和技能做陈述。项目经理也可对他加以点拨，提高他的技巧，给客户做极具效果的陈述。

在与每位团队成员进行讨论时，项目经理会问这样的问题："你在从事项目工作时学到些什么？"通过每位成员的回答，项目经理就可以知道进一步的培养活动和所需提供的机会是什么。这样的问题也使成员明白，项目经理非常期望和重视持续不断的自我完善。

✏️ **练习题**

12. 优秀的项目经理相信所有成员对组织都是_____，他们通过_____，可以做出更大的贡献。

13. 项目经理承认在_____和_____的过程中，犯错误是难免的，不应制造_____恐惧。

14. 优秀的项目经理非常期望和重视持续不断的_____。

10.2.3 沟通技巧

项目经理一定是一个良好的沟通者，他需要与项目团队及承约商、客户、公司高层管理人员定期交流沟通。频繁、有效的沟通，可以保证项目的顺利进行、及时发现潜在问题、征求改进项目工作的建议、保持客户的满意、避免发生意外。尤其在项目工作早期，更需要进行非常完善的沟通，与项目团队建立起一个良好的工作关系，并与客户一起对项目目标有一个清晰的预期，尤其当它涉及对有关项目工作范围的文件形成清晰的理解和协议的时候。

有效的项目经理会通过多种渠道进行沟通，分享信息。他们要接触项目团队成员、客户及公司上层管理人员，或与这些人进行非正式的谈话。他们也向客户及公司上层管理人员提交书面报告。这些任务都要求项目经理要具备良好的口头及书面沟通能力。听比说获益更多。因此，优秀的项目经理会花更多的时间来听别人说，而不是自己说。他们不会滔滔不绝，而是注意倾听客户所表达的期望和要求，以及项目团队成员的意见和关注所在。为了引导大家在重要问题上踊跃发言，他们首先要讨论发言；为了活跃讨论，他们要提出问题，并向团队成员征求对这些问题的观点和意见。例如，在团队会议上，项目经理提出一个议题之后，他会寻求别人的反应和意见，而不是自己说完见解后就马上转入下一个议题。每位项目经理都要经常走出自己的办公室，主动与团队成员接触。例如，对某位成员在团队会议上表达的观点和意见，如果当时没来得及追问，这时便可以进一步探讨。

项目经理与客户保持沟通，使客户能及时了解情况，并了解客户对项目的期望是否有变更。为使客户在项目的整个进程中满意，项目经理与客户应该定期交谈。比如，定好每星期五下午与客户电话交流。

项目经理的沟通应及时、真实和明确，同时对任何机密文件保持谨慎。有效的沟通能建立起可信度和相互的信任。管理利益相关方的期望十分重要，包括项目发起人、客户、项目交付后的最终使用者、承约商、供应商、项目团队和公司管理层，保留信息或者延误沟通会误导利益相关方对项目的结果做出错误的预期。

及时且真实的沟通也能防止流言的产生。假如需要用到某位成员的特长来解决关键问题而暂时把他分配到另一个项目中去，当团队发现他不再在项目中工作时，流言就可能产生，比如说，他离开是因为项目超出预算或他因为情绪不佳而辞职。在这种情况下，项目经理就要召开团队会议，通报情况，平息流言。

项目经理要为团队和客户提供及时的反馈，这很重要。好消息和坏消息都应当及时共享。要想成为有效的项目团队，成员需要掌握最新的信息，特别是可能使项目工作范围、预算及进度计划发生变动的客户反馈信息。

项目经理应提倡及时、公开地进行沟通，不必担心遭到报复。项目经理要能接纳不同的意见。例如，某位成员如果觉得完成一个项目任务有困难，他就应该大胆地使项目经理注意这一实际问题而不用担心受到处罚。

项目沟通将在第 12 章里进一步讨论。

✏️ **练习题**

15. 请列出项目经理需要经常沟通的 5 个重要原因。
16. 在项目工作早期，需要进行非常完善的沟通，与项目团队建立起一个良好的_____，并与客户一起对项目的预期有一个清晰的_____。
17. 项目经理进行沟通的三种方法是什么？
18. 优秀的项目经理会花更多的时间来_____，而不是_____。
19. 项目经理与客户保持沟通的三个重要原因是什么？
20. 项目经理进行沟通为什么要及时、真实和明确？

10.2.4 人际交往能力

人际交往能力是项目经理必备的技能，这类技能需要良好的口头和书面沟通能力，这些内容在前面的部分已经讨论过了。为使每位项目成员知道自己在实现项目目标中的重要作用，项目经理对每个成员要有明确的期望。为此，项目经理要让团队成员参与制定项目计划，使他们了解每个人所承担的工作任务，以及这些任务如何结合起来。恰如一位运动队的教练，项目经理应强调每位成员对成功地执行计划都是有贡献的。

项目经理与项目团队中的每位成员都要建立一种良好的关系。这听起来似乎在浪费时间，但实际上并非如此。与项目团队的每位成员及客户组织中的核心人物进行非正式的会谈，需要安排好时间。项目经理既可以在工作过程中，也可以在下班以后组织这类会谈。例如，一起吃午餐、一起进行商业旅行，或一起观看一场比赛等，这些活动就为项目经理了解项目团队的各位成员提供了机会，知道什么能激励他们、他们对项目进展的想法、他们所关心的事情，以及他们对有关事情的看法。例如，卡洛斯说起他很喜欢进行演示工作，但却需要进一步提高他的正式陈述技能。知道这些情况后，在下一次客户总结会议上，项目经理就可让卡洛斯对他设计的图像软件进行讲解演示。或者，他也可以让卡洛斯在项目内部的总结会议上做陈述，这样卡洛斯可以在一个比较轻松的场景下锻炼他的陈述技能。要不是这种非正式的会谈，项目经理就很难在其他条件下发现卡洛斯的这种自我提高的目标。

项目经理在了解成员的个人兴趣时，要尽量避免引起反感。项目经理可以讨论自己的爱好和家庭，看团队成员能否接上话题。项目经理要发现他与每位成员的共同兴趣所在，如网球、烹调、校园体育活动、孩子及家乡。

在随意的交谈中，项目经理要利用轻松的话题，并注意倾听。对于像"事情进展如何"这样一个简单的问题，你都会从回答中得到很多信息。不论怎样，都要对每个成员的谈论表现出极大的兴趣。如果你看起来心不在焉，他就不会继续议论。因此，重要的是，要给出一些像"这的确很有意义"或"请多讲些"这类的反应或鼓励性的评语。

良好的交际能力能使项目经理在特殊情况下与团队成员产生共鸣，如一位团队成员在开发软件过程中遇到了技术难题，或是团队成员对其爱人因交通事故受伤而着急苦恼。当然，项目经理一定要提供真挚的鼓励和帮助。项目经理必须用他自己良好的判断力来为成员倾诉的个人隐私问题进行保密。

当遇见项目团队成员时，无论是在大楼走廊还是超级市场里，项目经理都要利用好这一机会。停下来，尽力与成员对话，哪怕是三言两语也好，而不是仅用"嘿"或"下午好"打个招呼。话题应该是随意的，从"下周的客户会议你准备得怎样了"到"昨天你女儿的足球队胜负如何"都可以。有成效的项目经理在整个项目过程中都会拓展和维系这种人际关系。

项目经理所具备的良好人际交往能力会影响其他人员的思想和行为。在项目开展过程中，项目经理要与客户、项目团队和公司的高级管理层协商工作。例如，一位建设工程项目的经理可能需要说服客户放弃在项目范围上做某一变动，因为这会增大成本，或者为慈善事业举办一次业余歌手演唱会，这一项目的经理就需要利用他的人际交往能力说服当地名人为这一项目工作。这类情况不能以强硬手段来操作，只有通过良好的人际关系，才能产生预期的成果。

项目经理也需具备良好的人际交往能力来处理团队成员之间的不和与分歧。这种情况需要项目经理精心巧妙地应付，并拿出一个调解方案，既不使相关人员丢面子，又不影响项目工作。有关解决冲突的问题在第 11 章中会进一步讨论。

练习题

21. 项目经理需要与项目团队的每位成员及_____中的核心人物进行非正式的_____。

22. 项目经理要利用_____的话题，并注意_____。

10.2.5　处理压力的能力

工作中会出现一些压力，项目经理要有能力化解这些压力。当项目工作陷入困境或因为成本超支、计划延迟，以及设备、系统的技术问题而无法实现目标时，当客户要求变更工作范围或团队内就某一问题的最佳解决方案产生争议时，压力可能会增大。有时，项目工作会变得紧张迫切。项目经理须保持冷静，不能急躁。优秀的项目经理能够应付不断变更的局势，因为即使有最精心拟订的计划，项目也会遇到不可预见的情况，导致突然的震荡。项目经理要保持镇定冷静，使项目团队、客户和公司管理层不要因惊慌和挫折而陷入困境。

某些情况下，项目经理要在项目团队与客户或团队与公司管理层之间起缓冲作用。如果客户或公司管理层对项目进度不是十分满意，项目经理要承受指责，以免使项目团队受到打击。在与项目团队就不足之处进行沟通时，要用一种激励的方式，鼓励他们迎接挑战。同样地，项目团队有时也会抱怨客户的要求或不愿做出变更，这时同样要项目经理充当缓冲器，把这些埋怨装进肚里，然后将其转化为需要团队成员克服的奋斗目标。

项目经理要有幽默感。如果运用合适，幽默能帮助项目经理化解压力，克服紧张。由于项目经理要为团队树立典范，向人们展示哪些行为是允许的，所以一切幽默都要健康向上。项目经理不应该开一些不恰当的玩笑，或在办公室墙上挂些不合适的物件。要使团队成员从一开始就明白，这类行为是不被允许的，也是不能让人容忍的。

项目经理应经常锻炼身体，增加营养，保持健康体魄，以增强应对压力的能力。项目经理也可为团队组织一些娱乐活动，如垒球比赛、打高尔夫球或爬山等。

练习题

23. 项目经理要有_____，并需要保持_____。

10.2.6 解决问题的能力

项目经理是一个问题解决专家，发现问题要比解决问题容易，但好的解决问题的方法首先是要及早发现问题或发现潜在问题。尽早发现问题，就会有充裕的时间来设计出成熟的解决方案。另外，如果及早发现问题，解决问题的代价会小一些，对项目其他部分的影响也会小一些。做好发现问题这一工作，要有一个及时准确的信息传送系统，要在项目团队、承约商及客户之间进行开放而及时的沟通，要依据经验果断采取行动。

项目经理要鼓励项目团队成员及早发现问题并予以解决。解决问题时，项目团队要自我指导，不要等待和指望项目经理代劳。

如果一个问题似乎很严重，并可能影响到项目目标的完成时，团队成员就要尽早向项目经理汇报有关情况，以便他能带领大家一起解决问题。一旦发现了这样的问题，项目经理可能需要更多的资料并进行询问调查，澄清问题，从而弄清问题的实质及其复杂性。项目经理应向团队成员征求解决问题的建议。一个高效的项目经理知道最好的方法往往从不同的主意、视角、经历和观点中产生。项目经理与相应的成员一起，利用分析技术，对有关信息做出估计，并提出最佳的解决方案。项目经理要具有洞察全局的能力，能意识到解决方案对项目其他部分的影响，包括对与客户及上层管理层的人际关系的影响，这一点是很重要的。找到最佳解决方案后，项目经理可以把实施这一方案的权力委派给团队内合适的人员。

如何解决问题将在第 11 章里进一步讨论。

练习题

24. 在解决问题时，项目经理要具有洞察_____的能力，能意识到解决方案对项目其他部分的影响。

10.2.7　谈判技巧

好的谈判技巧对项目经理来说十分重要。在项目的生命周期里，项目经理会遇到很多需要同发起人或者客户、项目组织的管理者、承约商、供应商和项目最终产品的最终使用者运用其谈判技巧的情况。谈判的主题可以是签订合同和条件、获得项目所需的资源和物品、承包价格、供应商的货物分发计划、损坏赔偿、变更对日程和费用的影响、客户对设计的认可度、因质量未达标而需要返工、一个技术问题的解决、可接受的规则或者试验结果的阐述、项目逾期或者超过预算的补救措施等。

谈判的目的是让两个人或者两个团体在一个议题上达成一种双方都可以接受的协议。这是一种解决问题的办法，有效的谈判需要很好的倾听技巧。另外一方需要感觉到自己的状况或者观点为人所知并且得到理解。项目经理应该花时间倾听并且询问有关细节的问题来获得更多信息，你可以在第 12 章了解有关有效倾听的相关内容。

若是项目经理已经和另一方建立了一种相互信任的关系，这种关系可以为积极、稳健的谈判提供强有力的基础。除了有效倾听，项目经理还需要能提出一个具有说服力的案例和清楚地表达自己对待这个议题的姿态。这需要项目经理花时间准备谈判，并且准备好如何有力地阐述自己在谈判不同议题时的姿态。

可以以一种"谁赢谁输""别讨价还价""全或无"的争辩来看待谈判，然而，有效的谈判会获得一种对双方来说是"双赢"的结果。这就需要项目经理做事灵活并且愿意妥协。项目经理必须小心，不要轻易做一些下意识的评论，而应该做出一些深思熟虑的回应，同时他也不能因为要马上回答对方的问题而感到紧张。这就需要项目经理有耐心，要分清什么时候应该说自己还需要一些时间来考虑这个提议，稍后再和另一方联系。一个项目经理应该主动地用不同的策略对待不同的议题，以便最终能达成一个协议，可以这样说："是的，我们可以这样做，只要你们可以……"这样一种妥协的提议可以为对方的让步设定一个前奏。如果一些项目已经到了一种绝境，项目经理可以建议先把它放在一边，然后进行下一个争议没有那么大的议题，这样事情就会有进展，也可以为解决更加棘手的事情造势。

同客户或者承约商的谈判如果涉及全球范围的项目，那么谈判就会变得更加具有挑战性。当项目经理和有着不同文化背景的人谈判时，应该考虑文化差异问题而采取不同的方式来谈判。例如，有些人可能想急着马上达成协议，但其他人可能觉得谈判进行得缓慢一点会比较合适。这里再强调一下，项目经理必须花时间好好准备并且理解文化差异，以保证能够谈成一个双方都可以接受的协议。例如，当对方对一个评论或者提议表现出态度和回应时，尤其要注意对方的非语言线索或肢体语言，这对我们理解对方的用意非常有帮助。

在谈判中，让每一方都保全面子是相当重要的，大家都不应该厌恶所达成的协议。项目经理在整个谈判过程中必须为大家树立一个榜样，应对其他谈判方保持诚实和尊敬。有效的谈判能够加强双方的关系，而不是削弱双方的关系。当和客户谈判的时候，项目经理必须记住，保持一个良好的关系是至关重要的。良好的关系是在将来有机会获得更多生意和项目的前提。

✏️ **练习题**

25. 有效的谈判会获得一种对_____来说是_____的结果，它需要项目经理_____并且愿意_____。

26. 项目经理在整个_____过程中应对其他谈判方保持_____和_____。

10.2.8　管理时间的能力

优秀的项目经理能充分利用好他们的时间。项目工作要求人们有充足的精力，因为他们会同时面临许多工作及无法预见的事情。为尽可能有效地利用时间，项目经理要自我约束，能够辨明先后主次，并愿意授权。

时间管理将在第 11 章里详细论述。

✎　**练习题**

27. 优秀的项目经理需要具备什么技能？

10.3　培养项目经理所需要的能力

人们不可能天生就具备了一个成功的项目经理所应具备的各种能力，他们需要培养这些能力。有多种方法来培养项目经理所必需的各种能力。

1．获取经验

尽可能多地从事项目工作。每一个项目都是学习的好机会，项目多样的项目会更有益处。例如，你是一位土木工程师，拥有一家建筑公司，刚完成一个设计一所中学的项目，你就应设法寻找机会，承担其他类型的项目，如设计一座博物馆或教堂。同样，也要在各个项目中从事不同的工作。在这个项目中，你的工作是软件开发，那么在另一个项目中，你应争取成为一个团队领导或获得与客户进行更多接触的机会。这样做，能使你与更多的项目经理、客户及其他有经验的项目成员进行接触，获得向他人学习的良机。

2．向他人学习

在项目工作中，你可以向一些人拜师求教，这些人应具有你意欲学习的能力和技术。你还应该观察其他项目成员怎样应用他们的技能，留心察看他们做些什么，无论正确与否。例如，你想培养你的表达能力，那么，当项目成员陈述时，留心他们做得好的，如向观众表现的热情和投入；他们做得糟糕的，比方说，挡住了直观教具，影响了人们的观看，或在陈述开头说了一个不太恰当的笑话。一定要牢记这些例子，以便在你陈述时可以做得更好一些。从别人的失误中学习进步比从自己的失误中学习进步代价要小。

3．与有经验的项目经理进行探讨

例如，你想培养领导能力，就找一些你认为这方面做得不错的项目经理，向他们讨教：他们是怎样培养起这种能力的，他们有什么心得体会。如果交谈只能在午餐时进行，那就请他们吃饭，这会是有价值的投资。

4．自我批评总结

例如，你完成了一个项目，但却超支或没能按时完成，自己总结一下，到底是怎么回事，你本来可以怎么做，下次你会怎样做。或者你要研究一下时间管理，首先关注那些最重要的活动。

5．找一个导师

在项目工作中，你可以向一些人拜师求教，这些人应具有你意欲学习的能力和技术。你也要寻求别人的反应。比方说，你想提高解决问题的能力，就向你的导师请教，根据他的观察，在某一问题的解决过程中，哪些方面你可以干得更出色。如果他说你倾向于急于得出结论，那你以后就要多花些时间找论据或注意倾听别人的意见。准备一个个人发展计划，然后让你的导师或者其他成功的项目经理看一下并且提一些建议。

6．参加培训项目

关于前面所说的所有技能，有许多培训班、学习班、视听材料及自学材料，甚至还有关于项目管理的课程及培训班。同时，很多大学及教育服务机构可以提供没有荣誉、证书、学位的项目管理的学习班，其中有很多是可以在网上获得的。参加培训班学习时，有三种学习渠道：教员、学习材料和其他学员。

7．加入一些组织团体

例如，成为项目管理学会的会员，就有机会与其他项目管理工作者一起参加会议及一些座谈会。你可以阅读第 1 章有关项目管理协会的内容来获取更多相关知识。加入主持节目就有机会学习一些有效的表达技能。

8．阅读

订阅一些杂志，或查找有关论述你想培养的能力的文章，会有许多文章论述如何提高某种能力。让别人向你推荐一些关于某一具体问题的好的书籍或文章，这样就能减少找寻优秀材料的时间。

9．获取证书

获取某一特定的项目管理证书，是另外一个培养项目经理能力的方法。美国项目管理协会提供下列证书：

- 项目管理专业人员（PMP）
- 助理项目管理专业人士（CAPM）
- 项目集管理专业人员（PgMP）
- 项目管理进度管理师（PMI-SP）
- 风险管理专业人士（PMI-RMP）

如果你想了解更多有关资质要求和获得合适证书的步骤方面的信息，你可以登录美国管理协会的网站 http://www.pmi.org，并点击"Career Develop ment"来查询。

10．参加自愿活动

工作场所并不是唯一学习技能的地方。对某些技能，工作中可能会没有学习的机会。可以考虑加入一个自愿者组织，你不仅能为社区或某一特定事业做出贡献，更能培养起领导能力。

学习与发展是伴随一生的活动，没有止境。你的雇主会给你支持和鼓励，为你提供学习的资源（时间和资金）。组织应该为其成员提供培训和发展的预算基金，然而你应承担培养自己能力的首要职责，你应有进取的精神与愿望，要主动促成这一切。

练习题

28．（1）找出一个你想要培养的技能。

（2）找出你为培养这一技能所能做的三件事。

（3）从这三件事中选择一件事为首要任务，并规定一个完成期。

10.4　授权

授权就是为实现项目目标而给项目团队赋予权力，也是给团队成员赋予权力，以使他们在自己的职责范围内完成项目的预期任务。这是一种有助于成员成功完成分配给他们的任务的行动。授权的含义，不仅是指给项目团队的具体成员分配任务，还包括给予团队成员完成工作目标的责任，给予他们为取得预期结果而做出决策、采取行动的权力，以及对他们取得这些结果的信任。

项目团队成员在他们的职责范围内，根据工作范围，要完成的有形成果或产品，在预算、时间或进度计划范围内，被赋予具体的目标任务。为取得预期结果，他们可根据自己的方法制定计划，并对工作中所用的资源加以控制。

授权对于一个优秀的经理来说，是非常必要的。做好项目的组织工作是项目经理职责的一部分，授权不是"推卸责任"，项目经理仍然要对完成项目目标负最终责任。项目经理要充分理解授权并认真执行，保证项目团队的工作有效，为合作和团队工作创造必要条件。

有效的授权需要有效的沟通能力，项目经理要使项目团队成员充分意识到完成项目目标的责权已经授予了他们。项目经理有责任使成员明确了解对某一具体结果的期望。项目经理不能仅说"拉什德，你负责机械设计"或"罗斯玛丽，你处理公共关系"就简单完事，他要明确每项工作的具体内容及对这一任务的期望。这包括工作范围、要完成的有形成果或产品、质量标准、预算及进度计划。项目经理要在工作开始前使项目团队成员明白这些因素，并与他们达成一致意见。但是，无论怎样，项目经理都不能教导成员如何完成所分配的工作。这应留给成员自己，使他们更有创造性地工作。如果教导成员如何进行工作，他们就不会为取得目标做出积极的投入，而是觉得项目经理对他们的能力没有信心。

团队成员要想成功地完成工作任务，就要具备必要的资源，并拥有控制这些资源的权力。这类资源包括员工、资金、设备。如果需要，团队成员有权为使用专有技术而调用其他成员，有权采购所需原料，利用所需设备。在预算和进度计划范围内，成员有权决定如何利用资源。

授权就是选择称职的团队成员来执行每一项任务，并赋予他们相应的权力。项目经理的这种选择或分配是基于每一个人的能力、潜力及工作量之上的，因此，他应了解项目团队每位成员的能力和不足。如果某项工作要求的成员日工作量比某个团队成员的实际日工作量多，项目经理就不能把这项工作分配给这个成员。例如，某位成员估计每刷一间房屋需要花两天时间，那么，就无法让他单独在一周内刷完六间屋子。同样的道理，项目经理也不能将工作委派给某个不具备完成这项工作所需专长的人员。如果成员没有一定的化学或分析技术，那就不可能希望他完成一项化学分析任务。然而，授权的确能给团队成员富于挑战性的、内容丰富的任务，使他们获得培养和拓展自己知识和技能的好机会。因此，项目经理授权时，不单要考虑成员目前的工作能力，还要想到他的潜在能力。承担内容丰富的任务能激励人们迎接挑战性的工作，以证明他们能达到项目经理的期望。

项目经理给团队成员赋予权力，让他们拥有相应的决策权。他们就获得了为完成任务而采取行动并不受干扰的自由。然而，项目经理也应明白，在工作过程中，以及在做出决策时，人们难免会犯错误，失败也是可能的。如果项目经理非常在意错误与失败，他会要求成员在每个细小问题上都要与他商议并获得批准，这种害怕失败的情绪会导致团队工作陷入瘫痪。要做到有效的授权，项目经理就要相信项目团队中的每位成员。

在项目团队工作过程中，项目经理要让团队成员放开手脚。然而，他也要准备好在必要时提供指导和建议。优秀的项目经理在做出指导、建议或为成员制定决策时，会谨慎小心，避免因此而影响分权效果。要显示出对团队成员能力的信心，并不断给予鼓励。

授权要求成员在取得他们任务的预期结果上能靠得住。项目经理要建立一套项目管理信息与控制系统，以协助团队成员控制他们的工作绩效。这一系统能使项目经理及团队随时了解情况，以便做出决策。系统包括自动化的信息反馈系统，并要求项目团队或个体成员定期会面，检查项目进度。这种系统的主要任务是衡量和评估每项任务的进展情况，而不仅仅是监管杂事。项目经理想知道的是，每项工作任务、工作范围是否按计划进行，能否按时在预算范围内完成。他不可能接受类似"整个星期团队都工作到晚上 10 点"的报告来说明工作没有脱离轨道。项目经理要使大家知道，授权是为了让团队成员对实现预期结果负责，而不是使大家忙起来。被赋予权力的成员会接受这种信任。在监控工作进度时，项目经理不要忘了鼓励成员。他要对他们的工作表现出真正的兴趣，并对取得的工作进展给予认可和奖励。

下面列出了对有效授权的一些障碍，并说明了如何克服这些障碍。

- 项目经理想要亲自完成这项任务，或者他认为自己会做得更好，完成得更快些。这种情况下，他一定要放弃这种想法，并相信其他人也能做好。要知道，其他人可以用不同于自己的方式进行工作。

- 项目经理不太信任其他人完成工作的能力。这时，要充分了解项目团队中每位成员的能力、潜力和不足，以便为每项任务挑选出最合适的成员。

- 项目经理害怕他会对工作失去控制，无法了解情况。为此，他应建立一个系统，定期监控和评审工作的进度。

- 团队成员害怕因犯错误而受到指责，或者是缺乏自信心。这种情况下，项目经理要使每位成员知道他对他们的信任，并不时鼓励他们要懂得失败是成功之母，而不是指责的借口。

图 10-1 表明不同程度的授权，第六种程度是对项目团队全面授权。大多数情况下，项目经理的授权应该达到这种程度。当然有些情况下也要求授权程度小一些，例如，出现严重问题而影响到项目目标的实现，或出现巨额超支或对样品测试的连续失败，这时，程度较小的授权可能会更好一些。类似地，如果某位成员任务过多，也要求较小程度的授权。

表 10-1 用来测量授权的有效性。项目经理可以利用它来自我评估授权的效果，也可以让项目团队完成这一表格，从这一反馈中得出授权的有效性。无论应用哪种方法，项目经理都要在得分低的方面做出改进。

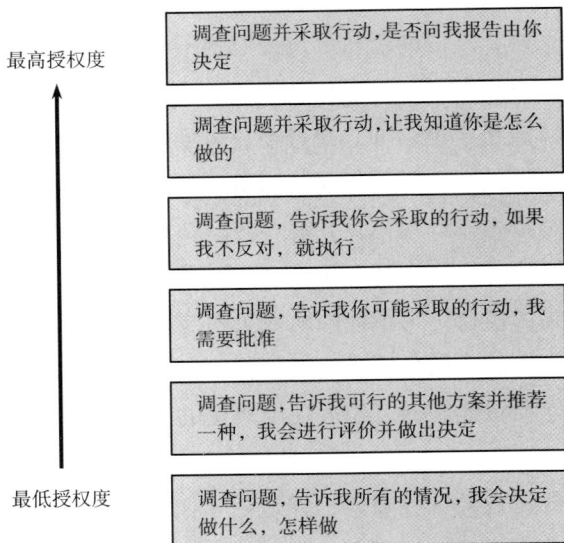

最高授权度

> 调查问题并采取行动,是否向我报告由你决定

> 调查问题并采取行动,让我知道你是怎么做的

> 调查问题,告诉我你会采取的行动,如果我不反对,就执行

> 调查问题,告诉我你可能采取的行动,我需要批准

> 调查问题,告诉我可行的其他方案并推荐一种,我会进行评价并做出决定

最低授权度

> 调查问题,告诉我所有的情况,我会决定做什么,怎样做

图 10-1　授权程度

表 10-1　授权测量

你的授权工作效果如何

	很差		有一些		很好
1.　你的团队对预期结果有明确的理解吗？	1	2	3	4	5
2.　你的团队拥有完成授予任务所需的资源吗？	1	2	3	4	5
3.　你的注意力是放在对团队成员的预期结果上，而不是他们的工作细节吗？	1	2	3	4	5
4.　你有没有对项目进度进行跟踪与监测的系统？	1	2	3	4	5
5.　你的团队成员是否知道在什么时候和怎样让你知道他的工作情况，并在什么时候征求你的意见？	1	2	3	4	5
6.　你的团队成员知道怎样估计与评价工作进度吗？	1	2	3	4	5
7.　你的团队成员是否可以自由地与你探讨问题而不害怕受到批评？	1	2	3	4	5
8.　你的团队成员是否觉得他们可以不需要你的"过度管理"而自由地工作？	1	2	3	4	5
9.　你的团队成员是否在工作中不担心犯错误？	1	2	3	4	5
10.　你是否鼓励成员在你所授予他们的权力范围内做决策？	1	2	3	4	5
11.　如果需要，你是否能对他们进行指导？	1	2	3	4	5
12.　对于团队建议，你是否能给予鼓励和支持？	1	2	3	4	5

练习题

29.　授权就是为实现＿＿＿＿而给项目团队＿＿＿＿，也是给团队成员赋予权力，以使他们在自己的职责范围内完成项目的＿＿＿＿。

30.　项目经理决不能教导成员＿＿＿＿完成分配的工作。

31.　在具体分配任务时，项目经理要认真考虑成员的＿＿＿＿、＿＿＿＿和＿＿＿＿。

32.　要做到有效的授权，项目经理就要＿＿＿＿项目团队中的每位成员。

33.　授权要求成员在取得他们任务的预期结果上能＿＿＿＿。

10.5 应变能力

在项目工作过程中，你唯一能确信一定会发生的事情就是变化。即使计划实施得再好，也会有变化发生。变更可能是：

- 由客户引起的。
- 由项目团队引起的，其中包括分包商、顾问和供应商。
- 由项目执行过程中的无法预测事件引起的。
- 根据项目结果的用户要求发生的。

项目经理的一项重要工作就是处理和控制变化，将它对成功地完成项目目标的不利影响降至最低。有些变化是微不足道的，但有些变化影响很大，能波及项目工作内容、预算或进度计划。在屋子未刷之前，决定更换颜色是微小的变化；但在承约商已搭建好单层房屋的框架后，再决定要修建二层楼就是一个很大的变化，这必然会增加成本，并有可能延期完工。

变化对于实现项目目标的影响，会随着项目进度中发现变化的时间不同而不同。一般来说，在项目过程中，变化发现得越晚，变化对目标的影响就越大。最可能受到影响的是项目预算和完工日期，尤其是当工作完成后，又要根据变化的要求，重新进行工作。例如，一座新的办公大楼，在它的墙壁和天花板装修好以后，需要更换下水管道及电线，这一变化的费用就很高。首先需要拆掉墙壁及天花板，还要装修新的墙壁和天花板。但是，如果这一变化能在项目工作早期，如在设计办公大楼时做出，工作就能较容易进行，代价也较小，只须改变设计图纸，使下水道及电线线路一次安装成功。

项目工作开始时，要建立起对变化的文件记录和批准审核的工作程序。在对待变化的方式问题上，项目发起人、客户同项目经理和承约商之间，连同项目经理和项目团队之间的意见必须获得统一。这样的系统必须让所有的项目参与者知晓。这些程序要包括项目经理与客户及项目经理与团队之间的交流沟通。如果某项更改协议不是书面的，而是口头的，也没有就变化会对工作内容、成本或进度计划有什么影响进行说明，那项目很有可能会增大成本，延缓进度。举例来说，史密斯夫人给为她建造房子的承约商打电话，告诉他要增添一个炉子。基于她的口头授权，承约商装了炉子和烟囱。然而，当他通知史密斯夫人因此增加的费用时，她吓了一跳。

"你应该在开始工作前就告诉我这些呀。"她说。

"但你告诉我尽管做好了，似乎你已想好了。"

"喂，我决不付这么多钱，真是糟透了！"史密斯夫人嚷道。争吵便没完没了。

项目经理要安排一个适宜的项目团队成员，随时就客户的要求对项目成本及进度计划的影响进行评估。然后，项目经理将评估结果提交给客户，在展开工作前获得认可。如果客户同意更改，就要修改项目预算及进度计划，以包含新增的任务及成本。变化控制系统需要包括日志或状态报告，用以记录所有待定的、批准的和驳回的变化请求。

有时，客户会设法将变化说小，或与项目团队的某位成员私下进行交易来设法绕过项目经理，以使变化免费进行或减少费用。项目经理要确信团队成员不会随意同意一个需要更多工时的变化。否则，万一客户拒绝为变化付费，承约商就得承担因附加工时而增加的成本费用，从而有可能使某一具体任务或整个项目超支。这种情况通常被称为"范围蔓延"，经常会导致项目超过它们的预算或者是项目没有按期完成。

有时，项目经理或项目团队会要求进行变化。例如，某个团队成员发明了一种新的设计方案，利用一套与客户原计划完全不同的计算机系统，从而能大规模降低项目成本。这时，项目经理可以建议客户进行变化，并在实施前获得同意。如果这一变化降低成本而丝毫不影响系统性能，客户一般会同意变化。另一方面，如果项目团队遇到困境，使得进度受阻，成本超支，这时，项目经理向客户申请延期完工或提供额外资金，客户就不大可能同意了。承约商可能不得不自己负担超支费用，并花费更多的资金来临时增加资源，使项目回到进度计划中来。

项目经理要向项目团队成员明确，他们在工作中不得做出使费用超出预算范围、延迟进度，或使项目结果无法满足客户要求的变化。这是另外一种"范围蔓延"的情况。例如，在一个技术项目中，软件工程师也许认为他可以对软件在要求的基础上略加改进，会令客户更满意些。然而，如果因为他花费大量时间进行的这种变化尽管很好，但大可不必的改进而使这项软件开发任务超出预算，那项目经理是不会高兴的。

有些变化会因偶然事件发生而成为必然。例如，一场过早的暴风雪延缓了建筑工程进度、新产品测试失败，或项目团队成员中某位核心人员的突然死亡或辞职，这些突发事件会影响项目的进度计划或费用开支，从而需要调整项目计划。有时，突发事件会让项目终止。例如，在开发一种先进的陶瓷材料的过程中，早期测试结果显现前景渺茫，公司就可能决定停止项目，不再在这种没有多大成功把握的项目上花钱。

或许最难应付的变化是来自项目结果的最终用户。在某些情况下，项目经理不但要负责管理项目，发展一种创新的或改进的系统，还要负责将这一项目成果推广到其他用户中，这必然要改变他们的工作方式。例如，一个项目是要设计、开发并完成一个利用计算机进行订货、开票和收款的新系统，来代替目前的人工操作，项目经理的职责就不仅是管理项目的设计、开发新系统工作，同时还要让用户接受改变，用新的计算机系统代替原来的人工操作。

项目经理可以做些工作使这一变化更容易实行。公开的交流沟通并建立相互信任是引入变革的先决条件，这可以减少抵触、赢得人们对变化的支持。项目经理不仅要使用户认识到他们需要这一先进的系统，更重要的是，要让他们对这一新系统做出支持和承诺，项目经理要与用户就变化交流信息，这样的沟通要及时、全面、切实、定期进行。这意味着项目经理在新系统设计之前就要与用户展开讨论，而不能到即将完工时进行。及早地讨论这一系统，能消除各种人的疑虑。项目经理向用户解释为什么要进行变化、有什么好处，要使他们相信，变化能使他们受益。不然，他们就会反对，而不是支持。

讨论或召开会议，能让人们很好地表达他们的关注、担心或焦虑。对未知的焦虑和担心使人们变得紧张，产生对变化的抵触情绪。在对即将来临的变化进行讨论时，项目经理不能将其当做一场辩论，争论不休。他要注重人们所关注和担心的问题，不应轻视。如果可能，如在对从人工操作到计算机化的这一变化进行决策时，让用户完全参与决策过程，并让他们参与系统的计划与设计工作，因为他们才是使用者。也要与用户一道制定推广这一系统的计划，即怎样才能实现从人工到计算机的转变。项目经理要支持和奖励为成功地推广应用这一新系统而做出努力的人员。为表彰奖励用户，可以对他们进行计算机技能培训，使他们获得更多的知识技术，提高自身价值。最后，项目经理还要有耐心，这一新的系统只有在得到充分利用后，才能实现预期的收益。

项目本身也会发生变化，项目经理要管理和控制这些变化，不要使项目工作失控。

练习题

34. 变化可能是由_____或_____引起的，或由于项目执行过程中的_____引起的。

35. 项目经理的一项工作就是_____和_____变化，将它对成功地完成项目目标的不利影响_____。

36. 项目工作开始时，要建立起对变化的_____和_____的_____。

37. _____经常会导致项目_____它们的_____或者是项目没有_____。

现实世界中的项目管理

标准化项目管理的必要性

最大的工程建设公司之一 Henkels & McCoy 决定将公司的项目管理实践标准化。公司有超过 4 600 名雇员，建立了 80 多个专门从事工程、辅助沟通的网络发展和建设、信息技术和公用事业产业的永久办事处。高层管理者意识到组织在项目管理方法理念中还有一些微小缺陷，为了使公司的商业发展更上一个台阶，管理层决定进行一些组织上的变动。

项目管理协会的《项目管理知识体系指南》是 Henkels & McCoy 定制的内部管理体系，给员工开发项目管理方法提供了基础。公司官方认为成功地采用标准化项目管理实践需要良好的沟通、强有力的领导和坚定的承诺，Henkels & McCoy 公司也建立了一个项目管理办公室来保证组织的过程符合标准。

人力资源部门的主管 Kathy Mills 认为所有的雇员应该掌握项目管理技能，不管他们是不是在运营一个项目或者进行操作。Mills 说："我们希望所有的员工都可以展示出这样一些技能，如团队管理、激励、资源管理和计划。

我们的一些员工已经在项目管理方面获得了助理级或是主管级别的证书。"

采用标准化项目管理实践的预期回报也已经实现了,根据 Mills 的说法:"随着我们逐步完成培训工作,我们的赢利也在逐年增长。所有雇员都学习了项目管理技能,提高了整体效率,并且使大家与公司大部分的主要生意伙伴之间的交流更加亲密无间。"

标准化进程也影响了管理所能解决的项目的种类和数量,Henkels & McCoy 曾经在很多项目上投标,但是在决定是不是要在项目上投标的时候毫无技巧可言,这样做会产生很多关于这个项目是不是一个好机会的猜测。实践的标准化包括投标审查过程中作用域和风险评估。被选中投标的项目同公司的战略方向要一致,同时也会得到相应的经济回报。

不是所有的项目都需要经历所有的程序。公司所有项目都按照一个标准分为1级到4级,1级是最简单的、战略地位最不重要的,而4级是最复杂的、最具有战略性的。所有被评为3级和4级的项目会被分配给项目经理和团队,他们会运用全面的标准化的项目管理实践方法来管理这个项目。

Henkels & McCoy 正致力于将所有活动进程中的项目管理活动进行改进和提高。这家公司被视为工业企业方面的领头羊。Mills 认为过去所做的对公司来说具有历史性的意义,她也认为:"进一步发展 Henkels & McCoy 的项目管理文化是企业未来成功不可分割的一部分。"

资料来源:M.Phair, "The Need for Standardized:Project Management," Constructioneer 63, No. 7(2009),6; S. Stilwell, "Henkels & McCoy Inc.:Maintaining Success by Committing to Performance Improvement" Chief learing Officer 7, No.3(2009), 52-54.

关键的成功要素

- 成功的项目经理应确保全部工作已在预算范围内按时优质地完成,从而使客户满意。
- 项目经理应积极主动地计划、沟通,并领导项目团队完成项目目标。
- 项目经理应激励员工取得成功,并赢得客户的信任。
- 与项目团队成员一起制定项目计划,项目经理可以确保计划更有切实意义,这样能使团队为完成目标做出更大的投入。

- 成功的项目经理积极主动地去解决问题，而不是采取等待和观望的态度。

- 项目经理应该有一套管理信息系统来识别有意义的和劳而无功的工作。

- 优秀的项目经理具有坚强的领导能力、培养员工的能力、非凡的沟通技巧、良好的人际交往能力、处理压力和解决问题的能力，谈判技巧及管理时间的能力。

- 成功的项目管理需要采取参与和顾问式的领导方式，项目经理以这种方式为项目团队提供导向和教练作用。领导有方的项目经理从不教导人们怎样去做工作。

- 当项目经理向团队成员讨教意见和建议时，应对他们的付出表示肯定与认同。

- 项目经理可以运用认同或赞赏来鼓舞士气。成员希望他们对项目做出贡献时得到认可和奖赏。积极的强化对期望的行为具有激励作用，被认同或得到奖赏的行为就会重复发生。

- 优秀的项目经理不会使自己独占风头，惹人注意，或将别人的成绩与功劳据为己有。

- 有才干的项目经理具有乐观态度，对自己和项目团队的每个成员都有较高的、现实的期望。

- 项目工作应该充满乐趣，项目经理应从工作中获得乐趣，也鼓励项目团队的成员获得同样的乐趣。项目经理应该用实际行动为项目团队树立一个良好的榜样。

- 一个优秀的项目经理鼓励成员进行创新，承担风险，做出决定，这是学习和发展的良机。他承认在学习和发展的过程中，犯错误是难免的，但他不会制造失败的恐惧。

- 优秀的项目经理花更多的时间听别人说而不是自己说。他们注意倾听客户所表达的要求及团队成员的意见和关注所在。

- 项目经理的沟通应及时、真实和明确。

- 项目经理应提倡及时沟通，不要害怕报复，并且能接纳不同的意见。

- 当不可预知的情况导致项目产生动荡时，优秀的项目经理会保持镇静而不会急躁。

- 为有效地利用时间，项目经理要自我约束，能够辨明先后主次并愿意授权。
- 项目经理要在项目工作开始时建立起对变化的文件记录和批准审核的工作程序。

小结

项目经理有责任在预算范围内按时优质地完成全部工作内容，使客户满意。项目经理的首要职责是在对工作的计划、组织、控制上做好领导工作，从而实现项目目标。就计划来讲，项目经理要明确项目目标，并就这一目标与客户取得一致；组织工作，项目经理要保证项目工作所需资源；控制工作，项目经理要跟踪实际工作进度，并与计划进度进行比较，如果实际进度落后于计划就要马上采取正确的行动。

项目经理是项目成功的关键因素，他需要具备一整套技能，使项目团队获得成功。项目经理应是一个优秀的领导者，激励团队成员成功地执行计划，实现项目目标；他要全力培养和发展项目团队成员；他要是一个良好的沟通者，与项目团队、承约商、客户及自己公司的上层管理人员经常联系；他要有很强的人际交往能力。项目经理要与项目团队中的每位成员建立起友好关系，并能有效地应用他的人际交往能力来影响其他人的思想和行为，这一点很重要。

优秀的项目经理会化解压力，并具有良好的幽默感。另外，他要善于解决问题。尽管发现问题要比解决问题容易一些，但解决问题的最好办法就是尽早发现问题。他们也知道最好的解决问题的方法往往从不同的主意、视角、经历和观点中产生。谈判技巧对项目经理来说也很重要。项目经理应管理好他们的时间。

这些必要的技能可以在实际工作中培养起来，看看其他人对你的反应，或者进行自我评价和改进，或者与优秀的项目经理进行探讨，或者参加培训，加入一些社团组织，通过阅读、获取证书、参加志愿活动都可以，这些活动也能考核这些技能。

项目经理要善于授权，授权工作包括给项目团队赋予权力，实现项目目标，以及给每个团队成员赋予权力，使他在其工作职责范围内完成预期任务。这一活动使每个成员能成功地完成分配给他们的任务。

项目经理的另一项重要工作是管理和控制变化，尽量减少变化对成功完成项目目标的不利影响。要将这一工作做好，项目经理在开始进行项目工作前，要建立一个对变化进行文件记录、审批及交流的工作程序。项目经理也应该防止经常会引起项目超过预算或者是项目超期完成的"范围蔓延"情况的产生。

思考题

1．项目经理为执行计划、组织和控制职能应做哪些工作？请举例说明。

2．优秀的项目经理应具备的必要技能有哪些？如何培养这些技能？

3．曾经和你一起工作过的项目经理有哪些领导技能？你觉得怎样才能培养这些领导技能？

4．描述一下在项目中是否得到奖励是怎样影响你在项目中的表现的，是否其他奖励对于你或者你的项目团队会更加合适？

5．请说明为什么项目经理需要有良好的口头及书面沟通能力。

6．人际交往能力的含义是什么？举一些有关人际交往能力的例子，并说明这一能力的重要性。

7．项目经理怎样建立一种激励项目团队的工作环境？

8．描述一下谈判造成单赢局面的情况。如果想获得双赢的结果，该做哪些改变？

9．授权的意义是什么，为什么项目管理必须授权？请举例说明。

10．有效授权的障碍有哪些？

11．项目过程中，管理变化为什么重要？变化是怎样引起的？请举例说明。

12．项目经理用哪些方法才能使项目工作充满乐趣，并使团队成员工作更投入？

13．说出你曾参与过的一个项目，说明该项目的经理卓有成效或成绩平平的原因，项目经理应如何把工作做得更好？

WWW 练习

在 www.cengagebrain.com 上点击"Internet Exercises",找到本练习中提到的组织的网址。

1．美国国家航空航天局(NASA)戈德(Goddard)航天飞机中心飞行器项目指导委员会的前副主任杰里·梅登(Jerry Madden)设计了一个非常完善的网站,列出了美国国家航空航天局项目经理的 100 项任务。这些任务涉及范围很广,包括沟通、决策、价值观念及失败等。你只要搜索"100 Lessons Learned for Project Managers"就可以找到这张表。读一下这张表然后写下你最喜欢的五项任务。

2．在练习 1 中的 NASA 的网站中,点击"Stories"的链接,阅读并且概括其中的一个故事。在这个故事里项目经理做对或者做错了什么?

3．搜索主题为"有效的项目领导能力"的网页。根据搜索结果,简单阐述一下你学到的知识。

4．搜索主题为"有效授权"的网页。说说你搜索的结果,它和本章所阐述的部分有何关联?

5．访问项目管理协会(PMI)的主页,查找职业发展的链接,至少说出三种列出的与项目管理有关的工作。

案例研究 10-1　Codeword 公司

Codeword 公司是一家为战斗机设计电子设备的中型公司,它通过与其他公司竞争来获得提供这种系统的合同,其主要客户是政府。Codeword 公司获得合同后,就成立项目,完成工作。大多数项目的成本是 1 000 万~5 000 万美元,期限是 1~3 年,Codeword 公司能同时开展 6~12 个项目工作,并处于不同阶段,有些刚开始,有些则临近尾声。Codeword 公司拥有众多项目经理,他们向总经理负责,其他人员向他们的职能经理负责。例如,电气工程师全都向电气工程经理负责,电气工程经理又向总经理负责。职能经理把具体人员分配到每个项目中去。有些人全职参与一个项目工作,有些人则同时在两三个项目中工作。尽管人员在具体项目中指定为该项目经理工作，但他们仍然受职能经理的领导和管理。

杰克·科瓦尔斯基（Jack Kowalski）已经为公司工作了 8 年。他在大学获得电气工程的理学学士学位，毕业后，一直做到高级电气工程师，向电气工程经理负责。他从事过各种项目工作，在公司里深受尊重，有希望成为项目经理。不久，Codeword 公司获得一个 1 500 万美元的合同，为一种新型飞机设计制造先进电子系统。这时，总经理将杰克提升为项目经理，并让他负责这一项目。

杰克与职能经理一起为这一项目配备了现有最好的人员，他们大多数是亲密的伙伴，以前曾与杰克一起在项目中工作过。然而杰克被提升为项目经理后，高级电气工程师这一职位空缺，电气工程经理无法为杰克的项目分配合适的人员，于是总经理招聘了一位新员工阿尔弗雷德·布赖森（Alfreda Bryson），是从公司的竞争对手那里挖过来的。她是电气工程的博士，有 20 年的工作经验，她的薪水标准很高，要比杰克高。她被委派到杰克的项目中，专任高级电气工程师。

杰克对阿尔弗雷德的工作给予特别的关注，并提出与她会谈，讨论她的设计方法。然而这些会谈几乎全由杰克一个人说，他建议怎样设计，完全不理会她的说法。

最后阿尔弗雷德质问，为什么他检查她工作的时间要比检查项目中其他工程师的时间多得多。他回答说：“我不必去检查他们的工作，我了解他们的工作方法，我和他们在其他项目上一起工作过。你是新来的，我想让你理解我们这里的工作方法，这也许会与你以前雇主的工作方法不大一样。”

另一次，阿尔弗雷德向杰克表示，她有一个创新性设计方案，可以使系统成本降低。杰克告诉她：“尽管我没有博士头衔，我也知道这个方案没有意义，不要这样故作高深，要踏实地做好基本的工程设计工作。”

丹尼斯·弗里曼（Dennis Freeman）是另一位分配到项目中工作的工程师，他认识杰克已经 6 年了。在与丹尼斯·弗里曼的一次出差旅行中，阿尔弗雷德说，她为杰克对待她的方式感到苦恼：“杰克在项目中的作用，与其说是项目经理，倒不如说是电气工程师。另外，对于电子设计，我忘记得比他知道得还多，他的电子设计方法早已过时。”她还说，她打算向电气工程经理反映这一情况，她要早知道这个样子，绝不会来 Codeword 公司工作。

❓ 案例问题

1. 你认为杰克能够胜任项目经理吗？说明原因。杰克本应为这一新岗位做哪些准备工作？

2. 杰克与阿尔弗雷德交往过程中的主要问题是什么？

3. 为什么阿尔弗雷德没有与杰克开诚布公地交谈他对待她的方法？如果阿尔弗雷德与杰克直截了当地讨论，杰克会怎样反应？

4. 电气工程经理对这一情况的反应将会是什么？他应当做些什么？

◤ 小组活动

把同学分为 4~5 人的小组，讨论下面的问题：

- 怎样补救这一不良局面？
- 本应当怎样做以防止出现这一情况？

每个团队选出一个发言人，向全班学员讲述他们的结论。

案例研究 10-2 　一家成长中的电子商务公司

伊瓦娜（Ivana）是 ICS 公司的所有者，这是一家拥有 20 多名员工的信息系统咨询公司。它主要为市区范围内的中小企业设计并提供 IT 项目。虽然 ICS 业务水平很高，但是由于越来越多的企业开始进行自己内部的 IT 咨询，它所面临的形式日趋严峻。ICS 的所有市场营销都由伊瓦娜去做，她是 ICS 与客户的主要联系人。

ICS 刚刚收到一份来自《财富》百强公司之一的合同，该公司要求 ICS 为它的某一分销中心设计并安装一个电子商务系统。ICS 战胜了数位竞争者而中标，这其中包括一些大型的咨询机构。一定程度上是因为 ICS 的投标价格相当低，并且伊瓦娜许诺客户说 ICS 将在 6 个月内完成这个项目，而客户原本期望的完工日期有 9 个月之多。伊瓦娜深知，如果 ICS 能够在客户期望的日期前圆满地完成项目，这将帮助它得到全国范围内更大的应用相似系统的分销中心的合同。

伊瓦娜一得知 ICS 中标就迅速召集起 8 位她认为应当从事这个项目的员工。"也许你们之中的一些人还不知道，我与一个大客户，迄今为止最大的客户签订了一份合同，为他们的某一分销中心设计一个电子商务系统。这个项目对我来说相当重要，如果我们成功了，我们能够得到该客户的其他项目，ICS 也将发展成为一个颇具规模的大咨询公司——我的梦想就得以实现了。但是现在我必须要告诉你们，这是一份固定定价合同，我会尽可能地节省资金以顺利完成合同。我还许诺说在 6 个月内完成，而他们本认为 9 个月内完成就不错了。所以我想向你们澄清一下，这个项目对我对 ICS 都至关重要，我希望你们每位都能争分夺秒地按时完成。当然，你们同时也要把你们的本职工作做好。还有，我要强调一点，不允许犯错误！因为赌注压得太大了。现在我要去参加一个商业午餐。这里有我所签的合同书的副本。你们都看一下，然后就齐心合力着手去做。"

当他们离开会议室时，系统设计员派特立克（Patrick）说道："大家都阅读一下合同书，明天早晨 9 点我们再集合起来讨论一下各自的任务。"

伊瓦娜无意中听到了派特立克的话，她尖叫道："明天？！你们是不是没听到我说这个项目很重要啊，我建议你们现在就读合同书，下午或晚上就集合讨论。"

程序员爱丝特（Ester）说："今天下午我要去见产科医生做半年检查。"

伊瓦娜打断她说："那么，你另行安排时间去见吧。无论怎样，3 个月内婴儿是不会出生的。有什么大不了的？我母亲中年生了 5 个孩子，还是在没有医生的情况下，而我们都活得很好。"

伊瓦娜离开之后，爱丝特噙着泪花对另一位程序员哈威（Harvey）说："多蛮横的人！要不是为了人寿保险金，今天我一定会辞职的。"

终于，这个小组还是在下午集合起来，由于派特立克是小组中资历最深的人，他带头组织了讨论会。

小组的另一位系统设计员，也是最年轻的新人之一哈威说："派特立克，你是不是想做这个项目的头儿？"

"那不在我们的工作范围之内。我们都知道谁才是真正的项目经理，不是吗？"派特立克回答说。"伊瓦娜！"大家异口同声地应道。

随着对合同书的讨论，小组发现了很多的问题。对于系统设计方法，派特立克与哈威持有迥然不同的观点。派特立克的方法风险更小，但是可能要花费较多的时间；而哈威的方法如果可行，将花费较少的时间，但风险大一些。派特立克说："如果可能的话，我明天早晨去和伊瓦娜谈谈，征求一下她的意见。"

"也许我们都应该去见见她。"哈威说。

"伊瓦娜可不喜欢与一大堆人开冗长的会议，她认为那是浪费每个人的时间。"派特立克回答。

第二天早晨，派特立克去见伊瓦娜。"大伙把一切都安排好了吗？"伊瓦娜问。

"事实上，我们昨天讨论合同书直到深夜，我们有一些问题。合同书在某种程度上似乎难以企及……"

伊瓦娜插嘴道："难以企及？客户可不认为它难以企及，我也不认为它难以企及。现在你告诉我为什么你会这样认为？"

"举例说吧，我和哈威有两种截然不同的设计方案，一个是低风险长工期，另一个则反之。"派特立克陈述说。

"一开会你们就像小孩子一样吵个不停，"伊瓦娜插嘴说，"你听没听说过团队工作？这才是我想要的——低风险短工期。不要'应该'、'可能'、'也许'。你们几个尽快把一切办妥，不要浪费时间。难道什么事都要我来决定吗？我没有自己的事吗？我很高兴你们昨天勤于工作直至深夜，这才是按时完成项目所应有的态度。你也知道，你们的薪水很不错，所以我希望你们能尽一切努力把工作做好。如果有人觉得力不能及的话，他可以去另谋高就。他将会发觉一切不过是这山望着那山高罢了。"

正当派特立克转身要走时，伊瓦娜说："对了，作为赢得合同的奖励，我打算去欧洲旅游两周。告诉他们我希望我回来时一切按计划进行。不要内讧。"

当天晚些时候，伊瓦娜在走廊中遇到了爱丝特，伊瓦娜说："我想你已经安排好与医生见面的日期了。"

爱丝特回答道："是的，就在这两周内。在未来的 3 个月内，我可能很难保证工作的进度。"

"困难！"伊瓦娜回应道，"让我来告诉你什么叫困难，我母亲在生我最小的妹妹时去世了，是我把四个弟弟妹妹抚养长大的。我在大学里夜以继日地工作了差不多 10 年，把四个孩子视如己出，拉扯长大。所以说下次你自己觉得有困难的时候，想想别人的情况再说。我希望你能在孩子出生前把你的那份工作搞定。看你的了。"

大约 6 点钟的时候,哈威来到伊瓦娜的办公室前。"有空吗?"哈威问道。

"只一会儿,"伊瓦娜回答道,"我要和一个朋友共进晚餐,有什么事快说。"

"下个月在拉斯维加斯有一个计算机会议,"哈威说,"我想你能不能让我去参加?我将能够学到很多新东西,可能会对我们的项目有帮助。"

"不要跟我要小把戏了!"伊瓦娜回答道,"当我们的项目面临着最后期限时你却让我出钱送你去参加聚会?而其他人在这里辛辛苦苦地工作?为什么你搞特殊?难道你就没有在其他项目成员那里感受到责任感吗?我敢打包票,我是这里唯一一个知晓团队工作的!也许在项目结束后,你能找到更好的会议。我现在要走了。对了,昨天谁最后离开的?告诉他别忘了把咖啡炉关上。昨天晚上忘了关。"伊瓦娜在哈威身边走过时小声嘟囔说:"有时我真觉得我是你们的老妈子。"

❓ 案例问题

1. 想想伊瓦娜的管理方式,小组成员应该如何分配项目进度?

2. 在整个项目过程中,项目成员应该如何与伊瓦娜合作?

3. 你认为是什么原因造成了伊瓦娜的工作方式?

4. 项目成员是否应该对伊瓦娜的管理方式提出建议?如果是的话,怎样建议?

◤ 小组活动

在课堂上选出 5 位参与者表演这个短剧。一个人作为解说员来叙述场景的转换。另外 4 位学员分别扮演伊瓦娜、派特立克、爱丝特与哈威,并朗读他们的话。

作为对短剧的总结,全班对案例问题进行讨论。

第 11 章 项目团队

本章内容支持《PMBOK 指南》中的如下领域：

项目人力资源管理

现实世界中的项目管理

开发有文化特色的医疗网络：规划框架和指导

宾夕法尼亚州的艾伦镇的利谷医疗网络为一个多元文化的地区服务，该地区超过 1/3 的人口是由拉丁美洲、地中海地区和东南亚地区移民组成的。该医疗网络包含两个非营利性、非联盟的护理医院，一个由 400 人组成的内科医师团队，社区健康中心，还有家庭保健，临终关怀医院和健康管理服务。利谷医疗网络中一部分但非全部的人员获得了有关文化意识的项目提供的教育和培训。愿意学习双语的员工，未必是被当做翻译来培训的，主要是为一些需要语言方面协助的病人提供翻译帮助。利谷医疗网络发现，他们没有满足文化背景不同的病人的需求，于是决定开发度量标准和一个项目计划来满足这些需求。整个项目的目的是提高大家的文化意识。为了达到这个目标，需要先完成六个子项目。

项目章程由一个有着 41 名成员的文化意识小组来撰写，章程具体指出了项目的目标、责任和决策程序。一个由项目领导组成的核心小组、子项目的领导、一个社区联系人和一个组织资源供给者组成一个团体，每个月他们集合在一起讨论子项目的完成情况。这六个子项目的结果作为文化资料库来发展，一个是用来招聘和保留拥有不同文化背景的员工的规划，一个是评估文化能力的基准，一个是标准化的用来收集病人的种族和偏好信息、合适的语言服务，还有一个文化教育规划。子项目包括 5～7 个来自医疗网络不同部门的成员，还有具有决策权力的关键利益相关者。文化意识项目团队直接为一个更大的计划"以病人为中心的护理体验 2016"服务，这个计划关注 Picker 机构所认证的八个方面，提倡以病人为中心来满足病人的文化需求。

为了提高责任度、授权度、交流性和团队合作，项目领导使用了一个责任分配模型来分配角色和任务。每个项目团队都需要有项目计划的文档，包括项目范围、初步目标、面向行为的目标、预期结果、潜在障碍和挑战，还有项目发起人的许可。项目任务和里程碑用甘特图来更加形象地体现，团队成员参考甘特图来决定哪里需要使用更多的资源。每月的项目报告会被送到利益相关方手里，由他们来交流项目的状态和进程。

随着六个子项目每个项目都实施和产生了结果，利谷医疗网络也出现了一些变化。利谷医疗网络已经建立了一个多元文化联络站点来监督执行情况。一个内科医生使用了 20% 的时间来领导项目，他同项目的另一位领导一起交流医疗网络内项目的重要性。其他的和医疗网络的员工交流，他们确保有关项目的消息在员工内部报刊和本地报纸上得到准确地传播。讲到员工表现的评估形式，指挥人员需要评估员工尊重文化差异的能力。超过 140 个双语雇员已经完成了一个 40 小时的翻译培训项目，这个项目帮助他们在医疗网络中在完成基础工作的同时，可以用西班牙语、阿拉伯语、葡萄牙语、法语或手语来提供语言方面的协助。

文化意识项目小组的成功也带动了其他小组的成功，包括雇员满意度调查的不同问题设计，以及向雇员宣传各项预期服务信息的海报。团队已经在进程上取得了一些发展，他们已经分析了病人数据，借此评审医院绩效的认可度和病人停留时间的长短同种族和民族特色之间的关系。人们借助情况分析表和不同的研讨会来讨论不同的宗教行为，以及不同文化群体的死亡或者垂死时的仪式。

文化意识发展项目的最终目的是为利谷的所有病人提供均衡的关注，医疗网络已经历了重大的组织变革，以促进和维持公平。项目目前取得的成功应该归功于团队同决策者一起运用项目管理工具的努力，标准的报告模板也有助于雇员和内部利益相关者之间保持频繁的交流。医疗网络已经评估了改进的诊断结果，病人和供给者的满意度提高，以及改善的符合监督要求的内容。

利谷医疗网络的领导认为取得的成功应该归功于广泛的利益相关方的参与，包括项目团队、临床的和非临床的员工，还有社区成员、病人和供给方。文化差异团队努力建立与病人、同事和社区之间的关系。团队合作强调文化差异以满足医疗网络在社会、文化、精神和语言方面的需求。项目团队已经对各种文化相当精通，他们可以帮助所有的卫生网络的员工在精通文化的层次上为病人提供服务。

资料来源：E. Gertner, J.Sabino, E.Mahad, L.Deitric, J.Patton, M.Grim, et al., "Develpoing a Culturally Comprtrnt Health Network: A Planning Framework and Guide," Journal of Healthcare Management 55, No. 3(2010), 190-204.

本章概要

团队是一组个体成员为实现一个共同目标而协同工作，团队工作就是团队成员为实现这一共同目标而共同努力。项目团队工作是否有效会直接影响项目的成败，尽管需要计划及项目经理的工作技能，但人员——项目经理和项目团队，才是项目成功的关键。项目成功需要一个有效工作的项目团队。本章将阐述怎样建立起并保持一个有效的项目团队。你将了解以下内容：

- 如何获取和指派团队。
- 团队的开发和成长。
- 项目的启动会议。
- 有效项目团队的特点，以及有效工作的障碍。
- 如何成为一个高效的团队成员。
- 团队建设。
- 评估团队的多样性。
- 道德行为。

- 项目工作中冲突的来源及处理冲突的方法。
- 解决问题。
- 有效管理时间。

练习题

1. 团队是一组个体成员为实现一个共同_____而_____工作。
2. 团队工作就是团队成员为实现_____而_____。

学习成果

学完本章后，你将能够：

- 解释团队是怎样被指派和形成的。
- 识别并描述团队发展的阶段。
- 计划并实施团队启动会议。
- 讨论高效团队的特征。
- 识别并描述高效团队的至少五种障碍。
- 做高效的团队成员。
- 采取行动支持团队建设。
- 讨论团队多样性的价值，识别至少 5 种团队多样性的维度。
- 在项目环境中以合乎道德的方式行事。
- 识别项目中冲突的至少 4 种来源，并解释如何处理冲突。
- 应用问题解决流程和头脑风暴法。
- 有效地管理时间。

11.1 获取项目团队

当一个项目由发起人根据一个项目章程或者类似的授权书发起，或者被外包给一个承包商时，发起人或者承包商要做的第一件事就是挑选项目经理。项目经理必须要做的第一件事情是获得团队成员并组合成一个项目团队。为了组建一个项目团队，项目经理必须明确所需的专业知识、经验或技能的类型；每种类型所需要的数量；所需要的时间。对小一点的项目来说，项目经理可能在项目的计划阶段就获取了整个项目团队；稍微大一点的项目或者是有更长生命周期的项目（如几年），项目团队的规模和组成很有可能在进行过程中有变更。对于这些大的项目，最初可能会挑选并组成一个由核心成员和领导组成的小团体，他们负责计划阶段并参与或者领导实施阶段的初期。由核心成员和领导组成的小团体会确定项目人力资源需求的细节，同时确定项目团队的组成和规模，还有在整个项目生命周期中项目团队要进行哪些变化。

理想情况下，项目经理愿意亲自选择项目团队中的具体人员；但现实中，只有很少的项目经理可以享受到这种待遇。在大部分项目中，项目团队成员的挑选不仅根据专业知识和经验，还往往取决于他们是否有时间。

在很多项目或者承包组织中，拥有的专业知识或者技能的类型往往是有限的。一些组织可能在进行很多个项目，但是却没有足够的、满足需求所需技能的人员。很多的项目可能需要相同的人力资源，或者是具体的个人。所以项目经理就只能局限于在那些空闲的、可供挑选和分配的人员中了。在其他的情况下，一个承包商可能向客户提交了一份建议书来做这个项目，并且他预计自己的企业里有具体的人员可以符合项目的要求。但是，如果客户在选择承包商时有延误，或者说承包商同时还从另一个客户那里接到一项新的任务，那么那些承包商原以为可以工作的人员也就不一定再空闲了。所以即使人力资源需求计划明确了需要的专业知识和技能，以及需要的数量和需要的时间，但在选择项目团队成员时，主要制约因素或许还是在合适的时间、合适的人才的可用性。在同时进行很多不同的项目的组织中，在任何给定的时间、一些项目完成了，人员就会被派遣到新的项目组开始新的工作。一些人员可能自始至终在一个项目中工作，而其他人员可能被分配到很多并行的项目中完成一部分工作，而另外一些人可能只需在在特定的时期为一个项目工作，而非整个项目周期。

为了从管理人员或负责将不同种的人力资源（如设计师、摄影师、手工艺者和商人、营销专家、工程师、培训师等）聚集的组织那里获得团队所需的特定人才，项目经理可能需要使用一些谈判技巧。例如，项目经理可能不得不因为拥有所需技能的全职人员没有空闲时间而妥协，使用两个兼职人员来而非一个全职人员来完成具体的活动。你可以在第 13 章获得更多有关的信息。

如果项目所需的人才在项目组内或者是承包商组织中都没有，那么项目经理可能就需要聘请分包商或咨询人员来填补技术上或是数量上的漏洞。在其他情况中，项目组只须简单地雇用一些有特定经验、专业知识或技能的员工，当然前提是预见到会有更多的项目，可以在未来继续将新员工分配到其他项目。如果会有持续的需求，那么组织应该雇用更多全职的员工而不是将工作外包给分包商或咨询公司，这样做可以培养内部的专业人才而不是依赖外界资源。

在项目的整个过程中，项目团队应该以一种小而适宜的形态存在，项目团队成员越多，就越有可能导致团队的低效。例如，如果项目中的人数超过所需的人数，那么有些人就可能在一些任务上花费超过应该花费的时间，而且一些工作任务就可能会被拖延、被扩大或者造成范围蔓延，这些都会增加实际支出，也会提高超过工作或项目预算的可能性。因此，根据需要将全职雇员的人数减到最小，适当外雇一些兼职的员工或者只工作一段时间，是比较好的做法。

11.2　项目团队的发展及其有效性

在两个人之间建立一种人际关系是要费一些时间的。首先，相互之间要有好奇感，但要理解对方，消除戒备，让对方了解你。随着相互之间了解的增加，你们可能会认识到双方在观念和价值上的异同，并可能会有分歧。你们可能会因为是否继续这种关系而焦急不安。若能克服困难，继续进行，就会相互了解得更加深入，成为不错的朋友。最后，你们会变得很亲密，使你们相互敞开心胸，容纳彼此间的差异，并乐于一起从事感兴趣的活动。

类似地，团队也要经历发展的不同阶段。在许多项目中，从未在一起工作过的人员被分配到了一起。为成功实现项目目标，必须使这样一组人员发展成为一个有效率的团队。

B·W·塔克曼定义了团队发展的 4 个阶段：形成、震荡、正规和表现，如图 11-1 所示。

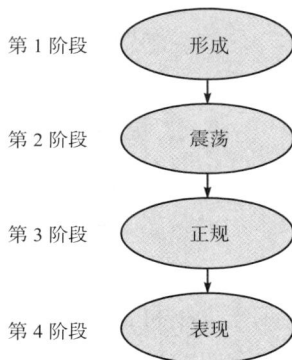

图 11-1　团队发展阶段

✏️ **练习题**

3. 在大部分项目中，项目团队成员的挑选不仅根据_____和_____，
   还往往取决于他们_____。

4. 在项目的_____过程之中，项目团队应该以一种____而适宜的形态存在。

11.2.1　项目团队发展成长的阶段

1. 形成

形成阶段是团队发展进程中的起始步骤。它促使个体成员转变为团队成员，类似于交友中初期的约会，在这个时候，团队中的人员开始相互认识。在这个阶段，团队成员总体上有一个积极的愿望，急于开始工作。团队开始成形，并试图对要完成的工作明确划分并制定计划。然而，这时由于个人对工作本身和他们相互关系的高度焦虑，几乎没有进行实际工作。团队成员不了解他们自己的职责及其他项目团队成员的角色。在形成阶段，团队需要明确方向，要靠项目经理来指导和构建团队。

这一阶段的情绪特点包括激动、希望、怀疑、焦急和犹豫。每个人在这一阶段都有许多疑问：我们的目的是什么？其他团队成员是谁？他们怎么样？每个人都急于知道他们能否与其他成员合得来，能否被集体接受。由于无法确定其他成员的反应，他们会犹豫不决。成员会怀疑他们的付出是否会得到承认，担心他们在项目中的角色是否会与他们的个人及职业兴趣相一致。

在形成阶段，项目经理要进行团队的指导和构建工作。为使项目团队明确方向，项目经理一定要向团队说明项目目标，并勾画出项目成功的美好前景及成功所产生的益处，公布有关项目的工作范围、质量标准、预算及进度计划的标准和限制。项目经理要讨论项目团队的组成、选择团队成员的原因、他们的互补能力和专门知识，以及每个人为协助完成项目目标所扮演的角色。项目经理在这一阶段还要进行组织构建工作，包括确立团队工作的初始操作规程，如沟通渠道、审批及文件记录工作。这类工作规程会在未来的阶段发展中得到完善和提高。为减轻人们的焦虑，项目经理要探讨他对项目团队成员的工作及行为的管理方式和期望。项目经理应该在团队的形成阶段尽早地为项目团队举行一个启动会议，更要使团队着手一些起始工作。这一阶段，项目经理要让团队参与制定项目计划。

2. 震荡

团队发展的第 2 阶段是震荡阶段。如同青少年时期对每个人而言都是紧要的时期，但你必须经历，你不能绕过它，也不能逃避它。

这一阶段，项目目标更加明确。成员们开始运用技能着手执行分配到的任务，开始缓慢推进工作。现实也许会与个人当初的设想不一致。例如，任务比预计更繁重或更困难，成本或进度计划的限制可能比预计更紧张。成员开始着手工作后，他们会对依靠于项目经理的指导或命令越来越不满意。例如，他们可能会消极对待项目经理及在形成阶段建立的一套操作规程。团队成员这时会测试项目经理和一些基本原则的限制和灵活性。在震荡阶段，冲突产生、气氛紧张，需要为应付及解决矛盾达成一致意见。这一阶段士气较低且起伏不定，成员们可能会抵制形成团队，因为他们要表达与团队集体相对立的个性。

震荡阶段的特点是人们有挫折、愤怨或者对立的情绪。工作过程中，每个成员根据其他成员的情况，对自己的角色及职责产生更多的疑问。当开始遵循操作规程时，他们会怀疑这类规程的实用性和必要性。成员们希望知道他们的控制程度和权力大小。

在震荡阶段，项目经理仍然要进行指导，但比形成阶段的力度要小。他要对每个人的职责及团队成员相互间的行为进行明确和分类，使每个成员明白无误。有必要让团队一道参与解决问题，共同做出决策，以便给团队授权。项目经理要接受及容忍团队成员的任何不满，但不是敌对的或自行其是。这是项目经理创造一个理解和支持的工作环境的好时机，更要允许成员表达他们所关注的问题。项目经理要做疏导工作，致力于解决矛盾，绝不能希望通过压制来使其自行消失。如果不满不能得到解决，它会不断集聚，以后会导致团队功能震荡，将项目的成功置于危险之中。

3．正规

经受了震荡阶段的考验后，项目团队就进入了发展的正规阶段。团队成员之间、团队与项目经理之间的关系已确立好了，绝大部分个人矛盾已得到解决。总的来说，这一阶段的矛盾程度要低于震荡时期。同时，随着个人期望与现实情形，即要做的工作、可用的资源、限制条件、其他参与的人员相统一，人们的不满情绪也就减少了。项目团队接受了这个工作环境，项目规程得以改进和规范化。控制及决策权从项目经理移交给了项目团队，凝聚力开始形成，有了团队的意识，每个人觉得他是团队的一员，他们也接受其他成员作为团队的一部分。每个成员为项目目标所做的贡献都得到认同和赞赏。

这一阶段，随着成员之间开始相互信任，团队的信任得以发展。大量地交流信息、观点和感情，合作意识增强，团队成员互相交换看法，并感觉到他们可以自由地、建设性地表达他们的情绪及评论意见。团队经过这个社会化的过程后，建立了忠诚和友谊，也有可能建立超出工作范围的友谊。

在正规阶段，项目经理应尽量减少指导性工作，更多地扮演支持者的角色。此阶段工作进展加快，效率提高，项目经理应对项目团队所取得的进步予以表扬。

4．表现

团队发展成长的第4阶段，即最后一个阶段，是表现阶段。项目团队积极工作，急于实现项目目标。这一阶段的工作绩效很高，团队有集体感和荣誉感，信心十足。项目团队能开放、坦诚、及时地进行沟通。在这一阶段，团队根据实际需要，以团队、个人或临时小组的方式进行工作，团队成员相互依赖度很高。他们经常合作，并在自己的工作任务外尽力相互帮助。团队成员能感觉到高度授权，如果出现问题，就由适当的团队成员组成临时小组，解决问题，并决定如何实施方案。随着工作的进展并得到表扬，团队成员获得满足感。个体成员会意识到，作为项目工作的结果，他们正获得职业上的发展。

在表现阶段，项目经理完全授责授权，赋予团队权力。他的工作重点是帮助团队执行项目计划，并对团队成员的工作进度和成绩给予表扬。这一阶段，项目经理集中关注预算、进度计划、工作范围及计划方面的项目业绩。如果实际进度落后于计划进度，项目经理的任务就是协助支持修正行动的制定与执行，同时，项目经理在这一阶段也要做好培养工作，帮助项目工作人员获得职业上的成长和发展。

图 11-2 形象地说明在团队发展和成长的 4 个阶段，工作绩效和团队精神的不同水平。团队经历每一阶段所需的时间和付出的努力受几个因素的影响，包括团队中人员的多少，团队成员以前是否一同工作过，项目的复杂程度及成员的团队工作能力。

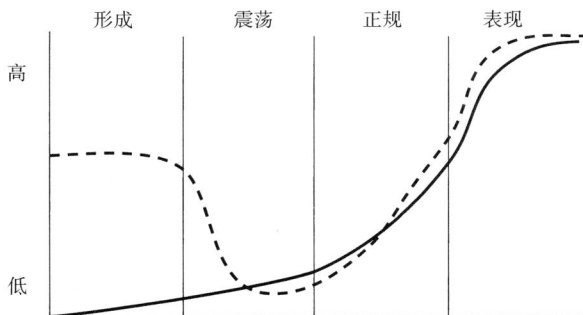

图 11-2　团队发展各个阶段的功能水平

注：------ 团队精神
　　—— 工作绩效

✏️ **练习题**

5.　在形成阶段，由于个人的_____焦虑，几乎_____进行实际工作。

6.　在形成阶段，每个人都有许多_____。

7.　在形成阶段，项目经理要进行团队的_____和_____工作。

8.　在震荡阶段，_____产生，_____紧张。

9.　在震荡阶段，成员会对他们的_____及_____感到迷惑。

10.　在震荡阶段，项目经理要做_____工作，致力于_____。

11. 在正规阶段，_____和_____减少，_____开始形成，有一种_____的感觉。

12. 在正规阶段，_____得以发展，大量地交流_____、_____和_____，_____增强。

13. 在正规阶段，_____加快，_____提高。

14. 在表现阶段，团队_____度高，他们经常_____，并在自己的工作任务外尽力相互_____。

15. 表现阶段，项目经理完全_____职责与权力，赋予团队权力。

16. 团队成长发展的 4 个阶段是什么？

11.3 项目的启动会议

项目经理应该为项目团队安排一个启动会议，也可称为项目的迎新会。项目启动会议应该在团队发展的形成阶段尽早举行。这是一个相当重要的、可以认识团队成员、减轻成员焦虑、管理预期和激励团队的会议，它为整个项目奠定了基调。表 11-1 展示了一份这样的会议日程安排。接下来介绍的是一些在这些日程中可能会涉及的话题。

表 11-1　项目的启动会议

日程安排
1.　欢迎和介绍
2.　项目概述
3.　角色和责任安排
4.　项目程序和进程
5.　项目预期
6.　总结陈词

1．欢迎和介绍

项目经理应表达出精练、温暖和热忱的欢迎。团队发展过程中重要的第一步就是让所有的参与者，包括项目经理本人，都进行自我介绍，并对其经历和专业简单说两句。这样不仅使他们参与到了项目启动会议之中，同时也让团队成员彼此有了一定的了解。错误的做法是快速地绕场一周，让每个人只陈述自己的名字。如此这般只会减弱成员的价值和对项目的潜在贡献。欢迎和介绍应当被提上日程，并预留足够的时间来进行，因为它是团队未来的发展和团队建设中的重要一环。当然，为防止个别成员超时严重，项目经理在会议前发布日程的同时，就应指出每个成员讲述经历和专业的时间是有限制的。

2．项目概述

项目经理应就项目章程、项目提案、合同及其他背景文件或信息进行细致讨论。这些文件在会议之前就应发放给参与者，以便他们有足够的时间来浏览文件，并带着自己的看法和问题参加会议，有备而来。这项内容也应在会议安排中预留足够的时间，以便将所提问题一一加以关注。项目经理需要有足够娴熟的技巧，推动会议进程，同时保证讨论不偏离正轨。在第 12 章中将详细介绍有效的会议这部分内容。在项目概述阶段，项目经理可能会邀请发起人或客户出席，阐述该项目的重要性。

3．角色和责任安排

在项目启动会议上会讨论到每个参与者的角色和责任安排，以便成员明确彼此的职责。在责任安排上出现的重叠或脱节都需要澄清说明。角色和责任安排一经生效，应公示一份项目组织框架图来说明项目上报关系。如若方便，还应提供对相应项目职位的描述。

4．项目程序和进程

这一话题涉及对文件要求、批文、程序、沟通议定书等文件的讨论。如果该项目组织采取轮换掌权制，则要着重针对能否有效避免在权力范围上钻空子再重新审核一遍。如果是关于项目的一份沟通计划，则应发放给所有参与者。在项目进程中，哪些文件会涉及到，都列在了沟通计划中，并标明每份文件的所有者、发放对象、发放频率及谁需要通过或对该文件做些其他处理。在第 12 章中将详细介绍有关项目沟通的内容。项目程序和进程在会议议程中还包括对问题的解决及冲突的化解这两者的流程的讨论。任何与项目程序和进程相关的文件常以电子文件的形式在项目参与者之间传递。同样，为增进团队建设，在这一过程中，项目经理会组织参与者分小组进行针对项目程序和进程的活动。例如，制定总方向的规定，或为未来项目团队会议制定行为守则，而后让各小组共享他们的成果清单。

5. 项目预期

项目经理应讨论团队发展阶段，以便在成员凝聚成高绩效团队的过程中（尤其是在震荡阶段），无论经历何事，都能对项目预期加以管理。这同样也是检验项目经理领导力的时刻，同时能够激励项目参与者像团队一样工作、尊重他人、珍视彼此的贡献、对自己和他人提出高期望、开诚布公并及时地交流、保持行为道德等。

6. 总结陈词

最后项目经理应再询问一次各参与者是否仍要发言或存有疑问，以保证每个人在会议结束后都已经对自己的角色和即将开始的工作有了明确的预期。会议应结束得昂扬、有高度，体现团队对成功完成项目的渴望，以及期待能在这次惬意的经历中提高和拓展技能。另外，在会议最后共进午餐或晚餐也是非常难得的团队建设活动，团队成员能够加深了解。

根据项目的规模和复杂程度及参与者人数的不同，项目启动会议可能花费数小时或几天。给予足够的时间，在过程中不要催促，都是很重要的。这时间花得值得。如果事实上成员在地理上相隔甚远，那就用电子通信工具来保证每个人都能参加到这次会议中。在第 12 章中将详细介绍多种通信工具这部分内容。

对于大到需要跨数年完成的项目，项目经理需要多次召开类似上述的会议，听取阶段性报告，或随着新成员的加入做出及时的调整。在某些情况下，项目经理可能会选择召开针对个体的一对一会议。

✏️ **练习题**

17. 项目_____会议应该在团队发展的_____尽早举行。

11.4 有效的项目团队

项目团队不仅仅是指被分配到某个项目中工作的一组人员，它是指一组互相依赖的人员齐心协力进行工作，以实现项目目标。要使这些成员发展成为一个有效协作的团队，既要项目经理付出努力，也需要项目团队中每位成员的付出。正如本章开头所指出的，项目团队工作是否有效将决定项目的成败。尽管要有计划，需要项目管理技能，但人员——项目经理及项目团队，才是项目成功的关键。项目成功确实需要一个有效的团队。

11.4.1　有效的项目团队的特点

有效的项目团队的特点包括：

- 对项目目标的清晰理解。
- 对每位成员的角色和职责的明确期望。
- 目标导向。
- 高度的合作互助。
- 高度信任。

1．对项目目标的清晰理解

为使项目团队工作有效，要高度明确工作范围、质量标准、预算和进度计划。对于要实现的项目目标，每个团队成员必须对这一结果及由此带来的益处有共同的设想。

2．对每位成员的角色和职责的明确期望

有效的项目团队的成员要参与制定项目计划，这样他们就能知道怎样将他们的工作结合起来。只要团队成员重视彼此的知识与技能，为实现项目目标所付出的劳动就能得到肯定。每位成员都承担职责，完成他在项目中的任务。

3．目标导向

有效的项目团队中的每位成员都强烈希望为取得项目目标的完成付出努力。通过以身作则，项目经理要为大家确定努力工作的标准。团队成员抱有极高的积极性和强烈的意愿，为项目成功付出必要的时间和努力。例如，为使项目按计划进行，必要时成员愿意加班、牺牲周末或午餐时间来完成工作。

4．高度合作互助

一个有效的项目团队通常要进行开放、坦诚和及时的沟通。成员愿意交流信

息、想法及感情。他们不以寻求其他成员的帮助为羞，成员能成为彼此的力量和源泉，而不仅限于完成分派给自己的任务。他们希望看到其他成员成功地完成任务，并愿意在他们陷入困境或停滞不前时提供帮助。他们能相互做出和接受彼此的反馈及建设性的批评。基于这样的合作，团队就能在解决问题时有创造性，并能及时地做出决策。

5. 高度信任

有效的团队的成员理解他们之间的相互依赖性，承认团队中的每位成员都是项目成功的重要因素。每位成员都可以相信，其他人做他们要做的和想做的事情，而且会按预期标准完成。大家彼此信任。团队成员互相关心，由于承认彼此存在的差异，成员就会感受到自我的存在。不同的意见得到鼓励和尊重，并允许自由地表达出来。成员不必担心遭到报复，大胆提出一些可能产生争议或冲突的问题。有效的项目团队是通过建设性的、及时的反馈和积极地正视问题来解决问题的。冲突是无法压制的，相反，要以平常心对待它，把它当做成长和学习的机会。

表 11-2 是项目团队有效性检测表。建议团队成员在项目过程中定期应用这一评估方法，汇总所有团队成员的分数后，团队与项目经理一起进行讨论，对得分较低的予以改进。

表 11-2　项目团队有效性检测

你的项目团队有效性如何					
	很	差	有一些		很好
1. 你的团队对其目标有明确的理解吗？	1	2	3	4	5
2. 项目工作内容、质量标准、预算及进度计划有明确规定吗？	1	2	3	4	5
3. 每个成员都对他的角色及职责有明确的期望吗？	1	2	3	4	5
4. 每个成员对其他成员的角色和职责有明确的期望吗？	1	2	3	4	5
5. 每个成员了解所有成员为团队带来的知识和技能吗？	1	2	3	4	5
6. 你的团队是目标导向型的吗？	1	2	3	4	5
7. 每个成员是否强烈希望为实现项目目标而做出努力？	1	2	3	4	5
8. 你的团队有高度的热情和力量吗？	1	2	3	4	5
9. 你的团队是否能高度合作互助？	1	2	3	4	5

续表

你的项目团队有效性如何	很　差		有一些		很好
10. 是否经常进行开放、坦诚而及时的沟通？	1	2	3	4	5
11. 成员愿意交流信息、想法和感情吗？	1	2	3	4	5
12. 成员是否能不受拘束地寻求别人的帮助？	1	2	3	4	5
13. 成员愿意相互帮助吗？	1	2	3	4	5
14. 团队成员能否做出反馈和建设性的批评？	1	2	3	4	5
15. 团队成员能否接受别人的反馈和建设性的批评？	1	2	3	4	5
16. 项目团队成员中是否有高度的信任？	1	2	3	4	5
17. 成员是否能完成他们要做或想做的事情？	1	2	3	4	5
18. 不同的观点能否公开？	1	2	3	4	5
19. 团队成员能否相互承认并接受差异？	1	2	3	4	5
20. 你的团队能否建设性地解决冲突？	1	2	3	4	5

✎ 练习题

18. 有效的项目团队对项目_____有清晰理解，并对_____和_____有明确期望。

19. 有效的项目团队是_____导向，每位成员都强烈希望为_____付出努力，有高度的_____和_____。

20. 有效的项目团队高度_____，他们解决问题的方法是通过建设性的、及时的_____和积极地_____问题。

11.4.2　团队有效工作的障碍

　　尽管每个项目团队都有潜力来高效率地工作，但通常会存在一些障碍，使得团队难以实现其力所能及的效率水平。下面是一些对项目团队有效工作的障碍，以及克服这些障碍的建议。

1. 目标不明确

　　项目经理应该详细说明项目目标及项目工作范围、质量标准、预算和进度计划。他要对项目结果及其产生的益处做出美好的勾画，这一情况要在第一次项目会议上沟通交流。在这次项目会议上，项目经理要知道团队成员是否真正理解了这一情况，并回答任何他们可能提出的问题，然后把这一情况，包括在首次项目会议上所做的解释说明，一起以书面形式分发给项目团队中的每位成员。

在项目进展情况总结会议上，项目经理要定期讨论项目目标。会议中，他要经常了解成员对必须完成的工作任务存在哪些疑问，仅在项目开始时，就项目目标向团队做一次说明是远远不够的。项目经理一定要经常地、不厌其烦地提及这一目标并加以宣传。

2. 角色和职责不明确

成员们可能会觉得他们的角色和职责含混不清，或与一些成员的职责重复。在项目开始时，项目经理要与项目团队的每位成员单独会谈，告诉他被选中参加项目的原因，说明对他的角色及职责期望，并解释说明他们与其他成员的角色和职责的相互联系。就某些项目来说，职位描述可能提供的只是一些关于成员角色、责任范围、权力等级和表现期望的粗略描述。项目团队成员可以自由地要求项目经理阐明模糊不清的地方，以及明显存在的职责重复。在团队制定项目计划时，利用诸如工作分解结构、职责矩阵、甘特图或网络图等工具明确划分每个成员的任务。把这类文件印发给每个成员，使他们不仅知道自己的任务，还能了解其他成员的任务及这些任务如何有机地结合在一起。

3. 项目结构不健全

在这种情况下，成员会觉得团队里每个人都有各自不同的工作方向，或没有建立起团队工作的规程。这也是项目经理要让团队参与制定项目计划的原因。

像网络图这样一种工具可以说明，为实现项目目标，如何把每个人的工作有机地结合起来。在项目开始时，项目经理应制定基本工作规程，规定诸如沟通渠道、审批及文件记录工作等事宜。每项规程及制定缘由都要在项目会议上向团队做解释说明。这些规程应当能够以书面形式传达给所有团队成员。如果某些成员不能遵守规程或逃避规程，项目经理就要突出强调人人必须严格遵守的重要意义。当然，如果某些规程对项目工作不再有效，项目经理要接受有关废止或理顺规程的建议。

4．缺乏工作投入

团队成员可能看起来对项目目标或项目工作不太投入。要解决这一难题，项目经理需要向每个成员说明他的角色对项目的重要意义，以及他能为项目成功做出怎样的贡献。项目经理也要知道团队成员的个人及职业兴趣，并设法使项目任务能有助于满足这些兴趣。他应该懂得对每个成员的激励因素，并创造出一个充满激励的工作环境。项目经理需要对每个成员的工作成绩进行表扬、奖励，对他们的工作给予支持和鼓励。

5．缺乏沟通

沟通不足就是团队成员对项目工作中发生的事情知之甚少，或成员之间不能有效地交流信息。项目经理的一项重要工作就是按公布的计划日程定期举行项目工作情况评审会议，要求所有项目团队成员对他们的工作情况进行简要总结，鼓励积极参与并提出问题。所有项目文件，如计划、预算、进度计划及报告材料，要不断更新，并及时分发给全体团队成员。项目经理要鼓励团队成员在必要时组织起来交流信息，进行合作并解决问题，而不是等待正式项目会议。同时，把项目团队的所有成员置于同一个办公区域内工作，也可以加强成员间的沟通。

6．领导不力

项目经理一定要不时地向项目团队问一些诸如"我做得怎样"，或"我应该怎样改进我的领导工作"等问题，积极征求团队对他工作的反馈，以免使团队认为他的领导工作没有做好。然而，他首先一定要创造一个良好的项目工作环境，使人们能自由地做出反馈而不必担心遭到报复。项目经理要在早期项目会议上声明，要求团队成员经常对他的工作情况做出反馈，并欢迎人们提出建议，提高他的领导能力。例如，一位经理明确表示，他非常希望提高领导能力，以便能为项目成功做出更大贡献。当然，如果建议合适，项目经理一定要认真加以实行，不论是否意味着需要进行额外的培训、改变他的行为举止或者是修改项目规程。

7．项目团队成员的流动

如果团队组成经常变化，新人员不断被分配到项目中，同时原有的人员离去，这种过于频繁的人员流动就不利于团队凝结起来。一个任务期长、成员人数较少的团队，比任务期短而人数较多的团队更有效率。项目经理要尽量为项目团队选择有多方面才能的人员，以便能胜任项目多方面的需求，从而能长期为项目工作。尽管项目经理应该尽量避免在项目中使用大量技能单一的人员，但在有些情况下，把一个特殊的专门人才分派到项目中从事某一项任务或短期的工作，也可能是最适宜的。

8．不良行为

有时，某些成员会做出一些不利于团队有效发展的行为，例如，怀有敌对情绪、素质低下或诽谤贬低别人等。项目经理就要与这类人谈话，指出他的不良行为，并向他解释和说明这种行为对项目团队的不利影响。如果合适的话，对这个成员进行指导、培训或咨询工作。但无论如何，项目经理一定要使成员明白，如果不良行为继续下去，那就只好让他离开项目团队。当然，如果必要，项目经理要做好准备，坚决奉陪到底。

练习题

21．项目经理应该经常详细说明项目_____，要经常了解成员对必须完成的工作任务存在哪些_____。

22．项目经理要与项目团队的每位成员单独会谈，告诉他被选中参加项目的_____，说明对他的_____及_____。

23．在项目开始时，项目经理应制定基本工作_____，如果某些规程对项目工作不再_____，项目经理要接受有关_____或_____规程的建议。

24．项目经理应该懂得对每个成员的_____，并营造出一个充满激励的_____。

25．项目经理的一项重要工作就是按公布的计划日程定期举行项目_____会议，鼓励_____并提出问题。

26．项目经理应该经常寻求别人的建议以提高其_____能力。

27．一个任务期_____，成员人数_____的团队，可能比任务期_____而人数_____的团队更有效率。

28．影响项目团队有效性的障碍有哪些？

11.4.3　做一个有效的团队成员

做一个有效的团队成员，对每个成员来说，都是一种充实而令人满意的成长经历。然而，成长是不会自发产生的，需要有责任感，认真工作，思想开放，并要有进一步自我发展的愿望。尽管项目经理是项目成功的最终负责人，但项目团队的每位成员都要分担这个责任。项目团队的每个成员作为团队的一员，共同享受成就及其所带来的一切挑战。他们都要协助营造并培育一个积极有效的项目环境。

有效的团队成员会做好计划、控制并对他们各自的工作承担责任。他们对自己有高度的期望，会争取在预算范围内提前完成工作任务。他们能很好地利用时间，促使和推动事情发生，而不是听之任之。有效的团队成员不会简单地埋头工作，直到别人说停才停下来。相反，他们能够自我指导，出色地完成任务。他们乐于做好工作，而不是做一些糟糕的工作或半途而废，期望其他成员来完成、整理或重做。每位团队成员都相信其他成员能够按时优质地完成各自的任务而不影响其他成员的工作。

有效的团队成员会积极参与并能有效沟通。他们不会坐等被人询问，而是在会议中积极参与，表达自己的见解。他们主动与其他团队成员及项目经理进行明确、及时而毫不含糊的沟通。他们相互提出建设性的反馈，特别是他们觉得有责任及早发现问题或潜在问题，而不会因问题的产生而指责其他成员、客户或项目经理。

有效的团队成员不仅是问题的发现者，更是问题的解决者。发现问题后，他们会提出各种解决方案，愿意与其他团队成员合作来解决问题，即使这已超出他们的职责范围。有效的团队成员不会说"那不是我的问题"或"那不是我的工作"，相反，他们希望进行合作，帮助团队实现项目目标。他们有一个整体的观念，就连用词上都会偏向于使用"我们"而非"我"。

有效的团队成员会尽力营造一个没有争议、积极而又富有建设性的项目环境。他们能觉察到项目团队组成的差别，尊重团队的所有成员，也尊重其他人的观点，他们不会让骄傲、自满或固执的情绪影响到合作、互助与容忍。有效的团队成员把项目成功看得比个人利益更重要。

如前所述，团队中没有自我的概念，也就没有个人的胜败，如果项目成功了，每个人都是赢家。

✏️ **练习题**

29. 有效的团队成员可以计划、控制并_____他们各自的工作。他们对自己有高度的_____。

30. 有效的团队成员_____并能_____，他们不仅是问题的发现者，更是_____。

31. 想出一个你曾经参加过的项目，这个项目团队成员的哪些特点使他们成为一个有效的工作者？

11.4.4　团队建设

著名的垒球队经理凯西·施腾格尔曾经说过："获得球员很容易，但让他们一道打球就很困难了。"团队协作，就是一组成员合作，为实现一个共同目标所付出的努力。团队建设——把一组人员组织起来实现项目目标——是一个持续不断的过程，它是项目经理和项目团队的共同职责。团队建设有助于创造一种开放和信任的气氛，成员有统一感，强烈希望为实现项目目标做出贡献。在第 10 章中，我们曾讨论过项目经理为培养和促进团队建设所做的工作。这里，我们将学习项目团队为促进团队建设工作所能做的一些事情。

使团队成员社会化会促进团队建设，团队成员之间相互了解越深，团队建设得越出色。项目经理要确保个体成员能经常相互交流沟通，并为促进团队成员间的社会化创造条件。团队成员也要努力创造出这样的条件。

项目团队可以要求团队成员在项目进程期间都安排在同一个办公环境下进行工作。当团队成员被安排到一起时，他们就会有许多机会走到彼此的办公室或工作区进行交谈。同样，他们也会在如走廊这样的公共场所更经常地碰面，从而有机会停下来交谈一下。谈论未必总是和工作相关的，团队成员很有必要在不引起反感的情况下，了解彼此的个人情况，在项目过程中会发展起许多个人的友谊。安排整个团队在一起工作，就不会出现因为团队一部分成员在大楼或工厂的不同地方工作而产生"我们对他们"的思想。这种情形导致项目团队变成了一些小组，而非一个实际的团队。现实中地理上相隔太远的团队是不可能做到在同一个办公环境下工作的。现实中团队之间使用有效的电子联络工具和议定书能使团队建设更便利一些。关于合作沟通工具，请参考第 12 章的内容。

项目团队可以举办社交活动来庆祝项目工作中的事件，例如，取得重要的阶段性成果，与客户的设计评审会成功结束了，或者获得了客户对项目主要内容的认可。也可以是单纯为放松压力而定期举办的活动。团队为促进社会化和团队建设，可以组织各种活动。例如，下班后的比萨聚会、共进午餐、会议室的便餐、周末家庭野餐、观看一场体育活动或剧院演出等，一定要让团队中每个成员都参加这类活动。也许有些成员无法参加，但一定要确保每个人都收到邀请，并鼓励他们参加。团队成员要利用这个机会，尽量与更多的其他团队成员（包括参加活动的家庭成员）相互结识，增进了解。一个基本规律是，努力与不太熟悉的人坐在一起聊天，提出一些问题，听他谈论，寻找共同兴趣。要尽量避免让人们形成几个人组成的小团体，在每次活动中老是聚集在一起。参加社会化活动，不仅有助于培养起同志式的情感，也能使团队成员在项目工作中更容易进行开放、坦诚的交流沟通。

除了组织社交活动外，团队还可以定期召开团队会议。相对项目会议而言，团队会议的目的是公开讨论下列问题：作为一个团队，我们工作得怎么样？有哪些因素妨碍团队工作（例如，工作规程、资源利用的先后次序或沟通）？我们如何克服这些障碍？我们怎样改进团队工作？如果项目经理参加团队会议，对他应一视同仁。团队成员不应向经理寻求答案，经理也不能利用职权，无视团队的共识。因为这是团队会议，而不是项目会议，只讨论与团队相关的问题，而这与项目无关。

团队成员要利用各种方法加强团队建设，例如，在项目进程中当有新成员加入到团队时，该项目团队更需要努力让他们感受到他们是受欢迎的，并使他们融入集体之中。他们不应当指望由项目经理独自承担团队建设的责任。

✎ 练习题

32. 团队建设是_____和_____的共同职责。

33. 使团队成员_____会促进_____，个体成员需要经常相互_____。

11.4.5　尊重团队的差异性

全球化、人口增长、对特定技能人员的需求使项目团队的构成，或者说差异性，在悄然发生变化。差异性，即人们之间的不同之处。差异性要求团队成员彼此能认可、理解、尊重彼此的差异，并在团队成员之间构造一种为了达成像项目目标这样的共同目的而能够相互认可、尊重甚至激发这种差异性的环境。然而，人与人之间的差异确实可能对团队的绩效造成障碍。存在差异性的双方之间更容易出现沟通不力和误解。如果项目团队成员没能将彼此的差异视为正面的力量，那很有可能导致士气的低迷、信任的流失、产能下降，人们之间高度紧张的关系或彼此的猜忌怀疑会严重阻碍团队的整体绩效。应该让团队成员感受到自己受到珍视，并由此产生一种归属感。团队之中的差异性能够为项目带来独特的见解和视野。每一个成员的体验、技能和价值观对于团队来说都是独一无二的。这种差异性能够将解决问题和做出决定的过程变得更富创造性、更快，并具有更高的质量。

或许项目团队的差异性比你想得更普遍，下面就是一些差异性的评价维度。

1．年龄段

在很多团队中各年龄段的人都有，年轻的、年长的、青壮年。有时一个团队中会涉及三四代人。不同的成长经历塑造了每一代人不同的价值观和思维角度，因而引起他们关注的因素也各不相同。年长的成员可能会更看重稳妥并具有极强的工作伦理道德意识。这些人往往乐于遵守规章制度，更喜欢面对面的交谈。而对于年轻的成员，他们更看重工作与生活之间的平衡，时而不拘小节，他们对严密监视深恶痛绝，更喜欢用电子联络方式与人沟通。

2．外貌

我们往往轻易就能说出团队成员的诸多不同，如体重、身高、面部特征、发型、衣着、饰物、穿孔（耳洞，鼻环等）或文身等。而当某些团队成员根据这些外在特征来推断其他成员的竞争力或绩效时，团队效率就会受到影响。

3．文化差异

受国际化的驱动，项目团队成员可能来自世界各地，项目也可能被拆分给各大洲的分包单位。此外，移民子女也在逐步接受更高等的教育，获得技术型职位。因此，许多项目不可避免地由来自全球各地、各种族背景的成员组成。团队成员之间不仅语言的熟练度不同，更可能生活习俗和准则都不同。在一方看来毫无敌意的言行，在另一种文化下审视就会被认为是冒犯性的。团队成员的不同还体现在时间观念（是否准时）、交流方式（如何打招呼，是否有眼神交流，手势的不同，以及私人空间的大小）、对什么是合适的礼仪的理解（正式程度，上下层级之间的礼仪）。当然也涉及对妇女及长者担当职位的不同观点。当他人挣扎于语言或发音问题时，团队成员应当表现得有耐心一些。

4．性别

随着越来越多的女性投入到生产力大军中，尤其是一部分还进入诸如信息或科技领域这类需要高技能的职位上，可以说项目团队中女性所占比例越来越高。在社会化进程中男女分工的不同导致了如今男性女性在行为和交流方面的差异，而不同的交流方式很有可能引发误解。

5．健康状况

不同的团队对其成员的健康状况重视程度不同。这里的健康问题包括身体的、精神层面的及行为方面的紊乱。有些差别是显而易见的，比如（表皮）修复或拄拐，然而有些则不太容易被观察到，如心脏病或过度焦虑。团队成员应接受彼此在健康问题上重视程度的不同，并且避免因他人身体健康的局限而给他"贴标签"，或在评价他们的能力和贡献时打折扣。

6．工作地位

很多项目团队中，成员的经验、技能和资质头衔各异。团队成员不应根据他人的头衔或职位妄加揣度其潜在的贡献。如果因为主观上觉得对方职位低，或不具权威性，而在会议中将一些团队成员排除在外，那就很有可能错过了很多富有创意的新点子。

7．婚姻状况和家庭状况

团队成员中婚姻家庭状况往往更有差异。他们有的可能很晚才结婚，或刚刚离异；可能结过很多次婚，或孤寡；可能重新组建起家庭，或夫妻二人都要外出工作；可能单身抚养孩子，抑或没有孩子。团队成员不应根据他人的婚姻家庭状况妄加揣度其能力。例如，假想一个单身人士能投入更多时间来进行富于挑战性的工作。团队成员应当接纳包容其他成员的特殊要求，如要求准时结束会议，以便在特定时间之前去幼儿园接孩子。

8．种族

随着全球化的进程，各国间的移民，以及接受高等教育并获得技术型职位的少数民族成员数量得以增加。传统意义上认为不具代表性的种族的人越来越多地出现在项目团队中。团队成员对待来自不同种族的成员时应避免成见。在项目团队讨论中和项目进程中，来自不同种族的人们能够提出不同的、更多元化的观点。

9．宗教信仰

全球化不仅使项目团队中出现不同民族和种族的成员，而且也带来了不同宗教信仰的成员。全球范围有许多宗教门类，如佛教、基督教、印度教、伊斯兰教、犹太教等。每种宗教都有独特的习俗，如每日做祷告、圣日的沿袭、饮食上的忌讳等。可能有些人是宗教及这些习俗的忠诚捍卫者（忠实信徒）。项目团队成员应尊重并包容彼此的宗教习俗，以便如期完成项目。

10．其他方面

项目团队成员间其他方面的差异包括性取向、政治倾向、个人习惯（如是否抽烟）、个人兴趣爱好（如爱好打猎或旅行）等。正如前文中提到的那些不同一样，哪怕可能并不赞同这些习惯或行为，但是为了在项目团队中创造信任和支持的氛围，从而使整个团队成功完成项目，这些方面的不同也应受到尊重。

成见（戴着有色眼镜）就是人为地将人们分成不同的团体，并据此判断他们的特征。而事实上这些特征并不都适用于团队中的所有人。项目团队成员不应根据彼此的不同而随意假设或带有成见看待其他成员的表现和行为。不要根据性别、年龄或种族等将团队成员的表现归因于他们的不同特征。例如："那项活动相当枯燥，而且要关注很多细节，Kim 应该很合适，因为亚洲女性都挺擅长这类任务。"相同的道理，当事情出了差错，要责备团队成员时，也不要与他们生理上的缺陷或语言不精等方面的差异相挂钩。例如："他没能按时完成任务是因为他的心脏问题，使他不能与其他成员保持步调一致。"或者："她的观点没表达清楚，害我们把一切重头再做一次，都怪她语言不精。"

团队成员不要因为差异性而将某些成员排除在外，或降低对他们的期望值。如分配给他们一些低难度的工作，或者认为女性团队成员会由于对家庭的责任而无法担负额外的工作。彼此的不同并不代表劣势或优势。不要因不同而轻视成员的意见或贡献，例如，在征求意见时忽视年轻成员、文书人员或工匠的意见。

不要用针对他们的不同特质的方式来说明、标示或指代团队成员。例如，要避免使用"'他就是那个坐轮椅的'""那个老家伙""那个西班牙人"，或者"有文身的那姑娘"等。团队成员也应避免做一些有贬低性的或者麻木冷漠的评论，或加入那些贬损其他人人格的行为。例如，对一个人的名字拼写或发音开玩笑，而非向其本人请教应当如何正确发音。再比如，也不要对某人的穿着或配饰（如穆斯林男子用的头包巾或鼻环）品头论足，更或者，对他人的宗教习俗（如吃饭前念祷词）妄加评论。

对团队成员或某类特定人群开玩笑是不适当的。这种行为常常会加深成见，说出来的话、写下来的字（如电子邮件）、使用的称呼（如"那些人""他们"）、表达的方式（如用轻视的语调）、使用的肢体语言（如得意地笑、高扬眉毛、摇头），上述这些都会造成影射。哪怕不是有意而为，某个成员语言中使用的短语或习语也可能使另一成员感到疑惑或尴尬。尽管一些人可能认为这样的评论很有趣，但在另一些人看来这就有攻击性和伤害性了。另外，也可能是因为一个成员有熟人朋友或家庭成员属于那类不能开玩笑的人群（玩笑会首先伤害到的人群，如有身体残障的人群），因而团队成员觉得自己好像也受到了冒犯。

涉及差异性的不适宜的举止包括封闭的观念、成见（戴有色眼镜）、给他们"贴标签"（主观分类）、排斥他们、拿他们找乐、侮辱他们、骚扰他们、胁迫或歧视他们。作为被冒犯的成员，或者说是这类行径的受害人，他们可能当时并无回应，默不作声，但团队间的仇恨慢慢累积，很有可能威胁团队的凝聚力、士气和总体绩效。如果一个团队成员对他人的言行而感到受到了冒犯，他应当对冒犯者直接讲。还可以利用这个机会好好教育对方为什么这样的言行会冒犯他人。任何关于差异化的问题或冲突都应被立即说出来并解决掉，以免一段时间后问题越来越严重，直至"爆炸"。如果一个团队成员的欠妥行为涉及差异性的过多方面，或成员持续接受来自其他团队成员的这类行为，这时就应该和项目经理或组织管理层讨论一下，这类问题该如何处理，是以个体的名义？以涉及的那一类人的名义，还是以整个团队的名义？和团队差异性相关的问题如果不立刻直陈可能会对整个项目团队及工作环境造成严重影响，导致冲突的频繁发生、敌意氛围的蔓延、沟通上的牵强附会、恶劣的表现。同样也会引发某些团队成员焦虑和紧张程度的升级。个人或特定人群很可能因此提出正式诉讼，甚至可能惹上针对项目承约商或某些团队成员的官司。惩戒性的举措也可能因此降至项目团队成员身上，如从项目团队中剔除、雇用关系的终结。

项目组织怎样合作才能为差异性创造出一种支持性的、积极的氛围，并将这种氛围延续下去呢？下面列出了一些项目组织、项目经理及单个项目团队成员可以采取的举措。

项目组织可以做两件事：一是关于差异性白纸黑字制定明文政策，二是在工作场所内提供关于如何处理差异性的培训。

制定政策的目的是为了构建这样的一个工作环境：（1）所有团队成员都能得以进步发展；（2）彼此的不同之处能够得到尊重和珍视；（3）每个团队成员参与并贡献的权利得到尊重；（4）每个团队成员都会因其独一无二的贡献而得到尊重和珍视；（5）对那些违背尊重原则，或令人难以忍受的行为，采取零容忍的态度。

尊重差异性的障碍包括缺乏意识（洞察力）及理解。因此，应通过培训来增强意识，增进理解，并帮助减弱误解和冲突。在项目最开始的时候针对差异性举办培训来将组织的政策，以及角色分工告知每位成员是十分有益的方法。举行这样的培训其实就是在传达一种信息，即项目团队十分重视对差异性的尊重。培训可能的结果是团队成员面对差异性提问时更舒心（不别扭、不尴尬），并在工作场合中有更多的接触和互动。这里有一个项目进程中额外的非正式培训的例子：不同国籍的团队成员共进午餐，不仅可以分享本国特色食物，而且向大家介绍一些当地的习俗。

项目经理必须支持并培养出一个对尊重差异性没有障碍，并鼓励每个成员积极参与的、充满尊重和支持的工作环境。他必须确立并清晰地传达这种期望，并列举所期待的行为是什么样的。项目经理应在项目开始时的项目会议上，以及在项目过程中，时不时地提及尊重和珍视差异性的重要性，并在新成员加入团队时将这种期待当做对他们的新定位来传达。

团队成员也可以做一些事情来表达对尊重差异性和所有成员贡献的支持。团队成员可以做出一些个人的承诺来对其他成员的差异性表示理解和尊重，不对其他团队成员的价值或潜在贡献妄做假设，意识到并承认自己对某类人群存在的偏见。通过向那些与自己不同的人学习来展示自己的尊重，寻找"机会学习"的场合。通过参加培训、阅读会（读书活动）、社交活动、非正式的讨论等形式努力提高对差异性的众多维度的认知和理解。例如，花时间在一个更轻松的背景下了解其他团队成员在工作之余的样子。敞开心扉，展示专业化的行为，用文明的礼仪体谅他人。

项目团队的差异性就是承认、理解和尊重彼此的不同，并创造一个认可、尊重并激发这种差异，从而有益于达成共同目标的工作环境。它应该被项目团队看做能促进沟通合作、培养更好的关系、创造舒适的工作环境、推动团队绩效的一股力量。团队的差异性为项目带来了独特的见解和视角，每位成员都将经验、技巧和价值观贡献给团队。这种差异的存在使问题的解决和决策的制定更具创意，更快，并有更高的质量。团队成员根据彼此独特的差异相处。拥有像项目目标这样的共同目标，能够将多元化的人群团结起来。

下面是关于尊重团队差异性要记住的关键点：

● 不要因团队成员不同的特征而对他们的价值和贡献妄加评论和判断。

● 三思而后行。一旦话从口出，就没法收回了。而你极可能因此失去别的团队成员对你的尊重。

✏️ 练习题

34. 团队的差异性能为项目带来_____和_____。

35. 评价差异性的几个维度是什么？

36. 团队成员不应该根据_____而_____或_____其他成员的行为和_____。

37. 项目组织可以做的两件事是：关于差异性制定_____和在工作场合_____。

38. 尊重差异性的障碍在于：缺乏_____和缺乏_____。

39. 为什么说项目团队应该将尊重差异性看做一股力量？

11.5 道德行为

比尔在帕特的办公室停了下来说："嘿，帕特，我们今天下午出去打高尔夫球怎么样？老板不在身边。如果任何人问起，我们就说到新建的地点去检查某些东西。我们一直努力工作，这是我们应得的，所以我们不必占用私人时间去做这些。无论如何，我们比某些人工作效率高得多。我告诉老板我们手下的这些任务本来需要 10 天的，但由我们来做只需要 6 天即可完成，事实上我已经算过了，无论如何 6 天我们都能完成。因此，我们挣得了一些属于我们自己的时间。"

比尔的行为道德吗？帕特应该做什么？如果你是一个小公司的老板，发现你的一些员工这样做，你会怎样做？

当人们企图将不正确的行为合理化的时候，往往会告诉自己："这不会伤害到任何人。"为了证实他们的做法，有人还会试着找别人来一起做，或者周知他人。在这些人看来，要是除了他们自己之外还有别人也同意这种做法，那这么做一定行得通。

道德行为不仅在项目组织内部是必要的，而且在商业上与客户、供应商、分包商的关系经营上也是至关重要的。客户和供应商希望与他们做生意的承约商或项目组织是值得信任的，在项目经理或团队成员与客户交流的信息方面信任也尤为重要。封锁消息或弄虚作假都是不可接受的，特别是在涉及潜在安全后果时。当然，确实存在报告的灰色区域。例如，什么时候你会告诉客户存在一个潜在的问题——在发现问题时就立刻告诉呢，还是在你先尝试解决问题之后呢？或是在你刚刚做好解决问题的计划的时候呢？要是客户一眨眼之间就反应过度怎么办？在这种情况下一定要以一种及时的方式诚恳地进行交流，客观，同时避免不必要的惊慌和误导。

在任何项目的进程中，都有发生不道德行为或不宜举措的可能，比如：

- 在你获得合同之后，故意递交一份低竞标价格的建议，目的是向客户索取合同价与竞标价之间的高额差价。
- 从那些给你回扣或礼物的供应商那里购买原料，而不是使用公平公开的竞争价格。

- 不诚实地报告工作时数，从而向客户索要过多的费用。
- 增加或伪造出差费用报告。
- 抄袭他人作品并因此得到好评。
- 有意地使用边角料或不安全的资料或设计。
- 将项目的供应物或项目的设备为自己所用。
- 对项目团队施加压力来索要比实际工作或多或少的时数，目的是误导管理者或客户认为项目的费用在预算之内。
- 有意地批准不准确的测试结果。
- 贿赂检查者批准不可能通过检查的工作。

在项目过程中存在多种具有争议的不良行为情况的发生。例如，如果一个项目进度没跟上，那是因为承约商或项目团队在最初提供了不真实的时间评估吗？或是他单纯的乐观地认为项目可以在评估的进度内完成呢？它实际上指出是意图或是有意做某件事情——目的是有意误导吗？有意歪曲、欺骗或错误地掩饰就是完全不道德的表现。

一个项目组织要做什么来激励道德行为和减少不道德行为发生的机会呢？

当然项目经理必须设立标准和期望并列举道德行为。如果项目成员看到项目经理采取了某些从道德角度看经不起推敲的行为，他们会认为自己按照同样方式做事也没关系。项目经理必须致力于持续正确和公平地做事，并将这样的期望也传递给项目成员。

一个项目组织可以采取两种行动来帮助阻止任何错误的事情发生，即制定书面的道德行为政策和在工作地点提供道德行为训练。一个道德行为政策应该包括期望，报告错误行为的流程，发生不道德行为的后果。项目管理协会提出的《道德和专业行为规范》就是对项目从业人员的绝佳指导，这也为项目组织制定道德行为的有关政策提供了框架。

提供关于道德行为的培训使项目团队知晓组织的政策，混合案例学习和角色扮演有助于对政策的理解。经过道德培训的员工很少有错误的行为。这样的培训传达了这样的信息，即项目组织对道德行为是高度重视的。

项目经理应在项目最终的团队会议中提及道德行为的重要性，并在项目过程中不时重复强调这一重要性。再有，当项目团队来了一位新成员，项目经理应该开一次会议将道德行为的重要性和对其的期望作为会议的一部分来讨论。道德行为，如项目团队成员对不安全的设计提出质疑的行为，都应受到鼓励、认可，并得到感谢。误导行为或与集体利益相冲突的行为都应加以提防。必要时可使用一些惩戒手段，来告知和警示大家，如此这般的行为是不被接受的，也是不可容忍的。

项目团队成员需要被告知，如果他们对一个可能的道德行为或利益冲突的情况不确定或犹豫时，他们应该在私自行动之前将该事上报给项目经理。项目组织也应该建立不会危害检举人的流程，这样当有人认为其他人的任何行为不道德时都可以向上报告。例如，这样的过程包括个人可以匿名报告事件的程序，或者能向独立的部门报告或讨论这样的事情，如人力资源经理。如果一个错误的案件被报告了，例如，某人断言在项目团队中的一个人伪造了出差费用报告，在采取任何纪律性行动之前，组织必须完全调查这样的断言是事实还是道听途说。

道德行为是每个人的职责，而不仅仅是项目经理的职责。项目团队的每位成员必须对他的行为负责。个人的正直是工作道德规范的基石。想竭力逃脱处罚的个人将会使他的道德基石受到腐蚀。项目团队的其他成员需要将同辈间的压力（peer pressure）施加在这样的个人身上，通过传递他们不会赞同、赦免、接受或成为同党的信息来帮助这样的个人调整他的不良行为。

一定要记住，在项目上引导道德行为的关键准则是：不要做任何你不希望你的家人、朋友、邻居、同事在新闻中读到或在社交网络上看到的事情。

练习题

40. 客户和供应商希望与他们做生意的承约商或项目组织是_____。
41. 一个项目组织可以采取两种行动来阻止任何错误的事情发生，即_____。
42. _____是工作道德规范的基石。

11.6 项目工作中的冲突

项目工作中的冲突是必然存在的。人们也许认为冲突一无是处，应尽量避免。

但是，有不同的意见是正常的，因此也是可以接受的。试图压制冲突是一个错误的做法，因为冲突也有其有利的一面，它让人们有机会获得新的信息，另辟蹊径，制定更好的问题解决方案，加强团队建设，这也是学习的好机会。作为团队建设工作的一部分，项目经理和项目团队要明白，在项目工作过程中，冲突必然产生，并就应对之策形成一致意见。这类讨论要在项目开始时进行，而不是要到出现冲突或在已经产生不满情绪之后。

下面讨论项目工作中冲突的来源，以及处理这些冲突的方法。

11.6.1　冲突来源

在项目过程中，冲突来源于各种情形。它可能涉及项目团队成员、项目经理，甚至是客户。以下是项目工作中潜在冲突的 7 种来源。

1. 工作内容

关于如何完成工作、要做多少工作或工作以怎样的标准完成会存在不同的意见，从而导致冲突。如下面这些例子：

- 在一个开发订单跟踪系统的项目中，某位团队成员认为要应用条形码技术，而另一位成员却认为应使用键区数据输入站。这是一个关于工作技术方法的冲突。

- 一个小镇庆祝活动项目，一位团队成员认为只需给镇上每家邮寄一份庆祝活动的广告就行了，但另一位成员却认为要向所有居民邮寄并在报纸上刊登广告。这是关于工作量的冲突。

- 某个项目工作的一部分是建一座房子，承约商已经在这座房子的每间屋子里刷好了涂料。然而客户在检查后不满意，认为一层涂料不够，要求承约商再刷一层，但不承担附加费用。这是工作质量标准的冲突。

2. 资源分配

冲突可能会由于分配某个成员从事某项具体工作任务或因为某项具体任务分配的资源数量多少而产生。在开发订单跟踪系统的项目中，承担开发应用软件任务的成员可能想从事数据库工作，因为这能给他拓展知识和能力的机会。在小镇庆祝活动的项目中，负责油漆工作的团队成员可能会认为，应分配给他们更多的志愿工作者来帮助他们及时完成工作。

3．进度计划

冲突可能来源于对完成工作的次序及完成工作所需时间长短的不同意见。例如，在项目开始的计划阶段，一位团队成员预计完成工作任务需要 6 周时间，但项目经理可能回答："太长了，那样我们永远无法按时完成项目，你必须在 4 周内完成任务。"

4．成本

项目进程中，经常会由于工作所需成本的多少产生冲突。例如，假设一家市场调研公司为其客户进行一项全国范围的调查，并向客户提出了预计费用。但当项目进行了约 75%以后，又告诉客户这一项目的费用可能会比原先预计的多出20%，或者假设为使一项延迟的项目按计划完成，需要分配更多的人员，但这时费用已超出预算。谁来承担超支的费用？

5．先后次序

当某一人员被同时分配在几个不同项目中工作，或当不同人员需要同时使用某种有限资源时，可能会产生冲突。例如，假设某位成员被分配到公司的一个项目团队中兼职工作，理顺公司某些工作规则。但是，她的正常工作量突然增加，无法在项目任务上花费预期数量的时间，因而使这一工作进度受阻。她的项目任务和她的正常工作，哪项应优先？再假设某公司有台非常先进的电子计算机，能进行很复杂的科学数据分析，几个项目团队需要同时利用这台计算机，以保证他们各自的进度计划，不能使用这台计算机的团队将延迟进度。那么，哪个项目团队有优先使用权呢？

6．组织问题

有各种不同的组织问题会导致冲突，特别是在团队发展的震荡阶段。可能对项目经理关于建立文件记录工作及审批的某些规程存在不同意见。冲突也会由于项目中沟通的缺乏或意思含糊、缺少信息交流，以及没有及时做出决策等情况而产生。例如，一种情况如果项目经理坚持所有沟通都得通过他，就可能发生冲突。另一种情况也可能是没有足够多的项目工作情况评审会议。在某个会议中透露出的信息如果早几个星期知道，会对其他成员大有帮助。结果，某些团队成员也许得重新做这些工作。最后，由于项目经理的领导工作方式，他与某些或所有团队成员可能产生冲突。

7．个体差异

由于价值观、个人态度及性格上的差异，团队成员之间会产生冲突。在项目进度落后的情况下，如果某位项目成员晚上加班以使项目按计划进行，他就可能会对另一个成员总是按时下班回家与妻子一起吃晚饭感到不满。

项目进度中有些时候可能没有冲突，有些时候会有许多来源不同的冲突需要处理。冲突在项目工作中是不可避免的，但如果正确处理，也有其有利的一面。

11.6.2　冲突处理

冲突不能完全靠项目经理来处理解决，团队成员间的冲突应该由相关成员来处理。处理恰当，冲突也有其有利的一面。它能将问题暴露出来，使其及早得到重视；它能促进讨论，澄清成员们的观念；它能迫使成员寻求新的方法；它能培养人们的创造性，推动问题解决的进程。如果正确处理，冲突会促进团队建设。然而，如果处理不当，冲突会对项目团队产生不利的影响。它能破坏沟通，人们不再相互谈论、交流信息；它会使成员不大愿意倾听或尊重别人的观点；它可能破坏团队的团结，降低信任和开放度。项目经理和项目成员理应聚焦于这类冲突问题，而非抓住相关成员的性格特征不放。

布莱克、穆顿、基尔曼和托马斯这些研究人员给出了人们处理冲突的 5 种方法。

1．回避或撤退

回避或撤退的方法就是卷入冲突的人们从这一情况中撤出来，避免发生实际或潜在的争端。例如，如果某个人与另一个人意见不同，那么第二个人只需沉默就可以了。但这种方法也可能使得冲突积聚起来，并在以后逐步升级。

2．竞争或逼迫

竞争或逼迫的方法是把冲突当做一种非胜即败的局势，这种观念认为，在冲突中获胜要比保有人们之间的关系更有价值。在这种情况下，人们会使用权力来处理冲突。例如，项目经理与某位团队成员就应用何种技术方法设计一个系统而发生冲突。这时，项目经理只须说："就按我说的去做。"以等级当做挡箭牌，从而占得上风。但用这种方法处理冲突，会导致人们的怨恨心理，恶化工作气氛。

3. 调停或消除

调停或消除的方法就是尽力在冲突中求同存异，最小限度地聚焦在对差异的关注上，对可能伤害感情的话题不予讨论。这种方法认为，保有人们之间的相互关系要比解决问题更重要。尽管这一方法能缓和冲突形势，但它并没有将问题彻底解决。

4. 妥协

妥协的方法就是团队成员寻求一个调和折中的方案，着重于分散差异。项目团队寻求一种方案，使每个成员都能得到某种程度的满意。但是，这种方案并非是一个最好的方案。例如，项目团队成员对各项项目任务确定预计完成时间，一位成员说："我认为这项任务需要 15 天。"另一个却说："不可能，用不了这么长时间，也许五六天就行了。"于是，他们很快分散异议，同意 10 天完成，但这也许并非最好的预计。

5. 合作、正视和解决问题

通过这种方法，团队成员正视问题，求得一种双赢的结局。他们既正视问题的解决，也重视保有人们之间的关系。每个人都必须以一种建设性的态度对待冲突，并愿意拿出诚意与他人共同解决冲突问题，就每人对冲突的不同看法广泛交流信息，把异议都暴露出来，尽力得到最好、最全面的解决方案。基于新情况的交换，每个人都愿意放弃或重新界定他的观点、意见，以便形成一个最佳方案。要使这种方法有效，必须要有一个良好的项目环境。在这种环境下，人们彼此信任，关系纯粹，相互以诚相待，不必担心遭到报复。

异议可能升级为冲动的争论。人们在解决冲突时，绝不能过于情绪化或处于激动状态。要善于处理而不是压制情绪，应该花一些时间理解别人的观点和想法。在下一小节中将介绍合作解决问题的一条有效途径。

避免或缩小某些不必要的冲突的主要措施有：及早让项目团队参与制定计划，明确说明每个成员的角色和职责，开放、坦诚和及时地沟通，明确的操作流程，以及项目经理和项目团队对团队建设的真诚努力。

✎　**练习题**

43. 项目中常见的冲突来源有哪些？
44. 如果正确处理，冲突也有_____的一面。
45. 处理冲突的五个方法是什么？

11.7　解决问题

团队在完成项目的过程中，总会遇到一些问题。一般来说，项目过程中会产生各种各样的问题，只是问题的严重性不一样。例如，项目会比进度计划晚几个星期，严重影响到客户要求的完工日期；或者，项目可能陷入预算困难中——已经使用了 50%的资金，却只完成 40%的工作量。有些问题是技术性的：一个新型感光系统无法提供需要的数据资料或精确度，或者一件新型高速自动化设备总是出现故障，损坏昂贵的部件。项目团队能否有效解决问题会影响和决定项目的成败。因此，必须要有一种规范、创造性和有效的解决问题的方法。下面是解决问题的一个 9 步骤方法，并对"头脑风暴法"——这个在解决方法的几个步骤里非常有用的技术——进行讨论。

11.7.1　解决问题的 9 步骤方法

1．对问题做出说明

开始时应该对问题做出书面的描述说明，这很重要，它明确了问题的含义和内容。这种问题说明使得解决问题的团队成员能对他们要解决的问题的本质形成一致意见。对问题的说明越具体、越确切越好。因为这能帮助聚焦在问题解决进程中随后的步骤上。对问题的说明也要包括对问题程度的定量描述。因为说明里的这些数字、标准都可以作为将来评价、判断问题是否得以真正解决的依据。

- 糟糕的问题说明的例子是："我们落后于进度计划了。"良好的问题说明的例子是："我们已落后进度计划 2 周了，离客户的要求日期还有 4 周。如果我们不采取措施，就很可能延迟 2 周完成。如果那样，根据合同，客户有权降价 10%。"

- 另一个差劲的问题说明的例子是："感光系统无法工作。"好一些的说明是："感光系统在测量部件的圆弧形边时出现数据错误。"

2．找出问题的可能原因

一个已经或正在发生的问题会有许多原因，技术性的问题更是如此，如一个开发多用户计算机系统的项目，它的问题是不能把数据从中央计算机传送到各个用户工作站。原因可能是硬件或软件的问题，或者可能是由于中央计算机或一些工作站出了问题。找出问题可能原因的一个常用方法是头脑风暴法，这一方法稍后将进行讨论。

3．收集数据，确定最有可能的原因

在问题解决过程初期，团队常常忙于应付问题的症状，而顾不上研究问题的原因，特别是当问题要用症状来描述时。例如，一个人去看病，告诉医生说他头疼，医生知道有多个原因引起头疼，如紧张、肿瘤、饮食变化或环境问题。于是医生就向病人提问题，或对他做些检测，收集到有关一些最可能原因的资料，医生利用这些资料排除某些可能原因。一定要让团队超越症状，在进入下一步——得出可行方案之前，收集到足够的实际情况。否则，大量时间可能都花在为症状制定解决方案，而不是从根本上解决问题。收集资料，不管是通过询问的办法，还是会见成员、进行测试、阅读报告或分析数据资料，都要花费时间。但是，一定要完成这个工作，使团队能集中精力于解决问题中接下来的步骤。

4．得出可能方案

在解决问题的过程中，这一步骤非常有趣味和创造性，但这也是关键的一步。团队成员要认真仔细、不要轻率地接受最先提出的方案或者最明显的方案。如果这种最先提出的或最明显的方案行不通，他们在失望之余，还得从头再做。例如，某个项目的实际进度比计划晚了两个星期，最明显的方案可能是向客户申请，是否能同意项目延迟两周完成。然而，这一方案可能会适得其反。如果项目经理找到客户，询问能否同意项目延期完成，客户的反应可能会很强烈，威胁绝不再与该公司做生意，并打电话给项目经理的老板，抱怨项目延迟。下面要讨论的头脑风暴法在这一步骤里会非常有用，它可以帮助发现一些可能的方案。

5．评估可行方案

从第 4 步里得出各种可能方案后，有必要对它们进行评估。可能会有许多不错但却截然不同的方案。每个可行方案都要进行评估。这时的问题就变成"根据什么进行评估"。因此，一定要制定评估标准。在这一步骤里，负责解决问题的团队要首先对进行评估的可行方案建立起标准。有了评估标准之后，团队要用到类似于表 3-2 的评估计分卡。每项标准根据其重要性，有不同的权重。例如，实施方案费用这一项的权重可能会比预计实施所需时间这一项的权重大得多。如同第 3 步，为了能完善地评估可行方案，需要收集资料，这要花费些时间。例如，某个方案要用到一些零部件或原材料，了解这些零部件或原材料成本的情况会费些时间，特别是当你从其他经销商或供应商那里得到估计价格时。负责解决问题的团队里的每位成员根据评估计分表对每个可行方案进行评估。下一个步骤将用到这些计分卡。

6．决定最佳方案

团队成员在第 5 步里完成的解决问题的评估计分表，将用于决定最佳方案。团队成员将依据这些评估计分表进行讨论。计分卡并非决定最佳方案的唯一因素，只是在决策过程中要用到它们。在这里，一个拥有丰富的相关专业知识人才的团队才能显示出它的重要性。最佳方案决策的依据是解决问题的团队成员与评估计分表密切相关的知识和技术水平。

7．修订项目计划

有了最佳方案后，就必须为实施这一方案制定计划。要明确具体任务，包括成本费用和工时，每个任务所需的人员和资源也要明确。负责实施这一方案的项目团队成员要拓展这些计划信息，然后把这些情况与项目总体计划结合起来，以确定这个方案对项目其他部分的影响。特别需要注意的是，选中的这个方案是否会引起其他问题。例如，解决感光系统技术性问题的最佳方案可能是向经销商订购一个新部件，但如果经销商制造并运送这个部件要花两个月的时间，那么这一方案可能使得整个项目赶不上进度计划，无法按项目要求日期完工。如果在第 5 步里没有考虑到这个危险因素，解决问题团队将不得不重新审评方案，并决定是否还是最佳方案。

8．实施方案

制定出实施最佳方案的计划后，相应的团队成员就要行动起来，着手开展各自的工作。

9．判断问题是否得以解决

方案实施后，重要的是判断问题是否真正得到了解决。这时，团队需要用到第 1 步里对问题的说明，把实施方案的结果与问题说明里的情况进行比较。团队要问自己："这个方案是否达到了我们预期的目标？问题解决了吗？"问题可能部分得到解决，也可能根本没有解决。例如，为感光系统安装了新的部件后，系统的数据仍不正确。如果问题没有解决，解决问题项目要回到第 2 步和第 3 步中，找出问题的根源。

根据问题的大小和复杂程度，上述 9 步骤解决问题法可能需要几小时或几个月的时间。解决问题的团队要包括最了解问题的成员和所需要的专门技术人员。有时，必要的专门技术人员可能来自于团队以外，如能提供独到见解的顾问。

练习题

46．解决问题的 9 个步骤是什么？

11.7.2 头脑风暴法

头脑风暴法是在解决问题时常用的一种方法，具体来说就是团队的全体成员自发地提出主张和想法。团队成员在选择解决方案之前，一定要确信已经想出了尽可能多的方案和意见。利用头脑风暴法，可以想出许多创意，而且应用它时也很有趣。头脑风暴法能产生令人激动的、富有创造性的方案及更大的承诺。这个方法在 9 步骤解决问题法的第 2 步找出问题的可能原因和第 4 步得出可能方案里是十分有用的。

头脑风暴法更注重想出主意的数量，而不是质量。这样做的目的是要团队想出尽可能多的主意，包括新奇的或突破常规的。

团队成员围桌坐在一起，用电脑放幻灯片，由一个助理在记录卡或黑板上做记录。首先，由某个成员说出一个主意。例如，某个项目进度晚了两周，为此举行头脑风暴会议。第一个成员说："加班工作。"接着就轮到下一个成员，他的主意也许是："寻求一些临时的援助。"如此这般。这个过程不断进行，每人每次想出一个主意。如果轮到某位成员时他没想出主意，就说一声"过"。有些人会根据前面其他人的提法想出主意。这包括把几个主意合成一个或改进其他人的主意。随着主意不断增多，助理会把这些主意记录在记录卡或黑板上，并呈现给所有人。这一循环过程一直进行，直到想尽了一切主意或限定时间已到。

应用头脑风暴法时，要遵循两个主要的规则：不进行讨论，不做判断性评论。一个成员说出他的主意后，紧接着下一个成员说。人们只需要说出一个主意，不要讨论，也不要评判，更不要进行兜售似的介绍。其他参加人员不允许做出任何支持或判断的评论，也不要向提出主意的人进行提问。显然，像"那绝不会起作用""这是个愚蠢的做法"或"老板不会赞成这么做"等这类扼杀性的评论是不允许的。同时，也要明确参加人员不要使用身体语言，如皱眉、咳嗽、冷笑或叹气来表达评判意见。

头脑风暴法在使解决问题获得最佳可能方案时，是很有效的，也是很有意思的。

✎ 练习题

47. 头脑风暴法，更注重想出主意的_____，而不是_____。

11.8　管理时间

项目工作中的项目成员们常常要忙于分配任务、进行沟通、准备文件、出席会议及出差旅行。因此，一个业绩良好的团队非常有必要管理好时间。下面这些建议将帮助你有效管理好时间。

（1）每个周末，找出几个（2～5个）下周要完成的目标。把目标依次列出来，首先是最重要的（但不是最紧迫的）。考虑一下你有多少时间可用，查看下周的工作日程表，是否有会议或沟通交流活动。绝不能把你要做的事情都列出来，那样就过于繁杂。把这个表放在视线范围内，以便能经常看到。

（2）每天结束时，列出第二天要做的事情。这些列出的事情一定要有助于实现本周的目标。把事情按顺序列好，同样，首先是最重要的（但不一定是最简单或最紧迫的）。列出要做的事情表之前，看看这一天的工作日程表，有多少时间可以用来完成列出的这些事情。你可能会由于需要参加会议或会见而减少可利用的时间。你也应该在每天的工作日程表里准备一些自由时间，以便应付可能出现的偶然事件。如果没有足够的时间，就不要把你想完成的每件事情都列出来，那样做只能更令人沮丧。

只把你实际能完成的事情列出来。不要认为没完成的每件事都可以留到明天，你会发现留下来的事情要比完成的多。

要把这个表写下来，而不是记住。写下来就会投入去做。

（3）上班时的第一件事是看一下这个表，一整天都要看到这个表。把其他事情放在一边，开始做表上的第一件事。一定要专注和自我约束，这非常重要。不要把注意力转向不太重要或没有意义的事情上，如阅读邮件或文件。完成一件事情后把它从表上划去，这样会有一种成就感。然后接着做第二件事情。需要强调的是，不要为了完成表上的事情而选做一些不太重要的工作。

（4）控制干扰。不要让电话、电子邮件或随意的来访者打扰你工作。你可以每天留出一定的时间打电话、回电话或收发电子邮件，不要让它一整天打扰你工作。有时要关上门，告诉人们别打扰你。当你做表上的某件具体事情时，要清理好其他工作，不要有尽快完成以便开始其他工作的想法。

（5）学会说"不"。不要参加那些既浪费时间又对完成目标没有意义的活动。你可能不得不拒绝参加会议或旅行、为委员会工作或参与审评文件的邀请；你也许不得不缩短在走廊上聊天的时间。要会说"不"，否则，你会穷于应付，忙碌一生而一事无成。

（6）有效利用等待时间。例如，随时带一些阅读材料，以便在机场、交通堵塞或牙医办公室里等待时利用。

（7）尽量一次处理大部分文件工作。每天结束时，浏览收到的信件和电子邮件，以免分散你进行表上工作的精力。邮件里也许有些东西会使你在准备明天的做事表时增加一些内容。浏览时，采取一些行动：

- 如果是垃圾邮件，不必读，直接抛弃或删除。
- 读完后，该扔就扔，该删就删。只把那些你需要时从别的地方找不到的文件存储起来。

- 如果要求回答，就在文件上写上答复后返回给发出者，或者写一个简短的邮件回复。

- 如果文件需要花些时间阅读，那么就在将来的做事表上花些时间（如果它对你的每周目标有重要作用的话），或者把它放在手提包里，可以在你等待时读一读。［参见上述第（6）条］

（8）周末，如果你完成了全部目标，就奖赏自己，一定不要自欺欺人。奖赏自己是因为完成你的所有目标，而不是因为工作辛苦和繁忙而没有完成目标。在你的观念里，奖赏应是一个动力，是与完成目标直接相关的回报。如果没有完成每周目标，你就不应奖励自己。否则，奖赏就是毫无意义，也不能成为完成目标的动力。

✎ 练习题

48. 你可以做些什么来有效地管理时间？

现实世界中的项目管理

如何"好好打一架"

在 20 世纪 90 年代初期，雷曼兄弟公司是最有争议的公司之一，并以此闻名。员工之间从不交流思想。交易人和投资银行家竞相争抢生意。任何人的利益都比公司的利益更重要。公司的首席执行官迪克·福德说："雷曼兄弟公司是一个绝佳的例子，它的理念全是关于自身、关于个人的。员工提及的全是'我的工作，我的属下，我的报酬'。"

然而，截至 20 世纪 90 年代中叶，雷曼兄弟公司迅速转型为综合销售模式。员工以团队为单位工作，崇尚团结和协作，并因团队合作而受到奖励。在 2006 年，雷曼兄弟公司更是在福德的领导下一举成为华尔街最和谐融洽的公司之一。

雷曼兄弟公司一直保有"华尔街上最具团队合作精神和忠诚度的例子之一"的美名，却在 2008 年意外倒闭。为什么员工合作如此默契，公司仍难逃倒闭的厄运？为什么公司内部没有冲突的存在，却成为最大的祸根？

原来雷曼兄弟公司的董事会成员和管理团队都对迪克·福德过分效忠

了。没有人反驳他，哪怕他们知道他们应该这样做。在 2007 年和 2008 年，有些人意识到公司要陷入危机时也选择了沉默，因为他们害怕打破这份和平共处的氛围，也怕被贴上不忠诚的标签。

与项目经理保持意见统一并不总能引领团队走向成功。一个安宁和谐的环境也可能暗涌波涛，正如雷曼兄弟公司所经历的那样。自满是绩效不佳的最敏锐的预言者（自满极有可能预示着绩效不佳）。团队成员需要提出不同见解，并互相辩论，这就是所谓的"好好打上一架"。他们不需要站到组织构架失调的高度，只须将他们纳入决策制定的讨论中，激励他们相互辩论，不断创新。

若是选对了为什么而战，那么冲突会对项目团队十分有益。团队成员应为他们坚信的事情而战，哪怕他们本心上并不偏好与人发生冲突。持久的价值是由那些能显著地、可持续性地推动项目发展的事物创造的，而非指指点点或发些牢骚。项目经理需要通过评估绩效并讨论能达成哪些成果等方式，从长远的角度为团队出谋划策。最后，除了为获得报酬和利润所得之外，团队应具有一种更长远的意识。

项目经理对冲突的管理必须有明确规定。团队成员能以非正式的形式加入讨论，但一定要在正式的框架范围内行事。在团队会面中一次有组织性的讨论对推动谈话和讨论都十分有益。在敲定最终决策之后，项目经理要保证那些在"败诉方"的成员体会到自己同样作为团队的一部分推动了决策的制定，得到了个人的进步。要奖励那些勇于为团队提供创造性思维的成员，是他们促进了未来的良性冲突。

试想一下，若雷曼兄弟公司的员工也能因为发现并指出公司的危险信号或提出反对意见而得到回报，那么雷曼兄弟公司会如何发展？

当你和你的项目团队一同工作时，请记得，如果你能"好好打一架"，那么冲突也有其益处。

资料来源：S.Joni & D.Beyer, "How to Pick a Good Fight", Harvard Business Review, 87, No. 12(2009), 48-57.

关键的成功要素

- 项目获得成功需要一个有效的项目团队。尽管需要计划及项目经理的工作技能，但人员才是项目成功的关键。

- 仅把一组人员集合在一个项目中共同工作，并不能形成团队。要使这些成员发展成为一个有效协作的团队，既要项目经理付出努力，也需要项目团队中成员的付出。

- 项目过程中，在保证可行性的前提下，项目团队规模越小越好。

- 项目启动会议应该尽早召开，从而周知成员，安抚他们的紧张情绪，管理项目预期，并对团队起到激励的作用。

- 有效的项目团队的特点包括对项目目标的清晰理解，对每位成员角色和职责的明确期望，目标导向，高度的合作互助及高度信任。

- 项目团队的每位成员都要协助营造并培养一个积极有效的项目环境。

- 有效的团队成员对自己有高度期望。他们会做好计划、控制并相信他们各自的工作。

- 有效的团队成员拥有开放、坦诚而又及时的沟通。他们愿意交流信息、想法和感情。他们彼此间做出建设性的反馈。

- 有效的团队成员不仅限于完成分派给自己的任务，他们也是彼此之间的力量源泉。

- 成员之间的差异性为项目带来独一无二的想法和思维角度。

- 每一个团队成员都要认同、理解、珍视并尊重不同团队成员间的差异性。

- 差异性是增强沟通、培育更紧密的关系、创造舒适的工作环境及促进团队绩效的动力。

- 在与客户、供应商和子承包商的业务合作关系中，道德问题尤为重要。

- 作为团队建设工作的一部分，项目经理和项目团队要明白，在项目工作过程中，冲突必然发生，并就应对之策形成一致意见。

- 有效的项目团队解决冲突的方法是通过建设性的、及时的反馈和积极地正视问题。冲突是无法压制的，相反，要以积极的态度对待它，把它当做成长和学习的机会。

- 处理恰当,冲突也有其有利的一面。它能将问题暴露出来,使其及早得到重视。它能引发讨论,澄清成员们的观念。它能培养人们的创造性,更好地解决问题。
- 冲突不能完全靠项目经理来处理解决,团队成员之间的冲突应该由相关成员来处理。
- 每个人都必须以积极的态度对待冲突,并愿意就面临的冲突广泛交换情况。
- 为有效地管理时间,团队成员要明确每周目标,每天制定一个做事表。

⊸ 小结

　　团队是一组个体为实现共同目标而相互依赖,一起工作,团队工作就是项目团队成员为实现这个共同目标而付出的共同努力。项目团队的工作是否有成效直接关系到项目的成败。

　　当一个项目正式启动,项目经理要做的第一件事就是获得和组建项目团队。项目团队成员任务的分配,不仅要考虑他们的专业和经验,还要考虑他们的可得性。在项目进程中,项目团队应该在可行的范围内,尽可能地缩小规模。

　　项目团队要经过不同的发展阶段。形成阶段是团队发展过程的第 1 个阶段,是人们从个体向团队成员的转变过程,在这一阶段,团队成员开始相互结识;在震荡阶段,会出现冲突,气氛紧张,这一阶段的动力和士气很低,成员甚至可能抵制形成团队;但是,经历过震荡阶段后,团队就进入发展过程的正规阶段,团队成员之间、团队与项目经理之间的关系就确定下来了,大部分个人之间的冲突已得到解决;团队发展成长的第 4 个,也就是最后一个阶段是表现阶段。在这一阶段,团队积极工作,渴望实现项目目标,成员有整体感。

　　在项目团队形成阶段,项目经理应该尽早地安排一次项目启动会议,将必要信息周知各位项目团队成员,减轻他们的焦虑感,对项目发展方向和期待做规划,并激励团队成员。同时,这次会议也为项目团队成员彼此认识提供了机会。项目经理应该为项目提出整体性的展望,并就各成员的角色、责任、项目进程和规章,以及对每个成员的期待加以讨论。

　　有效的项目团队通常有以下特点:明确理解项目目标,明确对每个人的角色和职责的期望，目标导向，高度的合作互助，高度信任。影响团队效率的障碍有：目标不明确，对角色和职责界定不清楚，项目组织结构不健全，缺乏工作投入，缺乏沟通，领导不力，项目团队成员的流动及不良行为。

为一个项目努力的成员所共有的特质就是他们视达成某事所需的挑战为一种享受，并能自觉成为团队中的一分子而共同努力。每一位项目团队的成员都应该帮助创造一种积极有效的项目工作环境。相对于个人的所得，有效的项目团队成员将项目的成功看得更重要。

团队合作，就是团队成员共同努力来达成一项共同目标。团队建设——组建一个个人的集合体来实现项目目标——是一个持续进行的过程，它是项目经理和项目团队的共同职责。团队成员之间的社会化有助于团队建设。为促进成员们的社会化，团队成员可以要求在项目工作期间把他们安排在一个办公区里。项目团队可以通过参加各种社交活动来促进社会化。

差异性，是关于承认、理解并珍视彼此的不同，创造出一种能够认可、尊重并激励团队成员差异性的环境，从而能更好地实现项目目标这样的共同目标。项目团队中的差异性为项目提供了独一无二的新思路和新视野。每个成员都将他们独特的经验、技术和价值带入了这个团队当中。这样的差异性可以将决策的制定过程和问题的解决过程变得更有创造性、更快捷、更高效。对差异性描述的维度包括年龄、外貌、文化差异、性别、健康状况、工作地位、婚姻状况和家庭状况、种族、宗教信仰等。项目成员应摒弃成见，不因差异性而对其工作能力和绩效妄加揣测，同时也不应对其肆意评价，"贴标签"，用其差异性来指代他们。阻碍项目团队成员珍视彼此差异性的原因包括缺乏自我意识和缺乏理解。项目组织可以通过下述两项措施来为差异性创造积极和支持性的氛围：一是为保护差异性制定明文规定，二是在工作场所提供关于认识差异性的培训。项目团队成员可就理解和尊重其他团队成员的差异性做出个人承诺。差异性在团队中应被视为一种可增加团队沟通、促进更好的成员间关系、创建舒适的工作场所、激发团队优良绩效的优势，并加以珍视。

道德行为在项目团队中也是十分重要的，无论是在项目团队与客户、供应商，还是分包商的合作关系中都占有重要的一席之地。客户和供应商希望与他们做生意的承约商或项目组织是值得信任的。在项目经理或团队成员与客户交流信息方面信任也尤为重要。有意的歪曲、欺骗或隐瞒都是完全不道德的。项目组织为防止这类不端行为的发生可采取下述两种措施：一是就道德行为制定明文规定，二是在工作场所就道德行为提供培训。关于道德行为的明文规定应包含关于团队成员行为准则的预期，检举他人不端行为的程序，以及涉及不道德行为的后果界定等。误导或与集体利益相冲突的行为必须予以指出，并施以适当的惩戒措施，以示对此类行为的无法接受和零容忍。每位项目团队成员必须为自己的行为负责。个人的正直是工作道德规范的基石。

项目工作中产生冲突是不可避免的。在项目期间，冲突可能来自各种情况。它可能涉及项目团队成员、项目经理，甚至是客户。项目中对如何进行工作、应该完成多少工作、工作以什么样的质量标准完成、由谁来完成某项工作、工作需要多长时间、多少费用等这些问题的不同意见，都是潜在冲突的来源。冲突也会由于人们的偏见及价值观和态度的分歧而产生。

冲突不能仅靠项目经理来处理和解决，团队成员间的冲突要由相关成员来处理。只要正确处理，冲突也有其有利的一面，它使问题显露出来并得到解决。

团队在完成项目的过程中必然会遇到一些问题和难题，9步骤解决问题法是个非常有效的方法。它包括说明问题、找出问题的可能原因、收集资料并明确最可能原因、明确可能方案、评估可行方案、决定最佳方案、修订项目计划、实施方案、判断问题是否得以解决。在解决问题的过程中经常用到头脑风暴法，它是让团队全体成员自发想出主意。这种方法更注重主意的数量，而不是质量。

一个绩效良好的项目团队很有必要管理好时间。为有效管理时间，团队成员要明确每周的目标，每天制定一个做事表，集中精力完成当天的做事表。要控制干扰，谢绝参加那些对实现目标没有意义的活动。团队成员也要有效利用等待的时间，一次性处理好文件工作，并要为实现目标奖励自己。

思考题

1．讨论团队发展的各个阶段，说明每个阶段的程序、存在的问题和工作效率水平。

2．项目启动会议有什么好处？根据你的项目经验，阐述项目启动会议能够如何加以改进。

3．有效的团队有哪些特点？这些特点同样适用于一个有效的家庭、交响乐团或职业球队吗？试说明理由。

4．影响团队有效性的一般障碍有哪些？想出你曾工作过的一个项目团队，讨论影响其成功的障碍。

5．为什么说团队里不能有"我"的概念？你同意这种说法吗？为什么？

6．说出能促进团队建设的三种活动。这些活动是否一定要由项目经理发起和组织？

7．说出一些团队的差异性，列出为了达成项目目标应对差异性的方法。

8．项目经理在处理问题中应扮演什么样的角色？为提高道德水准应如何做？描述你遇到的道德决策问题，以及这样决策的结果。

9．讨论项目过程中产生的冲突种类，说出你曾经历过的这些冲突的两种情形。

10．描述项目中处理冲突的方法。在问题 8 所描述的两种情形下，冲突是如何解决的？

11．当地一家银行安装了一套新的信息系统，经理发现某些客户的交易不能顺利进行。经理知道这个问题会导致严重的金融难题，使得客户极不满意。试说明他应如何运用 9 步骤解决问题法来解决这个问题。

12．和朋友一起进行应用头脑风暴法的练习，如用三个字母拼出尽可能多的表示身体部位的词。

13．人们怎样才能有效管理时间？你通常应用这些建议中的哪些？设法在下星期把你的时间管理得更好些，严格按本书的建议执行。周末，写一份经验总结。

➤ WWW 练习

你可以在本书的合作网站 www.cengagebraun.com 中的 Internet Exercises 中找到下述练习中提到的组织的网址。诚挚建议您将这些网址存到收藏夹中以便后续之需。

1．搜索关于有效的项目团队的站点。总结你所收集到的资料并与本章所讲内容进行比较。

2．搜索关于冲突及解决冲突的策略的站点。总结你所收集到的资料并与本章所讲内容进行比较。

3．搜索关于时间管理的站点。至少打印出一个文件并说说你认为的 5 个最重要的有效管理时间的策略。

4．搜索包含项目团队建设案例的站点。在这个案例中，项目经理是否成功地建设了他的项目团队？你是如何得出这样的评价的？并至少描述一条你认为该项目经理或该项目团队在项目过程中可能遇到的道德困境。

5．访问项目管理协会官方网站的首页。找到"项目管理中的伦理"（Ethics in Project Management）部分。探索相关项目过程中道德问题的资料。打印并总结项目管理协会制定的《道德和专业行为规范》（PMI Code of Ethics and Professional Conduct）。

案例研究 11-1　团队问题

在会议上，正当科林（Colin）和柔夫（Raouf）像往常一样窃窃私语时，亨利（Henri）突然愤怒地盯着科林。"我干了 20 年了，还是第一次看见这么愚蠢的硬件设计。也许大一新生都比你做得好！"亨利说道，嗓门越来越大，"难怪我们比计划落后了一个多月。现在我们不得不花更多的时间与资金来重新设计。科林，如果你还清醒的话，你应该寻求一下别人的帮助了。杰克（Jack）周五回来时我会把情况如实汇报给他的。好了，会议结束。我们应该把时间花在工作上，而不是在开会时闲聊。"听了亨利的话，项目团队的每一个成员都有些发蒙，但这已经不是第一次了。他们都为科林感到难过，其他人以前也有过相似的经历。

亨利是硬件系统组的组长，而科林是该组的一名硬件系统设计员。项目经理杰克离开几天去参加与客户的会议，他让亨利在他缺席时负责召开每周的项目会议。

会后，科林走进了柔夫的办公室。柔夫是一名应用软件设计员。在过去的几年里科林和柔夫建立起了深厚的友谊。他们毕业于同一所大学，仅差两届。他们和软件系统组组长法蒂玛（Fatima）一样，同为项目团队的年轻人。"现在我唯一想做的就是收拾那个笨蛋。"科林对柔夫说。

"别着急，科林。你是对的，他是个笨蛋。大家都知道他并不清楚自己在做些什么。我们都在受他的数落，"柔夫说，"但是他在杰克面前从不这样做，只有杰克不在时他才会这样。"

"好吧，等周五杰克回来我第一个去找他，我要把亨利的事告诉他。没人爱听亨利胡说八道。"科林说。

"也许你应该先和亨利谈一谈。"柔夫建议。

"门都没有！"科林笑道。

"你认为杰克会怎么处理这件事？"柔夫问。

"我认为当然是解雇亨利。"科林回答说。

"我觉得不会，"柔夫说，"杰克通常是让他歇一阵，让他为自己的所作所为感到抱歉。"

"也许杰克应当关心所有的好员工，而把那些不称职的都开除掉！"科林回答说。

周五早晨，杰克回到了办公室，他刚脱下外衣，科林就进来了。"杰克，你曾在一次项目会议上说过，我们有一个开放的沟通环境，所以我到你这儿来谈一下亨利的问题。"科林说。杰克开始打开他的公文包，一周的缺席使他有太多的事情要做。他看到科林很激动，于是说："是这样，科林，不过我只有 10 分钟的时间，我还要去合同科修正一下合同。"

科林不假思索地说道："不会耽误你很长时间的。我只是想说在你外出时，亨利当着整个项目团队指责我是一名愚蠢的设计员。他还说是我导致整个项目落后一个月，他总是这样做。你就不能让他改一改吗？没有人喜欢他。难道你不能开除他或者把他调到别的项目中去吗？"

杰克这才回过神来，他回答说："科林，你看起来真的很激动。让我们下周一再谈吧，那时我会有更多时间，你也可以利用周末的时间来冷静一下。"

"没有什么好说的，我要说的都说完了。如果你不相信我，你可以问一问其他人。"科林一边回答一边走出杰克的办公室。

杰克让他的助理罗斯玛丽（Rosemary）安排一个与亨利的会议，罗斯玛丽在办公室外听到了刚才的对话。在会议上，杰克向亨利转述了科林的话。杰克知道亨利承受着巨大的压力，因为他的儿子刚刚由于贩毒而被拘捕。亨利对杰克说："看来科林误解了我的意思。在那次会议上，我告诉科林说他的设计有些不足，并且建议他多找几个人再研究一下。你了解这些年轻人，他们应该为自己的所作所为负责。"

"项目落后了又是怎么回事？我才听到这个消息。"杰克说。

亨利回答说："我并没有说那是科林的错。老实说，法蒂玛和她那组中的年轻人并不是很勤奋。我的意思是说我经常看到她们互开玩笑，喋喋不休地瞎扯或者干扰我的硬件组工作。项目落后也就不足为奇了。无论如何，不要担心科林。他还年轻，会成熟起来。我会找他谈的。我会告诉他不要和软件组的成员纠缠在一起了，以免沾染上那些坏习气。"

这天下午，科林邀请项目团队的年轻人下班后一起去聚会。其中大多数是软件组的成员，还有杰克的助理罗斯玛丽。罗斯玛丽一直倾心于科林，她希望科林能邀请她去。她告诉科林，她无意中听到了亨利与杰克的对话，亨利说是法蒂玛和她的软件组导致了项目延迟，因为她们大多数时间是在嬉戏而不是在工作。当天晚上，科林凑到法蒂玛和柔夫身旁与他们闲谈。科林告诉他们："我有内部消息——亨利告诉杰克由于你们软件组而导致了项目延迟。我建议你们去和杰克谈谈。亨利正在毁掉这个项目。如果杰克相信了他，我们大家在项目结束前都会滚蛋。嘿，我已经硬着头皮找过杰克了。现在也该你们去找找他了。我们联合起来对抗亨利吧。我们要让杰克知道，亨利是一匹害群之马，他在分裂项目团队，引发冲突，这才是项目落后的原因。简单地说，只要亨利存在一天，项目就不会成功。并且我们的职业生涯也受到了影响，因为我们参与了一个失败的项目。当杰克看到我们都反对亨利时他就别无选择了。"

❓ 案例问题

1. 当亨利口头攻击科林时，科林在会上和会后应该怎么做？

2. 在会上和会后柔夫可否采取其他措施使情况免于恶化？

3. 杰克在与科林的交谈中能否处理得更好？与科林谈完话后，杰克在与亨利会面前是否应做些什么？在与亨利的会议中杰克应该做些什么？

4. 法蒂玛应该怎样做？

◣ 小组活动

把全班分为 4 组，每组谈论一个案例问题并做出回答，选出一个代表对答案
进行陈述。

案例研究 11-2 新团队成员

直箭头系统公司（Straight Arrow System Corp.）位于洛杉矶，是一家开发、
建设客户系统的公司。它的主要客户都在军事市场。公司现在的项目之一是开发
一个个人识别、追踪系统，这个系统被称为 PITS。

鲍勃·斯拉格是团队的领导，负责硬件的开发工作。鲍勃团队的业绩比别的
团队都要好。今天，鲍勃刚刚结束了一个跟他的新团队成员布拉德的简单会面。
这是布拉德到公司来的第一天。布拉德刚刚从南加州的一个大学毕业。他爸爸在
军队工作，因此上大学前，布拉德随着爸爸工作地点的转换去过很多城市。

"在今天下午每周项目团队会议上我把你介绍给大家之前，我想先给你简单
介绍一下项目团队中每个成员的背景情况。"鲍勃转动着他的眼睛跟布拉德说。
他继续说道："他们有着不同的性格，有的时候，我都会想，他们是如何能一起
处理好事情的。你可能会听说我们团队的业绩很好，但是我并不觉得这是最好的。
有些团队成员并不适合这个团队，你懂我的意思吗？"

"首先那边的那位亚洲女性，Yoko，或者与之相似的发音吧。我不能发得那么
准确，所以我叫她 Yoko。"鲍勃暗笑着说。他继续说道："那些人很善于处理细节
问题，所以我总是把别人所做的工作交给她审核。顺便说一下，每次她带饭到办公
室来吃，整个办公室都飘着香气，你可以想象一下。谁知道他们吃的是什么呢。"

"然后，那是奥特姆，很可爱！她看起来像还在读高中。她总是拿着 iPods
在听音乐，所以很难让她严肃起来。当她说话的时候，她总是用专业术语。这些
年轻人就是不懂得如何与别人交流。他们所做的就是在电脑前待上一整天。她总
是问我她做得怎么样，我觉得，我并不是她妈妈。总之，我把她招进来很大程度
上因为管理层说，我们团队的女性数量不够。最后，你要知道的是，她怀孕了，
马上就会离开。"

"接下来是贾里德，有文身的那个孩子。需要我多介绍点什么吗？"他摇着

头说道，"如果他连自己的身体都不尊重，我怎么能期望他尊重我的权威呢？他可能让他的父母也不好受。"

"泰瑞尔，就是那个黑人，很明显，他不怎么说话。可能因为是项目团队中唯一的黑人，所以觉得自己不太适合这个团队。然而你知道，他们是多喜欢和别人一起出去闲逛的。我觉得他可能会辞职，所以我没给他什么耗时较长的任务。"

"杰是那个戴头巾的家伙。他真有必要带着头巾吗？我的意思是，这是美国，我总是怀疑他。当他跟女士擦肩而过时，他从来不跟她们握手，总是低着头。他怎么会不看奥特姆呢？"

"那是泰安雅，她有一对小孩。我不确定她是否结婚了。无论如何我都不会指望她，因为她的孩子生病了，她不能工作到太晚，因为她要去保姆那里接她的孩子。一个有小孩的妈妈应该待在家里带小孩，就像我妻子那样。"

"接下来你可以看到约瑟，他总是用西班牙语打电话，所以没有人知道他在说什么。显然，他没有在减肥，我觉得团队的其他成员对他很反感。顺便说一下，他有五个小孩。而且在你问之前，我要告诉你，是的，他信仰天主教。"鲍勃笑着说。他接着说："他是另外一个由于上级的压力我才雇用的人。"

"那边那个是布兰达，"鲍勃带着微笑说，"当我们和客户开会时，我很确定布兰达有别的事情要去做。我尝试着让奥特姆参加那些会议，她真的是一个'观察者'。"

"圣德是那个看起来好像已经有 100 岁的家伙。他前一段时间就应该退休了。他太老了，他根本想不出什么好主意。我甚至都懒得问他。他只是为了更多的养老金在坚持，每个人都知道。"

"费兰德是坐在轮椅里的那个家伙。他的身体还不错，但是交给他的事情总是做不完。我必须确保我不给他任何有挑战性的工作，不然他会拖累整个团队的。"

"最后，那个是珊迪，没有人喜欢她。她不太会跟别人相处。看起来她似乎不相信任何人。毫无疑问，她离婚了。有人告诉我，她的一个孩子在吸毒。我觉得那并不出乎意料。她自己本身就不是什么好的模范。她好像从来没和团队的其他成员一起出去玩过。那说明什么呢？"鲍勃挑着眉毛说道。

"我手下的人都这么糟糕，老板怎么能奢望我把事情做好呢？"

"感谢上帝，我有比尔。我认识他有一段时间了。我们一起上的大学，我们两家人都去相同的教堂。我们还一起在军队服役，所以他真的是一个我可以依靠的人。"

鲍勃继续说道："布兰德，你要知道，我并不是在评价任何一个人，我只是直接说出我看到的现象。有些人可能不喜欢这样，但是至少他们知道我是站在什么角度的。那些人就是他们那样了。我不知道他们从哪里来，我没有在我邻居家或者教堂见过他们。他们只是做他们应该做的工作，就像比尔和我一样。他们只是有一些奇怪的价值观。他们中大多数人都不会进步，如果他们不改变他们的态度。我必须尽最大努力去做好我的工作。但是每件事都做好是很难办到的。放任他们，你总是会担心，因为你说的话得罪了谁，然后他们就会像你的上司告状或者威胁说要起诉你。现在不像以前了。以前，每个人都一样。简单来说，我认为他们中一些人不喜欢和另一些人合作，因为他们不能包容别人的不同点。有些人甚至认为最与众不同的竟然是我，你会这么认为吗？"

"所以你能看出，对于我坚持带的这个团队，按时完成硬件开发任务真的是一个很大的挑战。有的时候，我真的觉得这个项目就是一个坑。如果团队中有更多像比尔这样的人，事情会变得简单很多。"

"布兰德，你看起来像比尔。我会继续带领我的团队，我们是团队中不同的人。我希望，我能够依靠你让项目按时完成。还有，布兰德，别告诉任何人我对那些人的评价，因为一旦传到他们耳朵里，他们可能会像我的上级抱怨，你也会失去我对你的信任。"

❓ 案例问题

1. 鲍勃在用什么行为展示他对团队差异性的尊重？对于鲍勃下面能做的，有什么可选择的吗？他应该做什么？

2. 其他团队成员应该做什么？

3. 为了改善这个案例中团队多样性的趋势，我们应该做什么？

4. 你觉得如果鲍勃的直接上司意识到他在做什么，他会怎么做？

◣ 小组活动

把全班分为 4 组，每组谈论一个案例问题并做出回答，选出一个代表对答案进行陈述。

第12章　项目沟通及文件记录

本章内容支持《PMBOK 指南》中的如下领域：

项目集成管理

项目人力资源管理

现实世界中的项目管理

随时倾听你的项目团队成员的心声

项目管理的很多内容都涉及与项目团队进行交流和聆听。项目经理必须要找到一个方法，使他们能够吸收项目团队成员的所有意见，并结合自己的想法，对项目做出决策。克里斯·阿文德是一位项目管理专家，是亚太区某管理咨询公司 CGN 的管理总监。他在项目会议上提出："当我们遇到障碍时，项目经理不会走进来告诉你怎么做。他会与每一个人聊天，并集中他们的想法，以继续完成项目。一旦你具有了那样的动力，它将会变成一个习惯，而且整个项目团队都期待着这样的参与。"

"当你和其他人一起工作的时候，你会发现，促进和引导交流的核心是保证眼神交流。"汤姆·纽克这样说。他是 CGN 在伊利诺伊州皮奥里亚办事处的知识管理总监。他建议项目经理通过聆听和分享思维过程的方式建立项目团队的信任："你必须在所有时间都对大家开放。你没有与你的团队交流的那一分钟，就是你的项目失败的那一分钟。"

乔拉·拉维是一名项目管理专家，是 Amdocs 以色列分公司的质量总监。

他很努力地聆听和鼓励他的项目团队。他参加了一个辩论班，以学习如何更快速地进行信息评估及对他的项目团队做出回应。拉维采用积极的聆听技巧来聆听并吸收成员所说的话。"我团队的成员知道我并不是各个领域的专家，并且我给了他们很大的空间来表达自己并分享他们的经验。"拉维如是说。这段话支持了项目经理并没有所有问题的答案也不需要对所有问题做出解答这一事实。项目管理不是一个人的事，它是整个项目团队的任务！

每个项目团队成员都有独特的一套参加项目会议的方式。有些人会毫不犹豫地表达他们的想法。而有些人会更内向，并被那些经常说话的抢去了风头。项目经理的责任是征求所有团队成员的回应。"作为一名项目经理，需要花一些时间来搞懂团队中每个人的行事方式，并想出能使他们表达自己的最有效方法。"凯西·不莱梅，北卡罗来纳州罗利市的企业项目管理办事处的一名项目管理师这样说。

记住，与话少的队员交流的非正式机会是最好的时机。向他们提出直接的问题来征求他们在项目某方面的意见，以鼓励他们在之后的项目会议上发表自己的看法。卡罗·乌雷亚，Proyekta 公司的一名项目管理师评论说："在一个庞大的团队中，可以运用非正式的方式收集信息，如外出一起喝咖啡或吃午饭。让他们不用在一大帮人面前说话，这样的方式可以给团队成员信心。"

讨论需要建立在事实基础之上，以做出最终决定。对项目团队成员定性和定量的投入包括信息流及对成员的情绪控制。项目经理的责任是保持项目成员之间的交流。克里斯·阿文德提醒项目经理们："组织并不是民主团体。我们依然需要有等级制度，并且项目经理的最终决策应是建立在一系列命令或其他情况之上的。"在项目会议中，阿文德致力于鼓励其项目团队成员制定备选方案，以强化他们是项目的共同创造者及他们在一起工作这一想法。

这一章节将向你介绍重要的沟通技巧。这些项目经理提供的建议都可以帮助你建立一套沟通技巧，帮助你打造你的项目团队，并收集他们的意见。随时与你的项目成员保持沟通！

资料来源：E.Ludwig, "All Ears," PM Network 23, No.3(2009), 56-62.

本章概要

　　本章讨论有效完成项目的一个重要因素——沟通。沟通发生在项目团队和客户之间，项目团队成员之间，以及项目团队和其上层管理层之间。沟通涉及两个人或一群人。它可以是口头的或书面的，也可以是面对面的，或使用一些媒介，如电话、有声邮件、电子邮件、书信、备忘录、电视会议或通用软件系统。它可以是正式的，如在一次会议上做报告或讲演；也可以是非正式的，如大厅的会谈或电子邮件信息。本章将讨论多种交流沟通的方式，你将了解以下内容：

- 加强人员之间沟通的建议，如面对面讨论、电话会谈、书信和备忘录。
- 有效聆听。
- 各种项目会议和使会议有效的建议。
- 正式的项目讲演及有效讲演的一些建议。
- 项目沟通计划。
- 项目文件记录及跟踪变化。
- 协作沟通工具。

学习成果

学完本章后，你将能够：

- 讨论并使用技巧以增强个人的语言和口头沟通能力。
- 描述有效倾听的四种障碍，并使用技巧以改善倾听和理解对方的能力。
- 为项目会议做准备并组织有效的项目会议。
- 准备并完成有趣、内容丰富的演示。
- 准备有用、可读性强、易理解的报告。
- 解释如何跟踪项目文档的变化。
- 创建项目沟通计划。
- 描述用来增强项目沟通的协作工具。

12.1 人员沟通

有效和经常的人员沟通对于保持项目推进、识别潜在问题、征求建议以改进项目绩效、满足客户需求和避免意外是非常重要的。人员沟通可通过语言或非语言的行为，如身体语言进行。它可以是面对面的，也可以使用一些媒介，如电话、有声邮件、电子邮件、书信、备忘录、电视会议或通用软件系统。人员沟通可以是口头的，也可以是书面的。

12.1.1 口头沟通

人员的口头沟通可以是面对面的，也可以通过电话进行。它可以通过有声邮件或电视会议等方式实现。通过口头沟通，我们可以以一种更准确、便捷的方式获得信息。这种沟通为讨论、澄清问题、理解和及时反馈信息提供了场所。面对面的沟通同时提供了一种在沟通时观察身体语言的机会，即使是电话沟通也能让听者听出语调、声音的抑扬变化和声音的感情色彩。身体语言与语调变化是丰富口头沟通的重要因素。与电话沟通相比，面对面的沟通可以更好地加强人员的沟通。

身体语言不仅被讲话人使用，同时也被听者作为向讲话人提供反馈的一种方式而应用。肯定的身体语言包括直接的眼神接触、微笑、手势、前倾和表示致谢或同意的点头。否定的身体语言可能是皱眉、两臂交叉、无精打采、坐立不安、走神或东张西望、胡写乱画或打哈欠。在人员沟通中，不管是其他团队成员还是客户，人们需对反映参与者文化差异的身体语言保持敏感。当与来自其他文化和国家的人沟通时，你需要了解他们有关问候、手势、礼物赠与和礼仪等习俗，例如，对于手势，与你所沟通的人接近和接触，不同的文化有不同的意义。

在口头沟通时，人们必须谨慎，不要使用可能被理解为性别歧视、种族歧视、偏见或攻击性的评述、言辞或短语。不应直接对某人做出批评，使之不快。在群体环境下做出的评论对其中的某些人来说可能是攻击性的，他们可能发现某些言辞对他们自己或他们的一个熟人具有伤害性。有关民族习惯、姓氏、方言、宗教信仰、身体特征或仪表、特殊习惯等的评论可能是令人不悦的，即使这种攻击不是有意的或这种评论只是开玩笑而已。

在项目早期，高度的面对面沟通对促进团队建设、发展良好的工作关系和建立共同期望是特别重要的。把项目团队安排在同一个场所有利于沟通，因为到某人的办公室问些事情，比打电话给某人并且可能要等几天才得到答复要容易得多。然而，在面对面沟通不可能办到时，有声邮件就是可以让人们及时进行口头沟通的一种方式。安排项目团队成员在一起一般是不容易办到的，尤其是当团队包括来自不同地区的成员和承约商时。在这种情况下，如果电视会议可用的话，便是一种最好的方式。

项目团队成员需要主动与其他团队成员和项目经理进行及时的联系，以获得和提供信息，而不是坐等到几周以后将要召开的项目团队会议。特别是项目经理，应该定期走出办公室拜访每个项目团队成员。他应主动拜访客户和公司上层管理人员，进行面对面沟通，而不是等着直到被通知去开会。如果拜访客户需要长途旅行的话，经理就应该采取定期电话讨论的方式进行沟通。

口头沟通应该坦白、明确。当就一个问题或一件事进行沟通时，言辞过于得体反而容易误导对方，使对方不清楚你在期望什么。你应该通过征求反馈信息来检查别人对你传达问题的理解。如果不能确定你表达的要点是否被人理解，则可请他们表述对你所讲的话的理解；同样，如果你对别人试图传达的要点不明白，就把你所理解的意思表达出来，以达成共识。

最后，口头沟通的时间选择是很重要的。例如，你不应该在某个同事正在做其他重要事情时，闯进他的办公室并打断他。在这种情况下，你应该问问他什么时候有时间，并说明你需要跟他谈多长时间及要谈些什么，这样他就会知道是需要 10 分钟来讨论一个普通的主题，还是需要 1 小时来谈论一个重要的主题。同样，当打电话给另一个人时，你必须在开始就说明你想讨论的主题和需要多长时间，然后问一下他现在是否有时间，或者你是否应该在更方便的时候再打去电话。

🖉 练习题

1. 找出两种口头沟通的方式。
2. 不仅_____使用身体语言，而且_____也把它作为向讲话人提供_____的一种方式来用。
3. 在人员沟通中，人们需要对反映参加者_____的身体语言保持敏感。
4. 项目团队需要_____进行及时沟通，以_____和_____信息。
5. 找出在口头沟通时你可以用来获得反馈信息的两种方法。

12.1.2 书面沟通

人员的书面沟通在项目团队中通常使用内部备忘录，对客户和非公司成员，如承约商，则使用外部信件的方式进行沟通。备忘录和信件均可通过硬盘拷贝、电子邮件来传递。

当无法召开会议或信息需要及时传送时，备忘录和信件是与一组人员进行有效交流沟通的方式。书面沟通仅在必要和不会增加文书工作的情况下使用。因为项目参与者通常很忙，他们没有时间去看那些包含在琐碎的备忘录中的、在下次项目会议上能通过口头沟通获得的信息。

在确认决策和行动时，以一张备忘录或一封信件作为面对面会谈或电话交流的后续行动，可能比个人的记忆力更合适一些。当以备忘录来确认口头沟通时，应该给那些没有参与这次沟通但又需知道这条信息的人一份副本。另外，如果一个项目团队成员离开项目，则候补人员需对有关以前行动和决策的沟通记录有所了解，这时书面沟通就更重要了。

书面沟通大多用来进行通知、确认和要求等活动。例如，通知项目团队，客户将在某日来访或者要求团队成员向客户提供有关季度项目进度报告的书面情况。

备忘录和信件必须清楚、简洁，不能包含长篇大论或冗长的、与主题无关的附带内容。项目参与人员忙于分内的工作任务，他们会认为文书工作或处理电子邮件与其说会有帮助，不如说会阻碍工作。

✏ 练习题

6. 书面沟通有哪两种形式？

12.1.3 有效聆听

沟通的目的是达成双方的理解。"我知道你理解了我说的话，但你没有意识到的是，你认为你所听到的并不是我的本意。"交流沟通并不是简单地听和说。它的核心不是语言，而是理解；不仅需要被理解，而且还需理解。说话的人总是希望听者可以理解自己说的什么。有效沟通的一半是聆听，不会聆听将会使沟通失败。

下面是一些有效聆听的常见障碍：

- 假装聆听。你也在听和想，但是速度比一般人讲话快。这将导致漫无头绪、厌烦或只想着你该如何回答。

- 注意力分散。如果你想做其他事情，如回电话，读书或发短信，而有人正在跟你讲话，那么你就不能集中精力听这个人讲话。另外，身旁经过的人或窗外发生的事情也容易分散注意力。

- 偏见和固执。只听你支持的观点而拒绝不同意的事物是一种选择性的聆听。聆听中的偏见也可能来自对演讲者服饰、相貌、语调或特殊习惯的感觉。

- 不耐烦。如果你急于让讲话者进入主题或等待机会打断其发言，你就听不进讲话者在讲什么了。

- 急于得出结论。如果你在讲话人还没有结束讲话时就开始对他讲的东西下结论，你就无法静下心来听完整个故事或所有事实。

聆听不仅仅是给他人讲话的机会，它是一个主动而非被动的过程。主动去听可以增进理解并减少矛盾。下面列出了一些提高聆听技巧的建议：

- 集中精力听。看着讲话人会帮助你集中精力，并且你可以观察讲话人的身体语言。

- 积极主动地聆听。向讲话人提供语言或非语言反馈信息，这里包括身体语言，如点头表示同意所讲的东西、微笑或表示注意的前倾；也可以是不要求讲话人回答的语言评论，如"很有意思"、"我明白了"或"嗯"；还可以对讲话人所讲的话进行解释，如"你所说的是……"或"你的意思是……"这种解释将会给讲话者解除误解的机会。

- 提问。当你想要澄清这人所讲的事情或获得关于此事更多信息时，可以追根究底地提问，如"关于那件事，你能多告诉我一些吗"。

- 不要打断。当一个人在讲话时，听清整个思路或在适当的间歇提出问题或评论。在一个人提供完信息之前，不要打断或转换主题。

如果项目团队成员想使相互沟通及与客户的沟通有效，良好的聆听技巧是非常重要的。

✎　**练习题**

7. 在人际沟通中，忽视＿＿＿＿可能会导致＿＿＿＿。

8. 列出一些有效聆听的常见障碍。

9. 为提高聆听技巧，你应该做哪些事情？

12.2　会议

会议是促进团队建设和强化团队成员的期望、角色及对项目目标投入的工具。这一节将介绍在项目期间召开的各种类型的会议，以及一些确保有效开会的建议。

12.2.1　项目会议的类型

最常见的项目会议类型是：

- 项目启动会议。
- 情况评审会议。
- 解决问题会议。
- 技术设计评审会议。
- 项目后评价。

参考第 11 章的内容，了解更多关于项目启动会议的信息，参考第 9 章的内容可以了解更多关于项目后评价的知识。

客户和项目承约商通常在签订的合同中明确对定期的情况评审会议和特定的技术评审会议的要求。

1．情况评审会议

项目情况评审会议通常由项目经理主持或召集，会议成员一般包括全部或部分项目团队成员，以及客户或项目团队的高级管理人员。会议的基本目的是通报情况、找出问题和制定行动方案。项目情况评审会议应该定期召开，以便早日发现问题或潜在的问题，防止危及项目目标实现的意外情况发生。例如，项目情况评审会议在项目团队中可以每周召开一次，与客户进行的项目情况评审会议周期可以长一些，如每月一次或每季度一次，这完全根据项目的整个持续时间和合同要求而定。

项目情况评审会议日程实例如表 12-1 所示，下面是每个日程细目需要讨论的主题。

表 12-1 项目情况评审会议日程

项目情况评审团队会议议程		
8:00 AM	自上次会议以来的成绩	
	● 硬件	Steve
	● 软件	Alex
	● 文件	Wendy
8:30	成本、进度计划和工作范围	Jack
	● 进度情况	
	● 趋势	
	● 预测	
	● 差异	
8:50	更新风险评估	Teresa
9:00	必要的纠正措施	视情况而定
9:15	改进的机会	所有人员
9:30	讨论	所有人员
9:50	行动细目分配	Jack
10:00	体会	

- 自上次会议以来所取得的成果。明确已经实现的关键项目"里程碑"，并检查以前会议活动细目的执行情况。
- 成本、进度计划和工作范围的进展情况。进展情况应该与基准计划进行比较，且必须以已完成任务和实际支出的最新信息为基础，这一点是很重要的。
- 成本、进度计划和工作范围的趋势。项目执行过程中要明确好的或不好的趋势，即使一个项目已经超前了几天，但是前几周计划进度表忽略了的事实表明现在必须采取纠正措施，以免项目无法在规定日期完成。

- 成本、进度计划和工作范围的预测。根据目前的进展情况、趋势和要完成的项目任务，检查预测的项目完工日期和项目完工成本，并把它们与项目目标和基准计划进行比较。

- 成本、进度计划和工作范围的偏差。明确有关项目工作包和项目任务的成本及进度的实际进展与计划进展的所有偏差。这些变化可能是正的，如提前完成计划，也可能是负的，如已超出了完成工作所给定的预算金额。负面偏差有助于准确找出目前的问题和潜在的问题。应特别注意一些负面偏差进一步扩大的项目部分。

- 更新风险评估。针对一个事件发生的可能性或是任何已确定存在的风险的潜在影响，决定其是否有变动。尤其要注意检查每个风险的触发点，以此确定是否有即将发生的风险。要识别任何新产生的风险。

- 纠正措施。在某些情况下，找出问题和潜在问题的纠正措施正是在情况评审会议上产生的。例如，获得客户或管理人员的批准，继续购买某种原材料；获得加班授权，以便使项目赶上进度。还有些情况则要求单独召开解决问题会议，由有关的项目团队成员提出纠正措施。

- 改进的机会。这应该与问题及相应的纠正措施一同确定。例如，项目团队的一个成员指出，使用另一种材料或设备也可以满足技术指标，而这种材料或设备实际上比团队原计划要用的那种便宜；或者一个团队成员建议，通过复制现有的计算机软件或对其稍加改动而不是开发全新的计算机软件，可以节省出大量时间。

- 行动细目分配。具体行动细目应被明确并分配给具体的团队成员。对于每一项行动细目，必须注明负责人及预计的完工日期。完工期应当由行动细目负责人进行估计，因为开会时，一旦在其他人面前做出了承诺，人们常会竭尽全力去按时完成。

必须说明一点，在情况评审会议上获得信息是项目经理真正了解项目进展情况的一种方式，但不是唯一方式。他需要通过与项目团队成员单独沟通，以核实在情况评审会议上的讲话内容。同时，项目经理应该要求能见到有形产品或交付物，如图样、模型或报告。这不仅能证实细目的真正完成度（不仅仅是几乎或基本完成），而且还能表明项目经理真正对每个人的工作都感兴趣，承认个人工作对成功完成项目目标的重要性。

2. 解决问题会议

当项目团队成员发现问题或潜在的问题时，应立即和其他有关人员召开一个解决问题会议，而不是等到情况评审会议上解决。尽可能早地发现和解决问题对项目的成功非常关键。

在项目开始，对于由谁、在什么时候召开解决问题会议及实施纠正措施所需权限大小等问题，项目经理和项目团队应当设立准则。

解决问题会议应采用一个好的解决问题的方法，如下所述：

- 描述问题。
- 找出问题的潜在原因。
- 收集数据并找出最可能的原因。
- 找出可能的解决方案。
- 评价备选方案。
- 确定最佳解决方案。
- 修订项目计划。
- 实施解决方案。
- 确定问题是否得到了解决。

这 9 个步骤解决问题法已在第 11 章中进行了较详细的讨论。

3. 技术设计评审会议

包括设计阶段的项目，如信息系统项目，网站设计项目，或是为一个新的办公室设计地板的项目，可能需要数次的技术设计评审会议，以确保客户同意或批准项目承约商提出的设计方案。

以一家公司为例，该公司雇用一名顾问负责设计、开发并实施信息系统，从订单登记到付款全程跟踪客户的订货情况。公司可能要求该顾问在项目下一阶段——详细的系统开发及硬件、软件的购买阶段——进行之前，与相关公司代表一起评审设计系统。在项目的后期阶段，公司可能希望某些员工评审并认同该顾问开发的计算机界面和输出格式，以确保它们能满足将来使用该系统的人们的需要及期望。

大多数技术性项目一般采取两种设计评审会议：

- 当承约商已经完成最初的概念说明、图形或流程图时进行的最初设计评审会议。该会议的目的是在承约商订购交货期较长的原材料之前，获得客户对设计方案符合技术要求的批准（从而不至于延误项目进度）。

- 当承约商已经完成详细说明、图形、屏幕和报告格式等诸如此类的东西时进行的最终设计评审会议。该会议的目的是在承约商开始建设、装配和生产项目交付物之前获得客户的批准。

✎ 练习题

10. 项目情况评审会议的主要目的有哪些？

11. 判断正误：当项目团队成员发现问题或潜在的问题时，他们应等着在计划安排中的下一次项目情况评审会议上再把它们提出来讨论。

12. 对于技术项目，有两种设计评审会议：_____设计评审会议和_____设计评审会议。

12.2.2　使会议高效

在会前、会中、会后，召集或主持会议的人可以采取多种措施以确保会议是有效的。

1. 会前

- 确定会议是否真正必要，是否有另一种方式如电话会议更适合一些。
- 确定会议的目的。例如，该会议是为了交流信息、计划、收集情况或意见、制定决策、说服或宣扬、解决问题，还是为了评估项目进展情况？
- 确定谁需要参加会议，说明会议目的。参加会议的人数应是能达到会议目的的最少人数。项目团队成员通常忙于他们的工作任务，不想参加那些他们无所贡献又无所收获的会议。被邀请参加会议的人应该知道为什么他们被邀请参加。
- 事先将会议议程表分发给与会者。议程表应包括以下几项：
  — 会议目的。
  — 会议涉及的主题（各项细目应按重要性大小列出，以确保最重要的细目提前进行）。

— 每个主题的时间分配及谁将负责该主题、发言或主持讨论。

— 与客户进行的项目评审会议议程表实例如表 12-2 所示。议程表应附有与会者在会前需要评审的文件和资料。必须在通告分发和会议日期之间给予足够的时间，以便让参加者为会议做充分准备。一些与会者则需要收集和分析数据、准备讲演或分发材料。

● 准备直观教具或分发的材料。PPT、图形、图表、表格、图解、图片和实体模型都是有效的直观教具，这些材料常常使讨论集中于一点，防止闲聊和误解。一张图片胜千字！

● 安排会议室。会议室应足够大，不会让人们感到拥挤或不舒服。座位布置必须使所有与会者能看到别人，这可以促进参与。选用的直观教具和附件（如影像放映机、屏幕、录像机、翻转图表、黑板）都应放在会议室内，并在会前进行检查。如果演讲者要用 PPT 幻灯片，把文件在会议开始前就下载到电脑里可以节省时间。如果会议很长，应当备些点心。例如，为了使会议讨论在工作午餐之后继续进行，可以提供盒饭。

表 12-2 客户项目评审会议日程表

与客户进行的项目评审会议议程		
8:00 AM	开会讨论	Jeff
8:15	技术评审	
	● 系统设计	Joe
	● 培训	Cathy
	● 安装设计	Jim
10:00	休息	
10:15	项目进展情况	Jeff
	● 进度	
	● 成本	
11:00	变更建议	Joe
11:45	决策及行动细目	Jeff
12:00	讨论（午餐盒饭）	
1:00 PM	休会	

在某些情况下，会议室上明确标出"项目室"，表明在这里召开项目会议。

或项目团队成员在这里碰头，进行解决问题的讨论。有时这种项目室的墙上贴有项目计划、进度计划、进展情况图和系统图解等，以便全体项目团队成员参考。

2．会议期间

- 按时开会。如果会议领导等待迟到者，人们就会形成晚到场的习惯，因为他们知道会议无论如何是不会按时召开的。相反，如果会议按时召开，人们就会形成按时到达的习惯，以避免在会议进行时迟到的尴尬。

- 指定记录员。必须指定某人（最好在会议前）做记录。记录应该简洁，并且能概括大概决议、行动细目、任务分派和预计完工日期。详细的会议记录在记录和以后查阅时都很麻烦，因此应当避免。

- 要求所有的与会者关闭他们的手机、iPods 和其他电子通信工具，以确保所有人都将注意力集中到此次会议上。

- 审查会议目的和议程表。要简洁，不要做长篇大论。

- 主持而不是支配会议。项目经理不能主持所有的讨论，而应该让其他与会者主持他们相应主题的讨论。一个好的主持者应该：
  - — 保持会议顺利进行并在计划时间内结束。
  - — 鼓励与会者，特别要鼓励那些犹豫不决的人。
  - — 限制那些想讲太多、自我重复或偏离正在讨论主题的与会者的谈论。
  - — 控制打断（别人讲话）和私下交谈。
  - — 明确形成的要点。
  - — 总结讨论并进入议程表的下一个主题。

项目开始时，在项目团队会议上讨论会议准则是有益的，如项目启动会议，这使每个人都了解在项目会议期间哪些行为是希望发生的。团队会议的行为准则如表 12-3 所示。

- 总结会议成果。在会议结束时，确保每一个与会成员对会议的决定和行动有清晰的认识。会议的领导者应变换一下词汇帮助与会者避免误解。

- 不要拖长会议的时间。参加会议的人可能还要处理其他事情或者参加下一个会议，如果这些人的日程上没有别的安排，可以让在场的这些人讨论新的问题。这些应该是低优先级的安排，日程表的标题排列总是从最重要到最不重要的。

- 评价会议进程。偶尔，在会议结束时，与会者会讨论发生了什么及决定，是否做出改变以提高将来会议的效率。

表 12-3　团队会议行为准则

团队会议

团队质量管理

行为准则

- 围绕所讨论的主题。
- 按时到会和休会。
- 每次只让一个人讲。
- 每个人都有参与的责任。做好准备。
- 坦率、诚实、诚恳。
- 限制使用挖苦和嘲讽的言辞。
- 会议的总体气氛是积极向上的。
- 消除消极性。
- 提出建设性的批评。
- 集中注意力。先理解，然后是被理解。
- 不要闲聊。
- 主意属于大家，而不是个人。
- 做出决定后，团队步调要一致，要团结。
- 加强积极行为。
- 保持冷静，如果失去冷静，你就错了——其他人也一样。

表 12-4 是一张评估会议有效性的检查表。项目团队成员可以在项目期间定期完成这些评估文件。在总结所有团队成员所给的评分后，包括项目经理在内的团队所有成员应该讨论如何改善得分少的地方。

表 12-4　会议有效性检查表

会议的效果如何？				
	很　差		有一些	很好
1. 议程表是否发送及时以保证出席？	1	2	3	4	5
2. 议程顺序安排合理吗？	1	2	3	4	5
3. 给每一细目安排的时间充足吗？	1	2	3	4	5
4. 会议室布置合适吗？	1	2	3	4	5

续表

会议的效果如何？					
	很　差		有一些		很好
5.　适当的人员参加会议吗？	1	2	3	4	5
6.　会议按时开始吗？	1	2	3	4	5
7.　与会者知道他们为什么被邀请吗？	1	2	3	4	5
8.　理解会议目标吗？	1	2	3	4	5
9.　每项议程细目的目标清楚吗？	1	2	3	4	5
10.　会议按计划进行且不允许离题吗？	1	2	3	4	5
11.　所有与会者均得以参加吗？	1	2	3	4	5
12.　与会者相互聆听吗？	1	2	3	4	5
13.　领导强调控制吗？	1	2	3	4	5
14.　会议是一种积极向上的气氛吗？	1	2	3	4	5
15.　会议是按时结束吗？	1	2	3	4	5
16.　决议和行动细目形成文件并分发了吗？	1	2	3	4	5
17.　会议是对时间有价值地利用吗？	1	2	3	4	5

3．会后

在会后 24 小时之内公布会议成果。总结文件应该简洁，如果可能，尽量写在一张纸上。总结文件应该明确所做的决定，并列出行动细目，包括谁负责、预计完工日期和预期的交付物。同时，可以列出参加和缺席的人员。应将会议成果分发给所有被邀请参加会议的人，不管他们是否到会。会议记录不包括会议讨论的详细记载。表 12-5 是一个会议行动细目表的实例。

有效会议同成功的项目一样，需要有好的计划与执行。

表 12-5　行动细目表

行动细目（自 3 月 1 日项目情况评审会议开始）		
行　　动	负 责 人	时　　间
1.　评审系统要求文件	Tyler	3 月 10 日
2.　安排与客户的评审会议	Jim	3 月 11 日
3.　将对计算机的订单从 15 改为 20	Maggie	3 月 19 日
4.　评价数据输入的条形码和光学特征辨认系统	Hannah	3 月 19 日

练习题

13. 为使会议有效，召开或主持会议的人在会前应采取哪些措施？

14. 判断正误：等所有的人都到会后会议再开始，哪怕是超过了会议计划开始的时间，这是一个很好的想法。

12.3 讲演

项目经理和项目团队成员常常需要做正式的讲演。听众可能是客户组织的代表、项目组织的高级管理层、项目团队本身或公众，例如，在一个会议上，听众可以是一个人（客户），也可以是一次全国性会议上的几百名与会者。讲演可能持续 10 分钟、1 小时或更长的时间。主题可以是对项目的总体看法、项目目前的进度、威胁项目目标成功实现的一个严重问题，如预计的进度计划延误或成本超支，还可以是试图说服客户扩大或改变项目的工作范围。在这种情况下，你作为讲述者，是公众注意的中心。下面是帮助你在做准备和讲演时的一些建议。

12.3.1 为讲演做准备

- 确定讲演目的。是通知还是说服？你想实现什么？例如，你是想让客户了解项目，还是希望让客户同意在项目工作范围上所提出的变更？

- 了解听众。他们的知识水平及对主题的熟知程度如何？他们的职位如何——是高级经理和关键决策制定者，还是你的同级？

- 做一个讲演提纲。只有在你做出提纲之后，你才能写出讲演稿。反反复复读它，但不必尽力去记住它。

- 使用听众听得懂的简单语言。不要用听众可能听不懂的术语、首字母缩写词、专门或技术性术语，不要试图通过词汇能力来打动听众，不要用可能被认为是性别歧视、种族歧视、有偏见或攻击性的、带有讽刺或不文明的言语。

- 准备一些在讲演时用的或要参考的便条或最终提纲。用些"小抄"还是允许的。

- 准备直观教具并进行测试。所谓直观的教具，如 PPT，可以提升讲演的档次。要保证幻灯片字体足够大，以确保在讲演的房间里从最远的位置都能看清你的幻灯片。直观教具如图表、图解和表格等必须简单，不能太繁杂，内容不能太多，图解不要太详细。每张图表或幻灯片中应只有一个主题，每张幻灯片不多于四行，每行不多于八个词。否则，观众会将更多的精力集中在你的幻灯片上所写的而不是听你所说的。多颜色的图表要比简单的黑白颜色更吸引人，但是选择颜色时要仔细，使用很难分辨的多颜色或颜色组合，会让听众不知所云。

- 练习，练习，再练习——比你认为应该做得还要多。你可能想在同行面前初步试讲一次，从他们那儿得到反馈，并就如何提高讲演水平征求他们的意见。以下列举一些他们可以用来评价你讲演的标准。

  — 组织：开始，介绍，概要，逻辑流程，过渡，总结，结尾。

  — 内容：综合性和完整性，细节的程度，清晰度，讲演长度。

  — 职业行为：眼神交流，传递形式，手势，职业仪态和形象。

  — 语言：正确使用语法，清晰地发音，声线和声调，热情，讲演节奏，运用术语。

  — PPT 和直观教具：可读性，简洁，易于理解，图表运用，其他展示。

- 复印散发材料。这样听众不必做太多笔录，他们就能集中精力于聆听上。

- 事先准备好直观设备。不管是电脑、幻灯机、麦克风、放讲稿的小台架，还是视频影像放映机，你都不希望在最后一刻才发现它不能用。

- 当会议室空着或无人使用时，进去感受一下环境。站在要发言的位置上（会议室前面，放讲稿的小台架前，或在台上），检查影像放映机和麦克风。

12.3.2　讲演过程

- 感觉有点紧张是意料之中的，所有的讲演者都有这种感受。记住，对于讲演的问题，你比大多数听众了解得更多。

- 关掉你的手机或其他的电子设备，这些可能会让你或你的观众分心。

- 要熟知你的开场白是什么。开始几句是很关键的，要对它们记得分毫不差。必须以一种自信和轻松的方式把它表达出来，这是与听众建立信任的机会。如果开始几句讲得就很拙劣，则听众就听不下去。

- 在你讲话时使用 3-T（Tell）方法：
  — 首先，告诉听众你要讲些什么（你的概要）；
  — 其次，讲给他们听（你讲的主要内容）；
  — 最后，告诉他们你讲了些什么（你的总结）。

- 面对听众讲，不要对着讲演稿。尽可能与客户保持较多的目光接触，尽量不要看讲演稿（提前反复练习会让你感到顺利）。

- 讲话要清楚、自信，不要讲得太快或太慢。讲话用短的、易于理解的句子，不要用长的、复杂的、不连贯的句子。在一个重要论点之后或转向一个新的论点之前，要适当停顿。适当运用语调变化有助于陈述观点，不要使你的讲话显得单调。

- 适当地运用气势有助于立论。运用手势、面部表情和身体语言，不要老站在一个地方，如果合适就多走动些。在一个大礼堂里，有一个便携式的话筒要比一个固定在放讲演稿的小架子上的话筒好些。如果你确实需要来回走动，讲话时你要面对听众，不要背对听众讲话。不要面对放映机屏幕和直观教具给听众读。阐述每一个直观教具表明的中心思想，如果可能，举一些例子。

- 不要站在直观教具面前。不要站在阻挡听众观看影像放映机屏幕、翻转用图或其他东西的位置。

- 按逻辑推理讲述"故事"，以此建立起他人对演讲的兴趣。逐步加快讲话的速度。

- 提纲中要列明要点。不要离题或偏离主题和概要，否则将浪费时间，并使听众感到迷惑不解。

- 讲要点时，向听众解释它们为什么重要。

- 在转向提纲的下一个细目前，总结对这项特别细目的观点。

- 知道结束语。结尾和开头一样重要。结尾要紧随讲演的目的，要以有说服力和自信的方式结束演讲。

- 在适当情况下，留出时间与听众交流。问一问是否有问题，应在讲演开始就说明是否在结束时有提问的时间，或是否在讲演时听众可以随时提问题。如果对讲演有一个固定的时间安排或议程，后一选择是很危险的。然而，如果是在小会议室召开的一个关于客户的讲演，不时回答问题要比让客户把所有问题保留在结束时再提更合适。实际上，发言的部分策略可以把客户引入讨论中，以了解他的看法。

- 回答问题时，要真诚、率直、有信心。如果不知道答案或不能泄露答案，不妨说实话，这样回答是合法的。回答问题时，不要有防御心理。

✏️ 练习题

15. 在准备讲演时，有哪些重要的事情要做？
16. 在会议发言时，脑子里应记着哪些重要的事情？

12.4 报告

在传递有关项目的信息时，书面报告和口头报告是一样重要的。项目组织必须准备的所需报告的类型、内容、格式、报告期和分发，一般由客户在合同中指明或在项目沟通计划中确认。

有些报告可能是为许多听众做的，因此了解谁将收到报告副本是很重要的。因为听众差别可能很大，可能包括对项目非常了解的人，也可能包括仅从他们收到的定期报告中知道一点内容的人。收到报告的人可能有不同的技术水平，一些人可能不理解某种技术语言或术语。

写报告要以读者为出发点，而不是写报告的人，记住这一点是非常重要的。以下讨论的是项目报告的两种常用类型及有效书写报告书的建议。

✏️ 练习题

17. 项目报告要以_____为出发点，而不是_____。

12.4.1 项目报告的类型

两种最常用的项目报告类型是：

- 进度报告;
- 最终报告。

1. 进度报告

一定要记住进度报告不是活动报告，不要把活动或事项与进度和成果相混淆。客户特别感兴趣的是项目的完成，即为完成项目目标取得了哪些进展，而不是项目团队正忙于哪些活动。

有关项目进度的报告，可以由项目团队成员为项目经理或他们的职能经理（在矩阵组织中）准备，由项目经理为客户准备，或由项目经理为高级管理层准备。

进度报告通常针对一个特定的时段，叫做报告期（Reporting Period）。这个期限可以是一周、一个月、一个季度或任何对项目来说合适的时间段。大多数进度报告仅包括在报告期间发生的事情，而不是自项目开始以来的累积进度。

表 12-6 是一个项目进度报告纲要的实例。项目进度报告中包含的细目包括以下几点：

- 自上次报告以来的成果。这部分应该指明已达到的关键项目里程碑，也可能包括为项目期设定的特定目标的完成（或没有完成）的报告，如特定里程碑的完成或可交付物的完成情况。

- 目前项目的执行情况。有关成本、进度和工作范围的资料要与基准计划进行比较。

- 解决以前发现的问题的进展。如果在前期进度报告中提出的问题没有取得进展，应该说明原因。

- 自上次报告以来的问题和潜在问题。问题可以包括：① 技术问题，如模型不能工作或测试结果与期望不一致；② 进度问题，如由于一些任务比预期花费更长时间、原材料运输延迟或天气不好导致建设延期；③ 成本问题，如由于原材料成本比原来估计要高、完成任务使耗用的工时比原来的长而产生成本超支。

- 计划采取的改进措施。这部分应详细说明在下一个报告期内为解决每一个潜在问题应采取的改进措施，它应包括对项目目标在工作范围、质量、成本、进度计划等方面是否受到威胁及采取了哪些改进措施的说明。

- 在下一个报告期内期望达到的里程碑。这些目标要与最新商定的项目计划一致。

表 12-6　项目进度报告纲要

从 7 月 1 日到 9 月 30 日的项目进度报告
内容表
1. 自上一次报告以来的成绩
2. 项目实施的当前情况：（1）成本；（2）进度；（3）工作范围
3. 对以前明确的问题解决的进度
4. 自上次以来的问题或潜在问题
5. 计划纠正措施
6. 下一报告期内预期实现的里程碑

进度报告中的所有信息对于读者来说都不应该是陌生的。例如，任何发现的问题在准备书面进度报告之前已经过口头讨论了。

2. 最终报告

项目最终报告通常是项目总结。它不是进度报告的累积，也不是对某个项目整个过程中发生事情的详尽描述。最终报告包括以下几方面：

- 客户的最初需要。
- 最初的项目目标。
- 客户的最初要求。
- 项目的简要描述。
- 初始项目目标实现的程度，质量要求，预算和进度安排。如果没有实现，应附有说明。
- 作为项目结果，客户的实际利益和预期利益的对比。
- 今后的考虑。这部分内容包括为提高或扩大项目成果，客户在将来可能考虑的活动。例如，如果项目是建造一座办公大楼，今后要考虑的事情可能是要增建停车场、健美中心或日护理中心。如果项目是组织一个艺术节，今后要考虑的事情可能是改变每年的时间或采取行动以改善交通流量。
- 一张可以提供给客户的所有交付物的清单（设备、原材料、软件、图样和报告等文件）。

● 系统或设备最后通过测试的测试数据，在此基础上客户接受该项目结果。

✎ **练习题**

18. 进度报告的基本目的是报告有关项目_____，而不是项目研究团队正在从事的_____。

19. 判断正误：项目最终报告是项目期所做进度报告的汇总。

12.4.2 准备有用的报告

当准备项目报告时，考虑下列准则将有助于向报告接收者提供有用和有价值的信息。

● 报告要简明。不要试图以数量来打动报告接收者。报告的长短不等于项目进度或完成。如果报告简明扼要，才会有更大的阅读机会。而且，准备报告是一项很费时间的活动，因此，项目经理应尽量使项目团队在制定项目报告时的数据输入时间最小化。

● 所写的和所讲的要保持一致。用短句和容易理解的句子，不要用复合句、复杂冗长的句子。段落很长会使读者跳读文章，以至错过重点。使用简单的语言，不要用读者可能不懂的术语或缩写词。朗读报告要有声有色。它是不是有可读性并且易于理解，或听起来是否呆板、有歧义？

● 在报告中和每一段中先写出最重要的论点。有些读者有一种倾向，他们只读每一段的第一句话，然后一扫而过。

● 如果可能，就用图，如图表、图解、表格或图片。记住，一图值千字。不要把图表弄得太烦琐，每张图表只须有一个概念或论点。最好用几张清楚的图表来说明几个问题，而不是凌乱地画在一张图上。

● 像注意报告内容一样，要注意格式。报告应该是公开的、吸引人的，并以一种读者容易理解的形式组织起来；它不是乱七八糟的，也不用读者很难看清的小号字。它不含有不清楚的资料副本、图标或已经小到难以辨认的字号格式。

如同口头交流一样，书面报告应该给听众留下深刻的印象——这些印象可能是好的，也可能是不好的。做报告必须进行审慎的思考，应该把做报告看做留下好印象的机会，而不是把它当成一项难以承担的、费时的活动。定期从接收报告人那里收集有关信息反馈，看看有关报告在满足他们的需要和兴趣方面的实用性如何，并请他们对改进报告提出一些建议。

✏️ **练习题**

20. 在准备报告时，应记着哪些重要原则？

12.5 项目文件及变更控制

在项目期，除了项目报告外，许多其他的文件可能由承约商的项目团队或者由客户提供。如一张为野营而画的宿营地帐篷位置图、一个城镇节日庆典活动的摊位布置计划、为建造一套房子而画的图样，以及控制机器人活动的计算机程序的编制。项目文件可以是文本、图样、表格、一览表、手册、图片、录像带或软件。它们可以在一张大纸上（如一张工程制图或蓝图），也可在一张计算机软盘上或光盘上（如一个文件或软件）。

项目文件的修改可能是由于客户或项目团队进行了变更。有些变更很小，也有一些变更是较大的，会影响项目的工作范围、成本和进度计划。微小变更的例子如由于一位捐助者给所有摊位捐助天棚，从而使节目摊位的图样更新了、布置改变了。较大变更的例子如客户参观正在建设的房子时，要求对某些窗户的位置、大小和类型进行变更。这种情况下，承约商应该停下对那些特定窗户的工作，并通知客户由于变更而引起的任何附加的成本或进度延期，这是很重要的。这些变更必须以书面文件提供给客户，而客户必须在工作继续进行并订购任何所需的原材料以前同意这些变更。

在项目的整个过程中，各种项目文件应针对变更做出修改。在一个项目刚开始时，需要建立起一个文件跟踪体系，事关文件的变动是怎么成文、被批准和传达的，这个体系要让全体项目参与者都知道。对项目团队来说，了解哪一个项目文件是最新版本是很重要的，因为这样才能根据最新信息和文件正确执行工作。例如，如果建筑师刚做了改正，要改动内墙的位置，那么，买方不希望建设方再使用过去的图样。

在每种文件的每页上都记上以下 3 点是一个好习惯：最近修改的日期；修改的顺序号；变更人的姓名的开头字母。它有时被称做一种配置控制系统。例如，为办公室布置用的平面图，其右下脚的注释应指明：

Rev.4, 12/29/01, ES

这表明最近一次平面图的修改是第 4 次修改，修改日是 2001 年 12 月 29 日，由伊丽莎白·史密斯（Elisabeth Smith，ES）修改。因为文件都是用像 Microsoft word 这样的软件编写的，程序就可以定位文件中的细节的变化。

与及时修改版次的日期和文件日期一样重要的是，最新文件应及时发到有关的项目成员手中。当文件做了更改，最新文件必须立即发送给那些工作将受到更改影响的项目团队成员手中。同时，当分发校订过的文件时，应带上一张便条，说明对以前文件所做的改动。这将有助于人们接受文件——他们不必返回头去比较新文件与原文件，从中找出更改之处。如果一个文件仅是稍做修改，只须分发做了更改的那几页；如果变更很大时，那么就应该分发重新修订的整个文件，而不只是分发所更改的那些页码。相关信息请参考第 10 章的管理变更部分。

✏️ **练习题**

21. 项目文件的修改可以是由_____或_____提出的变更而引起的。

22. 当文件做了_____，最新文件必须立即_____给那些_____更改_____的_____手中。

12.6 项目沟通计划

不是所有的利益相关者或项目团队成员都想要或者需要所有项目文件。项目沟通计划就从项目的所有利益相关者中为项目文件的产生和分配划定了范围。该计划确定了不同的文件类型，包括每个文件的负责人是谁，什么时候或经过多长的周期该文件需要发布出来，文件要发布给谁看，还有接受者的预期反应是什么。项目的章程或者合同通常涵盖了项目发起人或客户关于特定文件的要求，包括频率、是否需要客户批准、在客户群体中谁是应该收到文件副本的人，并且是哪个文件。任何项目中涉及的额外主体，如分包商、顾问、供应商，项目组织都应该针对文档、许可、发布来制定要求，这些要求也会包括在分包合同和采购订单中。

表 12-7 是一个关于项目沟通计划的初始模板，该模型每一行都包括了与特定项目文件有关的信息。

表 12-7　项目沟通计划

文件	作者或发起人	要求完成日期或频率	接收者	行动要求	备注

注：I 代表信息，C 代表评审或评价，A 代表评审或批准。

- 文件包含了项目章程，合同和附加条款，项目沟通计划，要求，项目范围，质量方法，工作分解结构，责任分配模型，网络图，时间进度表，预算，风险管理计划，项目程序，工程变更通知，设计文件，图纸，说明书，材料清单，安装手册，培训手册，考核计划，考核结果，正式验收，议事日程，会议记录，可提供时间和已完成报告，出差申请和费用报告，进程报告，分包合同和变更方案，采购订单和发货单。

- 作者或发起人应是负责创建或准备文件的人的姓名或职务。

- 要求完成日期或频率可以是文件必须完成并发放到接收人手中的具体时间。例如，像初步说明这样的要验收的项目文件，客户都会要求完工日期，并且这些文件同项目的按进度付款相联系。其他的像进度报告这样的文件，通常要定期完成并发布，可以是一周一次，一月一次，或每个月 15 日。还有一些文件，如合同修订、采购订单、修改图纸或说明书等，可能就没有限定日期或要求定期发布，但是基本上随时都可能会用到它们。

- 接收者包括接收文件的人的姓名和职务。这一项可视为一个文件的通信组列表。

- 行动要求说明了在接收者接到文件后各自应该采取的行动。例如，把一个文件发给利益相关者可能只是为了收集信息，也可能提供给接收者来检查和给出一个文件，这个文件可以是一个设计或报告。

● 备注这一项可能包含特殊的注解或针对特殊情形的文件，如在一周内要交的申请，要翻译成西班牙语的文件，涉及专利权或机密的文件，等等。

✎ 练习题

23. 项目_____从项目的_____为项目文件的_____和_____划定了_____。

12.7 协作沟通工具

会议中要进行讨论，并为团队协作提供了机会。然而，并不是总能有时间召开面对面的会议，这是不现实的，尤其是在许多团队成员都包括在内并且行程受限的情况下，如要出差。虚拟项目团队在地理上可能会表现出分散的状态，团队成员会分布在综合性办公区间的不同区域，或同一个州的不同城市的办公室中，也可能会跨国或分布在几个不同的大陆。也正是因为有了远程交流，才实现了众多成员在居住地工作的可能性。

协作沟通工具有很多，如远程会议、群组软件、内容管理系统、外联网，以及基于 Web 的项目合作工作，它实现了包括承约商和客户在内的所有或一些团队成员间的相互交流。这些沟通工具的合理运用对于在不同地区的团队成员来说十分重要，正是由于这些地域分布的差异使得团队成员很难聚集在一起召开面对面的会议。这些工具促进了项目信息的共享并提高交流合作、团队协作、产出项目团队的绩效。协作沟通工具涉及的范围很广，包括主要依赖于写作和阅读的电子邮件，以电话会议形式进行的音频工具，和同时基于视频和音频的视频会议。因为项目交流并非面对面进行，电子邮件成为最常用的项目信息传递和发布的方法。通过归类通信组列表，信息在项目团队或不同的下属团体间的发布将更快和更有效率。

远程会议实现了项目团队成员之间信息的实时交换。它包括了一些媒介，如电话会议和电视会议，可以用一种比电子邮件更具交互式的方法帮助促进信息的共享。远程会议节省了差旅费用并且允许团队成员在不需要出差参加会议的情况下提高生产力。电话会议允许人们在不同的位置通过声音来交流，而电视会议丰富了交流的方式，既有音频又有视频。电视会议可以覆盖很多区域，这些地方通常都配有摄影机和显示器，供聚集在这里的团队使用。网络视频会议是将每个参与者联系起来的方式，成员通过自己的私人电脑和网络摄像头实现沟通，它是另外一种通过网络召开实时会议的工具。这种技术对于那些需要参加远程会议却无法到装备有视频会议相关设备地方的成员尤其有用。网络或桌面视频会议还允许成员之间共享数据、文件或视频，如电子数据表、PPT 和网络直播，以便于其他成员会议期间在自己的私人电脑上就可以观看。就像准备一个面对面的会议一样，会议期间要提前准备并给成员分发会议议程，提供会议期间要参考的资料（如项目文件、演示的幻灯片等）。当策划一个远程会议时，你必须注意到所有成员所在的时区差异。

群组软件是另一种协作工具。它是一种帮助成员完成共同任务的软件。群组软件可以支持团队创意的产生，利用头脑风暴解决问题，以及决策制定。这种软件的一个例子就是团队决策支持系统，一种促进组织决策制定的软件。对于创意产生和头脑风暴尤其有用。与会者同时输入他们的想法，此时系统会根据实际情况选择是否允许匿名提交。这种软件也允许团队对不同的表格或条目进行分类、排序、注释。包括图表在内的测试结果报告可以自动生成。

文件管理系统可以为团队信息提供主要的资料库并且掌握团队成员的工作成果，并将它们置于一种内容管理的环境下。所谓内容管理系统就是用来管理来自网络、文件或档案的内容。这种系统可以让成员们共享、创建、添加并编辑文件，如项目报告、技术规范或安装手册。它还可以提供文件管理的相关信息，例如，记录谁什么时候打开哪个文件的记录表，做了什么样的变动等。有一些系统也可以实现批准文件的自动回复，如电子邮件通知。

计算机的服务器可能专用于特定的项目，或者可能会保留一定的空间以供文件和档案的共享，如请求文件、建议书、说明书、合同、草图、表格、计划、行程表、预算、常规的项目日程、会议日程和活动事项、项目报告、演示材料等。外联网是一种"私人"的网络，它能够确保安全地通过因特网在项目团队、承约商和客户之间分享项目的资料库。它可以通过网络限定注册的用户，只有当他们登录后才能获得项目信息或文件的准入。网上项目工作空间允许对所有综合的项目信息进行访问，并提供众多的报告和协调工具。

手机和其他的一些手持电子交流设备，当它们与多样化的远程交流技术和协作工具一起使用时，如电子邮件、互联网和文件管理系统，在某种程度上通过其特有的应用程序为团队成员提供更灵活的方式，更大的准入权。

✎ **练习题**

24. 远程会议包括如_____和_____的媒介。

现实世界中的项目管理

办公室之外

项目并不是总发生在办公室之内。有时，项目经理需要出现在远离办公室的好几个国家以外的项目现场。而不在办公室就需要一个沟通计划以保持项目经理和高层经理、团队成员及客户之间的联系。

下面提到的两位项目经理熟练掌握了与客户和项目管理办公室的交流方法，并且可以确保项目在工期和预算之内进行，使得高层经理可以获知项目团队在这个领域中完成了什么。他们可能不在现场，但项目管理却的的确确存在于他们的大脑中。

乔斯·马什为 Sovereign Business International 公司做管理咨询工作，这家公司是英国伦敦一家主要从事 IT 咨询的企业。马什签约成为一个项目经理，掌管着卡塔尔国际银行的许多项目。作为唯一一个联系客户和总办公室、管理部门和客户的关键人员，马什的交流风格确保了信息的一致性。当描述起他的交流控制时，马什说道："我会首先同总部的人员交流，然后就好像所有的从总部到客户的管理交流都首先经过了我。这对于整个项目来说非常重要。

技术故障导致英国和卡塔尔之间的网络线路出了毛病。为解决这个问题，马什和他的团队充分利用电子邮件交流并在卡塔尔存储和备份。他们发现即时的交流工具都出现了中途故障和数据丢失，马什加强了对交流的控制：要交流什么，这种交流是怎样发送和接收的。

专业项目管理人卡伦·杨克是美国威斯康辛州瓦克夏镇的 Triumvirate

Consulting Group 公司的创始人和管理者，为 Rockwell Automation 提供主要的 IT 和业务流程。Triumvirate 的总部设在得克萨斯州的达拉斯，杨克的直接经理在曼彻斯特的波士顿。Rockwell Automation 的国际总部设在威斯康辛州密尔沃基市。两个项目的决策者分别在俄亥俄州的克里夫兰和阿根廷。但是杨克的交流计划克服了因时区和地理带来的的障碍。每周杨克都会制作内部的项目进度报告卡片并与管理者们分享。

为了确保经理们在家办公的同时不忽视其团队的贡献并能激励团队成员，杨克直接发邮件给团队成员的职能经理来肯定成员所做出的努力。"构成一个项目沟通计划的有效环节是不断肯定成员所做出的工作价值，"杨克建议道，"激励团队成员更好地完成工作，然后他们的表现就会反映到项目经理身上。"

乔斯·马什和卡伦·杨克在项目的进程管理中有着不同风格的沟通方式。但两者的初衷都是关注项目沟通和管理，控制交流方式，并确保管理者熟知项目进程和团队表现。管理一个沟通计划对于一个团队的成功如同拥有一个好的沟通计划一样重要。

资料来源：S.Kent, "Out of Office," PM Network 23, No.6 (2009), 68-72.

关键的成功要素

- 有效和经常的人员沟通对项目管理的成功至关重要。
- 在项目早期，面对面沟通对促进团队建设、发展良好的工作关系和建立共同期望特别重要。
- 在人员沟通中，要注意反映文化差异的身体语言和习惯。
- 不要使用可能带有性别歧视、种族歧视、偏见或攻击性的评述、言辞或短语。
- 交流沟通的核心是理解——不仅需要被理解，而且还需理解。使沟通有效的另一半是聆听。忽略聆听将会使沟通失败。
- 口头沟通应该诚实、清楚，不用术语，不带有攻击性。
- 使客户满意需要与客户保持沟通，告诉客户已决定是否对预期内容进行变更。应随时询问客户对项目计划的满意度。

- 定期使客户和项目团队明晰项目情况及潜在问题。

- 项目情况评审会议应定期召开。项目开始时，在项目团队会议上宣布会议准则以使每个人都了解在项目会议期间哪些行为是希望发生的。

- 沟通项目进度时注意区分对项目完成哪些是有效的，哪些是劳而无功的。

- 报告要以书面形式指出读者对什么感兴趣，而不是写报告的人对什么感兴趣。

- 报告应简明扼要。对报告的格式、组织形式、可读性给予同内容一样的重视。

- 在项目开始的早期，准备一个项目沟通计划以确保所有的利益相关者可以获得他们需要的文件和信息。

- 在项目开始的时候，需要建立文件跟踪系统来跟踪文件是怎样变更的，一如如何被批准和认可的。

- 当文件做了更改时，更新文件必须立即发送给那些工作将受到更改影响的项目团队成员手中。

小结

项目交流有不同的形式，如个人交流、会议、讲演、报告和项目文件。交流可以是面对面的，也可以使用媒介，如电话、有声邮件、电子邮件、电视会议或通用软件系统。它可以是正式的，也可以是非正式的。个人交流可以是口头的，也可以是书面的。口头交流可以是面对面的，也可以通过电话进行。通过口头交流，信息可以以一种更准确、更及时的方式传递。这种交流为讨论、澄清问题、理解和立即反馈信息提供了机会。身体语言和语调是口头交流的重要工具，交流中必须考虑身体语言和反映文化差异的风俗习惯。口头交流应该是诚实、清楚、没有术语和攻击性的。征求或提供反馈信息可以增进理解。

个人书面交流一般通过对内用备忘录、对外用信件的方式进行。这种方式可以用于与群体进行有效交流，但是不能用于日常琐事。书面交流应该清晰、简洁，且大多用来进行通知、确认和请求。

聆听是使交流有效的重要部分。忽略聆听将使交流失败。有效聆听的常见障碍包括假装聆听、注意力分散、偏见和固执、缺乏耐心和急于得出结论。聆听能力可以通过集中精力听讲、主动听讲、提问和不打断别人讲话等方式得以提高。

项目会议是项目交流的另一个场所。三种最常用的项目会议是情况评审会议、解决问题会议和技术设计评审会议。情况评审会议的目的是通知情况、明确问题和建议行动细目。在这种会议上经常提到的内容有：自上次会议以来所取得的成就；成本、进度计划和工作范围的进展、趋势、预测和偏差；纠正措施；改进机会；行动细目分配。解决问题会议在问题或潜在问题产生时召开。它用来描述一个问题、找出潜在原因、收集数据、找出可能的解决方案并对之进行评价、确定最佳方案、修订计划、实施解决方案并对其进行评价。技术设计评审会议是对那些包括设计阶段的项目而言的。它常常包括最初设计评审会议——在这种会议上，客户检查最初的概念性设计和最终设计评审会议——在这种会议上，客户全面检查详细的设计文件。这些会议是在继续项目工作的剩余部分之前获得客户批准和同意的一种途径。

在开始任何会议之前，必须确定会议的目的及需要谁参加会议、准备和分发日程表、准备材料、布置会议室。实际会议应该按时开始，而且必须做记录并检查日程。会议领导应促进而不是支配会议。会后，必须印发决策和活动细目。

项目经理和项目团队成员常常要做正式讲演。在准备讲演时，确定讲演目的、明确目标听众、做出提纲、准备便条和选定直观教具、印刷发放的材料，并且要多加练习，这些都是很重要的。必须在开始就告诉听众要给他们讲些什么，然后讲给他们听，最后总结发言，告诉他们讲了些什么。讲演发言必须清楚、简单、有趣，并能在预定的时间内结束。

在项目期经常要求写书面报告，最常用的两种项目报告类型是进度报告和最终报告。进度报告常包括自上次报告以来的成果、项目目前的进度情况、发现的潜在问题和计划实施的改进措施、在下一个项目期间必须完成的目标。最终报告提供项目总结，而且常包括一些细目，如最初需要、最初项目目标和要求、项目产生的收益、项目评述、产生的交付物一览表。所有的报告必须清晰、简洁，并按要讲的形式书写。书面报告要以读者为出发点，而不是准备报告的人。

在整个项目过程中，会产生多种类型的项目文件，如手册或图样。它们可能会因为客户或项目团队做出变更而需做相应修改。在项目早期，应当就变更怎样形成文件并被认可达成一致意见。

一个项目沟通计划为利益相关者在整个项目过程中确定了项目信息的生成和发布情况，如有多少种文件，每个文件由谁来负责创建，何时或以何种频率发布文件，发布给谁，以及每个接收者预期所做出的反应。

协作沟通工具为项目团队的所有或一些成员开展相互交流提供了通路，这些人也包括承约商和客户。由于召开面对面的会议对于一个成员分布在不同区域的虚拟项目团队来说很不方便，也不实际，因此这种工具就显得十分重要。它能促进团队信息的共享，并能提高团队的交流合作、团队协作、生产力和绩效。它还可以支持并促进团队创意的产生、头脑风暴、问题解决、决策制定及文件的生成和管理。

思考题

1. 讨论为什么口头交流对项目成功很重要，并说出几种加强这种交流的方法。

2. 为什么有效聆听技巧在有效交流中很重要？怎样才能提高你的聆听技巧？

3. 观察与你进行交流的人的身体语言。说出哪些起积极作用，哪些起消极作用。

4. 讨论为什么对一个项目团队的多样性保持敏感是很重要的，特别是就沟通而言。

5. 情况评审会议的目的是什么？它什么时候召开？这种会议包括哪些内容？

6. 为什么召开解决问题会议？谁召开这种会议？说出几种要使用的方法。

7. 技术设计评审会议的目的是什么？有哪两种不同类型的技术设计评审会议？谁参加？每种类型的会议包括哪些内容？

8. 为做好会议准备，会前应做些什么？为确保会议有效，在开会期间应做些什么？描述个人电脑、手机和其他技术是怎样提高或降低会议的有效性的。

9. 如果要求你给某人就怎样准备和进行一个重要的会议发言提些建议，你会说些什么？对于列出的每一步，说出它为什么重要。

10. 为什么进度报告是项目交流的一个组成部分？它应包括哪些内容？它和最终报告有什么区别？

11. 为什么控制项目文件的变更很重要？怎样才能实现有效控制？

12．描述协作沟通工具这个术语的含义并列举一些工具。这些工具是怎样促进项目沟通的？

WWW 练习

对于下面练习提到的组织的网址，在本书的合作网站 www.cengagebrain.com 上点击"Internet Exercises"。建议将此网址放入收藏夹，方便将来访问。

1．搜索有关"有效的项目沟通"的网站。至少对一个站点进行总结并与本章内容进行比较。你在该站点有何发现？

2．搜索有关"有效聆听"的网站。学习几种未在本章列出的有用的技巧。

3．搜索有关"有效会议策略"的网站。学习几种未在本章列出的有用的技巧，并且至少学习一种可以主持网络会议的工具。描述这种工具的特征。

4．搜索有关"项目报告"的网站。至少打印出一个网页，描述并讨论制定有效项目报告的方法。

5．为改善沟通，如今许多项目都有了自己的网站。至少搜索一个基于网络的协作沟通软件，描述出该工具如何发挥作用。你认为它对改善项目沟通有效吗？

案例研究 12-1　办公室沟通

凯茜·布福德是一个项目团队的设计领导，该团队为一个有迫切需求的客户设计一个庞大而技术上很复杂的项目。乔·杰克逊是一位分派到她的设计团队里的工程师。

一天，乔走进凯茜的办公室，大约是上午九点半，她正埋头工作。

"嘿，凯茜，"乔说，"今晚去观看联赛比赛吗？你知道，我今年志愿做教练。"

"噢，乔，我实在太忙了。"

接着，乔就在凯茜的办公室里坐下来，说："我听说你儿子是个非常出色的球员。"

凯茜将一些文件移动了一下，试图集中精力工作。她答道："啊？我猜是这样的。我工作太忙了。"

乔说："是的，我也一样。我必须抛开工作，休息一会儿。"

凯茜说："既然你在这儿，我想你可以比较一下，数据输入是用条形码，还是用可视识别技术？可能是……"

乔打断她的话，说："外边乌云密集，我希望今晚的比赛不会被雨浇散了。"

凯茜接着说："这些技术的一些好处是……"她接着说了几分钟。又问，"那么，你怎样认为？"

乔回答道："噢，不，它们不适用。相信我。除了客户是一个水平较低的家伙外，这还将增加项目的成本。"

凯茜坚持道："但是，如果我们能向客户展示它能使他省钱并能减少输入错误，他可能会支付实施这些技术所需的额外成本。"

乔惊叫起来："省钱？！怎样省钱？通过解雇工人吗？我们这个国家已经大幅度裁员了。而且政府和政治家们对此没任何反应。你选举谁都没关系，他们都是一路货色。"

"顺便说一下，我仍需要你为进度报告提供资料，"凯茜提醒他，"明天我要把它寄给客户。你知道，我需要8~10页。我们需要一份很厚的报告向客户证明我们有多忙。"

"什么？没人告诉我。"乔说。

"几个星期以前，我给项目团队发了一份电子邮件，告诉大家在下个星期五以前我需要每个人的数据资料。而且，你可能要用到你为明天下午的项目情况评审会议准备的材料。"凯茜说。

"我明天必须讲演吗？这对我来说还是个新闻。"乔告诉她。

"这在上周分发的日程表上有。"凯茜说。

"我没有时间与篮球队的所有成员保持联系了。"乔自言自语道，"好吧，我不得不看一眼这些东西了。我用我6个月以前用过的幻灯片，没有人知道它们的区别。那些会议只是一种浪费时间的方式，没有人关心它们，人人都认为这只不过是每周浪费两小时。"

"不管怎样，你能把你对进度报告的资料在今天下班以前以电子邮件的方式发给我吗？"凯茜问。

"为了这场比赛，我不得不早一点离开。"

"什么比赛？"

"难道你没有听到我说的话吗？联赛。"

"或许你现在该开始做这件事情了。"凯茜建议道。

"我必须先去告诉吉姆有关今晚的这场比赛，"乔说，"然后我再详细写几段。难道你不能在明天我讲述时做记录吗？那将给你提供你做报告所需的一切。"

"不能等到那时，报告必须明天发出，我今晚要到很晚才能把它搞出来。"

"那么，你不去观看这场比赛了？"

"一定把你的输入数据通过电子邮件发给我。"

"我不是被雇来当打字员的，"乔声明道，"我手写更快一些，你可以让别人打印。而且你可能想对它进行编辑，上次给客户的报告好像与我提供的资料数据完全不同。看起来是你又重写了一遍。"

凯茜重新回到办公桌并打算继续工作。

❓ 案例问题

1. 交流中的问题有哪些？

2. 凯茜应该怎么做？你认为乔要做什么？

3. 凯茜和乔怎样处理这种情况会更好？

4. 为防止出现凯茜和乔之间的交流问题，应该怎么做？

🔺 小组活动

一个班里的两个参加者表演这个剧情的梗概。之后，立即进行全班讨论，讨论上述问题。

案例研究 12-2　国际沟通

"塞缪尔，我是安吉丽卡，这是我第二次打电话给你。现在是星期三上午 9 点，我要与你通话。我已有些日子没收到你的消息了，我需要对项目进行更新。我还想和你讨论一下有关建筑装备场所的变更问题。这几个星期我一直尝试着给你发电子邮件，但系统总是说无法寄到。你的电子信箱出问题了吗？请于今天给我回个电话。下星期我必须向部门主管上交一份报告，我需要知道项目的近况。"

安吉丽卡留下电话留言就挂断了。她很不高兴。这几个星期她一直试图与塞缪尔取得联系。她暗想："哼！如果他今天再不回电话的话，明天早晨我第一件事就是找他的老板。"

安吉丽卡刚刚被任命为 ElectroTech 公司将在爱尔兰新建的制造部的主管，Thomson Industries 公司负责该分部的设计与建造。她现在在 ElectroTech 的波士顿总部工作，但工程一开始她就将迁至爱尔兰。

塞缪尔是 Thomson Industries 的项目经理，他是新部设计与建造的主要承约商。他的办公室在达拉斯。虽然过去他曾经成功地完成过几个项目，但那些都是小项目，且仅限于达拉斯地区。现在 ElectroTech 公司分配给他的项目是最大最复杂的一个。他了解到为他们工作的大多数转包商都从事多个项目。譬如说，在这个项目中，两个主要的负责提供设备的转包商分别来自德国和日本。

在项目伊始，塞缪尔召开了一个简短的团队会议，他自信地说："波士顿、爱尔兰与达拉斯没有什么不同。就德国和日本的转包商而言，我的方法直截了当。必须按照我们的设计方案进行建造并按时交工，否则他们不会得到任何报酬。仅此而已。别找什么借口，没有任何商量的余地。ElectroTech 的合同书里有提早完成的奖励条款，那正是我想要的。因此我们要和转包商打一场硬仗，不能让他们耽误了我们的奖金。还有一件事——对于客户要求的变更一定要采取强硬态度。否则他们将以延迟完工为借口而不付奖金。"

"我们有这么多优秀的人才，因此项目进度一定很快。每个人都要留意哪些是应该做的，那样就不必把大量的时间浪费在会议讨论和寻求方法上了。我们要集中时间去做而不是说。不要用图纸和电子邮件来烦我。我将一直对预算和进度计划进行监控，对转包商进行监督，避免 ElectroTech 公司对先前的合同做出大量变更，并尽量减少管理上的问题。"

午饭后，当塞缪尔回到办公室时，他的行政助理潘妮说："我检查了你的电话留言，安吉丽卡又留了一条。她说必须要和你谈谈——一些关于变更的事。她还说你的电子邮箱出了点问题。"

塞缪尔回答说："变更？！我知道的！那正是我不想和她谈的原因！真是个女人，不断地改变想法。幸亏男人们不那样，我们永远也不会那样做。至于我的电子邮箱，我让朗瑞给我的电脑做了点手脚，因此任何人发信给我都会得到无法寄达的信息。过一会儿他们就会收到我对琐事和细节不感兴趣的信息。"

潘妮告诉塞缪尔："你还是检查一下邮箱吧，可能有非常重要的消息。"

塞缪尔迅速回应道："我曾经成功完成过数个项目——从没用过电子邮件。多工作少说话——这才是项目成功的关键。"

潘妮说："也许我可以让朗瑞把你的邮件转到我那儿去，那样至少我可以帮你浏览一下。"

"随便，"塞缪尔回答说，"如果那样你要做的事情可越来越多了。要是事情真很重要的话，人们会知道该怎么跟我联系。你想想以前没有电子邮件的时候我们是怎么做的？而且，你帮我检查电话留言，我能有效地控制时间并决定和谁谈话及什么时候谈，不用为有些人通过电话向我抱怨而感到烦恼，因为那些人总是想方设法推卸任务。他们需要养成一旦发现问题就着手解决问题的好习惯，而不是跑到上司那儿去诉苦。"

塞缪尔没回安吉丽卡的电话留言。第二天早晨，安吉丽卡打电话给迈克尔·杰特森，他是 Thomson Industries 的项目副总裁，也是塞缪尔的顶头上司。她向他抱怨说塞缪尔不给她回电话和电子邮件。她威胁说如果塞缪尔还不给她回信儿她将中止和 Thomson Industries 公司的合作。

迈克尔走进塞缪尔的办公室。塞缪尔正在审查项目成本报告。"塞缪尔，我接到 ElectroTech 公司安吉丽卡的电话。她非常生气。说你没给她回电话，她想和你谈谈。"

塞缪尔回答说："正是如此。你知道我为什么不给她回电话吗？因为她想做大量的变更，那将使项目延长很长的时间，我们提前完工获得奖金的事就会泡汤的。"

"我告诉她说你会给她回电话的，塞缪尔，今天给她回个话儿。这个项目对我们很重要，我不想让客户不高兴。"迈克尔说道。

"迈克尔，你知道女人是怎样的。她们经常感情用事。我会给她回话并让她冷静下来的。如果她告诉我说更想给你打电话而不是要我回话，那就太好了，如果那样的话那个女人纠缠不休的就将是你！"塞缪尔回答道。

迈克尔离开后，潘妮拿来一份日本转包商的传真。上面写道："我们审查了你寄来的修改后的设备说明书。我们发现它变更后超出我们能力所及，有些要求变更很大，很遗憾我们不能完成任务，除非另做工程设计。我们想和你当面谈谈，讨论一下为满足修改后的说明书而额外设计的附加成本。"

塞缪尔说道："开玩笑，我们一分钱也不会多给他们。他们在转包合同中已经拿了足够多的钱，做再多的设计也没问题。我不想和他们就钱的问题进行谈判。他们最好知道在美国人们是不会那样做生意的，至少我不会那样做。潘妮，以我的名义给他们去封信告诉他们让我们提供额外奖金是不可能的。他们知道最初的说明书是初步的，应该预料到随着事态的进展需要做更多的工程设计。我不想参加那种'顾全面子'的会议。"

"还有两件事，潘妮。"塞缪尔说道，"准备一下明天的项目会议，告诉所有现在在这儿的人。我要对将进行的活动进行一下修正。我想知道是不是有人未经我的允许跟日本人和安吉丽卡私下谈过话。我声明一下，如果被我查出来，那些家伙可就有麻烦了。难道他们不知道做事之前要先通知我吗？还有一件事，给安吉丽卡去个电话，问问她能不能星期五来达拉斯开个会。我没有时间去她那儿——星期五晚上我约了老朋友打一场网球赛。而且，是她要和我谈话的，因此应该她来这儿。也许那将使她冷静下来。为我们在购物中心附近预订一家餐厅。我和她商谈完毕后中午要小饮几杯，我会建议她在回波士顿之前去购物中心采购一番。购物——女人摆脱压力的好方法，对吧，潘妮？"

❓ 案例问题

1. 塞缪尔在沟通上犯了什么错误？

2. 当潘妮打电话给安吉丽卡让她到达拉斯与塞缪尔见面时，她会怎么做？

3. 当迈克尔告诉塞缪尔关于安吉丽卡打电话的事时，迈克尔能否说或做些其他的？潘妮能否为塞缪尔的沟通方式和冷冰冰的评论做些别的？

4. 在处理像本案例这种多方参与的项目时，良好的沟通计划应包括哪些要素？

◤ 小组活动

把课程参与者分为 3～4 组，来谈论案例问题的答案。每一组选出一个代表对所得答案进行说明。

第13章 项目组织的类型

本章内容支持《PMBOK 指南》中的如下领域：

项目整合管理

项目人力资源管理

现实世界中的项目管理

共同的基础

    Comau 公司在欧洲、亚洲和美洲的经营业务是为许多工业部门提供灵活的、模块化的、创新的解决方案，这些部门包括航空航天、铁路、航海、安全、太阳能和自动化。Comau 有四个部门：车身焊接与装配，动力总成加工和装配，机器人技术和服务，航空航天生产，它们都致力于工业自动化。Comau 是 Fiat 集团的一部分。在为寻找世界不同地域上共同从事项目管理雇员而努力的进程中，它设立了自己的项目、项目集和领导力学院来提高项目组合的管理，并针对它的组织、雇员的技能、项目管理进程和沟通来进行治理。

    组织的提高一部分来源于发展合作项目和基于合作层次的合同管理办公室，以及不同地域的四个项目管理办公室——欧洲联合项目管理办公室，北美项目管理办公室，南美项目管理办公室，以及亚洲项目管理办公室。这些办公室由一个国际项目、计划和投资组合管理专家团队构成，这些专家高度重视为客户提供高质量的产品、项目和服务。在项目执行阶段，项目管理办公室经营跨国公司项目，提供合同专家，协调项目管理进程，并且领导Comau 项目管理学院的培训工作。这种全球性管理的最终结果是带来不同国家和企业之间的流动。

一个全球性的注册采购经理培训机构通过项目、项目集和领导力学院，培训了 900 多名雇员，让他们接受项目管理技能的训练，包括个人技能和团队建设活动。公司还鼓励雇员们完成项目管理专业资格认证。Comau 已经有超过 90 个雇员获得了 PMP 认证。项目工作团队的所有人员都被邀请参加由公司内部的项目经理讲授的内部培训会议。从 2010 年 7 月开始，Comau 项目管理学院已经在 Fiat 集团其他部门为专业团队的项目经理做了多场培训，从产品生产到制造工程再到服务供应，在很多领域都有它活跃的身影。

Comau 用采购经理人指数作为实践导向，通过分析优秀案例，创建了从项目的起始阶段到报告阶段再到合作项目管理办公室的项目管理活动普遍适用的过程、工具和模板。采纳这种提议的公司越来越多，项目管理技术的应用也越来越熟练。也正是由于新技术的应用，雇员们就需要花更多的时间来训练，并将技能运用到实践中。Comau 在 14 个国家中有超过 11 000 名雇员。

项目管理团队是一个全球性的团队，它包括项目经理、规划人员、控制人员和团队成员。该团队每年都举办会议，并且通过专门的网站交流知道的信息、诀窍和经验教训。员工与本地的国际项目管理机构、学术机构及其他企业和行业都有联系。瓦莱利奥·克罗瓦斯在意大利的 Grugliasco 市，他是一名 PMP，也是 Comau S.p.A 的合作项目管理办公室经理。他这样说到："无论是在法国还是在印度，我们的项目管理家族都共享着相同的语言和流程。"

Comau 注重吸取别人的经验教训，并跟随自己的脚步开发一个项目管理办公室和进行公司的项目管理培训。Comau 建议，第一步，建立一个与公司整体战略相一致的强烈愿景。第二步，它建议制定一个实施策略，以达到进行成熟度评估和差距分析的境界，安全的承诺和投入，定义功能、规则和责任，确定流程和工具，估算资源和成本，并明确优先事项。第三步，它建议设计一个详细的路线图，通过短期实施能迅速取得一些成果。第四步，它主张与所有雇员持续共享愿景、战略和实现路径，交流最佳实践经验并取得成就。第五步，Comau 提出要对采纳和使用项目管理持一种积极的态度，让那些最先进行应用的人作为带头人，以及其他员工工作改革的推动者。

　　Comau 致力于拥有一个企业项目管理办公室，在项目管理技术方面培训其员工，制定项目管理实践的政策，并与内部和外部项目管理专业人员进行沟通。公司十分强调专业化、现代化地应用项目、项目集和项目组合管理。Comau 的项目管理团队一心为客户提供优质的产品、项目和服务，这些都要通过创新、领导和专业的责任感才能实现。

　　资料来源 V.Crovasce，"Common Ground," PM Network 24, No.1(2010), 28-29。

本章概要

　　尽管可以通过多种方法组织人们进行项目工作，但最常见的组织结构是职能型、项目型和矩阵型。这里所举的事例是关于工业公司的，其概念可以应用到其他行业，如服务业、政府事业及公共机构，非营利性组织（如教育机构、医院和福利机构）。你将了解以下内容：

- 三种组织结构的特点。
- 每种组织结构的优缺点。
- 项目管理办公室的职能。

学习成果

　　学完本章后，你将能够：

- 解释三种项目管理组织结构类型。
- 描述每种项目管理组织类型的优势和劣势。
- 描述一个项目管理办公室在矩阵型组织结构中的作用。

13.1 职能型组织

图 13-1 显示了一家生产销售标准电子产品的工业企业的职能型组织结构

（Functional Organization Structures）。通常，运用这种职能型组织结构的企业基本上生产、销售标准产品，很少涉足外部项目。例如，一家制造、销售影碟机的公司很可能就采用这种组织结构。在职能型组织结构里，各团队成员有相同的职能，如设计或制造；或有相同的技能，如电子工程或测试技术。每个职能团队，或者叫做职能部门，为支持公司的业务目标，全力执行自己的任务。他们的工作重点是使公司产品在技术和成本上处于领先优势。同时，也注重利用每个职能部门的专业技能为公司产品做出重要贡献。

采用职能型组织结构的公司有时也进行项目工作，但主要是公司内部项目，而不是为外部客户服务。职能型组织的项目包括开发新产品、设计公司信息系统、重新设计办公场所或完善公司的规章制度，节能减排项目，或更新公司政策和程序手册。对于这些项目，由公司管理层从营销、设计、制造和采购这些下级职能机构中选出成员，组成多职能项目团队或任务突击队。分配到项目中的成员可能是专职人员，也可能是兼职人员；可能为项目工作一段时间，也可能一直工作下去。但是，绝大多数情况是，人们在为项目任务突击队兼职服务时，继续从事他们正常的职能工作。某位团队成员——可能是某个职能副总裁，被任命为项目领导或经理。

在职能型组织中，因为成员仍然在行政上为他们各自的职能经理工作，所以项目经理对项目团队没有完全的权力。而且，由于成员根据他们的技术专业来看待对项目的贡献，所以，他们仍从属于职能经理。如果团队成员之间发生矛盾冲突，通常通过组织的权力结构予以解决，这会延缓项目进度。另外，如果公司总裁授权项目经理在团队成员发生争议时可以做出决策，那么，这种决策可能有利于项目经理自己的职能团队，而不反映整个项目的最佳利益。例如，关于某项新产品的设计发生争议，来自工程职能部门的项目经理做出决定，减少工程设计成本，增加制造成本。在向公司总裁报告项目进度时，项目经理做了一些其他职能部门的团队成员认为不公正的评论，如"如果制造部门能多想一想其他生产方法，会使产品成本更低一些。工程部门已经减少了设计成本。"这种情况下，只得由公司总裁亲自处理冲突了。

职能型组织结构适用于进行公司的内部项目。然而，由于项目并非公司日常工作的一部分，所以，必须使分派到项目任务突击队中的每个成员明确理解他们

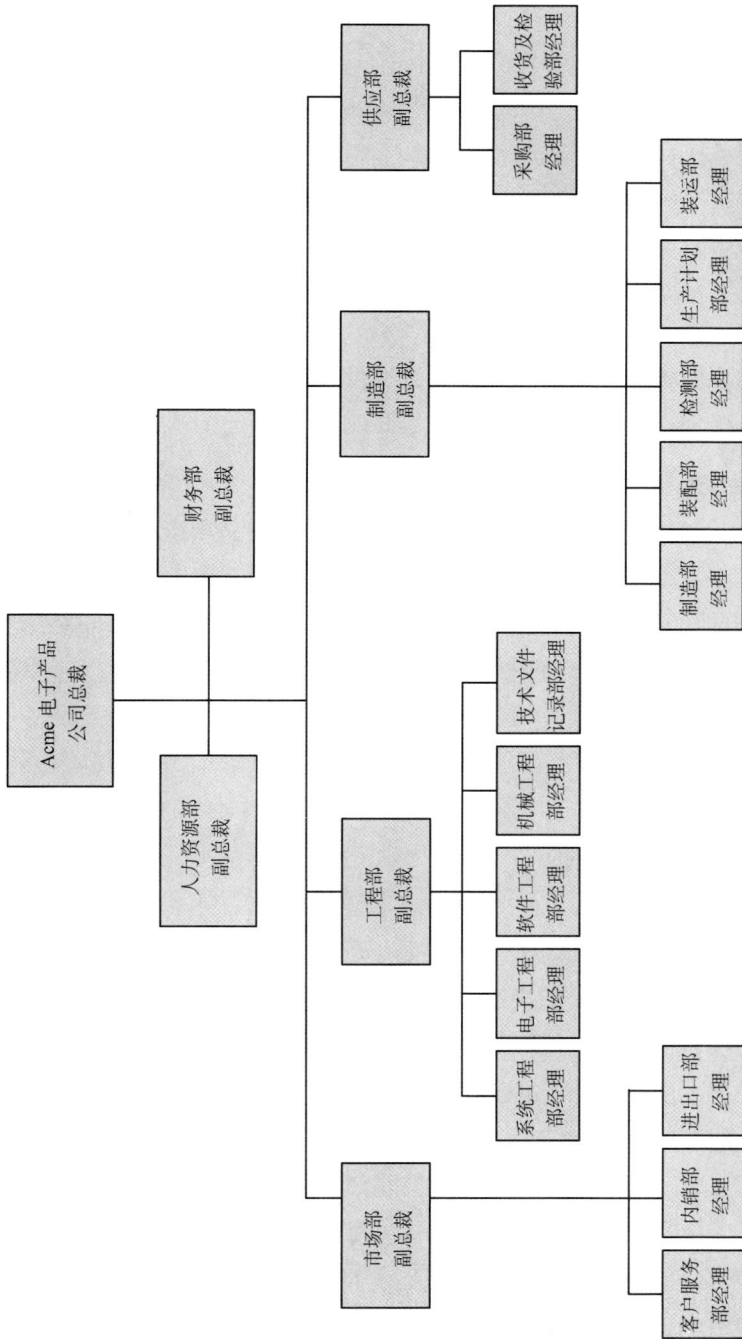

图 13-1　职能型组织结构

的角色和职责。如果项目经理没有足够的权力做出项目决策，他就要靠领导能力和说服能力来建立共识、处理冲突，使任务突击队成员团结起来实现项目目标。项目经理要花一些时间向公司的其他职能经理反映项目最新情况，感谢他们对项目工作人员的支持。

有时，任务突击队进行的项目完全属于某个具体的职能部门。例如，技术文件记录部门经理要形成一个由编辑人员和资料专家组成的任务突击队，为所有技术资料制定一个共同标准。在这种情况下，这个特定项目经理完全负责这个项目，处理冲突要比在多职能项目团队里便捷多了。

采用职能型组织结构的公司可能会将项目外包，如信息系统开发或特定的工作包（如制作培训视频，目标人群是分包商或顾问）。

> ✏️ **练习题**
>
> 1. 职能型组织注重让每个职能单位的_____为公司产品做出重要贡献。
> 2. 判断正误：在职能型组织中，人们在为项目任务突击队兼职服务时，继续从事他们正常的职能工作。
> 3. 采用职能型组织结构的公司经常形成任务突击队进行_____项目，但很少从事涉及_____客户的项目。

13.2 项目型组织

图 13-2 是某公司的项目组织结构（Project Organization Structure）图，该公司的业务是向城市和乡村提供快速运输服务。一个普普通通的客户订单就是一项几百万美元的项目，需要花几年时间进行设计、制造及安装。这个公司的经营业务就是项目，它不生产标准产品。在任何一个时段，它都在进行好几个处于不同阶段的项目。随着项目逐步结束并完成，公司希望得到新的项目合同，组织要为具体项目招聘人员。如果有合适的专业技能知识，他们可以在项目一完工就重新分配任务。每个项目团队致力于一个项目。完成项目后，团队成员要么被分派到另一个项目中去，要么被解雇。

在项目型组织里，每个项目就如同一个微型公司那样运作。完成每个项目目

标所需的所有资源完全分配给这个项目，专门为这个项目服务。专职的项目经理
对项目团队拥有完全的项目权力和行政权力（在职能型组织里，项目经理可以行
使项目权力，但职能经理仍保留对分配到项目中的下属的行政和技术权力）。由
于每个项目团队严格致力于一个项目，所以，项目型组织的设置完全是为了迅速、
有效地对项目目标和客户需要做出反应。

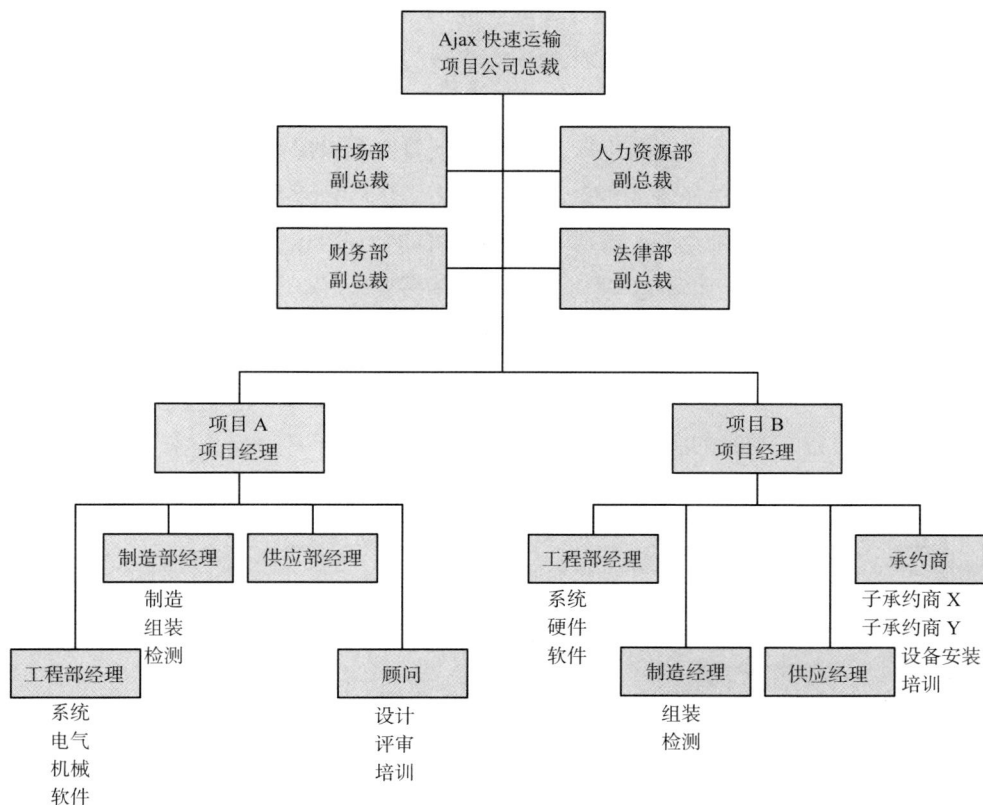

图 13-2　项目型组织结构

项目型组织无论从单个项目，还是整个公司讲，都是成本低效的。每个项目
必须为专门工作的团队成员付酬，即使是在项目某些阶段他们工作很轻松，也得
如此。例如，项目在某处的延迟造成某些资源几个星期的闲置，项目资金必须得
分摊这项费用。如果闲置时间过久，这一项目就可能无利可图，并会占用其他项

目的利润。对整个公司来说，项目型组织由于在多个同时进行的项目上存在资源任务的重复，从而造成成本低效。因为资源不能共享，某个项目专用的资源即使闲置不用，也无法应用于另一同时进行的类似项目。同样，不同项目团队的成员也不可能共享知识或专业技术技能，因为每个项目团队都是独立的，团队成员只效力于自己的团队。当然，也可能有一些公司内部的辅助职能为所有项目服务。例如，从图 13-2 上可以看到，人力资源职能为所有项目服务，因为没必要让每个项目自己招聘员工，这样，通过设立一个共同的人力资源职能部门，公司就可以统一人力资源政策及员工利益政策。

在项目型组织中，为了最大限度地利用项目资源，保证在预算范围内成功地完成项目，需要有详尽而准确的计划和一个有效的控制系统。

项目型组织结构常见于一些涉及大型项目的公司。这类大型项目价值高（数百万美元）、期限长（几年）。项目型组织结构主要应用于建筑业及航空航天业。

✎ **练习题**

4. 在项目型组织里，完成每个项目目标所需的所有资源_____分配给这个项目，专职的项目经理对项目团队拥有完全的_____和_____。

5. 项目型组织是成本_____。

6. 项目型组织结构常见于一些涉及_____项目的公司。

13.3 矩阵型组织

图 13-3 显示了一家销售用户计算机终端自动信息系统的公司的组织结构（Matrix Organization Structure）。该公司所接的每个客户订单都是一个独特要求的系统，有些系统很小，仅售 5 万美元，设计、生产需要 4~6 个月；但有些系统要耗资好几百万美元，用 3 年左右的时间完成。如图 13-2 里的 Ajax 快速运输公司一样，专业化计算机系统公司（Specialized Computer Systems, Inc.）也是从事项目业务。但是，它的业务有许多是小规模的项目，任何一个时候都在进行，各个项目只是在规模及复杂程度上有所不同。项目总是不断地完成、开始。

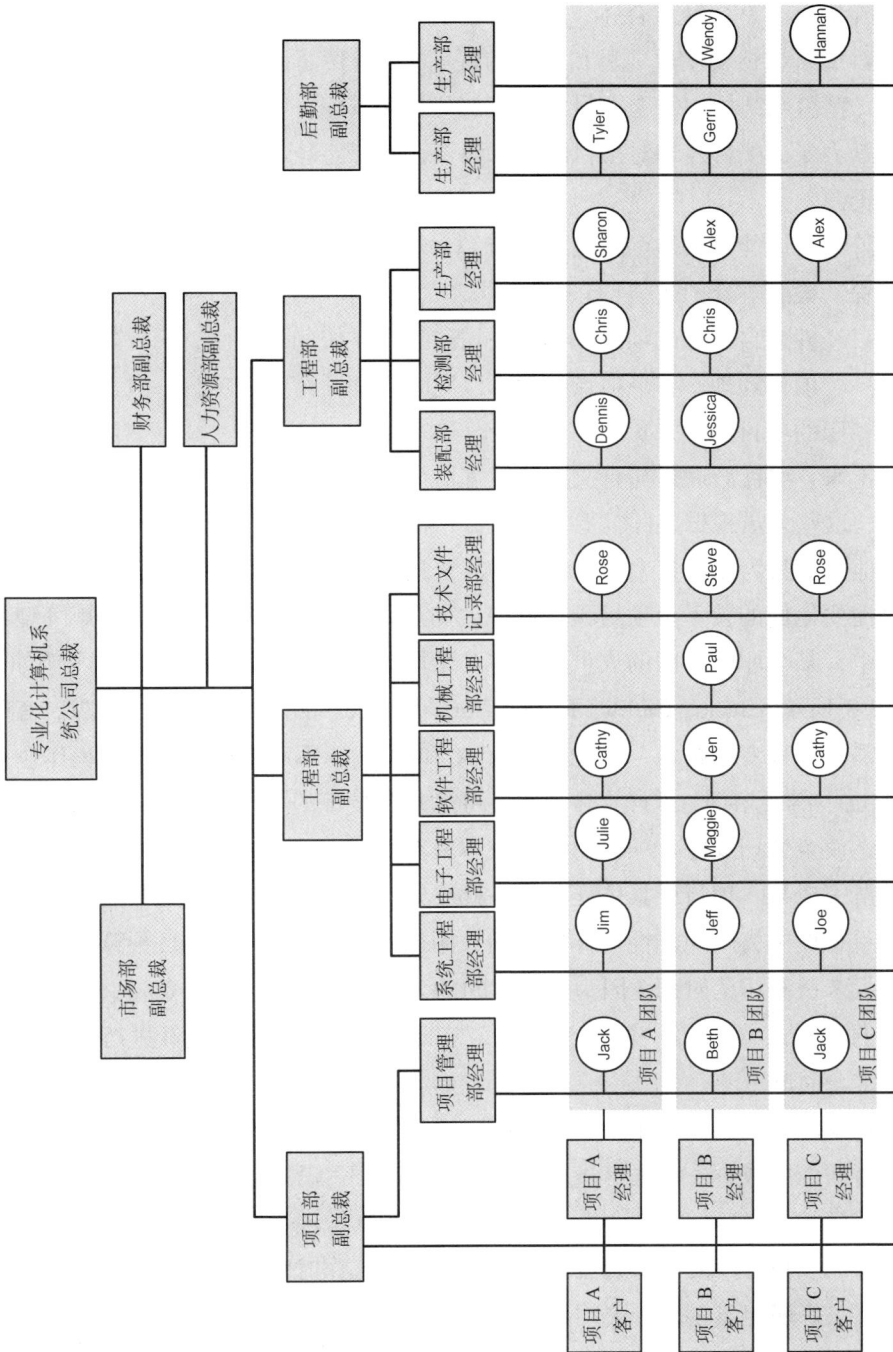

图 13-3　矩阵型组织结构

矩阵型组织是一种混合体，是职能型组织结构和项目型组织结构的混合。它既有项目型组织结构注重项目和客户的特点，也保留了职能型组织结构的职能特点。矩阵型组织结构中每个项目和职能部门各司其职，共同为公司和每个项目的成功贡献力量。项目经理对项目的结果负责，而职能经理则负责为项目的成功提供所需资源。

矩阵型组织能有效地利用公司的资源，作为技术人员大本营的职能部门（如系统工程、检测等部门），具有充足的技术力量支持项目不断进行。

项目经理来自组织的项目部门。公司接到新系统的订单后，项目副总裁为项目委派一个项目经理。一个项目经理可以同时管理几个小型项目，但大型的项目就要由专职的项目经理来负责。

接下来，项目经理要与有关职能经理协商，从各个职能部门中为项目分配工作人员。这些人员根据实际需要，为项目工作一定时间。部分人员专职为项目工作，其他人员只为项目某个部分工作，甚至只在项目中出现一两次，这要根据项目何时需要他们的技术及项目预算允许他们工作时间长短而定。在一个矩阵型项目组织中，某个职能部门的人员通常在几个同时进行的项目中兼职工作，例如，如图 13-3 所示，Jack、Cathy、Rose、Chris 和 Alex 都在两个项目中兼职。有些项目不需要某种专门技术，例如，项目 A 和项目 C 不需要任何机械工程作业，项目 A 也不需要培训。这样，几个项目可以共享员工的工作时间，从而能有效利用资源，使全公司及每个项目的全面成本减至最低。

人员完成某一项目或具体任务后，就被分配到新的项目中。这样能使实际应用到项目工作中去的职能性工作的时间效用最大化（在人员的项目预算范围内），尽量减少未被利用的时间（因为这种时间的工资成本只能由公司负担，这样会减少公司的赢利）。当然，一定要为假期、节日、疾病、培训和设计进行新项目方案留出空余时间。

一定要注意，如果职能人员未被利用的时间累计很多，那么即使每个项目都在预计时间内完成，公司也可能亏损。如果一家公司没有足够多的项目而使得一些职能部门的人员闲置，就会发生这种情况。在其他项目结束的同时，公司应不断获得新的项目，以便使职能员工有较高的实际工作时间率。如果未被利用时间太多，就只好解雇员工了。公司要经常寻找机会，从新、老客户中获得项目，或者像在第 3 章里讨论的那样，回复"需求建议书"，制定申请报告。

　　矩阵型组织结构使得人们有机会在职能部门中通过参加各种项目，获得职业上的发展。有了丰富的经验和阅历，人们在未来任务中的价值就会得到提高，更能胜任公司内的高层职位。当一个职能部门中每个人都有了丰富的工作阅历后，职能经理就可以更灵活地分派人员从事各种项目工作。

　　所有被分配到某个具体项目的全体人员组成项目团队，由项目经理领导，他要联合和统一团队的力量。同时被分配到几个小型项目中的人员可能是几个不同项目团队的成员。项目团队中每个成员有两个汇报关系，也可以说每个成员有两个经理——临时的项目经理和永久性的职能经理。对于某个同时从事几项项目工作的员工，如果改变工作顺序，则会引起冲突和焦虑不安。

　　在矩阵型组织结构下，关键是要明确团队成员向谁汇报，对什么职责或任务进行汇报。因此，在一个矩阵型组织中，使项目经理与职能经理各自明确职责是很重要的。

　　在矩阵型组织结构中，项目经理是公司与客户之间的媒介。由项目经理确定做什么（工作内容、何时完成、进度计划）、多少费用（预算）等这些问题，以实现项目目标，使客户满意。他的职责是指导制定计划，做好项目进度计划和预算，为公司的各个职能部门划分具体工作任务和预算。在整个项目中，项目经理既要做好控制工作，使项目按进度计划和预算进行。同时，还要向客户及公司上层管理层汇报项目进度情况。组织可能要给每个项目分配一个项目管理人员，协助项目经理和项目团队做好计划、控制和汇报工作。

　　矩阵型组织结构里职能经理的职责是决定如何完成分配的任务、每项任务由谁（具体人员）负责。组织结构中职能经理要在技术上指导和领导项目中的工作人员。同时，他也有责任确保该职能部门承担的所有任务都能在给定的预算范围内，按照项目的技术要求准时完成。

　　在有多个项目的情况下，职能经理要把许多人员分配到这些同时进行的项目的各个部分中，特别是，如果项目规模较小，不需要专职人员或项目只在短期内需要某项专门技术时，更是如此。职能经理一定要对他的职能部门内人员的工作任务保持监控，并根据各个项目中情况变化的需要——如进度拖延或客户要求做出变化等——进行重新配置。例如，客户迟迟不审批工程设计图，或某个设备的经销商运输时间过长，延迟交货，导致项目耽搁。这时，就应设法使分配到这个项目中的人员暂时为其他项目工作。如果项目进度落后，无法按客户要求日期完成，使项目陷入困境，职能经理可以从正常工作的一些项目中调派人员。

矩阵型组织结构有利于培养"检查平衡"（Checks and Balances）的工作环境。实际上，人们可以通过项目部门和职能部门这两种途径发现潜在的问题，从而避免压制问题，使它们在未使项目的成功实现陷入困境之前得以更正解决。矩阵型组织由于具有水平（项目方向）和垂直（职能方向）两种信息流通渠道，能够在发现问题后迅速做出反应。

项目副总裁，作为项目经理的汇报对象，在矩阵型组织中发挥重要作用（见图 13-3）。这种组织通常被称为项目管理办公室（PMO），它负责监督和协调多个项目，帮助解决项目之间的优先级冲突，还可以在保证客户和公司整体风险最小的前提下促进优先决策的制定，尤其当这家公司有其他正在进行或计划进行的项目时。项目管理办公室也可为项目进程提供支持，例如，为项目团队提供项目管理课程的培训，为项目提供行政支持人员。PMO 还设立一致的规程并且创建最优实践和模板，这些模板可用于项目计划、监督和控制，数据收集，文件归档和项目报告。例如，它可以是归档的项目文件储存库和项目管理经验教训的知识储存库。PMO 在公司项目管理过程中通常都为信息系统提供核心支持。

✏️ 练习题

7. 矩阵型组织具有_____结构注重项目和客户的特点，但也保留了_____结构的职能特点。

8. 在矩阵型组织里，_____部门为支持项目不断进行提供了_____的大本营。

9. 矩阵型项目组织由于可以在几个_____中_____员工的时间，就能有效利用_____，从而使成本减至最低。

10. 在矩阵型组织结构中，_____中每个成员有两个汇报关系，临时的_____经理和永久性的_____经理。

11. 在矩阵型组织结构中由项目经理确定做_____，_____完成，多少_____等这些问题，实现项目_____，使客户满意。

12. 矩阵型组织结构里职能经理的职责是决定_____完成任务，每项任务由_____负责。

13. 矩阵型组织由于具有_____和_____两种_____渠道，能够在发现问题后迅速做出反应。

14. _____在_____型组织中发挥重要作用，它负责_____和多个_____。

13.4　优缺点分析

前面讨论了有关职能型、项目型及矩阵型组织的特点，针对这 3 种组织结构，表 13-1 列出了它们各自的优缺点。

表 13-1　组织结构优缺点比较

	优　　点	缺　　点
职能结构	• 没有重复活动 • 职能优异	• 狭隘、不全面 • 反应缓慢 • 不注重客户
项目结构	• 能控制资源 • 向客户负责	• 成本低效 • 项目间缺乏知识信息交流
矩阵结构	• 有效利用资源 • 职能专业知识可供所有项目使用 • 促进学习、交流知识 • 沟通良好 • 注重客户	• 双层汇报关系 • 需要平衡权力

13.4.1　职能型组织结构

职能型组织是在同一个组织单位里，把具有相同职业特点的专业人员组织在一起，这样就减少了重复工作。它具有专业化的好处，即成员有一个在他们具体专业知识和技能上交流进步的工作环境。例如，一个计算机工程单位里的所有人员都可以共享软件，一起讨论开发计算机系统的方法。

然而，由于职能型组织的每个职能部门只关心自己的业绩，使整个组织具有一种狭隘性。它并不注重与其他职能部门的团队协作，职能部门之间很少相互进行有益的交流。职能型组织也不以项目为主，制定的决策可能相对短视，不是出于对整个项目最佳利益的考虑。等级结构使沟通、解决问题及制定决策进展缓慢。例如，产品不合格，出现问题，工程部门认为是由于制造部门没有正确地生产制造，制造部门则声称是由于工程部门设计不合理或交付给制造部门的工程设计图有错误。这样的问题会在管理等级的各层传来递去，最终还得由公司总裁解决。职能型组织不太注重客户，在这种组织里，人们强烈忠诚于自己的部门，而不是项目或客户。

13.4.2　项目型组织结构

在项目型组织里，项目团队的所有成员都为项目经理工作，因此项目经理可以完全控制资源，包括决定工作如何完成、由谁完成的权力，不会与其他项目在优先次序及资源问题上发生冲突，这个项目的所有资源都专门为这一项目服务。项目型组织对客户高度负责。例如，如果客户改变了项目的工作范围，项目经理有权立刻按照变化意见重新分配资源。

由于不能充分利用资源，项目型组织结构可能是成本低效的。项目型组织中的所有人员都是专职工作的，或许某些工作进展得很缓慢，团队成员的工作效率很低。如果工作进展缓慢，就可能会在员工中产生一种在工作中消磨时间的倾向。假如没有其他事可做，人们会把一周能做完的事情磨蹭到两三周，使项目成本增加。另外，如果有一些人员在一定时期内无事可做，他们的闲置工时也是公司的一项成本，这也会降低公司的赢利。几个同时进行的项目也可能会有重复的活动，这也会导致成本低效。例如，如果几个团队联合订购原料和物资，而不是单独进行，经销商的价格就可能会更优惠一些。

在项目型组织结构中，知识和技能在项目之间的交流程度很低，成员们专心为自己的项目工作。这种结构没有职能部门那种让人们进行职业技能和知识交流的场所。另外，项目结束后，如果没有新的项目供人们分配工作，就得解雇员工。在这种情况下，人们从项目中学到的东西就对公司没有多大用处了。在一个项目型组织里，团队成员在项目临近结束时，对重新分配这一问题会感到非常着急，尤其是因为他们没有职能部门这样的归宿。

13.4.3　矩阵型组织结构

矩阵型组织结构力求发扬职能型结构和项目型结构的优点，克服二者的不足之处。在矩阵型组织的结构里，来自各个职能部门的人员在必要时可以为某个具体项目兼职，或者只工作一段时间，从而能有效利用资源。而且，具体职能部门的人员通常同时在两个或更多的项目中工作。由于员工隶属于职能部门，他们能够为适应项目的变化需要而在各项目之间流动。例如，如果某个项目因拖延而停工，职能经理为避免工时闲置加大公司成本，可以将一些团队成员调配到其他项目中去。

矩阵型组织结构的基础核心专业技能可供所有项目应用，这样，这些技能就能获得很好的利用。同一职能部门的人员具有共同的专业训练，可以互相合作学习。项目结束后，员工回到自己的职能部门，等待分配新的项目任务。他们的知识与公司融为一体，会在将来的项目中得以应用。人们通过在多个项目中的磨砺，会学到很多东西，有很大发展进步。他们的知识可以在各种项目之间进行交流。

同时，矩阵型组织结构也便于改善沟通，从而可以更及时地发现问题，解决冲突。项目团队成员可以通过两条渠道向项目经理和职能经理反映情况，提醒注意潜在问题。这两种沟通渠道更有利于发现问题，避免压制。

最后，矩阵型组织注重客户，项目经理是项目团队与客户沟通的中心环节，组织设立职能部门支持项目进行。

矩阵型组织结构里的项目团队成员有两个汇报关系：临时性地向项目经理汇报，但在行政管理方面，仍要向他们的职能经理汇报。如果某个成员同时在数个项目中工作，这个成员就会有好几个经理。这时，会由于工作优先次序而产生不安和冲突。这些人员对他们的职能部门有牢固的忠诚，但项目团队也需要他们的忘我奉献，这可能会使前一种关系变得紧张一些。应用矩阵型组织结构，公司一定要制定工作纲领，保证在项目经理和职能经理之间恰当的权力平衡。项目经理和职能经理在涉及工作优先次序、项目中具体人员的分配、工作中的技术方案，以及项目变化等方面有可能产生矛盾冲突。如果权力不平衡，在解决这类问题时，就很可能不是从对公司或客户的最佳利益考虑出发的。

练习题

15. 职能型组织结构的一些优缺点是什么？
16. 项目型组织结构的一些优缺点是什么？
17. 矩阵型组织结构的一些优缺点是什么？

现实世界中的项目管理

近距离观察：美国肯塔基州路易斯维尔市 Churchill Downs 公司

　　肯塔基赛马被誉为"体育界最激动人心的两分钟"，所以 Churchill Downs 跑马场因为每年的肯塔基赛马而闻名世界。然而在过去的几年中，由于对跑马场的检验不合标准，导致对比赛的承诺无人监督或比赛结果无法用一定标准衡量，Churchill Downs 的项目和它的其他四个赛场已经被查封。如果你赛马时想要一个万无一失的赌注，项目的成功可不是其中之一！

　　为了改变它们项目成功的怪现象，Churchill Downs 公司决定为 IT 部门创造出一个全新的项目管理办公室。除了用 Microsoft Excel 电子表格来帮助管理众多项目，它们再没有其他的标准操作行为了。雷·佩特是公司的一名高级项目经理，他说："这种做法的缺点是每个项目都要用一种特定的方法去解决。在整个组织中没有建立起对信息和知识的利用制度。"查克·米苏兰通过了 PgMP 认证，现在已经是一名 PMP，并且是新的项目管理办公室的掌门人。

　　米苏兰的任务是为主要的 IT 部门项目开发精益流程管理审批，分清轻重缓急，监督和测量结果。人们通常会以他们自己的方式完成各自的工作。而采纳一个新的流程，则首先需要从最小的实施过程开始，并在以后不断加强。米苏兰将整个流程比喻成赛道，并且这样描述他的独特的工作文化："像一场比赛一样，一个项目也有明显和清晰的起点、里程碑和终点线。这是一个我们都能接受的模型。"从赛前检阅场到领奖台，米苏兰将赛道分为 12 个站点。各个具体的商业项目都在检阅场接受检阅，起跑门象征着批准和优先级，在赛道附近移动就是完成项目章程，工作分解，变更控制，检测，落实和审批的过程，而最后的领奖台则是吸取经验教训和绩效评估。

IT 部门完成的项目都很成功。公司管理层决定将 IT 部门的项目管理办公室晋升为全公司范围内的项目管理办公室。Churchill Downs 的所有项目都遵循赛道式的流程。具体商业项目和执行团队的批准是每个项目的开端，而每个项目的结果都是绩效评估。

参考项目管理办公室的案例和测量过程，雷·佩特指出："虽然在过去实现效益不是我们所擅长的，但是现在，我们有能力确认所得到的或者所花费的，以及每个项目的价值，而这才是每个金融界人士真正欣赏的，这也让他们更能了解我们实现了什么。"

尽管利益相关者已经认识到，如果没有项目管理办公室，项目就不可能完成，但是项目管理办公室还是要不断地向组织证明自己的贡献。米苏兰说："我们都极度关注自己的状况，并且不断改进和观察周围的环境，以此来探索项目管理办公室在哪方面可以提供更好的支持。如果总是不考虑风险，我们将不会成为好的管理者。"在执行团队中，会进行事关项目的双周会议和年度会议。会议中将评估项目管理办公室的优势、劣势、机会和威胁，这些都是状况评审过程的几个环节。

项目管理办公室组织的金融培训将使他们知道如何更好地评估项目，而沟通对组织具有重要价值，这一点体现在沟通是确保该办公室稳定存在于 Churchill Downs 的一种手段。Churcill Downs 相关负责人说："我们项目管理办公室的核心价值，就是我们关注结果并且建立自己的方法来管理项目，而这都是通过实现效益来进行的。这也正是项目管理办公室能长久稳定的所在。"

资料来源："A Closer Look : Churchill Downs Inc, Louisville. Kentucky, USA ." PM Network 23, No .7(2009), 40-45.

关键的成功要素

- 在一个矩阵型组织中，使项目经理与职能经理各自明确职责是很重要的。
- 应用矩阵型组织结构，一定要制定工作纲领，保证在项目经理和职能经理之间恰当的权力平衡。

● 在整个项目过程中，项目团队应尽可能保持小规模。

小结

组织人们进行项目工作，最常用的三种结构是职能型、项目型和矩阵型结构。这些结构可以应用到众多的工商企业和非营利性组织。

职能型组织主要适用于生产、销售标准产品的工商企业——这类企业很少有外部项目，重点是突出公司产品的技术优势和成本竞争力，以及每个职能部门在专业技能上对产品所做的贡献。获得项目后，组织从各个相应的职能部门抽调人员，组成多职能的项目团队或任务突击队，负责进行项目任务。在这种结构里，由于各成员在行政上仍然由他们各自的职能经理管理，所以，项目经理对团队并没有充分的管理权力。如果团队成员之间产生冲突，通常要通过组织的权力层解决。应用职能型组织结构的公司通常会定期组建项目任务突击队（小组）进行公司内部的项目，或者将项目或特定工作包外包给外部资源，如分包商或顾问。

应用项目型组织结构的公司通常会同时进行多个项目，但不生产标准产品。人员是雇来从事项目工作的。每个项目团队专门从事一个项目，项目完成后，团队成员如果有合适的技能，会被分配到另一个项目中。专职的项目经理对项目团队有完全的项目行政管理权力，由于每个项目团队完全致力于一个项目，所以，项目型组织的设置完全有利于项目目标和客户需要，能迅速、及时地做出反应。从公司的角度考虑，项目型组织由于在几个同时进行的项目上存在资源或任务的重复而会导致成本低效。同时，不同项目团队的成员之间很少有机会交流知识或技术技能。涉及一些价值高、期限长的大型项目的公司通常会采取这种项目型组织结构。

矩阵型组织是一种混合型结构，它是职能型和项目型结构的混合。同时有多个规模及复杂程度不同的项目的公司，适合采用这种组织结构。它既有项目结构注重项目和客户的特点，又保留了职能结构里的职能专业技能。矩阵结构下的每个项目及职能部门都有职责通力合作，为公司及每个项目的成功做出贡献。另外，矩阵型组织能有效利用公司的资源。通过在几个项目间共享人员的工作时间，可以充分利用资源，全面降低公司及每个项目的成本。所有被分配到某一具体项目中的人员组成项目团队，归项目经理领导，由他联合和统一团队的力量。

在矩阵型组织结构里，项目经理是公司和客户之间交流的媒介。项目经理确定必须要做哪些工作、什么时候完成、需要多少资金，从而实现项目目标，使客户满意。在制定项目计划、项目进度计划和预算，为公司组织的各职能部门划分具体任务和预算这些工作上，项目经理要做好领导工作。每个职能经理负责决定每项任务如何、由谁完成。

在矩阵型组织中，项目管理办公室起着重要作用。它负责监督和协调不同的项目，能够帮助解决项目之间的优先级冲突，还可以促进优先决策的制定。项目管理办公室也提供项目管理课程的培训，为项目提供行政支持人员，建立一致的规程并且创建最优实践和模板，这些模板可用于项目计划、监督和控制，数据收集，文件归档和项目报告。

职能型组织结构的优点是没有重复活动，职能优异；缺点包括狭隘孤立、反应缓慢、不太注重客户。项目型组织结构的优点是能控制资源，对客户负责；缺点是成本低效，项目之间缺乏知识交流。矩阵型组织结构的优点是能有效利用资源，职能部门的专业技术可以为所有项目利用，促进学习和交流知识，沟通良好，注重客户；缺点是存在两种汇报关系，需要平衡权力。

思考题

1．什么是职能型组织？它的优缺点有哪些？

2．什么是项目型组织？它的优缺点有哪些？

3．什么是矩阵型组织？它的优缺点有哪些？

4．生产标准产品的公司通常采用哪种组织结构形式？说明原因。

5．讨论职能型组织在开发新产品时可能会遇到的一些问题。

6．为什么项目型组织被认为像微型企业？

7．为什么项目型组织有时被认为是昂贵的？

8．哪种组织结构被认为是一种混合体？为什么？

9．矩阵结构为什么能促进职业生涯？

10．矩阵型组织里，项目经理的职责是什么？

11．矩阵型组织里，职能经理的职责是什么？

12．矩阵型组织里，项目副总裁的职责是什么？

13．项目管理办公室的职责是什么？什么组织类型最适合项目管理办公室？为什么？

WWW 练习

如果你进入这里列出的网址有困难，你能在 www.towson.edu/~clements.找到这些练习（备有最新网址）。

关于下面练习中提到的组织的网站，可以上网登录 www.cengagebrain.com，在其主页上搜索本书的 ISBN，找到相应组织的网站。

1．搜索关于"职能型组织结构"的网站。至少对一个网站进行总结并与本章内容进行比较，有什么新发现？

2．搜索关于"项目型组织结构"的网站。至少对一个网站进行总结并与本章内容进行比较，有什么新发现？

3．搜索关于"矩阵型组织结构"的网站。至少对一个网站进行总结并与本章内容进行比较，有什么新发现？

4．搜索"项目管理成功与失败"的案例，将你找到的故事、案例和你的想法写成一篇文章，并描述项目组织类型是怎样影响一个项目的结果的。

5．访问项目管理协会（PMI）的网站，查找即将到来的的项目管理日历，找到日历的开始和结束的日期对应的事件，从这些事件中找到一个与不同组织类型相关的事件。它是在哪发生的？讨论了什么主题？

案例研究 13-1　多个项目

Multi Project 公司是一家拥有 400 名员工、经营良好的咨询公司，它同时为多个客户实施项目。这家公司有良好的信誉，有近 30% 的业务来自老客户。考虑到将来的业务，它瞄准了成长中的公司，并且也有很大的收获。由于业务的扩大，一些事情变得很紧迫，员工要尽力完成工作，让老客户满意，还要满足新客户的要求。Multi Project 公司一直在增加人手，事实上，在过去两年里，员工已从 300 人增加到 400 人。

Multi Project 公司采用矩阵型组织结构，有了新项目后，就任命一位项目经理。根据项目规模，一个项目经理可能同时有好几个项目。项目价值为 2 万～100 万美元，期限一般为 1 个月至 2 年。绝大多数项目期限是 6 个月，价值为 60 万～80 万美元。公司提供一系列咨询服务，包括市场研究、设计生产制造系统、招聘人员等。客户是一些大、中型组织，包括银行、生产企业和政府机构。

一天，Multi Project 公司接到 Growin 公司的电话，同意进行 Multi Project 公司于大约 6 个月前提出的一个项目。这个消息很是令 Multi Project 公司的股东们感到意外，他们本以为这个项目已经没希望了。另外，他们也非常希望能与 Growin 这个迅速壮大的公司进行第一个项目。Multi Project 公司很有可能在将来为 Growin 公司做几个大项目。

杰夫·阿姆斯特朗被任命为项目经理，负责 Growin 公司的项目。他于一年前加入 Multi Project 公司，一直急于管理一个有意义的项目。Growin 公司项目的建议书就是由他来完成的。

泰勒·博尼拉是一个高级系统工程师，已经在 Multi Project 公司工作了 8 年。他很有名气，那些他曾经服务过的老客户通常都要求在他们的项目中要有他参与。尽管非常忙，但他还是干得很起劲。他目前正专职为一家老客户 Goodold 公司的项目工作。Goodold 说，它们不选择另一家咨询公司，而是与 Multi Project 公司合作的原因之一就是因为泰勒在项目中的出色工作。

詹妮弗·弗尔南德斯是系统工程经理，在 Multi Project 公司已经工作 15 年了。她是泰勒的直接领导，但由于泰勒工作任务繁重，经常出差，除了每月的员工会议，她很少见到泰勒。

负责 Goodold 公司项目的经理是朱丽·卡普里奥罗，她在 Multi Project 公司工作两年了。泰勒被分配到她的项目中工作。这个项目时间很紧，每天都要加班。朱丽工作压力很大，幸好她有一个不错的项目团队，泰勒更是得力的助手。她曾听一位与杰夫工作过的朋友说泰勒很爱面子，会不惜一切使自己出色。朱丽对此并未在意，因为她与杰夫有各自的项目，很少打交道。

在杰夫被任命为 Growin 公司项目的项目经理当天，他在走廊碰见了泰勒。他告诉泰勒：

"我们争取到了 Growin 公司的项目！"

"很好。"泰勒回应道。

杰夫接着说："你也知道，他们之所以把这个项目给了我们而不是其他咨询公司，一个主要原因是我们允诺要由你负责这个项目的系统工程。泰勒，当我们提出计划报告时，他们对你印象很深。你认为什么时候可以开始在这个项目中工作？"

"很不巧，我帮不上忙。我在 Goodold 公司项目中脱不开身。事情确实很忙。我还得在这个项目中再工作 4 个月。"泰勒说。

"不行！"杰夫嚷道，"Growin 公司的这个项目对我——我是说对我们——太重要了，我要做好这个项目。"

"那么你最好去找詹妮弗。"

杰夫到了詹妮弗的办公室。詹妮弗正忙着，但他打断了她："我要让泰勒参加我的 Growin 公司项目，他想参加，但说我应与你谈一谈。"

詹妮弗说："不可能，以后的 4 个月时间他已经被分配在朱丽的 Goodold 公司项目中工作了。"

"朱丽？她是谁？我不管，我要找她解决这个事情。你最好给她的项目分配其他人员。"

杰夫边说边冲出办公室，找朱丽去了。

詹妮弗喊道："这由我决定，不是你或朱丽说了算！"但这时杰夫已不见了，没听到她的话。

朱丽正在会议室里与她的项目团队开会。杰夫敲开了门，问："这里是有位叫朱丽的人吗？"

"我是朱丽。"她回答。

"我要尽快与你谈一谈，非常重要。噢，顺便抱歉打扰。"泰勒也正在开会，杰夫看到他，说："嘿，泰勒，等我与朱丽谈完后，就找你，老兄。"说完便关上门回去了。朱丽对此很是恼火。

散会后，朱丽打电话给杰夫："我是朱丽，你这么着急与我谈什么？"

"要把泰勒调到我的项目中来。他也愿意，我已经与詹妮弗谈过了。"杰夫说。

"不可能，他对 Goodold 公司项目很重要。"朱丽拒绝道。

"实在抱歉，但如果 Growin 公司的项目成功了，我们就能从那儿获得更多的业务，绝对要比 Goodold 公司的多。"

"已经六点多了，我需要离开一个星期。我一回来就会与詹妮弗讨论这个事。"朱丽打断了他的话。

"好吧，随便你。"杰夫答道。

第二天，杰夫召集詹妮弗和泰勒开会，他首先宣布："这次会议是要确定泰勒尽快开始参加 Growin 公司项目工作的时间，以及你（看着詹妮弗）什么时候能派人接替他在那个叫什么名字的项目中的工作。"

詹妮弗说："我认为朱丽应该参加这次讨论。"

她来不了，显然她正出差一个星期，而我们需要马上开始着手 Growin 公司的项目。我们要准备好下周与它们的会议。另外，我们商谈是因为泰勒，而他也愿意来参加 Growin 公司项目。没错吧，泰勒？"

"嗯，既然你问起来，我就说明吧，我对 Goodold 公司项目的工作已感到厌倦，我学不到任何新东西。我是说，Goodold 公司项目工作没错，但我想变一变。"泰勒回答道。

詹妮弗感到很惊讶："你从来没向我提起过这些，泰勒。"

杰夫说："好了，我认为这个问题已解决好了。詹妮弗，你给 Goodold 公司项目分配一位稍感兴趣的人员。朱丽回来后，跟她说一声。同时，我和我的伙伴泰勒要做许多事情。安排好下周与 Growin 公司的会议。"

❓ 案例问题

1. 杰夫急于 Growin 公司项目开工的原因是什么？
2. 杰夫处理这个情况时，错在哪里？
3. 詹妮弗怎样解决这一情况？
4. 这个案例所表明的矩阵型组织有哪些优缺点？

◤ 小组活动

在学员间就下列问题进行广泛讨论：

- 詹妮弗下一步应怎么做?
- 泰勒怎么办?
- 如何预防这一情况发生?
- 这 4 个人本应怎样处理好这一情况?

案例研究 13-2　制造分部

Stevens 公司是一家由多种部门组成的制造企业,它的产品多种多样,涉及宇航、汽车、医药等多个领域。它的医药仪器分部在中西部(Midwest)、拥有 1 000 多名员工,销售各种各样的医学仪器,如医院和医学实验室用的分析器、监视装置和测试系统等,在该领域处于领先地位,产品在价格方面有着很大的优势。但是,该分部并不如 Stevens 其他分部发展得那么快,至少不及董事会意料中的那样。他们认为,这个分部的管理方式有些自以为是。有几个新的竞争者正在进入市场,产品更具特色且价格低廉。去年,首席执行官告诉医药仪器分部的经理卡里姆,必须开发新产品防止市场份额的减少。

卡里姆已经在该分部整整工作了 20 年,他是一名电子工程师,开发过很多产品。他认为他们的产品有质量优势,他的市场部应该更好地使客户确信:Stevens 公司的产品比那些名不见经传的竞争者的产品更佳。他还坚信,通过与供应商谈判及改进流程,制造分部能够降低成本。

他深信 Stevens 公司凭借自己的声望最终可以把所有竞争对手逐出市场。因此,他不想为了迎合首席执行官和董事会而在产品开发方面投入更多的资源。他想保持分部的边际效益,这决定他的年终奖金。

卡里姆的方法是建立 4 个产品发展团队。每个团队负责受到竞争威胁的一种产品,目标是赶上或击败与之竞争的产品。简单起见,他任命了 4 个部门经理作为 4 个产品发展团队的领导人,他认为这样可以使气氛更和谐。4 位部门经理分别为:

- 坦娅——市场部经理;
- 克哈立德——电子工程部经理;
- 李——计算机系统工程部经理;

● 托尼——制造部经理。

卡里姆从首席执行官那里了解到更多存在于产品开发中的问题。卡里姆了解到流程速度很慢，而这却一直没有引起他的重视，因为他认为 Stevens 公司能很轻易地拖垮竞争者，而且竞争者的低价产品肯定会为之带来损失。

卡里姆与他的部门经理上周照例召开了情况评审会议，他就产品发展项目存在的问题询问了几位部门经理。各位部门经理汇报的情况如下。

市场部经理坦娅说，包括卡里姆在内的所有经理都没有给予产品发展项目以足够的重视，而只忙于自己的工作。她说产品发展应以市场为导向，而不是以工程为导向。克哈立德和李负责的产品发展团队并没有给予市场部足够的支持，他们只想发展高精密度、设计复杂的产品，那些产品对用户来说是晦涩难懂的。她还说托尼只关心怎样使新产品更便宜，而不是更好，因为他认为低廉的制造成本才是最终目标。坦娅建议卡里姆设立一个新的产品发展经理的职位，那个人直接向她汇报，并对整个产品发展项目负责。

坦娅告诉卡里姆说，各部门的几位核心人员应当被任命为产品发展的经理，而且只为产品发展项目工作。她对卡里姆说另外三位部门经理联合起来对付她，因为她是个女人并且工龄很短。她指责他们是一群"年长的孩子"，20 年来他们足不出户，从未和客户打过交道。她告诉卡里姆说如果他不雇用一个产品发展经理向她汇报的话，她将慎重地考虑是否还会继续留在 Stevens 公司。她在该行业有着很高的声望，许多其他公司会欢迎她。那样卡里姆不得不花费一段时间才能找到新的市场部经理，如果还想让她回到 Stevens 公司的话，他将付出更多的薪水。

电子工程部经理克哈立德告诉卡里姆说，产品发展项目没有进展是因为计算机系统工程部总是"窝里斗"，在用硬件还是软件对产品进行设计的问题上争吵不休。他说李已经宣布年末将退休。克哈立德告诉卡里姆在李退休后，不应再派人接任他的位置，计算机系统工程部应当并入电子工程部。他说那样由电子工程部领导就可以很好地控制产品发展计划，因为强化所有产品都需要工程与设计才能。他认为并不需要市场部和制造部的参与，市场部的工作应该是把电子工程部研发出的产品销售出去，制造部要做的只是把电子工程部设计的产品制造出来。他还说如果不派人接任李，卡里姆能够花"高薪"聘用一位新的市场部经理。

计算机系统工程部经理李告诉卡里姆说，他曾经对竞争产品进行过评估，两者最大的区别就在于那些产品是基于软件制造而 Stevens 公司的产品是基于电子的。李提醒卡里姆生产电子产品已经过时了。现在环境日新月异，新技术新方法不断涌现，Stevens 公司必须采用软件对产品进行重新设计。他建议卡里姆在他年末退休后，任命尼古莱（Nicole）为计算机系统工程部的新经理。李认为她年轻、聪明，比工程部内的其他人更精于软件设计，能够在产品发展项目中大显身手。她有计算机工程学士和 MBA 学位。她深信 Stevens 公司的产品能够满足客户需求。她曾多次与坦娅就市场、客户、竞争者等方面进行过探讨。李告诉卡里姆说如果尼古莱得不到晋升，她很可能会辞职去另一家公司，甚至去竞争者那儿，在那里也许她的才能可以得以更好地施展。

制造部经理托尼告诉卡里姆说，卡里姆本人应当更多地参与到产品发展项目中来，与大家群策群力。他说市场部与克哈立德、李想对产品做大的变更，而那样无疑会增加成本，减少边际利润。他说他们根本不关心由此而带来的成本和制造过程的变动。托尼建议卡里姆定期召开产品发展状况会议，看看真正做了些什么事，感受一下他们的钩心斗角。他说，所有的部门经理只想使自己的部门变好，并不想与其他团队共享信息与相互合作。结果是，所有的产品发展团队每况愈下。他告诉卡里姆，团队间的友好竞争已经转化为严重的对抗。他还劝告卡里姆要在首席执行官了解情况之前采取行动，如果落后于竞争对手的话，首席执行官甚至可能把这个分部卖给竞争者。

后来，首席执行官叫卡里姆去开会，告诉他说最近的市场报告表明，医药仪器分部的市场份额又减少了两个百分点，他想知道为什么卡里姆还没有把改进的产品推向市场。卡里姆承认他没把百分之百的精力投在产品发展上，也没给它以应有的重视。他认为竞争者最终会垮下来的。卡里姆阐述了他采用的建立产品发展项目团队的方法，以及刚刚在部门经理那儿得到的反馈信息。首席执行官很不高兴，告诉卡里姆说他的办事方式太陈旧了，如果不能寻找到新思路、新方法，他的职位很可能就保不住了。

首席执行官告诉卡里姆说形势很严峻，董事会的耐心越来越差。董事会去年雇用他时，希望他能够把 Stevens 由一家国内公司发展成为一家全球性的大企业，现在除了医药仪器分部毫无进展外，其他分部都在向着目标奋进。他告诉卡里姆说，他将请一位管理咨询顾问来进行诊断并对产品发展提出建议，从而促进该分部的进步。

？ 案例问题

假如你是首席执行官请来的管理咨询顾问。

1. 你将怎样分配卡里姆与部门经理的工作？

2. 列出你将要询问的问题。

3. 假设部门经理告诉你的情况同告诉卡里姆的相同，你将对首席执行官提出什么建议（包括对组织结构进行变更）？

4. 你将对现有的部门或新职能部门协同工作、致力于产品发展计划项目提出什么原则？

◤ 小组活动

把课堂参与者分为 3~4 组对案例问题进行做答。每一组选出一位发言人陈述该组观点。

反侵权盗版声明

电子工业出版社依法对本作品享有专有出版权。任何未经权利人书面许可，复制、销售或通过信息网络传播本作品的行为；歪曲、篡改、剽窃本作品的行为，均违反《中华人民共和国著作权法》，其行为人应承担相应的民事责任和行政责任，构成犯罪的，将被依法追究刑事责任。

为了维护市场秩序，保护权利人的合法权益，我社将依法查处和打击侵权盗版的单位和个人。欢迎社会各界人士积极举报侵权盗版行为，本社将奖励举报有功人员，并保证举报人的信息不被泄露。

举报电话：（010）88254396；（010）88258888

传　　真：（010）88254397

E-mail：　dbqq@phei.com.cn

通信地址：北京市万寿路 173 信箱

　　　　　电子工业出版社总编办公室

邮　　编：100036